校企合作示范实验教材

基于用友 ERP－U8 V10.1 编写



# 会计信息系统

主　编　岳文忠　王　伟

副主编　钟德仁　康阿朋　张　晃　孙阳春

　　　　尚静静　陈　晨　张　伟

合肥工業大學出版社

# 前　言

随着"大智移云物区"（大数据、人工智能、移动互联网、云计算、物联网、区块链）等技术的应用推广，会计信息化正朝着业财深度一体化、处理全程自动化、内外系统集成化、操作终端移动化、处理平台云端化、财务分析智能化等趋势发展。

为加强对会计信息化工作的指导和规范，财政部根据《中华人民共和国会计法》（以下简称《会计法》）发布了一系列文件，具体包括《会计改革与发展"十四五"规划纲要》《代理记账管理办法》《会计基础工作规范》《会计档案管理办法》《企业会计信息化工作规范》《管理会计基本指引》等。这些文件对会计信息化内容和工作提出了更新、更高的要求。本书的编写目的是让读者掌握更新的会计信息化应用知识与技能，培养会计信息化人才，并提供能够满足企业会计信息化需要的知识体系与实训体系。

本书共分13章，第1章是会计信息系统概述，第2～10章以用友U8 V10.1软件为例，全面系统地介绍了系统管理、基础设置、总账管理、报表管理、工资核算、固定资产管理、应收应付管理等内容，第11～13章涵盖了会计信息系统的其他应用场景。全书结构清晰，内容完整，包含了常用的财务链内容，涵盖了会计信息化软件所应具备的大部分内容。书后还附有18个综合实验练习。本书既可供各类应用型本科院校、高职院校教学使用，也可作为各类会计信息化大赛的参考教材，还可作为社会人员自学用友U8 V10.1软件的辅助教材。

本书注重应用性和数字化，操作步骤讲解过程中采用了大量的插图，便于读者直观学习；重要知识点还配备了微课讲解和操作演示视频，可通过扫描二维码直接学习。

本书编写团队成员除了教学经验丰富的一线教师外，还有来自会计信息化应用行业的专业人士。本书由安徽科技学院岳文忠、王伟担任主编，钟德仁、康阿朋、张冕、孙阳春、尚静静、陈晨、张伟担任副主编。

感谢新道科技股份有限公司对本书的大力支持。本书获安徽科技学院教材出版资助，在此一并表示感谢。

由于作者精力有限，加之行文仓促，书中难免存在疏漏与不足之处，望各位专家学者与广大读者批评指正，以使本教材更加完善。

编　者

2023年12月

# 目 录

# 第1章　会计信息系统概述

## 引导案例

### WH集团的财务信息化之路

早在1989年就进入WH集团的A总，目前担任WH集团全球财务变革总监。她经历了WH集团从财务的手工账到电算化，再到财务管理信息化的整个变革过程。

### 逼出来的信息化

在A总的回忆中，以前WH的财务记账完全靠手工。手工记账工作效率虽然低，但相对于当时WH几百人的规模，还是能够应付的。然而，财务信息的滞后以及内部管理体系的不健全，严重影响了财务管理的效率和对分公司管控的力度。

1992年，WH开发了财务管理信息系统，完成了销售小票的电子化，把纸质销售小票变成了计算机数据。1993年以后，WH又陆续开发了库存管理系统、生产信息系统、采购信息系统、商务运作系统等。然而对于WH来说，这些信息系统虽然有效，但还是存在"信息孤岛"现象，系统不集成依然带来很多问题。"当时销售和库存系统都是各自分开的，一个时期WH销售额增加得飞快，高峰期间，财务人员彻夜加班成了常事。"A总回忆，当时每天销售商务用计算机开出销售小票，晚上要把明细和金额倒到财务的计算机，财务再以此计入当天的收入。由于采集数据的时点不同，财务、销售、库房的数据往往对不上，这时财务人员就得把原始的销售小票翻出来核对。这种情况造成的直接结果，就是财务人员不仅重复劳动而且容易出错，从而使得财务的月度报告周期越来越长。

电算化阶段的财务软件显然并没有从本质上改造传统的财务运作模式，"不过是将手写数字变成了计算机录入而已。"A总说。

真正使WH集团下决心深入推进信息化建设的是这么一件事情。1993年全年财务结算时，WH集团发现之前财务核算中少计入2700万元的辅料成本，究其原因，主要是该笔金额被计入在线存货，但由于业务繁忙，生产线不能停工盘点导致错误不断积累，最终只能全额冲减四季度当季利润，差点导致严重亏损。企业内部财务信息运行不畅所造成的严重监管漏洞，促使WH集团痛下决心，正式启动实施ERP(Enterprise Resource Planning，企业资源计划)项目。

同时，国内外市场环境的变化也对WH的财务管理提出了严峻的挑战。如何让财务信息为决策层提供足够的支持，以帮助他们制定企业发展战略？财务管理如何由记录和控制导向转变为增值导向？家业大了，成本控制如何更精准？竞争激烈了，报表信息能不能再快一些？市场带来的业务变化，财务的应变能否合拍？对于前端业务，财务如何进行监督与风险控制？种种问题也成为 WH 后来上马 ERP 系统的推动因素。

### WH 集团财务信息化进程所取得的成就

一分耕耘一分收获。WH 集团的财务信息化在经历多年建设之后，A 总以亮数据的方式，晒出了财务信息化的成绩单，主要体现在四个方面。

一是时效性，8 天就可以完成集团结账与报表合并。

二是统一性，140 个子公司采用统一的财务报告。

三是精细化，296 亿美元销售额，费用分摊准确到每项产品。

四是自动化，461 万财务凭证 85% 由系统自动产生。

在 A 总看来，WH 财务人员未来将有三种角色：一是经营顾问，向业务单位提出经营管理决策建议及支持；二是业务分析师，成为业务单位的财务专家、流程专家；三是技术专家，运用先进的系统进行传统的交易记录、融资和监督活动。而所有这些角色实现的一个重要基础，就是财务管理的信息化。

## 1.1 会计信息系统的基本概念

### 1.1.1 数据和信息

数据和信息是人们在日常生活中经常用到的两个名词，在很多时候，人们并不明确区分它们的概念，但随着信息时代的到来，人们开始重新认识数据和信息的本质。

1. 数据

数据是反映客观事物的性质、形态、结构和特征的抽象符号，并能对客观事物的属性进行描述。数据可以是具体的数字、字符、文字、声音、图形或视频等形式，例如，表示物体面积的“200 平方米”，表示物体的颜色”红色”等都是数据。

2. 信息

信息是经过加工的、具有一定含义的、对决策有价值的数据。具体来说，信息是数据加工的结果，它可以用文字、数字、图形等形式，对客观事物的性质、形式、结构和特征等方面进行反映，帮助人们了解客观事物。例如，“1.8 米”是一项数据，但这一数据除了数字上的意义，并不表示任何内容；而“王明同学的身高是 1.8 米”对信息接收者而言是有意义的，因为它使接收者知道“1.8 米”是表示客观实体王明的身高的属性值。因此，“王明同学的身高是 1.8 米”不仅有数据，更重要的是给数据以解释，从而使接收者得到了王明同学身高的信息。

3. 数据和信息的关系

数据和信息是密不可分的，如果将数据比作原材料，信息就是通过信息系统将数据进行加工后得到的产品。而在信息系统的帮助下，还可以利用信息技术对信息做进一步的加工处理，从而得到不同抽象层次的信息，来辅助完成不同层次的决策。数据与信息的关系如图 1－1 所示。

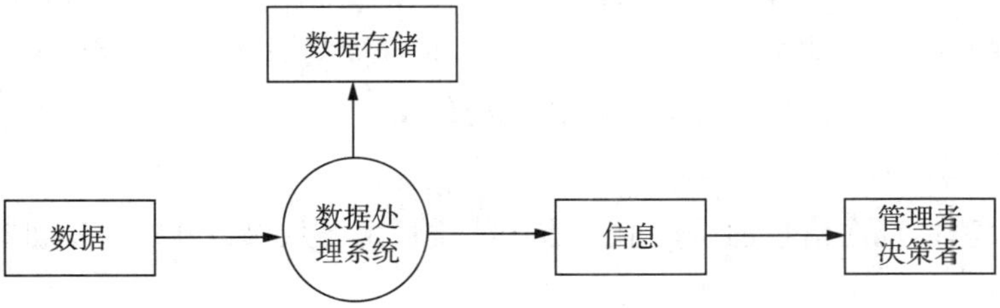


图 1－1　数据和信息的关系

信息必然是数据，但数据未必是信息，信息只是数据的一个子集。尽管数据和信息存在差别，但实际工作中两者常被不加区别地使用。这是因为数据和信息经常处于不断的转化过程中，并无严格的界限，作为上一个加工处理过程结果的信息，对于下一个加工处理过程而言，可能就变成了数据。所以我们往往将数据处理称为信息处理，将会计数据称为会计信息等。

4. 信息的特征

信息是企业管理活动的基本要素和依据，具有管理和决策价值的信息往往呈现出如下特征：

(1)客观性

信息是事物变化和状态的客观反映，其表示的内容具有客观性，因为事物变化和状态都是客观存在的，对它的反映也应是客观的。但信息的客观性特征是由信息源的客观性决定的，那些不符合客观事实的信息不仅毫无使用价值，而且还有可能使决策者做出错误的决策从而造成严重危害。

(2)可存储性

信息可借助于各种载体(如纸、磁盘、光盘等)存储起来，也可依据需要进行压缩存储。

(3)可传递性

信息是可以传递的。信息是物质存在方式的直接或间接显示，它依附于一定的媒体(声、光、磁、语言、表情、文字符号、数据、图像等)进行呈现、传递和扩散。信息是内容，信息的媒体是形式。信息技术的发展极大地扩展了信息的扩散范围，提高了信息的传递速度，使得信息可以很容易地跨越地理界限，在全球网络上以数字化的形式迅速传播。

(4)可加工性

信息可通过一定的手段进行加工,如压缩、分类、排序、统计、综合等。加工是有目的性的,人们往往为了某种需要对信息进行加工,加工后的信息反映了信息源与接收者之间的联系更加紧密,其作用的发挥也更为重要。

(5)共享性

信息的交流者不会因为信息的交流而失去信息,反而可能会获得新的信息内容。信息可通过传递和扩散方式实现共享。由于信息的传播具有无限性,呈扩散状,所以这种共享性可以对人类社会的发展起到积极的推动作用。

5. 信息的质量要求

信息的价值体现在信息的质量上。信息的质量主要从以下几个方面进行衡量:

(1)完整性

信息的完整性指要获取和决策相关的尽可能多的、全面的情况。例如,在选择供货商时,需要全面了解市场上各个供货商的情况,对他们提供的商品和服务有全面的掌握,"货比三家",才能够有效地进行决策。

(2)相关性

相关性是指信息与决策有关,具有改变决策的影响力。相关信息是指与正在处理中的事项具有某种关联的信息。例如,在对某个客户进行信用审核时,需要收集该客户的赊销历史记录和其财务状况。因为这些信息能够帮助决策者有效地评价该客户的信用情况,所以,这些信息具有相关性。相反,该客户的机构设置情况就和本次决策无关。

(3)可靠性

可靠性是指应确保信息能免于错误及偏差,并能忠实反映它意欲反映的现象或状况。因此,必须保证信息是真实的。目前在会计工作中引起广泛关注的有关会计信息失真问题,就是指会计信息不能够真实地反映客观情况。这种不真实可能是技术上的原因造成的,如误记、算错等,例如,企业的存货是 49 件,误记为 94 件;还可能是由于违法违规操作引起的。根据这些失真的信息,决策者无法做出正确决策,甚至可能导致做出严重错误的决定。

(4)及时性

决策者在进行决策的过程中,需要及时地得到信息。信息的及时性包括信息的产生及时,以及信息的传递及时。例如,在客户信用审核中,如果迟迟不能收集到客户的赊销记录和财务状况,或者收集了以后没有能够及时传递到决策者手中,那么这些信息就是不及时的,没能力为决策者提供应有的价值。

(5)可理解性

信息必须能够让信息的接收者可以理解。可理解性需要从信息的发送方和接收方两个角度来分析。对信息的发送方来说,在表达信息的时候,要力求简洁明了。如果信息中包含太多的代码或缩写,而接收方对此又不熟悉的话,则信息的可理解性将大大降低。对于信息的接收方来说，为了了解和掌握更多的信息，也必须加强学习，提高在专业领域的理解力。当然，接收方和发送方也应积极地进行沟通，以便发送方能够按照接收方的要求“量体裁衣”。

### 1.1.2　信息系统

1. 系统的概念

系统是指由一系列彼此相关、相互联系的若干部分为实现特定目的而建立起来的一个有机整体。系统具有以下特征：

(1)独立性

每个系统都是一个相对独立的部分，它与周围环境具有明确的边界。

(2)整体性

系统各个部分之间存在相互依存关系，它们相对独立又有机地联系在一起。这种联系在一定时期内处于相对稳定的状态，但是当系统目标调整或环境变化时，各部分的联系也会发生变更。

(3)目标性

系统的全部活动都是为了达到特定的目标。系统各组成部分虽分工不同，活动目标却是相同的。

(4)层次性

一个系统由若干个部分组成，这些组成部分称为子系统。每个子系统又可分为更小的子系统。因此系统是可分的，具有结构层次性。

(5)环境适应性

每个系统都处于特定的环境中，系统要存在，要发挥作用、实现目标，就一定要适应所处的环境。当系统环境发生变化时，系统要及时做出相应的调整，以适应环境的变化，否则系统就会失去生命力。

2. 信息系统的概念

信息系统(Information System，简称 IS)是对信息进行采集、处理、存储、检索和传输，必要时能向有关人员提供信息的系统。换言之，信息系统就是从事信息处理的系统。信息系统的基本模型如图 1－2 所示，即外界向系统输入数据，系统对数据进行加工处理后再输出各种有用的信息。

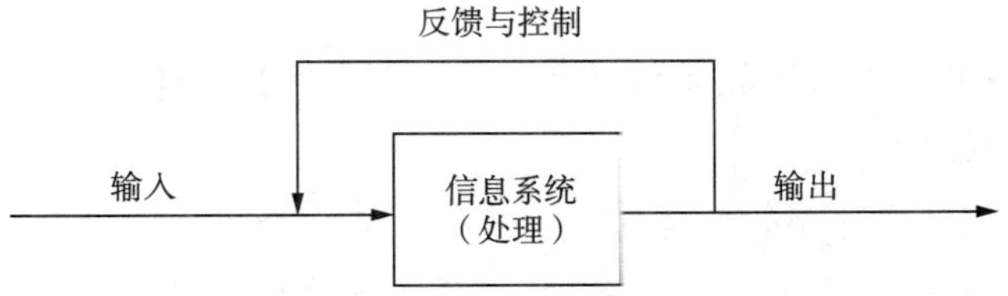


图 1－2　信息系统的基本模型

从广义上讲，完全依靠手工操作而没有计算机参与的数据收集、管理、处理系统也是信息系统。但在计算机出现之前，并无“信息系统”这一概念，只是在计算机被用于信息处理之后，人们才将主要利用计算机进行数据采集、处理等的系统称为信息系统。本书中所指的信息系统是指基于计算机环境下的计算机信息系统。

3. 信息系统的基本功能

信息系统通常具备数据收集、数据存储、数据处理（信息处理）、信息传输、信息输出等基本功能。信息系统的核心是信息处理。

(1)数据收集

数据收集包括数据的收集、整理和输入。即先把分散在各地、各部门的数据收集起来，然后通过整理以去伪存真、去粗取精，最后用手工或自动方式将数据输入系统。其中，自动方式是通过自动采集装置实现的，例如，用传感器自动记录火车运行的情况并传送给计算机，或通过远程网络接收采购发票等。

(2)数据存储

需要反复多次使用的数据或信息应该存储起来。由于信息量大，存储结构必须合理，即设法使用较少的空间存储较多的信息，并且要便于信息的更新、追加、删除和检索。

(3)信息处理

信息处理包括合并、排序、分类、汇总等操作，以及统计和运用经济数学模型作预测和决策。信息处理能力是信息系统能力强弱的重要标志，它涉及数据结构、软件工程、数学、运筹学、经济学和管理学等多方面的知识。

(4)信息传输

为了实现信息的共享和分配，信息必须在系统和子系统之间，以及子系统之间或不同网点之间进行传输。信息传输的要求是高速和准确，现代通信已提供了高速度和低误码率的传输技术。

(5)信息输出

信息处理的基本目的是抽取并推导出有价值、有意义的数据，这些数据最终要提供给各级管理人员。所以输出的数据必须以通用的格式，简单易懂地显示、打印出来，或者传送给其他处理系统使用。

4. 信息系统的特征

信息系统应具有以下特性：

(1)开放性

开放性是指信息系统与外部环境之间具有信息、物质或能量的交换关系，对外部环境变化具有一定的适应能力。

(2)系统的集成性及信息的集成性

企业信息系统是由许多子系统组成的，每个子系统完成各自特定的功能，但每个子系统都要服从为信息使用者服务的总目标，因此信息系统是一个整体，具有系统集成性和信息集成性。系统集成性有五个层次：硬件集成，软件集成，数据和信息集成，管理、技术和生产等功能集成，人和组织机构集成。

(3)人-机协作系统

信息系统是一个“人-机协作”系统，即信息系统中人与机器必须相互配合才能使系统充分发挥作用，忽视了任何一方，信息系统的目标就不能很好地实现。这是信息系统的重要特征之一，也是信息系统应用上的难点之一。

5. 信息系统的分类

可以按照不同标准对信息系统进行分类。比如，按信息处理技术分类，可以分为手工信息系统和计算机信息系统；按提供信息的层次分类，可以分为数据处理系统、管理信息系统、决策支持系统，以及专家系统。一般按提供信息的层次分类。

(1)数据处理系统

数据处理系统(Data Processing System，简称 DPS)是以计算机应用技术、通信技术和数据处理技术为主的，强调业务处理自动化，努力方向在于提高效率、节省人力的信息系统。DPS 属于纯数据处理，一般不涉及任何预测、规划、调节和控制，往往是其他类型信息系统的基础，为其他类型信息系统提供数据支持。

(2)管理信息系统

管理信息系统(Management Information System，简称 MIS)是在 DPS 基础上发展起来的系统，它利用 DPS 提供的数据和一系列科学管理方法，实现对生产、经营和管理过程的预测、调节、规划和控制。它由很多子系统构成，如企业计划子系统、会计信息子系统、生产管理子系统、人力资源子系统等。随着近几年网络信息技术的迅猛发展，MIS 的功能也在不断地发展与扩充。事实上，制造资源计划(Management Resource Planning，MRP)和企业资源计划(ERP)系统都可认为是企业管理信息系统，只是 MRP 和 ERP 更强调科学管理、资源整合、信息动态共享与系统功能重组。

(3)决策支持系统

决策支持系统(Decision Support System，简称 DSS)是在 MIS 基础上发展起来的，属于辅助决策的信息系统，主要用来计划、分析方案、审查解答和求解误差。DSS 有较好的人机对话方式，不太熟悉计算机的决策人员也能轻松驾驭。一个完善的决策支持系统是以计算机为工具，以大型数据库、方法库和知识库为基础构成的人机系统。因此，DSS 一般不追求全面管理功能，而强调对决策者的支持和辅助决策的作用，如投资决策系统、经营决策系统等。

(4)专家系统

专家系统(Expert System，简称 ES)是将某一领域的专家们在长期实践中积累起来的知识和经验，特别是他们在处理该领域问题时所用过的成功案例编成计算机程序，供决策者使用，以改进决策质量的信息系统。专家系统属人工智能的范畴，是很具研究空间的新领域，它的核心包括存储了大量专家们在某方面的知识、经验的知识库，以及能利用知识库中的知识进行推理的功能。为了保持专家系统的专家水平，专家系统还设置了学习子系统，以便不断更新与补充知识库的知识。我国目前已经研制出医学专家系统、工程设计专家系统等。

### 1.1.3 会计信息系统

会计信息是组织中最重要的经济信息，它可以连续、系统、全面、综合地反映和监督企业经营状况，并为管理、经营决策提供重要依据。因此有的会计理论就把会计理解为信息系统，而在现代信息技术的加持下，这样的信息系统无疑就是计算机管理信息系统。本书正是以基于现代信息技术特别是计算机网络技术下的会计信息系统作为讨论对象的。

1. 会计数据和会计信息

(1)会计数据

会计数据是用于描述经济业务属性的数据，它是对企业经济业务情况的客观记录。在会计工作中，从不同渠道、不同来源取得的各种原始资料、原始凭证以及记账凭证等所记载的数据一般都属于会计数据。根据会计业务处理的特点，会计数据具有连续性、系统性和周期性的特征。但这些会计数据本身并不能作为人们判断和得出结论的可靠依据，还必须按照一定的加工程序对其进行加工使其成为对会计工作有用的、有价值的会计信息。

(2)会计信息

会计信息是指按照一定的要求或需要，通过一系列专门的会计核算方法，对会计数据加工或处理后提供给企业内外部信息使用者进行管理决策时所需要的各项会计数据，包括资产、负债、所有者权益信息，收入、费用、利润信息，以及其他能以货币表现的信息。由于会计信息在经济管理中有极重要的作用，因此准确、及时是会计信息的基本要求。

(3)会计数据和会计信息的关系

和数据与信息的关系相似，会计信息和会计数据既有密切的联系又有本质的区别。会计信息是通过对会计数据进行处理而产生的，也只有按照一定的要求或需要对会计数据进行加工或处理，才能获得满足管理需要的会计信息，但二者并没有截然的界限。尽管会计数据和会计信息存在一定差别，但在实际工作中，二者经常被不加区别地使用。因为在会计处理过程中，经过初级加工处理后形成的会计信息，往往又成为后续深度加工的数据来源，所以有时也把会计数据处理称为会计信息处理。会计数据和会计信息这种相对关系可以用图 1-3 表示。

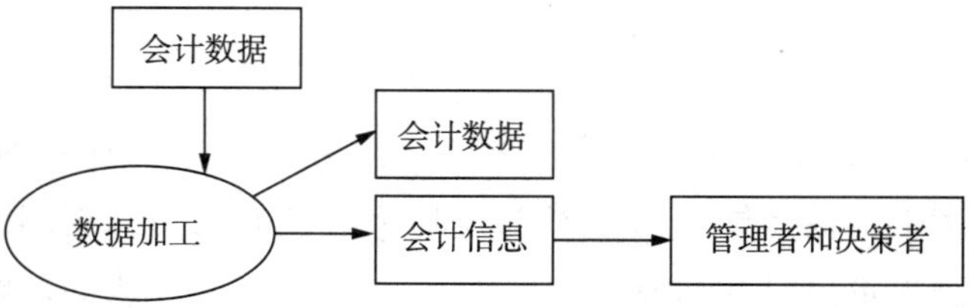


图 1-3　会计数据与会计信息的相对关系

(4)会计信息的特点

① 会计信息量大、种类多、来源广、用户多

由于种类多、来源广、用户多(如企业内各级管理人员、政府机关工作人员、债权人、股东等),造成会计信息量大,并使得会计信息处理的要求不尽相同,有些还相当复杂(如成本的计算与分配、合并会计报表的编制等)。因此,会计数据和信息的处理十分有必要通过计算机来进行。

② 会计信息的处理具有周期性,每个周期的处理方法基本上是一样的

如每个月的工资计算、资产折旧,以及每天的凭证处理、每月的银行存款对账、每月结账等,都采用相同或相似的处理方法。所以会计信息的周期性处理十分适合用计算机来完成。

③ 会计信息要求客观、真实、公允

由于会计数据和信息都必须客观、真实、公允,因此,对会计数据和信息的收集、处理及结果的输出都必须有严格的控制措施,以保证会计数据和信息的合法、完整、准确、客观、真实与可靠。

④ 会计信息要求可追溯性及可验证性强

会计信息处理要经过分类、记录、计算、汇总等多道环节,处理时要环环紧扣,层层复核,保证每个环节的处理结果都具有可查核性,并可向上追溯其来龙去脉,以便提供清晰的审计线索。

⑤ 会计信息层次多。

会计信息的层次性是由会计信息使用者的层次性决定的。会计信息的使用者有企业外部的,也有企业内部的;有企业高层管理人员,也有一般管理人员。由于不同的信息使用者使用会计信息的目的和要求不同,也就决定了会计信息系统的输出信息亦需具有一定的层次性。

2. 会计信息系统的概念

会计信息系统(Accounting Information System,简称 AIS)是专门用于企事业单位处理会计业务,收集、存储、传输和加工各种会计数据,为投资人、债权人、政府部门提供财务信息的系统。会计的各项活动都与信息有关,取得原始凭证是收集数据,记账凭证和记账是把会计数据转换成会计信息并进行传递和存储,提供账簿和报表是会计信息的输出和使用。可见,会计活动的每个步骤都有信息处理任务,每一步都服从于一个统一的目标,因此,会计活动的整体就是会计信息系统。随着计算机在会计处理中的广泛应用,传统的手工会计信息系统已被计算机会计信息系统所替代,目前人们把基于计算机应用的会计系统称为“会计信息系统”。

以计算机为信息处理手段的会计信息系统,是一个人机系统,由会计人员、计算机硬件、计算机软件以及系统运行规范等要素组成。

(1)会计人员

会计人员是会计信息系统的主体,包括从事会计数据输入的录入人员,从事会计数

据审核、控制、使用的会计人员，从事财务管理工作的财会主管人员，从事系统开发、组织和维护的系统开发人员和系统管理人员等。会计人员和系统管理与系统开发人员是电算化会计信息系统的有机织成部分，如果没有高水平、高素质的会计人员和系统管理与系统开发队伍，再好的信息系统也难以稳定、正常地运行。因此，构造一个成功的电算化会计信息系统，必须将人才培训放在首位。总体而言，一般会计人员和财会主管人员至少要具备熟练的计算机操作能力，而系统管理与开发人员必须是既精通会计业务，又精通计算机技术的复合型人才。

(2)计算机硬件

计算机硬件是指进行会计数据输入、处理、存储、传输和输出的各种电子与机械设备。其中，最常用的输入设备有键盘、光电自动扫描输入装置、条形码扫描装置等；数据处理设备是计算机；存储设备有磁盘、光盘机等；传输设备有调制解调器、电缆、光缆等；输出设备有打印机、显示器等。

(3)计算机软件

计算机软件包括系统软件和会计软件。其中，系统软件包括操作系统、数据库管理系统等；会计软件是专门用于会计数据处理的应用软件。在会计信息系统中，会计软件是最主要的组成要素，它是会计人员对 A1S 的最直观的认识，AIS 的各种功能需要通过会计软件来实现。没有会计软件的信息系统就不能称为会计信息系统，拥有会计软件是会计信息系统区别于其他一切管理信息系统的主要因素。有关会计软件开发的一些文档资料(如系统分析说明书、系统设计说明书、用户操作手册等)，也是会计软件的组成部分。

(4)系统运行规范

系统运行规范是指保证电算化会计信息系统正常运行的各种制度和控制程序，例如，硬件管理制度、数据管理制度、操作人员的运行权限和岗位责任制度、保密制度等。

## 1.2　会计信息系统的基本特点及分类

### 1.2.1　会计信息系统的基本特点

信息技术的飞速发展，为我们改造传统的会计信息系统提供了必要条件。只有深入理解手工环境下的会计信息系统和信息技术环境下的会计信息系统的不同特点，才能更好地利用信息技术来建立现代的会计信息系统。

1. 手工环境下会计信息系统的基本特点

通常手工方式下账务处理的基本业务流程是根据原始凭证，填制记账凭证；再根据记账凭证及所附的原始凭证，逐笔登记日记账和明细账。根据记账凭证，定期编制汇总记账凭证或科目汇总表；根据汇总记账凭证或科目汇总表，定期登记总分类账；定期核对总分类账、日记账、明细账；根据核对无误的总分类账、明细账编制会计报表，从而完成一个会计循环。手工环境下会计处理流程如图 1－4 所示。

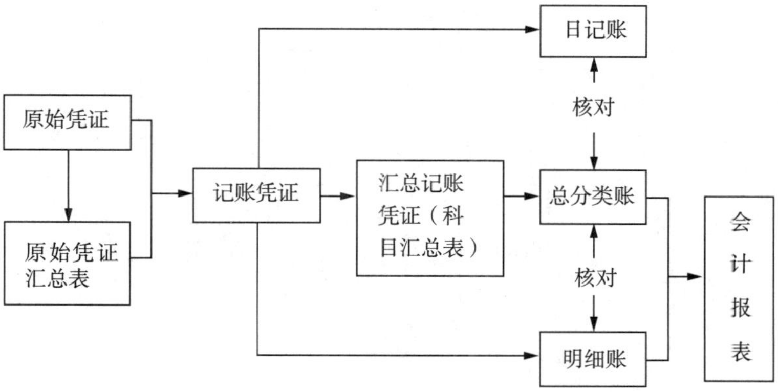


图 1－4　手工环境下会计处理流程

手工环境下会计信息系统的基本特点如下：

(1)数据来源广泛，数据量大

企业中涉及货币资金的地方，会计系统都要反映与监督；无论是企业业务部门还是管理部门产生的大量数据，都需要传递到会计系统进行处理，所以会计系统中记账凭证的数量庞大，更不要说原始凭证了。

(2)数据结构复杂

会计数据的特点决定了手工环境下会计信息的结构具有复杂性，因为会计数据中不仅含有金额和数量属性，还包括资产、负债、成本、权益、损益等属性，且要满足会计原理中的各种等式。

(3)数据加工处理方法要求严格

手工环境下会计信息系统的数据处理环节多，很多处理步骤具有周期性。同时，会计数据的处理应遵循严格的处理规则，应满足各种法律法规以及会计制度、会计准则的要求，并严格执行会计核算的方法及处理流程。

(4)数据的及时性、真实性、完整性、全面性等要求严格

会计数据使用对象多种多样，对会计信息的要求也不尽相同，所以会计信息系统提供的信息要及时、真实、完整和全面。

(5)安全可靠性要求高

除了必须对外公布的会计报告外，大多数企业会计数据是企业自身的经营数据，涉及企业的经营利益和安全，因此不能对外公开。另外，数据的加工处理必须严格遵守相关制度规定并保留明确的审计线索。

2. 信息技术环境下会计信息系统的特点

基于信息技术的会计信息系统首先需要将记账凭证(手工凭证或机制凭证)输入计

算机，并存入临时凭证数据库中。经过人工审核或计算机审核后，进行记账处理，形成账簿文件或记账凭证文件，同时按照科目汇总后更新科目汇总文件。然后输出总分类账、明细账和日记账等账簿，最终自动生成会计报表，完成一个会计循环。信息技术环境下会计处理流程如图 1－5 所示。

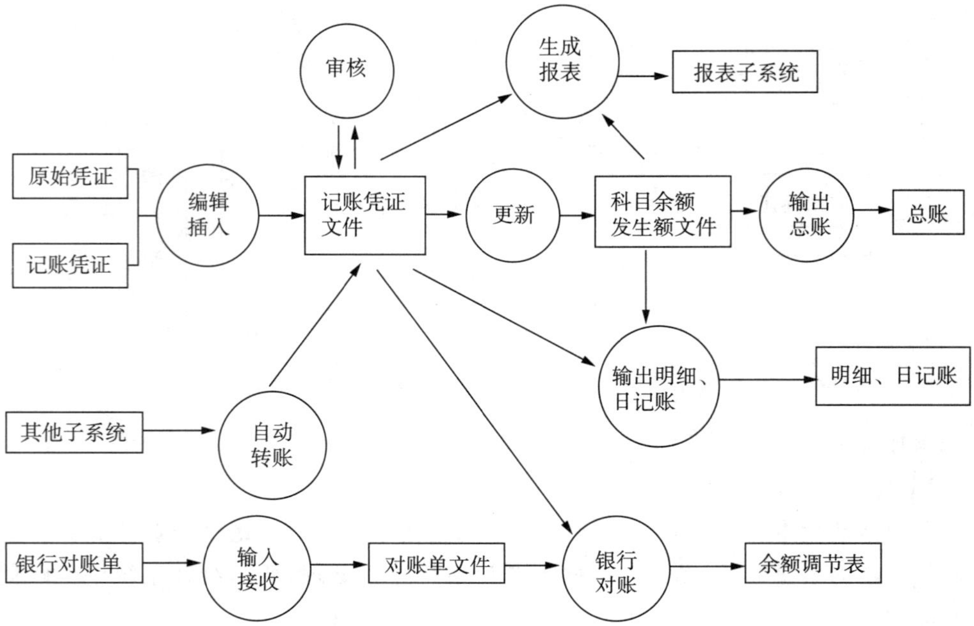


图 1－5　信息技术环境下会计处理流程

信息技术环境下会计信息系统的特点主要体现在以下几个方面：

（1）系统庞大复杂

会计信息系统是企业管理信息系统的一个子系统，但它也是一个相对独立的整体，由许多职能子系统构成，如总账子系统、报表子系统、工资子系统、固定资产子系统、应收应付子系统、成本子系统等，内部结构较为复杂，各子系统在运行过程中进行信息的收集、加工、传递，共同联结成一个有机的整体。

（2）与企业其他管理子系统有密切联系

由于会计信息系统全面反映企业各个环节的信息，所以它跟其他管理子系统和企业外部的联系也十分复杂。会计信息系统从其他管理子系统和系统外界获取信息，也会将处理结果提供给有关系统，因此，会计信息系统的外部接口较为复杂。

（3）必须确保会计信息的真实、公允、全面、完整和安全

会计信息系统应确保存放在其中的会计信息真实、公允、全面、完整和安全，为此，系统应对会计信息的收集、存储、加工等操作提供有关的控制和保护措施。

（4）内部控制要求严格

会计信息系统中的数据不仅在处理时要层层复核，保证其正确性，还要保证在任何

条件下都能以任何方式进行核查核对，留有审计线索，防止被破坏，为审计工作的开展提供必要的条件。

(5)系统具有开放性

会计信息系统应是能与企业其他管理子系统和企业的外部环境进行信息交换的开放型系统。例如，企业的会计信息系统应能与银行、税务、审计、财政、客户以及其他有业务联系的企业等进行相应的信息交换。因此，在建立会计信息系统时应注意系统整体设计，特别是网络技术的应用。

总体而言，在会计信息系统发展进程中，企事业单位会计信息系统变化的主要特征是：以会计部门内部集成的会计信息系统到以企业内整体集成的会计信息系统的转换，会计信息系统作为企业信息系统的有机组成部分，与业务系统进行了无缝集成，消除了部门级的“信息孤岛”。

3. 手工环境下会计信息系统与信息技术环境下会计信息系统的异同

(1)两者的共同点

① 系统目标基本相同

两者的最终目标都是通过会计信息处理，实现加强经营管理、参与经营决策、提高经济效益的目的。

② 遵守相同的会计规范及制度

计算机会计信息系统必须严格遵守手工会计处理系统所遵守的所有会计规范和制度，不能置会计法律法规于不顾，会计信息处理手段和工具的变化不能动摇会计处理业务的合法性和合规性。

③ 遵守相同的会计理论和会计方法

会计理论是会计学科的结晶，会计方法是会计工作的经验总结。信息技术环境下会计信息系统的实现虽然会引起会计理论与方法上的变革，但是这种变革是渐进性的，而不是突变性的，信息技术环境下会计信息系统同样应当遵循基本的会计理论和会计方法。

④ 信息系统的基本功能相同

任何一种信息系统都有五个方面的基本功能，即信息的收集与记录、信息的存储、信息的加工处理、信息的传输、信息的输出。无论是手工会计处理系统还是计算机会计信息系统，要达到系统目标，必须具备上述五个功能。计算机会计信息系统的功能由于使用了现代化的工具和科学的管理机制，应当比手工会计处理系统的功能更强。

(2)两者的差别

① 运算工具不同

手工会计处理系统使用的运算工具是算盘、计算器等，计算速度慢、出错率高；计算机会计信息系统的运算工具是不断更新换代的计算机，数据处理过程由程序控制计算机自动完成，运算速度快、准确率高，并且可存储大量的运算结果。

② 信息载体不同

在手工会计处理系统中，会计信息的载体是凭证、账簿和报表等纸介质，这些会计信息不经任何转换即可查阅；而在计算机会计信息系统中，会计信息被记录在软盘、硬盘等磁性载体中，这些磁性介质中的会计信息是以肉眼不可见的形式存在的。以磁性载体记录和存储的会计信息具有体积小、查找方便、易于保管和复制迅速等优点。其缺点是很容易被删除或被篡改而不留痕迹，且磁性介质容易损坏而导致信息丢失。因此，建立计算机会计信息系统必须解决好保留审计线索、保证会计信息的安全可靠性等问题。

③ 会计信息的表示方法不同

在手工会计处理系统中，会计信息主要用文字和数字表示。而在计算机会计信息系统中，为了使会计信息更便于计算机处理，以提高系统处理的速度和节省存储空间，也为了简化汉字输入，大量的会计信息要加以代码化。例如，常见的会计科目、部门、职工、产成品、材料、固定资产、主要客户或供应商等都需以适当的代码来表示。会计信息代码化便于计算机进行数据处理，但却不便于人们对会计信息的阅读、理解和使用，因此，科学合理地进行代码设计是计算机会计信息系统开发的重要内容。

④ 信息处理方式不同

计算机会计信息系统改变了手工会计处理系统由许多人分工协作共同完成记账、算账、报账的工作方式，也改变了通过账证、账账、账表核对以保证数据准确性的工作方式。各种凭证一经输入，由程序控制的计算机会自动完成记账、算账、报账及分析工作，以往许多人分工完成的工作，均由计算机集中完成，账、证、表间的核对勾稽关系在计算过程中由程序自动给予保证。各类人员的工作内容也随之发生改变，会计人员的工作由原来的分类、登记、计算转变为输入、复核、处理、查询、打印等操作，这使得会计人员能有更多的精力从事对财务活动的分析和控制，会计工作也由原来的核算向管理发展。

⑤ 内部控制制度和控制方法不同

在手工会计处理系统中，为了提高系统处理的会计信息的准确性和可靠性，也为了查错防弊，加强财务管理，需要采用一系列内部控制方法，建立起一整套内部控制制度。其主要措施是通过会计人员之间的职责分离来实现相互牵制，并由人工完成各种核查、核对和审核等工作。在计算机会计信息系统中，由于会计信息由计算机进行集中化、程序化处理，传统的手工会计处理系统中的某些职责分离、相互牵制的控制措施也会失去效用。同时，计算机磁存储介质也不同于纸张载体，其数据容易被不留痕迹地进行修改和删除。因此，为了系统处理和存储的会计信息的准确与完整，必须结合计算机会计信息系统的特点，建立起一整套更为严格的内部控制制度。这些内部控制措施除了包括有关数据处理的制度、规定和有关人工执行的审核、检查外，还应包括很多建立在应用系统中由计算机自动执行的控制措施。

⑥ 信息输出的内容和方式不同

计算机会计信息系统所能提供的会计信息，无论在数量上还是在质量上都远远优于手工会计处理系统。具体表现在：利用计算机对会计数据进行批处理和实时处理，大大提高了会计信息处理的及时性，缩短了会计结算周期，可以做到实时结算，从而能够及时地提供日报、月报、季报和年报；会计数据的集中管理可实现一数多用、充分共享、联机快速查询、远程信息交换和网上查询等；通过建立数学模型辅助进行财务管理，全面开展财务分析、控制、预测及决策工作，可以突破手工处理的局限，扩大会计信息的应用领域，为会计信息的深加工和再利用提供更加广阔的前景。

⑦ 会计档案的保管形式不同

手工会计处理系统的会计信息是以纸张作为载体进行保存的。在计算机会计信息系统中，会计档案的保存以磁介质为主、纸介质为辅，因此，不仅要建立纸介质会计档案的管理制度，而且还要建立健全严格的数据备份、数据恢复等与计算机磁介质相关的数据保管制度，并使会计资料保存的环境在温度、湿度等方面符合磁介质的要求。

⑧ 系统运行环境要求不同

计算机会计信息系统所使用的计算机、打印机、通信设备等，要求防震、防磁、防尘、防潮，所以系统运行环境必须保证计算机硬件的正常运行。

### 1.2.2 会计信息系统的分类

根据功能和层次的高低，可将会计信息系统划分为会计事务处理系统、会计管理信息系统和会计决策支持系统三类。

1. 会计事务处理系统——初级管理（核算型、部门级）

这是计算机应用于会计领域的最初阶段。它的特点是系统单独使用，彼此之间没有什么联系，如打印工资单、用电子账簿代替手工账簿等。现在很多企业追求的"甩手式账"大部分属于此类。这类系统主要是面向基层会计操作人员的。

2. 会计管理信息系统——中级管理（管理型、部门级或企业级）

随着会计数据处理系统的应用，企业会计工作中的很多手工劳动已由计算机代替，企业在管理上对会计电算化的要求也相应提高。会计管理信息系统在会计数据处理系统的基础上更加系统化，加强了各子系统间的联系和数据共享，提供了更多的管理信息。目前许多会计软件都在这方面做了一定的努力，如普通工资软件升级到工资人事管理系统，账务系统和业务进销存系统有机结合等。一般来说，这类软件系统主要是面向财务部门的会计主管（财务科长）的。

3. 会计决策支持系统——高级管理（管理型、企业级）

由于企业在市场上面临着日益激烈的竞争，传统的决策方式已不能满足企业应对市场竞争的需求，企业的领导者要求会计信息系统为企业的决策提供更多、更直接的决策支持。会计决策支持系统利用各种模型和方法对会计管理信息系统提供的信息进一步加工，从而为企业领导者的决策提供帮助。这类软件系统主要是面向企业主要管理层的。

以上三种会计信息系统的类型实际上对应着会计信息系统发展的三个层次，但这三个层次（或三个阶段）不是截然分开的。如现在大多数的会计软件是介于数据处理与管理信息系统之间的，而每一层次又都是以较低层次系统为基础的。在会计信息系统发展的三个阶段中，每一阶段都有自己的特点：在会计事务处理系统阶段，侧重数据，讲究数据处理的效率，尤其是计算机的利用效率，并且形成集成数据文件；在会计管理信息系统阶段，侧重信息集成企业功能应用，将企业供产销的一系列管理形成一个有机的整体；在会计决策支持系统阶段，侧重决策，注重弹性、适应性、反应时间和用户控制，不强迫用户使用，用户是主动的。

## 1.3　会计信息系统的功能结构

从信息系统的基本功能及其要素来看，一个完整的会计信息系统包括会计数据的采集、会计数据的存储、会计数据的加工与处理、会计信息的传输、会计信息的输出五个方面。

### 1.3.1　会计信息系统的基本功能

由于企业性质、行业特点及其会计核算和管理需求的不同，会计信息系统所包含的内容也不尽相同，其子系统的划分亦不尽相同。会计信息系统按核算功能一般可划分为账务处理、应收应付账款、工资核算、固定资产核算、材料核算、成本核算、产成品及销售核算、会计报表等几个会计核算子系统。其中，材料核算和产成品及销售核算子系统在某些领域被称为购（采购）销（销售）存（存货）子系统；流通业又将其称为进（进货）销存系统。

下面仅就会计信息系统中各会计核算子系统的主要任务和功能进行阐述：

1. 账务处理子系统

账务处理子系统也称总账子系统。该系统通过输入各类记账凭证（或由ERP中其他业务系统传递的凭证），由计算机自动完成总分类账、明细账及辅助账（如部门核算辅助账、数量金额辅助账、往来客户辅助账等）的登记，并提供自动转账、银行对账、账簿查询、账簿打印、辅助账管理、系统初始化设置、各种代码维护、系统管理等功能。账务处理子系统功能结构如图1-6所示。

2. 应收应付账款子系统

应收应付账款核算又称为往来核算，大部分放在账务处理子系统中进行核算；应收

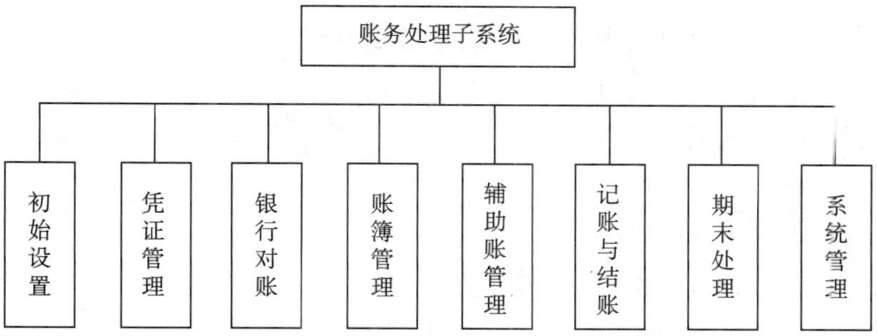


图 1－6　账务处理子系统功能结构图

账款核算也可以放在销售子系统进行核算，而应付账款核算也可以放在采购核算子系统进行核算。该系统通过输入销售发票、购货单等单据，自动加工整理成记账凭证提供给账务处理子系统（如果是集成系统，则在应收应付账款子系统直接传入记账凭证到账务处理子系统），由计算机自动登记应收账款、应付账款的总账和明细账，产生应收账款汇总账和明细账（对账单），应付账款总账和明细账（对账单），并可进行应收账、应付账的自动核销。

3. 工资核算子系统

工资核算子系统负责计算职工的工资、应交个人收入所得税等，进行工资费用的汇总分配，产生工资发放表、工资条、部门工资汇总表、职工分类工资汇总表、票面分析表（现在基本不用）等，并自动产生有关工资及工资分配的记账凭证。同时还负责将工资费用汇总分配表传递给成本核算子系统，有关记账凭证传递给账务处理子系统。

4. 固定资产核算子系统

固定资产核算子系统负责管理固定资产卡片，核算固定资产的增减变动情况，自动计提折旧并汇总、分配折旧费用，产生固定资产登记簿、明细账（台账）、部门固定资产明细表、折旧计提明细表、折旧费用分配表等，并自动产生有关固定资产增减变动和计提折旧、分配折旧费用的记账凭证。同时还负责将折旧费用汇总分配表传递给成本核算子系统，有关记账凭证传递给账务处理子系统。

5. 材料（存货）核算子系统

材料核算子系统主要是对材料收、发、存的核算，材料最低、最高储存量控制及仓库管理，自动进行材料耗用成本和材料费用汇总分配的核算，产生材料采购明细账、材料库存明细账、材料入库和出库明细及汇总表、材料费用汇总分配表等，并自动产生有关材料采购、材料入库、材料出库、耗用分配、材料盘盈盘亏的记账凭证。同时将材料费用汇总分配表传递给成本核算子系统，有关记账凭证传递给账务处理子系统。

6. 成本核算子系统

成本核算子系统负责企业生产所耗费的材料费用、人工费用、燃料动力费用及其他有关费用的归集，以及辅助生产费用的分配、制造费用的分配、产成品成本计算，产生辅助生产成本明细账及汇总分配表、制造费用明细账及汇总分配表、产成品成本计算表、产成品成本明细账和总账，并进行产品成本的构成和变动分析，自动产生有关成本核算的记账凭证。同时将产成品成本数据传递给产成品及销售核算子系统，有关记账凭证传递给账务处理子系统。

7. 产成品及销售核算子系统

该系统负责产成品收、发、存的核算，销售收入、成本、费用、税金的核算，产生产成品收、发、存明细账和总账，销售收入、成本、费用、销售税金明细账和总账，分期收款发出商品明细账，销售收入、成本、费用、税金汇总表等，对销售状况进行分析，并自动产生产成品入库、销售收入、销售出库成本结转、销售费用、销售税金等有关记账凭证。同时将有关产成品和销售的记账凭证传递给账务处理子系统。

8. 会计报表子系统

该系统负责编制产生资产负债表、利润表、现金流量表等有关对外报送的会计报表，以及对内的管理报表，并对会计报表进行汇总、合并。

### 1.3.2 会计信息系统中各会计核算子系统之间的数据关系

系统是由若干具有独立功能的元素（子系统）组成的，这些元素之间互相联系、互相制约，共同完成系统的总目标。子系统之间的互相联系、互相制约主要表现为子系统之间的控制关系和数据传递关系。控制关系是指一个系统的状态输出对另一个系统的状态、行为产生一定的影响；数据传递关系主要是指一个系统的信息输出，会作为另一个系统的数据输入，供其进行处理，实现数据共享。由于会计核算子系统中各核算子系统属于同一层次，因此它们之间的关系主要表现为系统之间的数据传递关系。

通过上面对各会计核算子系统主要任务和功能的介绍可以看出，会计核算系统是以账务处理子系统和成本核算子系统为中心，各核算子系统相互联系而形成的一个有机整体。

通常而言，规模较小的企业可以建立以账务处理子系统为中心，其他核算子系统相互联系的会计核算系统。以总账为核心的会计核算子系统之间的数据关系，如图 1－7 所示。此时，工资、固定资产、材料等核算子系统的数据都仅以记账凭证的形式传递给账务处理子系统，成本核算子系统所需的成本费用数据均从账务处理子系统中有关成本费用科目的科目余额表或明细账中传递过来。这样可减少各子系统之间的数据联系，但账务处理子系统与其他子系统之间的数据冗余大。

规模较大的企业宜建立以账务处理子系统和成本核算子系统为中心的会计核算系统。以总账和成本为核心的会计核算子系统之间的数据关系，如图 1－8 所示。其中有关工资、固定资产、材料、成本、销售等明细核算将在各核算子系统中解决，账务处理子系统只需进行总分类核算，这样可以大大减少数据的冗余。

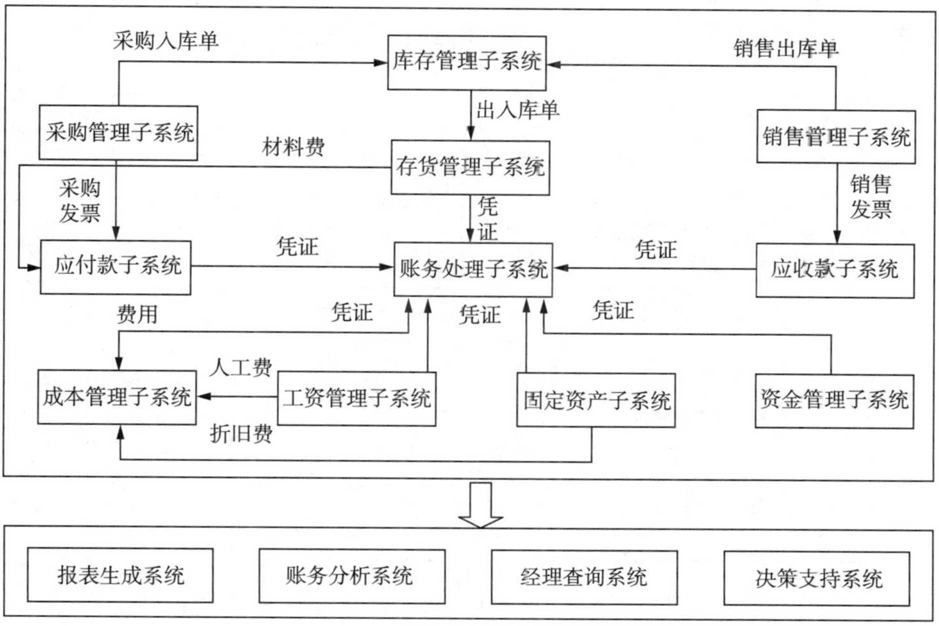


图 1－7　以总账为核心的会计核算子系统之间的数据关系

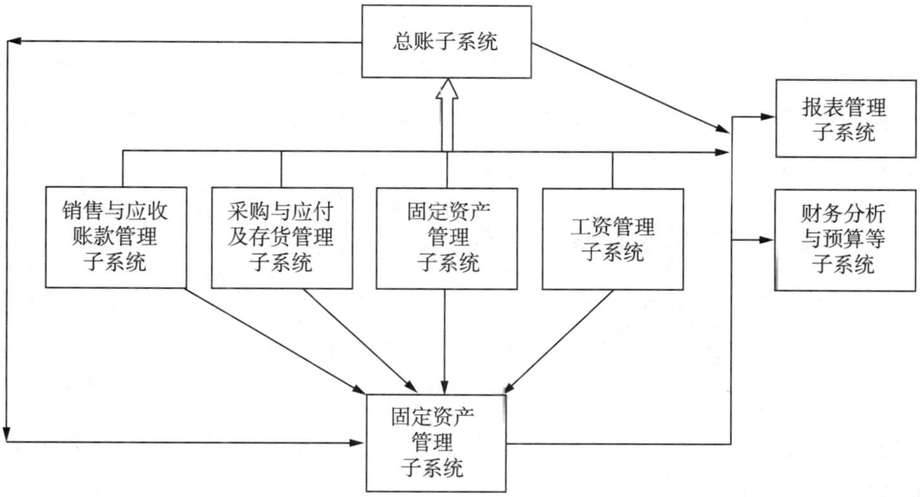


图 1－8　以总账和成本为核心的会计核算子系统之间的数据关系

## 1.3.3　会计信息系统中的会计核算系统与会计管理系统之间的数据关系

会计管理系统的任务是根据会计核算系统提供的会计核算信息和其他相关经济信息，通过分析、预测、计划、决策等定量化方法，辅助管理人员管理企业投资、融资及生产运营过程中的资金形成、使用和分配。会计管理系统的数据主要来源于会计核算系统，会计核算系统是会计管理系统的基础。因此，几乎所有会计核算信息经加工处理后都会被会计管理系统用于分析、预测、计划、决策等。如果把每一个会计核算子系统的全部信息集合看作一个数据库,那么,会计核算系统与会计管理系统之间的数据关系如图 1-9 所示。

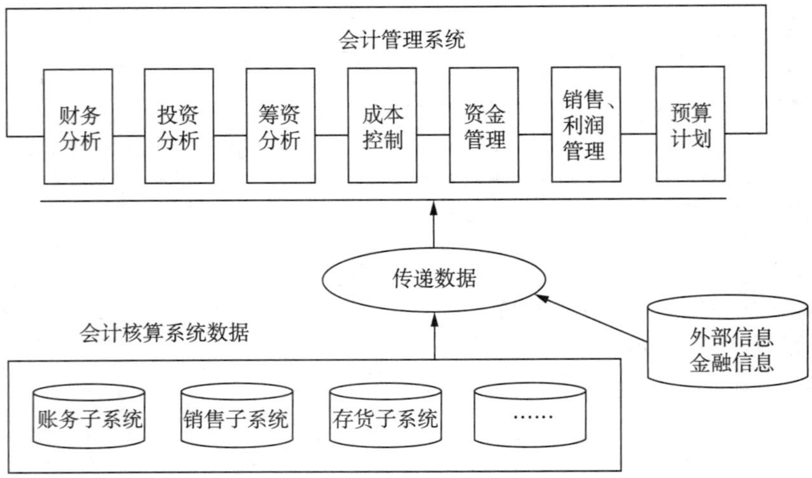


图 1-9　会计核算系统与会计管理系统之间的数据关系

# 1.4　会计信息系统发展概况

管理水平的提高和科学技术的进步对会计理论、会计方法和会计数据处理技术提出了更高的要求,使会计信息系统的发展经历了一个从简单到复杂、由落后到先进、由手工到机械、由机械到计算机的不断完善的过程。

## 1.4.1　国外会计信息系统的发展

1946 年,电子计算机在美国诞生。1954 年 10 月,美国通用电气公司第一次在计算机上计算职工工资,标志着电子计算机真正用到了会计领域,引起了会计处理技术的变革。最初用计算机处理的内容仅限于工资计算、库存材料的收发核算等数据处理量大,且计算简单、重复次数多的经济业务,它以模拟手工会计核算形式代替了部分手工劳动,提高了这些劳动强度较高的工作的效率。

20 世纪 50 年代中期到 60 年代,随着人们利用电子计算机对会计数据进行综合处理,计算机开始系统地提供经济分析、决策所需要的会计信息,使手工簿记系统被信息系统取而代之。这个时期会计信息系统的特点是电子计算机几乎完成了手工簿记系统的全部业务,打破了手工方式下的一些常规结构,更重视数据的综合加工处理,并加强了内部管理。这一时期所开发的系统还具有一定的反馈功能,能为基层和中层管理提供信息,但各种功能之间还未实现共享。

20 世纪 70 年代,计算机技术迅猛发展,计算机网络的出现和数据库管理系统的应用，形成了应用电子计算机的管理信息系统。企业管理中全面地应用了电子计算机，各个功能系统可以共享存储在计算机上的整个企业生产经营相关的数据库。会计信息系统成为管理信息系统中的一个部分，企业、公司做出的最高决策也借助了计算机系统提供的信息，提高了工作效率和管理水平。

20 世纪 80 年代，微电子技术蓬勃发展，微型计算机大批涌现，进入了包括家庭在内的社会各个领域。信息革命逐渐成为新技术革命的主要标志和核心内容，人类进入了信息时代。微型电子计算机不仅受到大、中型企业的欢迎，也得到了小型企业的青睐。它促使各部门把小型机、微型机的通信线路相互联结，形成计算机网络，提高了计算和数据处理的能力，同时，小型机、微型机逐渐取代了大型电子计算机。1987 年 10 月，国际会计师联合会在日本东京召开的以“计算机在会计中的应用”为中心议题的“第 13 届世界会计师大会”，成为计算机会计信息系统逐渐普及的重要标志。

20 世纪 90 年代，随着计算机技术的飞速发展，计算机会计信息系统在国际上也呈现出广泛普及之势。美国在这一领域已步入较高的发展阶段，始终处于国际最高水平。据有关资料显示，美国有几百种商品化会计软件在市场上流通。会计软件产业已成为美国计算机软件产业的一个重要分支。

从会计信息系统的开发技术与运行平台来看，20 世纪 90 年代中期推出的商品化会计信息系统软件与早期的会计信息系统软件相比上了一个新台阶，这是由于 20 世纪 90 年代计算机信息处理技术飞速发展的结果。这一时期的商品化会计软件主要使用 Windows 环境下的开发工具，并运行在 Windows 操作系统之上，这些开发工具大大缩短了软件开发周期，并大大增强了软件的运行稳定性，与此同时，图形化界面使得软件功能更直观和易于操作使用。部分软件使用了服务器数据库，如 SYBASE、ORACLE、INFORMIX、SQL-SERVER、DB2 和 ACCESS 等，提高了数据的安全性。

20 世纪 90 年代中期的商品化会计信息系统基本上都具有网络功能，网络结构体系主要有 F/Ss(文件/服务器)和 C/S(客户/服务器)两种。网络操作系统除了 NETWARE 之外，还有 WINDOWS NT 和 UNIX 等。

### 1.4.2　我国会计信息系统的发展

我国会计电算化工作始于 1979 年，其代表项目是 1979 年财政部支持并直接参与的在长春第一汽车制造厂进行的会计电算化试点工作。1981 年 8 月，在财政部、一机部和中国会计协会的支持下，在长春召开了“财务、会计、成本应用电子计算机专题研讨会”，这次会议成为我国会计信息系统理论研究的一个里程碑。这次会议提出，计算机在会计上的应用统称为“会计电算化”。随着 20 世纪 80 年代计算机在全国各个领域的应用、推广和普及，计算机在会计领域的应用也得以迅速发展起来。概括起来，我国会计信息系统的发展可以分为以下几个阶段：

1. 起步阶段(1983 年以前)

这个阶段起始于 20 世纪 70 年代少数企事业单位单项会计业务的信息化，计算机技术在会计领域的应用范围还十分狭窄，涉及的业务十分单一，应用最普遍的是工资核算的信息化。在这个阶段，由于会计电算化人员缺乏，计算机硬件比较昂贵，软件汉化不理想，会计电算化没有得到高度重视，因此，会计电算化的发展比较缓慢。

2. 自我发展阶段(1983—1987 年)

自 1983 年下半年起，在全国掀起了应用计算机的热潮，微型计算机在国民经济各个领域得到了应用。然而，由于应用电子计算机的经验不足，理论准备与人才培训不够，管理水平跟不上，造成在会计信息化过程中出现了许多盲目的、低水平重复开发的现象，浪费了许多人力、物力和财力。这一阶段的主要表现：

第一，没有经过认真调查研究就匆匆上马的会计软件开发项目占大多数，而且许多单位先购买计算机，然后才确定上什么项目，没有全盘考虑如何一步一步地实现会计信息化，还有的单位为了评先进、上等级等，买一台计算机来摆样子，并没有真正将计算机应用于会计工作中。

第二，应用会计信息系统的各单位之间缺乏必要的交流，闭门造车、低水平、重复开发的现象严重。

第三，会计软件的开发多为专用定点开发，通用会计软件的开发研究不够，会计软件的规范化、标准化程度低，商品化受到很大限制。

第四，会计信息化的管理落后于客观形势发展的需要，全国只有少数地方财政部门开展了会计信息化组织管理工作，配备了管理会计信息系统的专职人员，制定了相应的管理制度，多数地区还没有着手开展管理工作。

第五，既懂会计又懂计算机的人才正在培养之中，从 1984 年开始，许多大、中专院校以及研究院所纷纷开始培养会计信息化的专门人才。

第六，会计信息化的理论研究开始得到重视，许多高等院校、研究院所及企业组织了专门的班子研究会计信息化理论。1987 年 11 月，中国会计学会成立了会计信息化研究组，为有组织地开展理论研究做好了准备。

3. 普及与提高阶段(1987—1999 年)

这一阶段相继出现了以开发经营会计核算软件为主的专业公司，而且业务发展很快，逐步形成了会计软件产业。这一阶段的主要表现：

第一，从单项数据处理发展到全面应用计算机建立会计信息系统。

第二，从计算机处理和手工操作并行，发展到甩掉手工账本，靠计算机独立运行完成记账、算账及报账等任务。

第三，从计算机应用于企业内部会计信息处理，发展到用计算机汇总并报送会计报表，为国家宏观经济提供了可靠的会计信息。

第四，从采用原始的软件开发方法，发展到运用现代软件工程学方法开发会计软件。

第五，从单家独户开发会计软件，发展到设置专门机构，集中专门人才，开发通用化、商品化的会计软件。

这一发展阶段有如下主要标志：一是会计软件的开发向通用化、规范化、专业化和商品化方向开展；二是各级行政部门和业务主管部门加强了对会计信息系统的管理，许多地区和部门制定了相应的发展规划、管理制度和会计软件开发标准；三是急于求成的思想逐渐被克服，失败和成功的经验给人们以启示。

4. 向企业管理全面信息化发展（1999 年至今）

随着我国市场经济体系的不断完善，以及国有大中型企业改革的不断深入，绝大多数企业已清楚地意识到自己已身处市场竞争的环境中，更快更好地实现良好的经济效益已成为企业在激烈竞争环境中追求的目标。为此，企业必须要探索新的管理模式并不断改善原有的管理模式，强化成本管理和效益意识，以适应市场需求的变化。另外，完善的信息是企业决策的基础，只有建立面向企业全面管理的一体化信息系统才能及时、准确地收集企业运营信息，对管理绩效进行反馈、监控，以便及时调整管理策略，实现信息的使用价值并起到决策支持作用。为了适应企业规模化发展的需要以及更好地响应市场需求，越来越多的有识之士相继提出了开发“管理型”会计软件的想法与思路。20 世纪 90 年代中期，中国会计学会中的会计信息化分会召开研讨会，正式提出了开发以财务管理为核心的全面企业管理信息系统这一战略，吹响了进军企业管理信息系统的号角。用友、金蝶等大型会计软件公司也都致力于开发研制大型企业管理信息系统，并于 20 世纪 90 年代末推向企业应用。

与 20 世纪 90 年代中期推出的商品化会计软件相比，90 年代末推出的大型企业管理信息系统更多地借鉴国外企业管理软件的发展道路，同时又发挥了我国会计软件公司在会计软件领域的优势，以财务为中心的 ERP 系统，不仅致力于解决企业财务管理问题，而且注重对企业的资金流、物流和信息流进行一体化、集成化管理。

从软件结构上看，企业管理信息系统各模块不仅能独立运行，而且可以集成一体化运行。

从软件功能上看，不仅包括账务处理、工资管理、固定资产管理、采购与应付账款管理、销售与应收账款管理、库存管理，还包括对物料需求计划的管理、对生产流程的管理、对成本的管理以及对人力资源的管理等。

从软件开发平台与开发技术上看，大型企业管理信息系统主要采用 32 位的开发工具，在 Windows 98 以上的平台上运行，数据库将不再使用桌面数据库，必须使用服务器数据库。网络体系结构主要采用三层（数据库服务器/应用服务器/客户端）或多层结构，以克服传统的 C/S 结构容易造成网络瓶颈的缺陷。此外，在大型管理信息系统中，还采用了 Internet/lntranet 技术中的浏览器与 Web 服务器技术，以实现软件系统数据结构的标准化、跨地区和跨平台运行。同时，还考虑了电子商务在软件功能中的应用。

从企业应用上看，并非所有企业都要应用大型企业管理信息系统，只有实施规范化管理的企业或具有一定规模的企业才会考虑应用大型企业管理信息系统，大部分企业一般先解决会计信息系统，等到规模化发展时才开始应用面向企业全面管理的大型企业管理信息系统。因此,会计系统软件开发公司在制定发展策略时,一般会根据自己的资金实力与技术实力,对即将开发的产品进行定位。大部分会计信息系统开发公司致力于开发中、小型企业会计信息系统产品,而只有少数具有一定规模和实力的会计信息系统开发公司,选择致力于大型企业管理信息系统的开发。

### 1.4.3 会计信息系统的发展趋势

1. 会计软件由核算型向管理型发展

1996年,第二届全国会计信息化会议提出了财务会计软件从核算型向管理型发展的口号,为我国会计信息化发展指明了方向。会计信息系统是企业管理信息系统的中心,在企业管理信息系统中,会计信息系统是最普及和最大的信息系统,它的"触角"延伸到其他各个子系统中,企业的所有管理活动与会计信息系统都存在着直接或间接的关系。因此,会计信息系统是企业管理信息的加工中心,在管理信息系统中具有举足轻重的地位。管理型会计软件所依赖的信息主要来自会计核算系统。正因如此,发展管理型会计软件首先要加强各核算软件之间的联系和数据共享,如加强制造成本、销售管理和工资人事管理等财务管理软件之间的联系和数据共享。

目前,我国的会计信息系统主要应用于各种核算的编制账表,或者说主要应用于财务会计方面。功能较强的信息化会计系统包括分析、预测、决策、规划、控制和责任评价等方面的功能,并向管理会计方面延伸。会计信息系统要提高管理层次,就要和企业管理信息系统的其他子系统进行有机结合,并且这种结合应是密切的而不是松散的,各子系统之间的数据充分共享和互换。会计信息系统不能只依靠会计信息而独立存在,而应从会计管理信息系统出发,综合市场、生产等管理信息,建立"大财务信息系统",将现有的会计信息系统逐步发展成全面的管理信息系统,才能适应现代企业管理的需要。

2. 向网络化方向发展

随着计算机网络技术的大规模应用和发展,以及会计核算业务量的增大、业务种类的增多,对会计信息资料的分析与研究不断深入,计算机单机处理的方式已难以完成现有会计核算工作。同时,网络技术的迅速发展及应用领域的不断拓宽,也使会计信息系统出现了许多新的特征。这些既推动了现有会计信息系统的发展,同时也对现有的会计信息系统的发展提出了挑战。为此,为适应时代发展的需要,会计信息系统必然向网络财务的方向发展。所谓网络财务是指基于互联网技术,以财务管理为核心,以实现企业物流、资金流、信息流高度一致为目标,支持企业开展电子商务,并最终实现管理信息化的互联网环境下全新的财务管理模式。

网络的发展对企业会计环境的影响是显而易见的。就广域环境而言,一方面,国际互联网(Internet)使企业在全球范围内实现了信息交流和共享;另一方面,企业内部网(Intranet)技术在企业管理中的应用,则使企业走出封闭的"局域"系统,实现了企业内部信息对外实时开放。网络环境为会计信息系统的发展提供了最大限度的全方位信息支持。由于 Intranet 是根植于以 Internet 为主的一系列技术之上的一种企业内部网络结构，它将企业管理信息系统以网络的方式进行重新组合，其结果是会计所需处理的各种数据越来越多地以电子形式直接存储于计算机网络之中。一方面，Intranet 技术使企业对所发生的经济活动进行实时报告成为可能；另一方面，借助于 Intranet 及 Internet，企业外部信息需求者同样可以实时获取所需信息进行分析，以便作出有效决策。在实时报告系统下，信息提供具有以下新特点：

(1)实时性(在线反馈)

网络技术可以动态跟踪企业的每一项变动，并予以必要提示。

(2)全面性

通过在线访问，企业内外部信息需求者可动态得到企业实时财务及非财务信息。

(3)实时分析比较

网络环境下在线数据库涵盖了网上所有企业信息，财务人员依此可得到同行业其他企业的有关财务指标，并通过对其进行比较分析，能正确预测企业今后的发展趋势。可以说未来会计信息的发布和传播，将由使用书面形式转向电子媒介形式，企业内部网与国际互联网，与证交所、会计师事务所和税务部门等各网络互联，公众投资者可上网访问企业的主页，浏览查询所需的财务信息。

3. 会计信息的报告向实时化、模式多样化方向发展

随着计算机技术的发展和会计软件开发与应用网络化、智能化的实现，将能够做到以不同的形式、不同的方法实时为各类信息使用者提供最新最快的信息，使其迅速了解企业的生产经营活动情况。这样有利于企业的管理者审时度势，抓住机遇，把握未来。研究如何在会计信息系统中应用电子计算机，建立完善的信息化会计信息系统，以提高会计核算和管理水平是会计信息化的根本任务。可以预见，在不久的将来，随着计算机技术的迅速发展，以及我国经济体制的改革和社会主义市场经济的发展，会计信息系统的开发与应用必然渗透到整个企业管理信息系统的开发与应用中，形成“管理型”“网络化”的会计信息系统，且会计信息系统与企业的生产经营管理信息系统、市场营销管理信息系统等其他系统将有机地结合在一起，组成企业的管理信息系统网，从而使会计信息化向综合应用和高层次管理等方向发展。

4. 会计软件由“手工型”向“智能型”发展

(1)操作过程智能化

目前，在会计凭证输入过程中就有许多智能化的问题。例如，当用户选择了“现收凭证”，那么借方科目自动显示“现金”；或者借方科目输入“现金”，凭证类型自动显示“现收”。又如，借方已输入“材料采购”科目，那么借方一般还有“应交税金—应交增值税(进项税额)”，而且其金额已根据本行业的税率与“材料采购”的金额自动计算。这类智能化工作还有很多，从总体上看，目前的会计软件还有待完善。

(2)业务分析智能化

业务分析的前提是业务分类，会计核算中的一级科目有几十个，明细科目有几百个，而划分这些科目的目的之一就是为了便于分析。目前的会计软件一般根据经验还增设了按“部门”“项目”“客户”等进行的分类，也是为了便于分析。业务流程重组理论是当前企业和管理学界研究的热点内容。所谓业流程重组，是指会计业务除了传统的流程之外，还可以随时根据需要，进行若干次的重新组合。这就要求：一方面，要把业务重组(分类)的权限交给用户，而不是由软件开发商去限定；另一方面，要解决标识的多重性问题。所谓标识的多重性问题，是指一笔业务或一个会计账户需要进行若干次重组(分类)时，可以给予多个不同的标识。

(3)决策支持智能化

决策支持智能化也就是将人类的知识、经验、创造性思维和直觉判断等，用计算机语言来表达，使计算机模拟人脑进行决策。决策支持智能化主要是为解决非程序化决策和半程序化决策中无法用常规方法处理的问题。

# 1.5 会计信息系统与ERP系统

## 1.5.1 ERP概述

ERP产生于美国，由产业科技研究公司Gartner Group Inc. 于20世纪90年代首先提出。它并不是凭空产生的全新的观念，而是根据供应链管理理念及信息技术的发展，对制造业管理信息系统的发展趋势进行的推论。它由20世纪60年代的MRP(物料需求计划，Material Requirement Planning)、70年代的闭环式MRP、80年代的MRPⅡ(制造资源计划，Manufacturing Resource Planning)逐渐演进而成。2000年，Gartner Group又提出了ERPⅡ的概念，并认为ERPⅡ将逐渐取代ERP。尽管国内外对ERPⅡ的定义存在争论，但是从某种程度来说，ERP仍是一个发展中的概念。下面就ERP的发展阶段做简要介绍。

1. MRP阶段

20世纪60年代，计算机首次在制造业的库存管理中得到了运用，在美国出现了一种由计算机辅助进行库存控制和生产计划管理的新方法——物料需求计划(MRP)。这种方法通过计算机系统实现对客户订单、在库物料(相当于会计中的存货)、批量生产及库存水平的管理，并进行合理的原材料购进和生产批量安排，制订相应的物料需求计划。MRP系统主要经历了时段式阶段和闭环式阶段。

(1)时段式MRP阶段

该阶段MRP系统对每项物料的库存状态按时段进行分析(这样大量的数据处理只有计算机才能胜任)。时段式MRP系统运行的前提有四：其一是要有一个主生产计划，回答“生产什么产品”和“什么时候产出”的问题；其二是要有一个物料清单(Bill of

Materials,简称 BOM),解释某种产品的构成项目以及从原材料到零件、组件,直至最终产成品的层次关系;其三是要有完整的库存记录;其四是以上提到的主生产计划、物料清单和库存记录都要通过物料代码来描述,即赋予每项物料(包括原材料、零部件和最终产品)一个唯一的物料代码。

时段式 MRP 系统的基本任务是:从主生产计划导出相关物料的需求量和需求时间;根据物料的需求时间和生产(订货)周期来确定开始生产(订货)的时间。

时段式 MRP 流程如图 1-10 所示。

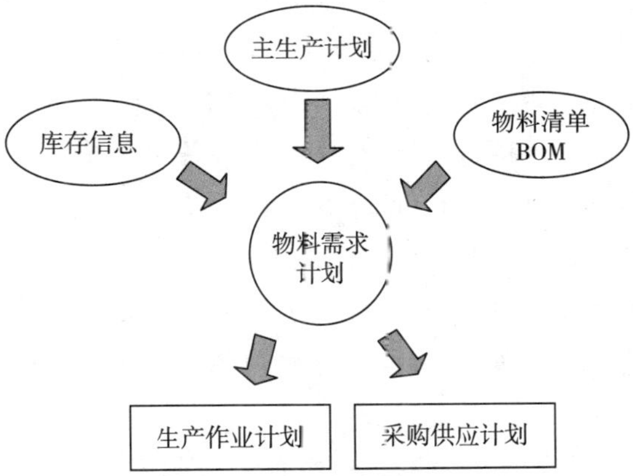


图 1-10 时段式 MRP 流程图

(2)闭环式 MRP 阶段

时段式 MRP 系统能根据相关数据计算物料需求的数量和时间,从而更好地实现了车间作业管理和采购作业管理。但是,其必须受到企业生产能力和采购条件的约束,防止计算出来的物料需求计划因为设备、工时或者原料的不足而无法执行。于是,MRP 系统在 20 世纪 70 年代发展为闭环式 MRP 系统。所谓闭环有两层意思:其一是将能力需求计划(Capacity Requirement Planning,简称 CRP)、车间作业计划和采购作业计划全部纳入 MRP,形成一个封闭系统;其二是在计划执行过程中,接收来自车间、供应商和计划人员的反馈信息,并利用这些信息进行相应计划调整,使生产计划涉及的各个子系统协调统一。闭环式 MRP 系统的工作流程是一个"计划—实施—评价—反馈—计划"的过程,如图 1-11 所示。

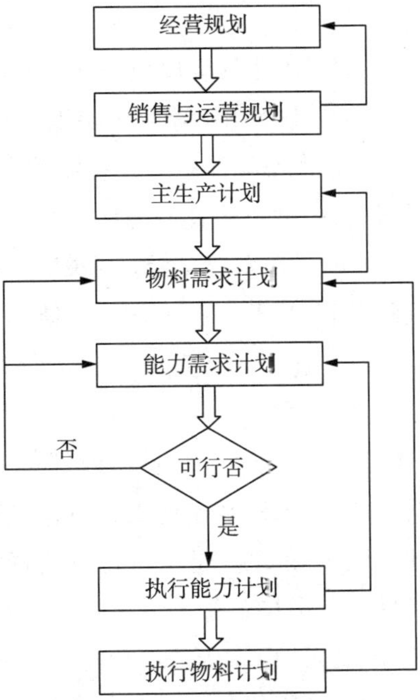


图 1-11 闭环式 MRP 流程图

此时MRP的应用不涉及会计核算的内容，也没有财务部门的参与，因此，在MRP阶段的会计工作是完全独立于MRP系统的，相关联的数据在生产部门与财务部门的计算机上重复录入、存储，容易造成数据的不一致。

2. MRPⅡ阶段

闭环MRP系统使生产活动方面的各种子系统得到了统一。但是在企业管理中，生产管理只是一个方面，所涉及的仅仅是物流，而与物流密切相关的还有资金流。若将MRP系统中的库存记录用于会计核算，并且将主生产计划通过货币单位来表示，是否能实现物流与资金流的一体化管理？举例来说，由工程技术部门提供的物料清单，不再只是生产管理的参考文件，而是既可用于确定物料需求，又可用来核算成本的一个控制文件。于是，在20世纪80年代闭环式MRP向MRPⅡ发展。

MRPⅡ是把生产、财务、销售、工程技术、采购等各个子系统结合成一个一体化的系统，全称为制造资源计划（Manufacturing Resource Planning）。由于其英文缩写还是MRP，为了与物料需求计划相区别，简记为MRPⅡ。

MRPⅡ与MRP的主要区别在于MRPⅡ运用了管理会计的理念，用货币形式说明了企业实行物料计划所带来的经营效益，实现了物料信息与资金信息的集成。

MRPⅡ有如下特点：

第一，MRPⅡ将企业中的各个子系统有机地结合起来，形成了一个面向整个企业的一体化系统。其中，生产和财务两个子系统关系尤为密切。

第二，MRPⅡ的所有数据来源于企业中央数据库，各个子系统在统一数据环境下工作。

第三，MRPⅡ具有模拟功能，能根据不同的决策方针模拟出各种未来将会发生的结果，因此能成为企业领导层的决策工具。

MRPⅡ将实物形态的物料流动直接转换成价值形态的资金流动，使得生产数据和财务数据保持一致。因此，在这一阶段，会计系统才真正被纳入企业管理信息系统中，成为MRPⅡ的重要子系统。但是，MRPⅡ中的会计系统主要用于事后反映和收集财务数据，在管理控制和决策支持方面的功能相对较弱。

3. ERP阶段

进入20世纪90年代，随着市场竞争逐步加剧，企业家们意识到要适应瞬息万变的市场环境，仅仅依靠管理企业内部资源是不够的。企业经营活动涉及的各个方面，如客户、供应商、分销商和制造工厂以及贯穿其中的物流、资金流、信息流等，它们紧密结合起来就形成了一条供应链。利用制造资源计划（MRPⅡ）全面计划和管理企业内部资源的思想和技术，将与企业经营有关的上游供应商、下游分销商至终端客户以供应链为线索进行有效集成和整体管理，发展成为企业资源计划（ERP）。

ERP在MRPⅡ的基础上将资源计划拓展至与企业经营活动相联系的企业外部资源，拓宽了资源管理范围，提高了企业对市场反应的灵活性和财务效率。它完成了以市场和客户需求为导向，企业内外部资源的优化配置，实现了信息流、物流、资金流的集成。

ERP 的概念提出之后，短短几年时间内就被普遍接受。事实上，ERP 在管理界、信息界、企业界分别具有特定的内涵和外延。下面介绍几个推动 ERP 发展的相关机构对 ERP 的解释。

(1)Gartner Group

Gartner Group 是通过一系列功能标准来定义 ERP 系统的，它提出的 ERP 功能标准包括以下四个方面。

① 超越 MRPⅡ范围的集成功能

包括质量管理、实验室管理、流程作业管理、产品数据管理、维护管理、管制报告和仓库管理。

② 支持混合方式的制造环境

既可支持离散型制造环境，又可支持流程型制造环境；具备按照面向对象的业务模型重组业务过程的能力，以及在国际范围内的应用支持。

③ 支持多种监控功能

在整个企业内采用计划和控制方法、模拟功能、决策支持功能和用于生产及分析的图形功能。

④ 支持开放的客户机/服务器计算环境

要求客户机/服务器(C/S)体系结构；图形用户界面(GUI)；计算机辅助软件工程(CASE)；面向对象技术；关系数据库；第四代语言(4GL)；数据采集和外部集成。

以上四个方面分别从软件功能范围、软件应用环境、软件功能增强和软件支持技术等角度对 ERP 作了界定，反映了 20 世纪 90 年代制造系统在功能和技术上的客观要求。此外，Gartner Group 还提出了 ERP 的两个集成目标：内部集成(Internal Integration)，即实现企业生产、研发、财务等活动的集成；外部集成(External Integration)，即实现企业与供应链上的所有合作伙伴的集成。

(2)APIC

以推动 MRP、MRP Ⅱ著名的 APICS(American Production and Inventory Control Society，美国生产与库存管理协会)在分别于 2005 年和 2008 年出版的《APICS 字典》第 11 版和第 12 版中，都将“企业资源计划”定义为“组织、定义业务流程并使之标准化的框架；这些流程是为有效地计划和控制一个组织，从而使得该组织能够利用内部的知识来寻求外部的优势所必需的”。这个定义的适用范围更加宽泛了。

(3)AMT Group

AMT Group 从管理思想、软件产品、管理系统三个层次给出了 ERP 的定义。

① ERP 是一种面向供应链的管理思想

它将企业的业务流程看作是社会范围内紧密连接的供应链。企业将客户、供应商、分销商、合作单位纳入生产体系，同他们不再是简单的业务往来关系，而是利益共享的合作伙伴关系，进而组成一家企业的供应链。通过对整个供应链的管理，实现精益生产(Lean Production)、敏捷制造(Agile Manufacturing)、全面质量管理(Total Quality Management，简称 TQM)等，以此获得竞争优势。

② ERP 是一种模块化的软件产品

它综合运用了客户机/服务器体系、图形用户界面、第四代语言、关系数据库结构、面向对象的程序设计语言、网络通信等信息技术成果，通过划分模块、信息集成、流程导向等方式实现了 ERP 管理理念。

③ ERP 是一种管理信息系统

它整合了企业管理理念、业务流程、基础数据、人力、物力、计算机硬件和软件，实现跨国、跨地区、跨公司、跨部门整合实时信息的企业管理信息系统。

这种分层次的解释能够帮助我们理解 ERP 在管理界、信息技术界和企业界的特定内涵及作用。简单来说，ERP 的目的是在整合企业经营各个流程信息流的基础上，提供即时完整的信息以辅助决策。

4. ERPⅡ阶段

2000 年，Gartner Group 在原有 ERP 的基础上进行拓展，提出了 ERPⅡ的概念。而事实上，ERPⅡ的大部分内容都是当初 ERP 的内容，唯有"协同商务(Collaborative Commerce)"的内容颇具新意。协同商务是一种各个经济实体间实时、互动的供应链管理模式，它通过信息技术的应用，使得企业内部人员、企业与业务伙伴、企业与客户之间的电子化业务实现实时分享与交互，达到资源分享、消除非增值作业、同步运行的目的。这种思想实际上已存在于 ERP 中，只是由于当时通信技术的限制未能实现。随着全球信息化进程的加快和电子商务技术的成熟，ERP 的功能将会不断拓展和完善。

纵观 ERP 的发展，从 MRP 到 MRPⅡ，再到 ERP 以及 ERPⅡ，每个阶段的发展都是与当时市场环境的需求、企业管理模式的革新和技术条件的进步紧密联系的，而且集成的范围也越来越大。因此，未来 ERP 的发展在整体思想体系上必将实现更大范围的集成，支持以协同商务和实时企业为特征的供应链管理模式，实现更大范围的资源优化配置，以提升企业竞争力。

### 1.5.2 ERP 系统中的会计信息系统

ERP 系统一般包括生产控制管理(计划、制造)、物流管理(销售管理、采购管理、库存管理)、财务管理(会计核算、应收应付、存货管理、资产管理、成本管理、预算管理、资金管理、绩效评价)及人力资源管理四个基本功能模块。其中的财务管理模块就充当着会计信息系统的作用，为企业的经营管理决策提供会计信息。ERP 系统中的财务管理子系统并非是对 AIS 功能的简单集成，而是完成了从事后反映到事前计划及事中控制的转变。ERP 系统通过定义与业务(transaction)处理相关的会计核算科目和核算方式，在业务发生的同时自动生成会计分录，保证物流与资金流的同步记录以及数据的一致性，实现了财务信息与非财务信息的集成。因此，可以根据财务资金现状追溯资金的来龙去脉，并进一步追溯所发生的相关业务活动，从而改变了资金信息滞后于物料信息的状况，便于实现事中控制和辅助实时决策。总的来说，ERP 不境下的会计信息系统除了具有会计基本核算功能外，还具有包括预测、计划、预算管理、成本管理、业绩评价在内的会计管理功能。可以看出，ERP 系统通过对会计信息和业务信息处理的集成，实现了财务与业务管理的一体化，使信息资源的利用更为有效，优化了企业资源。

无论是在传统的 MRPⅡ中还是在 ERP 中，财务管理始终占据核心地位。会计和财务管理的对象是企业资金流，而企业资金流是衡量企业运营效果的标准之一，因而会计信息系统一直是企业实施 ERP 时关注的重点。几乎所有的 ERP 软件都提供了功能强大、集成性好的会计信息系统（或财务子系统），并在 ERP 系统中发挥了显著的作用。

1. 会计信息系统的功能集成到 ERP 系统中

从传统的会计观来看，会计信息系统是处理会计业务的系统，因此，该系统仅仅关注企业交易活动中的会计数据。例如，当销售发生时，会计信息系统所生成的会计分录仅显示销售日期、借方科目和贷方科目及其金额，其他有关销售的潜在和有用的非财务信息，如销售活动发生的时间、发货地点、客户相关信息等一般在会计信息系统外部进行收集和处理。因此，许多组织需要额外开发其他信息系统来收集、处理、存储和报告会计信息系统以外的信息。然而，多个孤立的信息系统不仅带来了很多麻烦，而且效率低下，重复的数据经常会收集和存储到两个或两个以上的信息系统中，不仅造成系统数据冗余，而且会由于没有同步修改系统数据而造成数据不一致。

从 ERP 系统来看会计信息系统，ERP 强调企业资源管理，因此，会计信息系统必须与企业其他系统有机集成，即将会计信息系统功能集成到 ERP 系统中，会计信息系统成为企业资源管理系统的子系统。一个强大的 ERP 系统一般包括采购管理、生产制造管理、销售管理、财务管理（账务处理、应收应付、存货管理、资产管理、成本管理、预算管理、资金管理、绩效评价等）、人力资源管理等子系统。ERP 系统能够把财务的管理控制真正与业务紧密联系在一起，从而使计划、预算、监控、分析的触角延伸到企业各个职能部门的最末端，为企业的运作提供决策支持。如今任何一个 ERP 软件都包括会计子系统。

2. 会计信息系统的信息融入 ERP 集成环境

从传统的会计观来看，会计信息系统是处理会计业务的系统，因此，该系统仅关注保存会计数据和信息，从而使得会计信息系统的数据和信息自成体系，并形成信息孤岛。

从 ERP 系统来看会计信息系统，ERP 强调企业资源管理，强调会计信息与业务信息的集成，注重实现物流、资金流和信息流的集成。因此，ERP 系统构建的是整个企业的中央数据库，企业经济活动的数据和信息均存放在该中央数据库中。企业各个部门能够共享信息，并协调业务活动。例如，当企业存货不足时，引发采购订单的生成，采购部门、检验部门、仓储部门、运输部门、财务付款部门能够共享采购订单等信息，在各个环节处理相应的业务并将信息存储在中央数据库中；各个部门在信息共享的环境中协同运作，完成从采购到付款的业务循环。

## 案例分析

### YT集团的财务痛点

YT汽车贸易集团有限公司（以下简称YT集团），成立于1976年，是国内一家大型的汽车经销商和中国民营企业500强企业。现有资产150亿元，员工10000余人。建有19个汽车经营园区，20多家汽车零部件代理中心库，经营36个汽车品牌、72个配件品牌、100多个汽车用品品牌，建有100家县域营销网点，是中国汽车流通行业百强企业。

YT集团的发展同其他行业的集团化进程一样，随着企业的发展，经营实体从原来的几家发展到十几家再扩展到上百家，原有的“人管人”的企业管理模式越来越不适应企业的发展。集团财务会计和财务管理方面逐渐浮现许多问题，如：工作效率低下；多口统计数据，形成数据不准确；管理不规范，各项管理制度得不到落地，没有形成流水线的管理模式；业务与业务资金关联没有得到有效稽核。为解决这些问题，经过多方沟通和研究，YT集团决定采用现代化的会计信息系统作为管理支撑，以提升集团的核心竞争力。

1. 请根据上述资料分析YT集团随着规模壮大，在财务和业务上存在哪些问题，下一步应如何解决？

2. 根据案例深入思考YT集团应如何改造企业传统的会计信息系统，从而建设现代化的会计信息系统？现代化的会计信息系统能给YT集团带来什么好处？

3. 谈谈你个人对企业会计信息系统建设的看法。

# 第2章 系统管理

## 2.1 用友U8系统概述

用友软件集团是中国领先的企业及政府、社团组织管理与经营信息化应用软件与服务提供商，以1988年成立的用友软件股份有限公司为主体组建，专注于软件主业发展，为客户提供优秀的应用软件产品、解决方案和服务。用友公司成立于1988年，是中国最大的管理软件、ERP软件、集团管理软件、人力资源管理软件、客户关系管理软件、小型企业管理软件、财政及行政事业单位管理软件、汽车行业管理软件、烟草行业管理软件、内部审计软件及服务提供商，也是中国领先的企业云服务、医疗卫生软件、管理咨询及管理信息化人才培训提供商。目前，中国及亚太地区的120多万家企业与机构通过使用用友软件，实现了精细管理、敏捷经营。用友软件股份有限公司连续多年被评定为国家"规划布局内重点软件企业"，2010年获得工信部系统集成一级资质企业认证。"用友ERP管理软件"系"中国名牌产品"。2001年5月18日，用友软件股份有限公司成功在上海证券交易所发行上市(股票简称:用友软件;股票代码:600588)。

用友ERP－U8V10.1系统为2011年12月发版的产品"用友ERP－U8 V810.1"的升级版本，包括以下行业:企业门户、财务会计、管理会计、供应链管理、生产制造、分销管理、零售管理、决策支持、人力资源管理、办公自动化、集团应用、企业应用集成。

### 2.1.1 用友U8主要功能模块

U8管理软件财务系统主要包括7个模块:总账、UFO报表、应收管理、应付管理、薪资管理、固定资产管理、成本管理。

总账系统主要提供凭证处理、账簿查询打印、期末结账等基本核算功能，是整个财务系统最为重要的内容，其他业务子系统有关资金的数据最终都要归集到总账系统中以生成完整的会计账簿。

UFO报表是报表事务处理工具，主要功能有:文件管理功能、格式管理功能、数据处理功能、图形功能和打印功能。它可以通过取数公式从数据库中挖掘数据，也可以定义表页与表页之间以及不同表格之间的数据勾稽运算，制作图文混排的报表。UFO报表可单独使用，也可以和其他模块结合使用，广泛应用于各行业的财务、计划、统计、人事、税务等部门。

应收管理系统主要提供应收单和发票录入、客户信用控制、现金折扣处理、客户收款处理、单据核销处理、坏账处理、客户利息处理等业务处理功能，并提供应收账龄分析、欠款分析、回款分析等统计分析，提供现金流入预测。此外，还可进行应收票据的管理，处理应收票据的核算与追踪。

应付管理系统主要提供应付单和发票的录入、向供应商付款的处理、及时获取现金折扣的处理、单据核销处理等业务处理功能，并提供应付账龄分析、欠款分析等统计分析，提供现金流出预算。此外，还可进行应付票据的管理，处理应付票据的核算与追踪。

薪资管理系统主要包括工作核算、工资发放、工资分析和个人所得税核算等功能，可以与总账系统集成使用，将工资核算结果生成凭证传递到总账和成本系统，核算人力成本。

固定资产管理系统主要提供资产管理、折旧计算、统计分析等功能。其中资产管理主要包括原始设备的管理、新增资产的管理、资产减少的处理、资产变动的管理等。固定资产管理系统可用于进行固定资产总值、累计折旧数据的动态管理，协助设备管理部门做好固定资产实体各项指标的管理、分析工作。

成本管理系统提供成本核算、成本分析、成本控制和成本预测等功能，满足财务成本核算的事前预测、事中控制和事后分析的需要。

### 2.1.2 用友 U8 各功能模块的联系

用友 U8 各模块都具有专业和完善的功能，又相互联系，有机地结合在一起，满足客户财务管理的整体需求。

薪资管理系统、固定资产管理系统、应收款管理系统、应付款管理系统等子模块各自独立运行，每个模块数据处理的结果以凭证的形式保存下来，而这些凭证在子模块保存的同时，同步传递到总账系统，由总账人员统一执行出纳签字、审核、记账等操作。

## 2.2 系统管理概述

系统管理模块为各个子系统提供了一个公共平台，对财务系统的各个子系统进行统一的操作管理和数据维护，其主要功能包括账套管理、账套库管理、操作员及权限管理和系统安全管理。

### 2.2.1 账套管理

账套是指一个独立核算的单位的一套账。一般来说，一家企业只用一个账套，如果企业有多个下属的独立核算的实体，也可以建多个账套。账套之间是相对独立的，改变其中一个账套中的数据，不会对其他账套产生任何影响。

账套管理主要包括新建账套、修改账套、引入和输出账套、删除账套等。

新建账套：企业应用用友 U8 之前，需要先建立账套，然后才能启用用友 U8 管理系统的各个子系统，进行日常业务处理。

修改账套：账套建立之后，在未使用相关信息的前提下，可以对账套的一些信息进行修改。

账套输出：账套输出可以实现数据存储，也就是备份功能。

账套引入：当需要恢复系统数据或者导入其他外部账套时，可以使用账套引入功能。

账套删除：执行账套输出时可以进行账套删除，用友 U8 的账套删除功能是通过账套输出来实现的。

### 2.2.2 账套库管理

账套和账套库是有区别的，账套是所有年度的账套库数据，账套库是单个年度的数据。例如，某单位建立账套"001 账套"后在 2021 年使用，然后在 2022 年的期初建 2022 账套库后使用，则"001 账套"具有两个账套库即"001 账套 2021 年"和"001 账套 2022 年"。

账套库管理包括新建账套库、初始化账套库、引入和输出账套库、清空账套库等。

### 2.2.3 操作员及权限管理

为了保证系统及数据的安全，系统对操作员及其权限进行集中管理，通过系统实现分工和权限管理，明确操作员的具体权责。

操作员：也就是用户，即有权限登录系统，对财务软件应用系统进行操作的人员。

角色：企业管理中拥有某一类职能的组织，既可以是实际的部门，也可以是拥有同一类职能的人所构成的虚拟组织。

操作员管理包括：操作员的增加、修改、删除等。需要注意的是：①如果修改了用户所属的角色，那么该用户相应的权限也随着角色的改变而改变；②所设置的操作员一旦被指定角色，则不能删除；③在使用的过程中已设置的操作员，可以由系统管理员随时修改其姓名及口令，但编号不能被修改。

操作员权限管理包括：权限的增加、修改、删除等。需要注意的是：①若角色下存在用户，则不允许删除；②用户和角色的设置没有先后顺序。

### 2.2.4 系统安全管理

系统安全管理是指为了保证系统运行安全和数据存储安全而设置的保障机制，系统安全管理包括系统运行监控、设置数据自动备份计划、清除系统运行异常任务、记录上机日志、刷新等。

实验一　系统管理

## 实验一　系统管理

一、实验目的

1. 了解用友 U8 系统管理的菜单及功能。

2. 掌握增加用户、建立账套、赋予权限、修改账套、输出账套、引入账套等操作。

二、实验内容

1. 以系统管理员身份登录系统管理，完成增加操作人员、建立账套、赋权、输出账套、引入账套等操作。

2. 以账套主管身份登录系统管理，完成修改账套等操作。

三、实验准备

完成用友 U8V10.1 软件的安装。

四、实验资料

1. 用户资料（表 2－1）

**表 2－1　用户信息**

| 编号 | 姓名 | 用户类型 | 认证方式 | 口令 | 所属部门 | 所属角色 |
|---|---|---|---|---|---|---|
| 001 | 蒋飞 | 普通用户 | 用户＋口令（传统） | 1 | 财务部 | 账套主管 |
| 002 | 刘勇 | 普通用户 | 用户＋口令（传统） | 2 | 财务部 | |
| 003 | 崔静 | 普通用户 | 用户＋口令（传统） | 3 | 财务部 | |

2. 账套相关信息

（1）账套资料

账套号：666；

账套名称：智诚软件；

采用默认账套路径；

启用会计期：2023 年 9 月 1 日；

会计期间：默认。

（2）单位资料

单位名称：江苏智诚软件股份有限公司；

单位简称：智诚软件；

单位地址：江苏省南京市江宁区软件大道 501 号；

法人代表：李勤；

税号：345051120400345。

（3）核算类型

企业记账本位币：人民币（RMB）；

企业类型：工业；

行业性质：2007 年会计制度科目；

账套主管：001 蒋飞；

选中“按行业性质预置科目”复选框。

(4)基础信息

企业有外币业务，需要对存货、供应商、客户进行分类。

(5)分类编码方案

科目编码级次：422；

客户分类编码级次：12；

供应商分类编码级次：12；

部门编码级次：12；

存货分类编码级次：122；

收发类别编码级次：12；

结算方式编码级次：12；

其他默认。

(6)数据精度

企业确定数据精度均为2。

3. 权限资料(表2-2)

表2-2 人员权限

| 编号 | 姓名 | 所属角色 | 权限 |
| --- | --- | --- | --- |
| 001 | 蒋飞 | 账套主管 | 拥有U8中所有账套的操作权限 |
| 002 | 刘勇 | | 财务会计中的总账、应收款管理、应付款管理、固定资产权限 |
| 003 | 崔静 | | 总账中的凭证下的出纳签字、查询凭证权限及总账中的出纳权限 |

4. 账套输出

将当前账套输出至D盘，并以“实验一系统管理”命名。

5. 账套引入

引入账套“实验一系统管理”。

五、实验要求

以系统管理员admin登录系统管理。

六、操作指导

1. 以系统管理员的身份登录系统管理

(1)执行“开始”—“所有程序”—“用友U8V10.1”—“系统服务”—“系统管理”命令，进入“用友U8[系统管理]”窗口。

(2)执行“系统”—“注册”命令，打开“登录”系统管理对话框。

(3)系统中预先设定了一个系统管理员admin，系统管理员初始密码为空，选择账套“default”(图2-1)，单击”登录”按钮，以系统管理员的身份进入系统管理。

系统管理界面最下行的状态栏中显示当前操作员[admin](图2-2)。系统管理界面中显示为黑色的菜单项即为系统管理员在系统管理中可以执行的操作，显示为灰色的菜单项为系统管理员在系统管理中没有权限执行的操作。

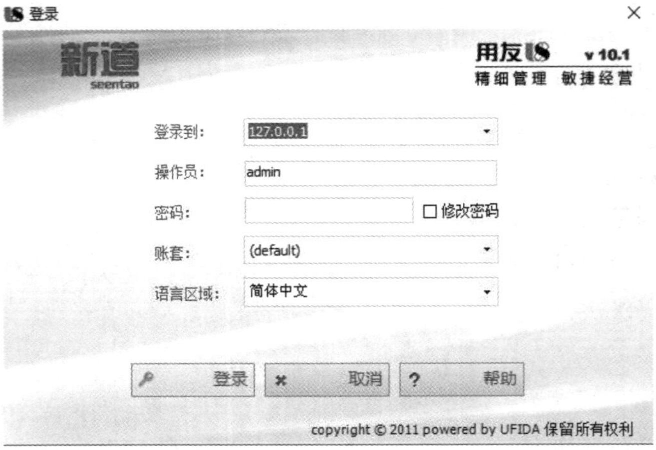


图 2-1　登录系统管理员

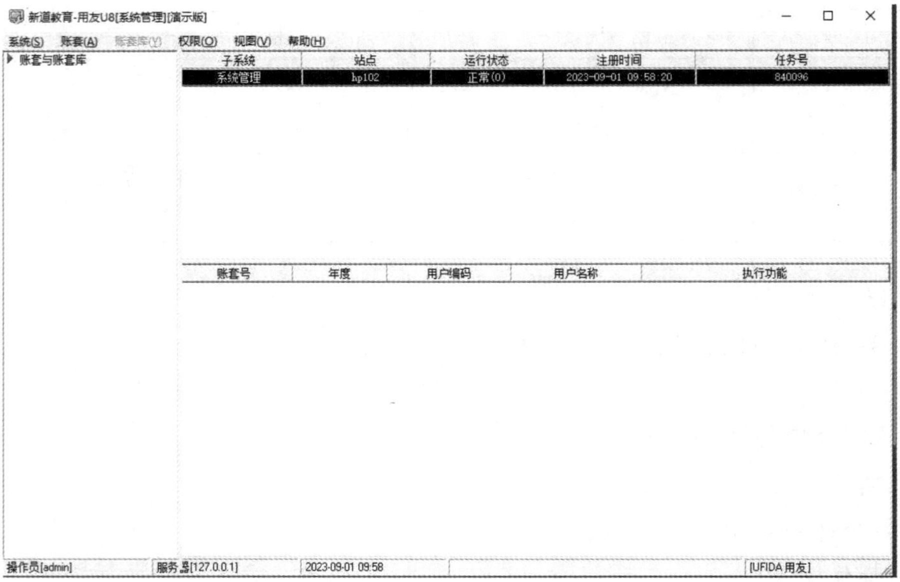


图 2-2　以系统管理员身份进入系统管理

2. 增加用户

(1)以系统管理员的身份登录系统管理，执行“权限”—“用户”命令，打开“用户管理”对话框(图 2-3)。

(2)单击“增加”按钮，打开“操作员详细情况”对话框(图 2-4)，依次输入：编号“001”，姓名“蒋飞”，用户类型“普通用户”，认证方式“用户＋口令(传统)”，口令“1”，所属部门“财务部”。

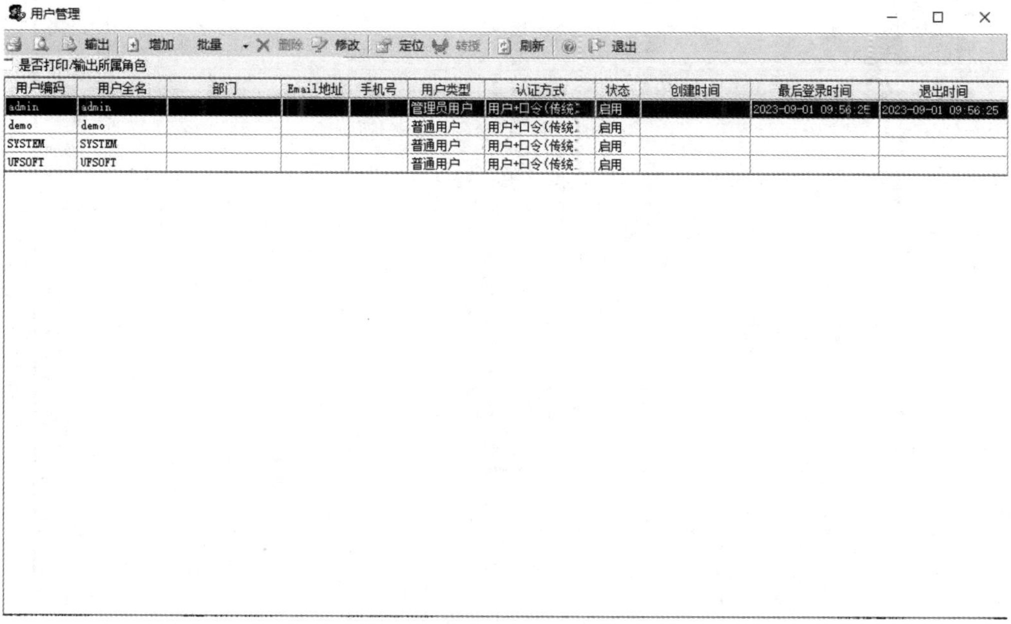

图 2-3　用户管理

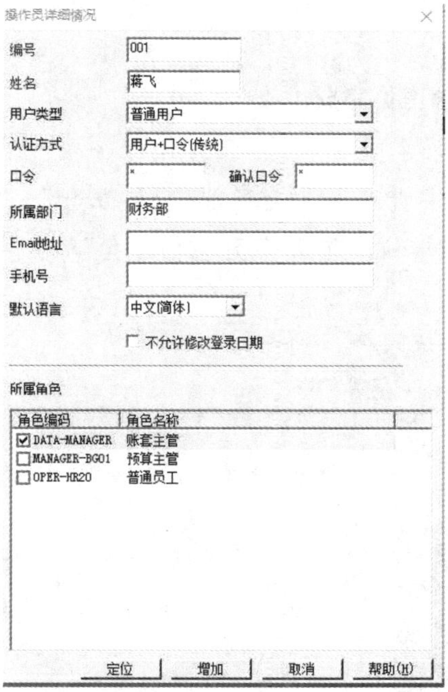

图 2-4　增加用户

(3)单击“增加”按钮。然后依次设置其他操作员(图 2-5)。设置完成后单击“取消”按钮退出。

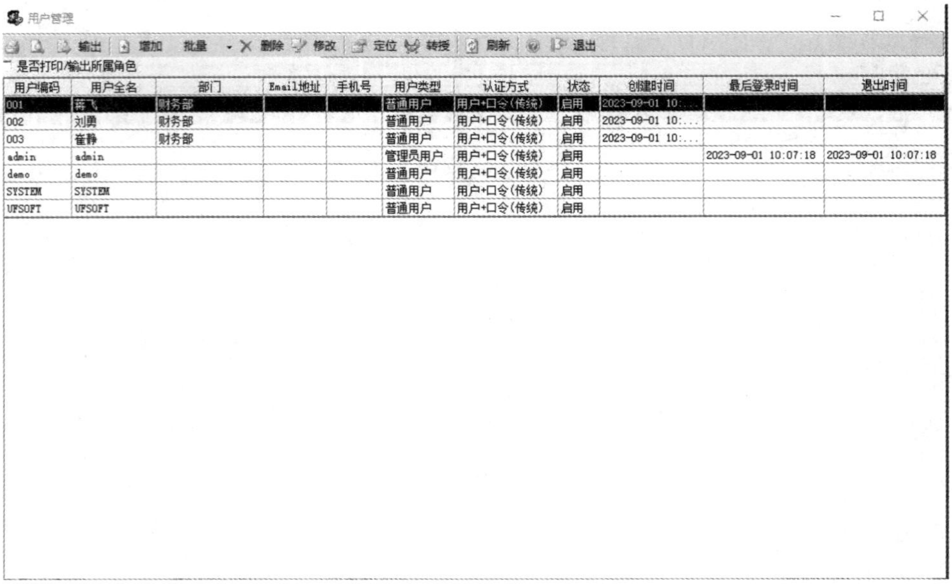


图 2-5 用户管理

提示:在“操作员详细情况”窗口,没有“保存”菜单,如需对当前输入的信息进行保存,单击“增加”按钮即可。

3. 建立账套

账套的建立须由系统管理员完成。

(1)新建空白账套

以系统管理员的身份注册进入系统管理执行“账套”—“建立”命令,打开“创建账套—建账方式”对话框(图 2-6)。选择“新建空白账套”单击“下一步”按钮,打开“账套信息”对话框。

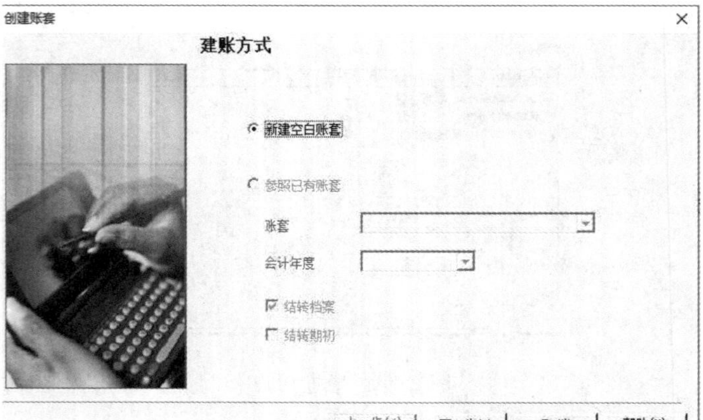


图 2-6 创建账套—建账方式

(2)账套信息

已存信息:系统将已存在的账套以下拉列表框的形式显示,用户只能查看,不能输入,也不能修改。

账套号:账套号是该企业账套的唯一标识,必须输入,且不得与软件内已经存在的账套号重复。可以输入 001—999 的 3 个字符,本例输入账套号 666。

账套名称:账套名称可以输入核算单位的简称,必须输入,进入系统后它将显示在正在运行的软件界面上,本例输入“智诚软件”。

账套语言:系统默认选中“简体中文”选项。从系统提供的选项中可以看出,U8 还支持繁体中文和英文作为账套语言,但简体中文为必选。

账套路径:用来确定新建账套将要被放置的位置,系统默认的路径为“C:\U8SOFT\admin”,用户可以人工更改,也可以单击“…”按钮进行参照选择输入。

启用会计期:指开始使用 U8 系统进行业务处理的初始日期,必须输入,系统默认为计算机的系统日期,本例输入“2023 年 9 月”。系统自动将自然月份作为会计核算期间。

是否集团账套:不选择。如选择了“集团账套”,在基础档案设置时,缺少“部门分类”“部门档案”等菜单。

建立专家财务评估数据库:不选择。

输入完成后(图 2-7)。单击“下一步”按钮,打开“创建账套—单位信息”对话框。

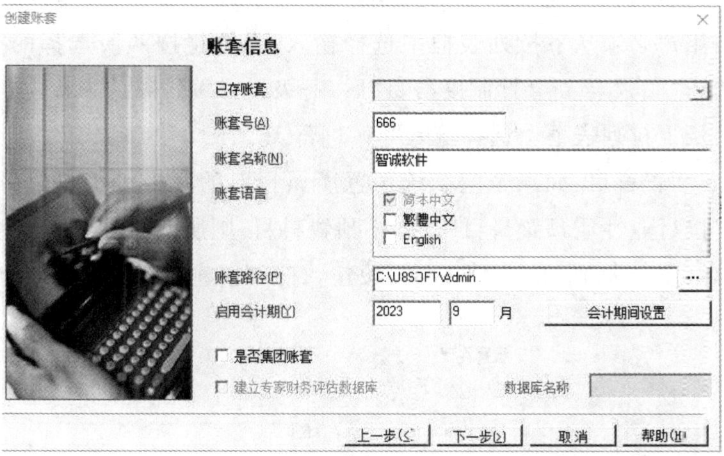


图 2-7　创建账套—账套信息

(3)单位信息

单位名称:必须输入企业的全称,企业全称在正式发票中使用,其余情况全部使用企业简称。本例输入“江苏智诚软件股份有限公司”。

单位简称:用户单位的简称,最好输入,本例输入“智诚软件”。

其他栏目都属于任选项,参照所给资料输入即可。

输入完成后(图 2-8),单击“下一步”按钮,打开“账套信息—核算类型”对话框。

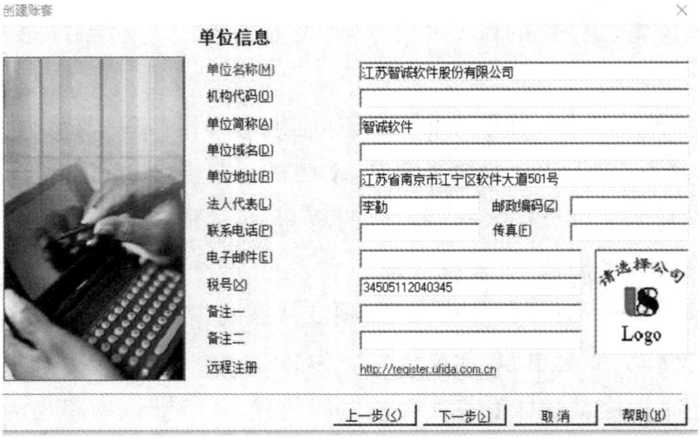


图 2－8　创建账套—单位信息

(4)核算类型

本币代码:必须输入,本例采用系统默认值“RMB”。

本币名称:必须输入,本例采用系统默认值“人民币”。

企业类型:系统提供了工业、商业、医药流通 3 种类型。如果选择“工业”,则系统不能处理受托代销业务;如果选择“商业”,则系统不能处理产成品入库、材料领用出库业务。本例采用系统默认“工业”。不同的企业类型下,系统预置的会计科目也不相同。

行业性质:用户必须从下拉列表框中选择输入,系统将按照所选择的行业性质预置科目。例如,选择“2007 年新会计制度科目”后,一级科目编码默认为 4 位。

账套主管:从下拉列表框中选择输入“[001]蒋飞”。

按行业性质预置科目:如果希望系统预置所属行业的标准一级科目,则选中该复选框。本例选择“按行业性质预置科目”。如不预置科目,则所有科目均需要增加。

输入完成后(图 2－9)。单击“下一步”按钮,打开“创建账套—基础信息”对话框。

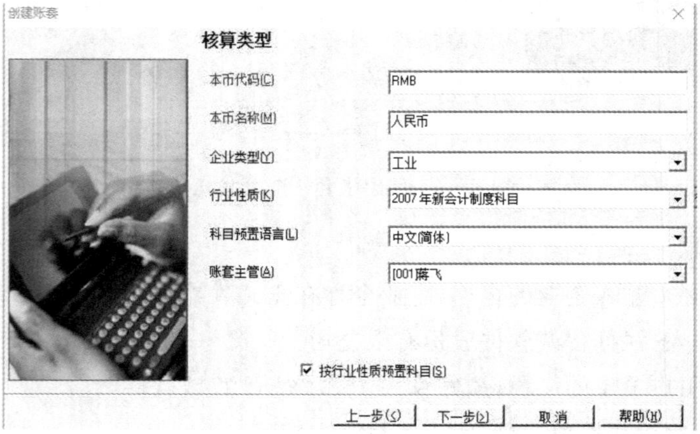


图 2－9　创建账套—核算类型

(5)基础信息

如果单位的存货、客户、供应商相对较多,可以对它们进行分类核算。如果此时不能确定是否进行分类核算,也可以在建账完成后由账套主管在“修改账套”功能中根据实际需要进行修改。

按照本例要求,选中“存货是否分类”“客户是否分类”“供应商是否分录”“有无外币核算”四个复选框(图 2-10)。单击“下一步”按钮,打开“创建账套—准备建账”对话框。

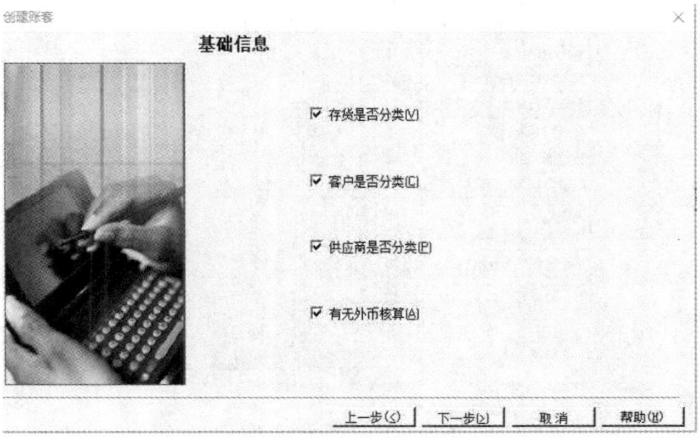


图 2-10　创建账套—基础信息

(6)准备建账

单击“完成”按钮,系统弹出提示“可以创建账套了么?”(图 2-11)。单击“是”按钮,系统依次进行初始化环境、创建新账套库、更新账套库、配置账套信息等工作,该过程需要一段时间才能完成,要耐心等待。完成以上工作后,打开“编码方案”对话框。

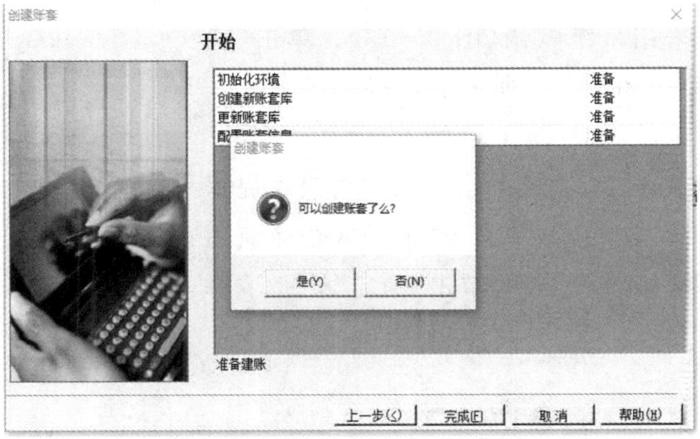


图 2-11　创建账套—准备建账

(7)分类编码方案

为了方便对经济业务数据进行分级核算、统计和管理,系统提供了设置某些基础档案编码规则的功能,即规定各种编码的级次及各级的长度。

按资料所给内容修改系统默认值(图 2－12),单击“确定”按钮,再单击“取消”按钮,打开“数据精度”对话框。

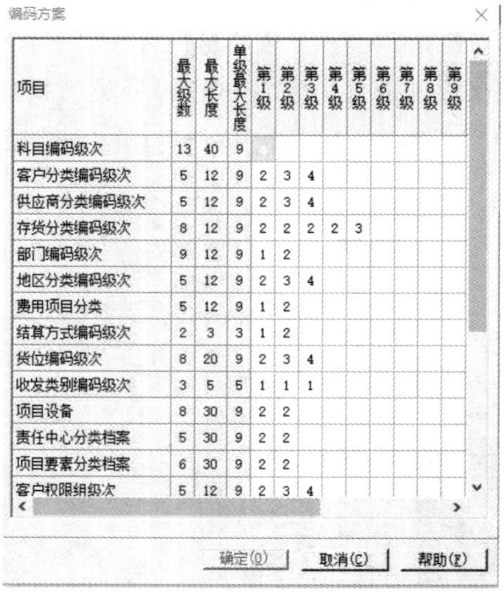


| 项目 | 最大级数 | 最大长度 | 单级最大长度 | 第1级 | 第2级 | 第3级 | 第4级 | 第5级 | 第6级 | 第7级 | 第8级 | 第9级 |
|---|---|---|---|---|---|---|---|---|---|---|---|---|
| 科目编码级次 | 13 | 40 | 9 | | | | | | | | | |
| 客户分类编码级次 | 5 | 12 | 9 | 2 | 3 | 4 | | | | | | |
| 供应商分类编码级次 | 5 | 12 | 9 | 2 | 3 | 4 | | | | | | |
| 存货分类编码级次 | 8 | 12 | 9 | 2 | 2 | 2 | 2 | 3 | | | | |
| 部门编码级次 | 9 | 12 | 9 | 1 | 2 | | | | | | | |
| 地区分类编码级次 | 5 | 12 | 9 | 2 | 3 | 4 | | | | | | |
| 费用项目分类 | 5 | 12 | 9 | 1 | 2 | | | | | | | |
| 结算方式编码级次 | 2 | 3 | 3 | 1 | 2 | | | | | | | |
| 货位编码级次 | 8 | 20 | 9 | 2 | 3 | 4 | | | | | | |
| 收发类别编码级次 | 3 | 5 | 5 | 1 | 1 | 1 | | | | | | |
| 项目设备 | 8 | 30 | 9 | 2 | 2 | | | | | | | |
| 责任中心分类档案 | 5 | 30 | 9 | 2 | 2 | | | | | | | |
| 项目要素分类档案 | 6 | 30 | 9 | 2 | 2 | | | | | | | |
| 客户权限组级次 | 5 | 12 | 9 | 2 | 3 | 4 | | | | | | |

图 2－12　编码方案

提示:单击“确定”按钮,对所修改内容进行保存,之后直接单击“取消”按钮退出该窗口即可。

(8)数据精度定义

数据精度涉及核算精度问题,应收款管理系统、应付款管理系统,会涉及一些原始单据的录入工作,需要填写数量及单价,数据精度定义是确定有关数量及单价的小数位的,本例采用系统默认(图 2－13)。单击“确定”按钮,系统提示“正在更新单据模版,请稍等”。

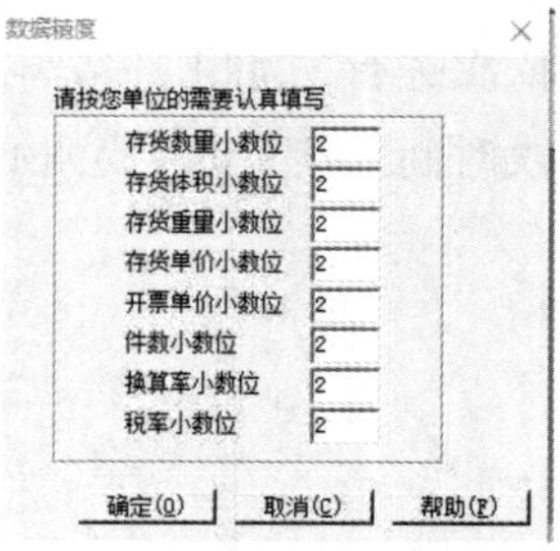


图 2－13　数据精度

(9)完成建账

完成单据模板更新后,系统弹出建账成功信息提示(图 2－14),单击“否”按钮,系统弹出“请进入企业应用平台进行业务操作!”信息提示框,单击“确定”按钮,再单击“退出”按钮,返回系统管理。

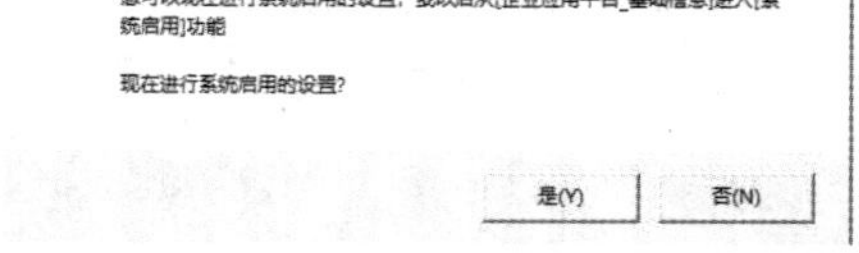


图 2－14　创建账套—建账成功

4. 设置用户权限

设置用户权限的工作可以由系统管理员或账套主管在系统管理的权限功能中完成，系统管理员可以对全部人员赋权，而账套主管只能对其所在账套的人员赋权。如果在设置账套时已经选择了该账套主管，则此时可以查看；否则，需要在权限功能中设置账套主管。如果在设置用户时已经指定了该用户的所属角色，并且该角色已经被赋权，则该用户已经拥有了与所选角色相同的权限；如果在设置用户时并未指定该用户所属的角色，或虽已指定该用户所属的角色，但并未对角色进行权限设置，则可以在权限功能中对该用户设置权限。

(1)查看蒋飞是否是666账套的账套主管

① 在系统管理中，执行"权限"—"权限"命令，打开"操作员权限"对话框(图2-15)，在"账套主管"右边的下拉列表框选中"[666]智诚软件"账套。

② 在左侧的操作员列表中，选中"001 蒋飞"，查看账套主管复选框是否为选中状态。

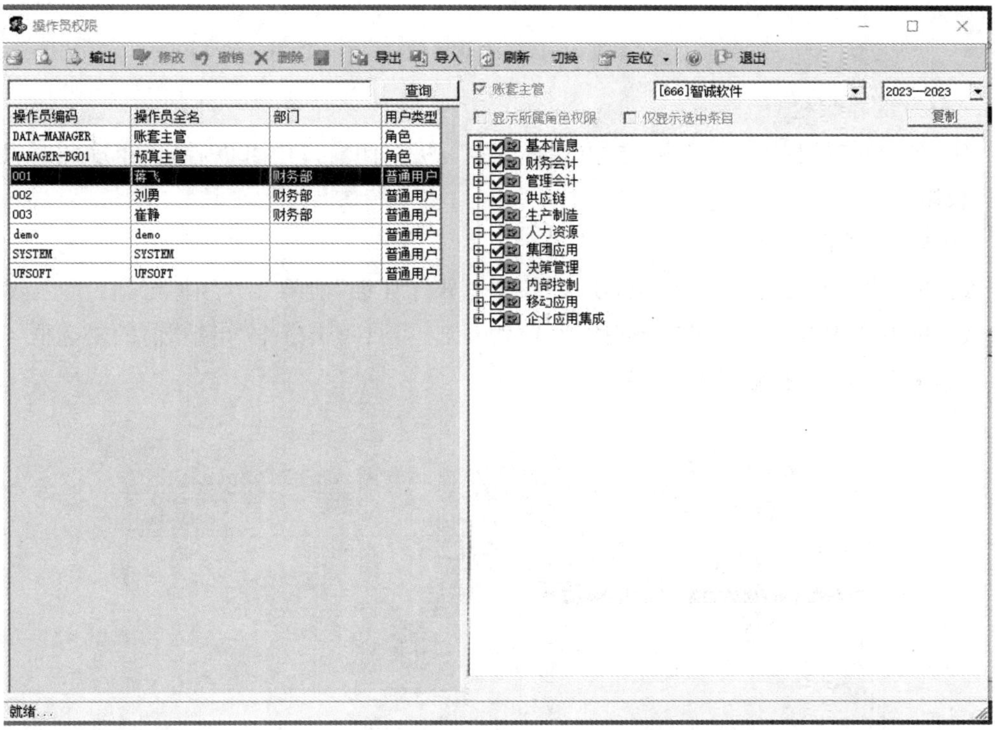


图2-15　查看账套主管的权限

(2)为刘勇赋权

① 在"操作员权限"窗口中，选中"002 刘勇"。单击"修改"按钮(图2-16)。

② 在右侧窗口中，选中"财务会计"中的"总账""应收款管理""应付款管理""固定资产"前的复选框。

③ 单击"保存"按钮返回。

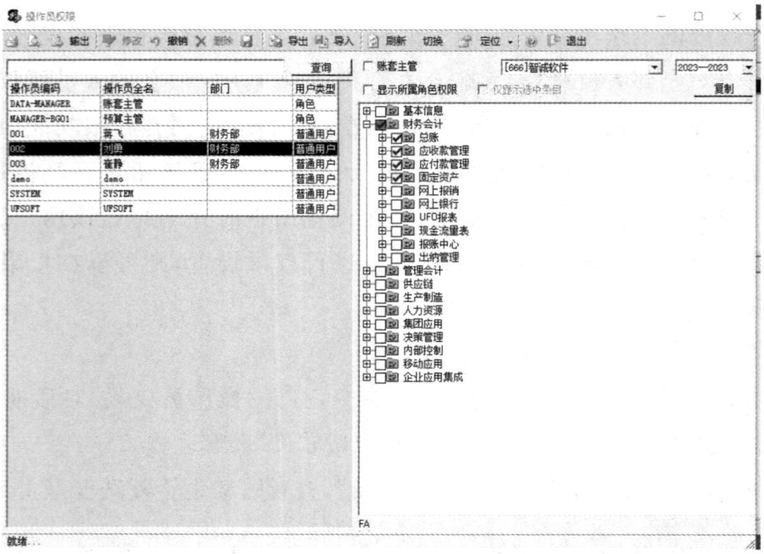

图 2-16　为刘勇赋权

(3)为崔静赋权

① 在"操作员权限"窗口中,选中"003 崔静",从右侧窗口中可以看出,崔静此时没有任何权限。

② 单击"修改"按钮。

③ 单击"总账"前的"+"标记,依次展开"总账""凭证"前的"+"号标记。

④ 单击选中"出纳签字""查询凭证"前的复选框,再单击选中"出纳"前的复选框。

⑤ 单击"保存"按钮(图 2-17)。

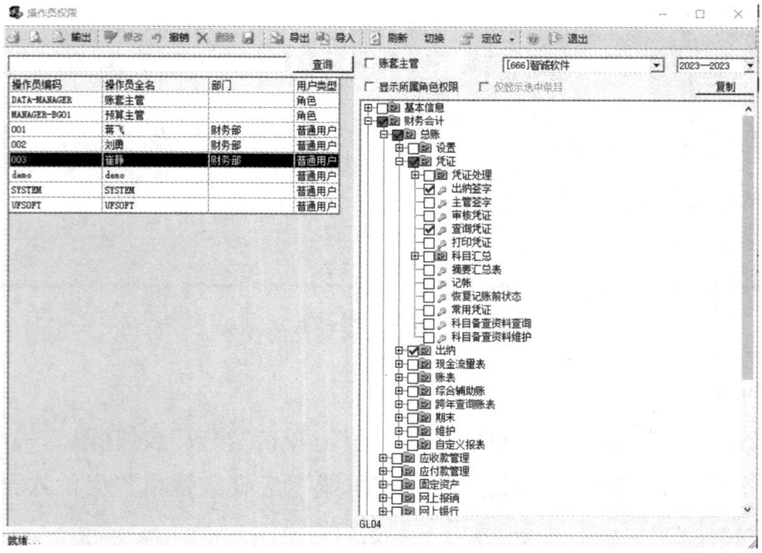

图 2-17　为崔静赋权

5. 修改账套

修改账套的工作须由账套主管在系统管理中的“账套”—“修改”功能中完成。

(1)执行“系统”—“注册”命令，打开“登录”系统管理对话框。

(2)录入操作员“001”(或“蒋飞”)，密码“1”，单击“账套”栏的下三角按钮，选择“[666]default 智诚软件”。单击“登录”按钮，以账套主管的身份登录系统管理。

(3)执行“账套”—“修改”命令，打开“修改账套”对话框，通过单击“下一步”按钮，找到“基础信息”对话框，单击选中“有无外币核算”前的复选框，单击“完成”按钮，系统弹出提示“确认修改账套了么？”。

(4)单击“是”按钮，并在“编码方案”和“数据精度”窗口中分别单击“取消”和“确定”按钮后确定修改成功。

6. 账套输出

账套输出的工作须由系统管理员在系统管理中的“账套”—“输出”功能中完成。

(1)在D盘中新建“666 账套备份”文件夹，再在该文件夹中新建“实验一系统管理”文件夹。

(2)由系统管理员注册系统管理，执行“账套”—“输出”命令，打开“账套输出”对话框。

(3)单击“账套号”栏的下三角按钮，选择“[666]智诚软件”，在“输出文件位置”列表框中选择“D:\实验一系统管理\”(图 2-18)。

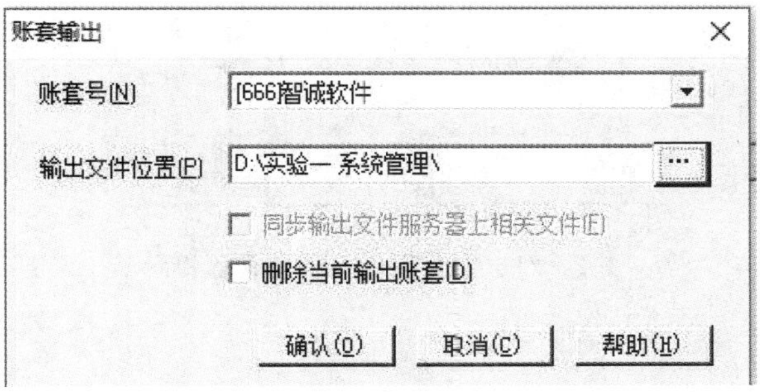


图 2-18　账套输出

(4)单击“确认”按钮，系统进行账套数据输出，完成后，弹出“输出成功”信息提示框，单击“确定”按钮返回。

7. 账套引入

账套引入的工作须由系统管理员在系统管理中的“账套”—“引入”功能中完成。

(1)由系统管理员注册系统管理，执行“账套”—“引入”命令。打开“请选择账套备份文件”对话框。

(2)选择“D:\实验一系统管理\UfErpAct. Lst”文件(图 2-19)。

(3)单击“确定”按钮，系统弹出“请选择账套引入的目录”信息提示框(图 2-20)。

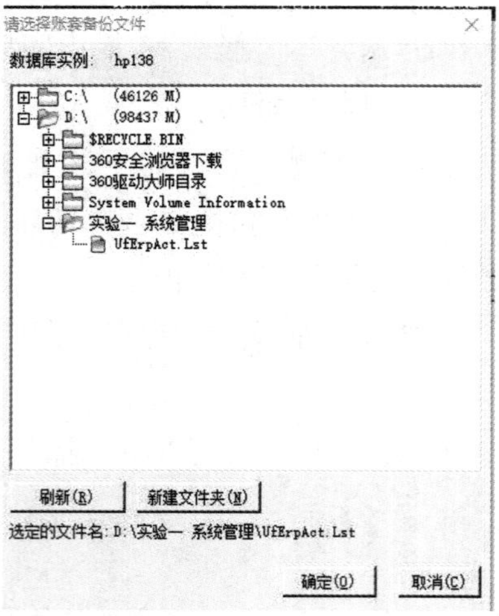


图 2-19　账套引入—选择文件

图 2-20　账套引入—引入目录选择

(4)单击“确定”按钮，打开“请选择账套引入的目录”对话框，弹出系统提示“此操作将覆盖[666]账套当前的所有信息，继续吗？”(图 2-21)。

(5)单击“是”按钮，系统自动进行引入账套的工作。

(6)完成后，系统弹出提示“账套[666]引入成功！”，单击“确定”按钮返回。

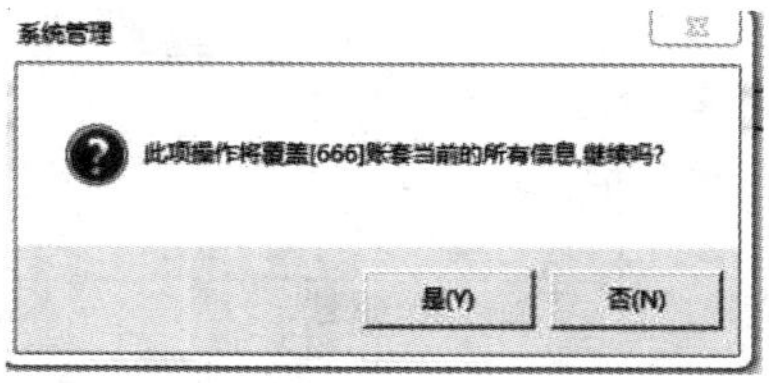


图 2-21　账套引入—信息覆盖提示

## 章节练习

### 一、选择题

1. 首次运行用友软件的系统管理模块时，由(　　)进行登录。

A. 账套主管　　B. 任意操作员　　C. 系统管理员　　D. 出纳

2. 用友软件进行财务分工时，出纳具有的基本权限是(　　)。

A. 填制凭证　　B. 给操作员赋权　　C. 出纳签字　　D. 工资管理

3. 如果科目编码规则是 4—2—2—2，那么下列科目代码正确的是(　　)。

A. 1001　　B. 10201　　C. 220101　　D. 401020301

4. (　　)可以对账套执行修改操作。

A. 单位代码　　B. 单位名称　　C. 所属行业　　D. 会计主管

5. 当科目编码规则是4级(4222)时,则三级科目的编码应为(　　)位数。

A. 5　　B. 8　　C. 3　　D. 6

二、判断题

1. 系统管理员可以执行账套的引入与输出操作。(　　)

2. 修改账套只能由系统管理员来进行。(　　)

3. 账套建立后无法删除。(　　)

4. 新建账套的账套号可以随意确定。(　　)

5. 只有系统管理员才能对操作人员授权。(　　)

三、简答题

1. 系统管理员与账套主管的权限有什么异同?

2. 如果在建立账套时对"客户"或"供应商"是否分类设置错误,应怎样修改?

3. 如果在建立账套时将"编码方案"设置错误,应怎样修改?

4. 如何为用户授权?

5. 删除账套的方法有哪几种?

# 第3章　企业应用平台

## 3.1　企业应用平台概述

企业应用平台集中了用友 U8 应用系统的所有功能，为各个子系统提供了一个公共的交流平台。为了实现企业存储企业内外部各种信息的功能，使企业用户和合作伙伴可以从单一的渠道访问其所需的个性化信息，U8 为用户提供了企业应用平台。通过企业应用平台，企业员工可以从唯一的入口访问企业的各种信息，设计自己的工作流程，完成自己的业务工作。

企业应用平台的主要功能包括基础设置、业务工作和系统服务。基础设置主要包括基本信息、基础档案和单据设置等设置，业务工作主要包括财务会计、人力资源、供应链等功能群，系统服务主要包括常用的系统配置工具。

## 3.2　基础设置

### 3.2.1　基本信息设置

通过设置基本信息，用户可以启用系统、定义数据精度、修改分类编码方案等。用户还可以对各模块的窗口风格进行个性化定制。

系统启用日期是指设定在 U8 各个子系统开始使用的日期。启用系统的方法有两种，一是由系统管理员在建账完成后启用系统，二是由账套主管在企业应用平台启用系统。需要注意的是，只有账套主管才有权在企业应用平台中进行系统启用。此外，各系统的启用时间必须早于或等于账套的启用时间。

### 3.2.2　基础档案设置

1. 设置基础档案的必要性

企业对经济业务进行核算或者汇总分析时需要用到组织机构设置、职员、客户、供应商等基础信息。相对于手工管理，U8 系统包含更丰富的管理信息，能够提供更规范的客户管理。例如，在手工环境下，客户档案信息分散在各个部门，由业务员进行管理，大多数都没有建立规范的档案。而使用用友 U8 系统则可以建立全面规范的基础档案管理，有效地进行客户管理和数据分析。

2. 机构设置

机构设置见表 3－1 所列。其中，部门档案主要用于设置各个职能部门的信息，包括部门编码、名称、负责人、部门属性等；人员档案主要用于记录本单位使用系统的职员信息，包括职工编号、名称、所属部门、职工属性等；人员类别与工资费用的分配、分摊有关，为工资分摊生成凭证设置相应的入账科目做准备。人员类别是人员档案中的必选项目，需要在人员档案建立之前设置。

表 3－1　机构人员设置

| 基础档案目录 | 档案用途 | 前提条件 | 使用的系统 |
| --- | --- | --- | --- |
| 部门档案 | 设置与企业财务核算与管理有关的部门 | 先设置部门编码方案 | 所有子系统 |
| 人员档案 | 设置企业的各个职能部门中需要对其核算和业务管理的职工信息 | 先设置部门档案和人员类别，才能在其下增加职员 | 除固定资产和成本模块外 |
| 人员类别 | 对企业的人员类别进行分类设置与管理 | 薪资管理 | |

客户信息包括客户分类、客户档案、供应商分类、供应商档案和地区分类，对客户、地区进行分类之后才能增加客户档案，供应商档案设置同理。客户信息设置见表 3－2 所列。

表 3－2　客户信息设置

| 基础档案目录 | 档案用途 | 前提条件 | 使用的系统 |
| --- | --- | --- | --- |
| 客户分类 | 便于进行业务数据的统计、分析 | 先确定客户分类，然后确定编码方案 | 总账、应收 |
| 客户档案 | 便于进行客户管理和业务数据的录入、统计、分析 | 先建立客户分类档案 | 总账、应收 |
| 供应商分类 | 便于进行业务数据的统计、分析 | 先确定供应商分类 | 总账、应付 |
| 供应商档案 | 便于进行供应商管理和业务数据录入、统计、分析 | 先建立供应商分类档案，然后确定编码方案 | 总账、应付 |
| 地区分类 | 针对客户/供应商所属地区进行分类，便于进行业务数据的统计、分析 | 先建立地区分类档案 | 总账、应收、应付 |

设置客户分类时需要注意的是客户分类编码必须符合编码规则，且必须唯一，客户分类名称可以是汉字也可以是英文字母，但不能为空。

客户档案是和企业有交易关系的客户的集合，在录入销售订单、应收账款数据、销售发票、收款单时都要用到客户档案，若系统中没有客户资料则无法录入业务单据。

供应商档案设置是将用户输入的供应商信息保存在供应商档案中，为编制采购合同、应付账款凭证和输出管理所需要的账表等提供数据。

财务信息设置见表3-3所列。会计科目的设置必须满足会计报表编制的要求，编制财务报表所用数据，须从系统取数的，必须设立相应科目。

凭证类别设置的作用在于根据企业管理和核算要求，将会计凭证进行分类编制，以便于管理、记账和汇总。

项目目录设置用于定义多类项目核算，将具有相同特性的一类项目定义成一个项目大类，一个项目大类可以核算多个项目。使用项目核算与管理之前必须设置项目档案，包括增加或修改项目大类、定义项目核算科目、项目分类、项目栏目结构并进行项目维护。

**表3-3 财务信息设置**

| 基础档案目录 | 档案用途 | 前提条件 | 使用的系统 |
| --- | --- | --- | --- |
| 会计科目 | 设置企业核算的科目目录 | 先设置科目编码方案及外币 | 总账、工资、固定资产、应收、应付 |
| 凭证类别 | 设置企业核算的凭证类型 | | 总账、工资、固定资产、应收、应付 |
| 外币 | 设置企业用到的外币种类及汇率 | | 所有子系统 |
| 项目目录 | 设置企业需要对其进行核算和管理的对象、目录 | 可将存货、成本对象、现金流量直接作为核算的项目目录 | 所有子系统 |

收付结算设置见表3-4所列。结算方式设置用来建立和管理用户在经营活动中所涉及的结算方式，结算方式一旦被引用，便不能进行修改和删除的操作。

**表3-4 收付结算设置**

| 基础档案目录 | 档案用途 | 前提条件 | 使用的系统 |
| --- | --- | --- | --- |
| 结算方式 | 资金收付业务中用到的结算方式 | | 总账、应收、应付 |
| 付款条件 | 设置企业与往来单位协议规定的收、付款折扣优惠方法 | | 应收、应付 |
| 开户银行 | 设置企业在收付结算中对应的开户银行信息 | | 应收、应付 |

存货设置见表3-5所列。当用户的存货较多需要按照类别进行核算时，可以设置存

货分类。

计量单位设置主要用于设置对应存货的计量单位组和计量单位信息，要先设置好计量单位组才能设置计量单位。

表 3-5　存货设置

| 基础档案目录 | 档案用途 | 前提条件 | 使用的系统 |
| --- | --- | --- | --- |
| 存货分类 | 便于进行供应商管理和业务数据的录入、统计、分析 | 先确定存货分类，然后确定编码方案 | 总账、应收、应付 |
| 计量单位 | 设置存货的计量单位组和计量单位信息 | 先设置计量单位组，然后在组内设置计量单位信息 | 应收、应付 |
| 存货档案 | 便于存货核算、统计、分析和实物管理 | 确定存货分类、确定编码方案、设置计量单位 | 总账、应收、应付 |

### 3.2.3　单据设置

单据是在经济业务发生时所取得或填制的，反映交易事项实际情况的书面证明，它是进行会计核算的原始资料和重要依据。例如，收发材料的材料入库单、材料领用单，销售商品的销售发票等。

不同企业或者不同业务中使用到的单据可能存在差异，用户可以使用单据设置功能自定义单据格式和打印格式。例如，可分别就单据的显示格式和打印格式设置单据属性设计、表头项目设计、表体项目设计、单据项目属性设计、单据标题属性设计。

## 3.3　业务工作

业务工作包含了登录用户拥有权限的所有功能模块，是用户进行业务操作的主界面。

## 3.4　系统服务

系统服务主要包括系统管理、服务器配置、工具和权限。

系统管理可以实现账套管理、操作员及权限管理、系统安全管理等操作。服务器配置提供了应用服务器配置和远程配置等功能。工具用于连接外部接口，实现数据传输，支持财务决策和集团应用。权限主要包括数据权限设置和金额权限设置，控制用户录入和查询数据，以及输入金额的最大范围。

实验二　基础设置

### 实验二　基础设置

一、实验目的

1. 了解用友 U8 中公共平台档案设置的内容。

2. 掌握系统启用的方法。

3. 掌握基础档案设置的方法。

4. 掌握数据权限设置的方法。

二、实验内容

1. 启用总账系统。

2. 依次设置基础档案。

3. 进行数据权限设置。

4. 输出账套。

三、实验准备

引入“实验一系统管理”账套数据。

四、实验资料

1. 启用总账系统。

2. 基础档案。

(1)部门档案(表 3-6)

**表 3-6 部门档案**

| 部门编码 | 部门名称 |
|---|---|
| 1 | 综合部 |
| 101 | 总经理办公室 |
| 102 | 财务部 |
| 2 | 销售部 |
| 201 | 销售一部 |
| 202 | 销售二部 |
| 203 | 采购部 |
| 3 | 生产部 |
| 301 | 一车间 |
| 302 | 二车间 |

(2)人员类别(表 3-7)

**表 3-7 人员类别**

| 人员类别 | 人员档案编码 | 人员档案名称 |
|---|---|---|
| 正式工 | 1011 | 企业管理人员 |
| | 1012 | 销售人员 |
| | 1013 | 车间管理人员 |
| | 1014 | 生产工人 |

(3)人员档案(表3-8)

**表3-8 人员档案**

| 人员编码 | 人员姓名 | 性别 | 人员类别 | 行政部门 | 雇佣状态 | 是否为操作员 | 是否为业务员 |
|---|---|---|---|---|---|---|---|
| 101 | 李勤 | 男 | 企业管理人员 | 总经理办公室 | 在职 | 是 | 是 |
| 201 | 蒋飞 | 男 | 企业管理人员 | 财务部 | 在职 | | |
| 202 | 刘勇 | 男 | 企业管理人员 | 财务部 | 在职 | | |
| 203 | 崔静 | 女 | 企业管理人员 | 财务部 | 在职 | | |
| 301 | 何进 | 男 | 销售人员 | 采购部 | 在职 | | 是 |
| 401 | 张丽丽 | 女 | 销售人员 | 销售一部 | 在职 | | 是 |
| 402 | 刘娜 | 女 | 销售人员 | 销售一部 | 在职 | | 是 |
| 501 | 李斌 | 男 | 车间管理人员 | 一车间 | 在职 | | |
| 502 | 高菲 | 女 | 生产工人 | 一车间 | 在职 | | |

(4)客户分类(表3-9)

**表3-9 客户分类**

| 类别编码 | 类别名称 |
|---|---|
| 1 | 江苏地区 |
| 2 | 上海地区 |
| 3 | 华北地区 |
| 4 | 西北地区 |

(5)客户档案(表3-10)

**表3-10 客户档案**

| 客户编码 | 客户名称 | 客户简称 | 所属分类 | 税号 | 分管部门 | 专管业务员 | 开户银行 | 银行账号 |
|---|---|---|---|---|---|---|---|---|
| 01 | 南京菲达有限责任公司 | 菲达 | 1 | 345051120400345 | 销售一部 | 张丽丽 | 工行海威支行 | 1502545541112225554 |
| 02 | 南京海康科技有限公司 | 海康 | 1 | 345051120400346 | 销售一部 | 张丽丽 | | |
| 03 | 上海天峻有限责任公司 | 天峻 | 2 | 345051120400347 | 销售一部 | 张丽丽 | | |
| 04 | 上海飞骑股份有限公司 | 飞骑 | 2 | 345051120400348 | 销售一部 | 张丽丽 | | |

（续表）

| 客户编码 | 客户名称 | 客户简称 | 所属分类 | 税号 | 分管部门 | 专管业务员 | 开户银行 | 银行账号 |
|---|---|---|---|---|---|---|---|---|
| 05 | 石家庄展科有限责任公司 | 展科 | 3 | 345051120400349 | 销售一部 | 刘娜 | | |
| 06 | 山西泰克有限责任公司 | 泰克 | 4 | 345051120400350 | 销售一部 | 刘娜 | | |

（6）供应商分类（表3－11）

**表3－11 供应商分类**

| 类别编码 | 类别名称 |
|---|---|
| 1 | 南部地区 |
| 2 | 北部地区 |

（7）供应商档案（表3－12）

**表3－12 供应商档案**

| 供应商编码 | 供应商名称 | 供应商简称 | 所属分类 | 税号 | 分管部门 | 分管业务员 |
|---|---|---|---|---|---|---|
| 01 | 南京永达有限责任公司 | 永达 | 1 | 510435845212345 | 采购部 | 何进 |
| 02 | 辽宁登云有限责任公司 | 登云 | 2 | 430455882364323 | 采购部 | 何进 |
| 03 | 天津大华科技有限公司 | 大华 | 2 | 120885694351372 | 采购部 | 何进 |
| 04 | 京华物流公司 | 京华物流 | 2 | 620134583321721 | 采购部 | 何进 |

（8）计量单位组及计量单位（表3－13）

**表3－13 计量单位组及计量单位**

| 计量单位组编号 | 计量单位组名称 | 计量单位组类别 | 计量单位编号 | 计量单位名称 |
|---|---|---|---|---|
| 01 | 基本计量单位 | 无换算率 | 01 | 盒 |
| | | | 02 | 台 |
| | | | 03 | 千米 |
| | | | 04 | 个 |

（9）存货分类（表3－14）

**表3－14 存货分类**

| 存货类别编码 | 存货类别名称 |
|---|---|
| 1 | 原材料 |
| 2 | 产成品 |
| 3 | 应税劳务 |

(10)存货档案(表3-15)

表3-15 存货档案

| 存货编码 | 存货名称 | 计量单位 | 所属分类 | 进项及销项税率% | 存货属性 |
|---|---|---|---|---|---|
| 1001 | 芯片 | 盒 | 1 | 13 | 外购、生产耗用 |
| 1002 | 21英寸显示器 | 个 | 1 | 13 | 外购、生产耗用 |
| 1003 | 24英寸显示器 | 个 | 1 | 13 | 外购、生产耗用 |
| 1004 | 机箱 | 个 | 1 | 13 | 外购、生产耗用 |
| 1005 | 键盘 | 个 | 1 | 13 | 外购、生产耗用 |
| 1006 | 鼠标 | 个 | 1 | 13 | 外购、生产耗用 |
| 2001 | 消费级家用电脑 | 台 | 2 | 13 | 内销、自制 |
| 2002 | 消费级笔记本电脑 | 台 | 2 | 13 | 内销、自制 |
| 2003 | 商务个人电脑 | 台 | 2 | 13 | 内销、自制 |
| 2004 | 商务笔记本电脑 | 台 | 2 | 13 | 内销、自制 |
| 3001 | 运费 | 千米 | 3 | 9 | 内销、外购、应税劳务 |

(11)结算方式(表3-16)

表3-16 结算方式

| 结算方式编码 | 结算方式名称 | 是否进行票据管理 | 对应票据类型 |
|---|---|---|---|
| 1 | 现金结算 | | |
| 2 | 支票结算 | | |
| 201 | 现金支票 | 是 | 现金支票 |
| 202 | 转账支票 | 是 | 转账支票 |
| 3 | 电汇 | | |
| 4 | 商业汇票 | | 商业汇票 |
| 401 | 银行承兑汇票 | | |
| 402 | 商业承兑汇票 | | |

3. 数据权限设置

设置操作员刘勇有权对崔静及蒋飞所填制的凭证进行查询、删改、审核、弃审以及撤销操作的权限。

五、实验要求

1. 以系统管理员admin登录系统管理。

2. 以账套主管"001蒋飞"的身份登录企业应用平台,启用总账系统,设置基础档案和数据权限,登录时间为2023-09-01。

## 六、操作指导

### 1. 以账套主管的身份登录企业应用平台，启用总账系统

(1)执行“开始”—“所用程序”—“用友 U8V10.1”—“企业应用平台”命令，打开“登录”对话框。

(2)录入操作员“001”(或蒋飞)，密码“1”，单击“账套”栏下的下三角按钮，选择“[666](default)智诚软件”(图 3-1)。单击“登录”按钮，进入“企业应用平台”窗口。

(3)在“基础设置”选项卡中，执行“基础信息”—“系统启用”命令，打开“系统启用”对话框(图 3-2)。

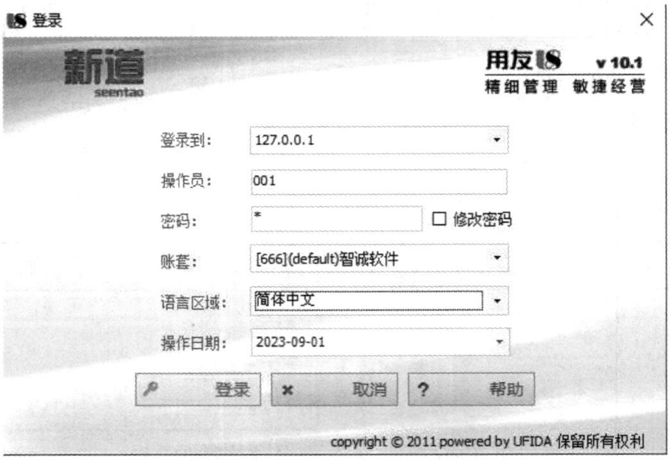


图 3-1 以账套主管身份登录企业应用平台

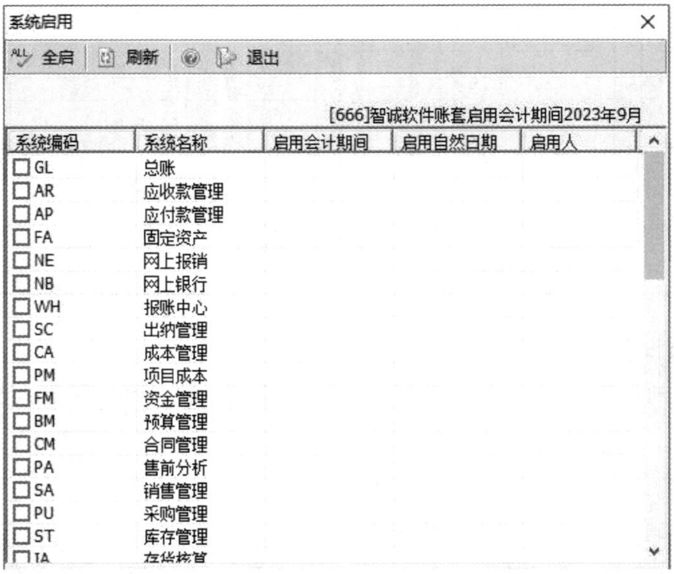


图 3-2 打开系统启用

(4)选中“GL 总账”前的复选框,弹出“日历”对话框。选择“日历”对话框中的“2023年9月1日”(图3-3)。

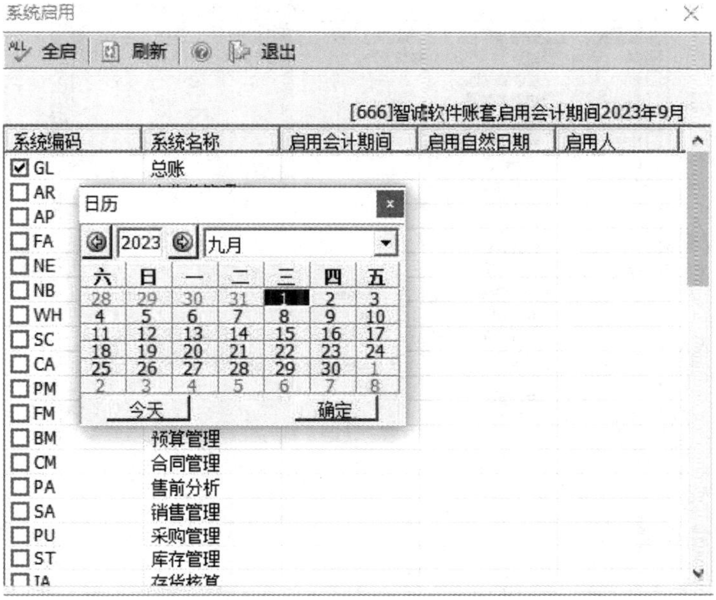

图3-3　启用总账系统

(5)单击“确定”按钮,系统弹出“确实要启用当前系统吗?”信息提示框,单击“是”按钮,完成总账系统的启用(图3-4及图3-5)。

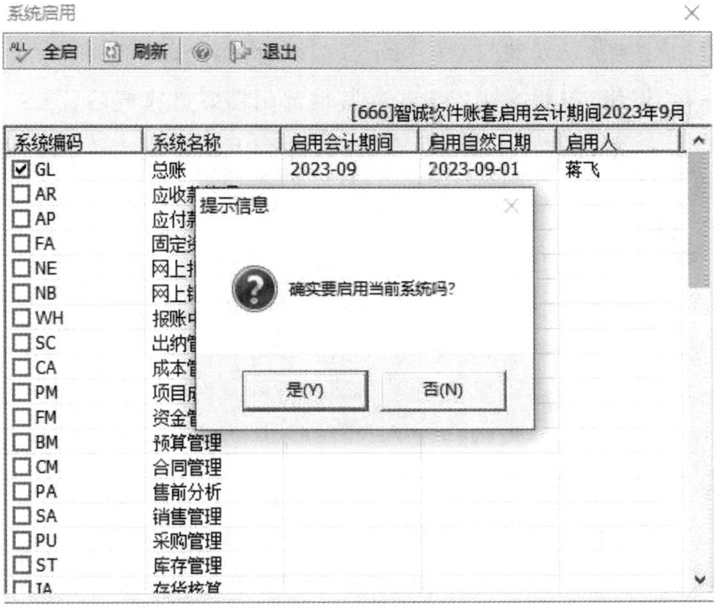

图3-4　启用总账系统(1)

图 3-5 启用总账系统(2)

2. 基础档案设置

(1)设置部门档案

在会计核算中,通常会将数据按部门逐级进行分类和汇总,下一级将自动向有隶属关系的上一级进行汇总。部门档案就是设置会计科目中要进行部门核算时的部门名称,以及要进行个人往来核算的职员所属的部门。

① 在"基础设置"选项卡中,执行"基础档案"—"机构人员"—"部门档案"命令,进入"部门档案"窗口。

② 单击"增加"按钮,录入部门编码"1"、部门名称"综合部"。

③ 单击"保存"按钮,按此方法依次录入其他部门档案。完成后(图 3-6 及图 3-7)。

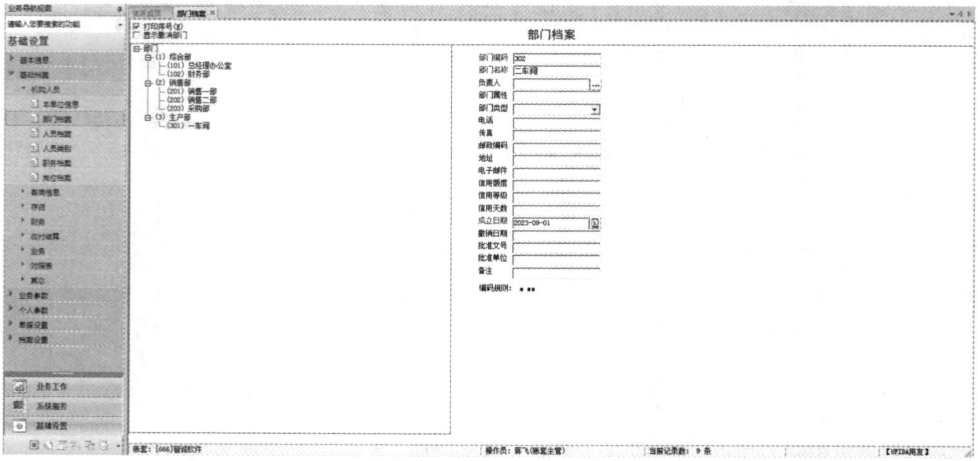


图 3-6 部门档案设置(1)

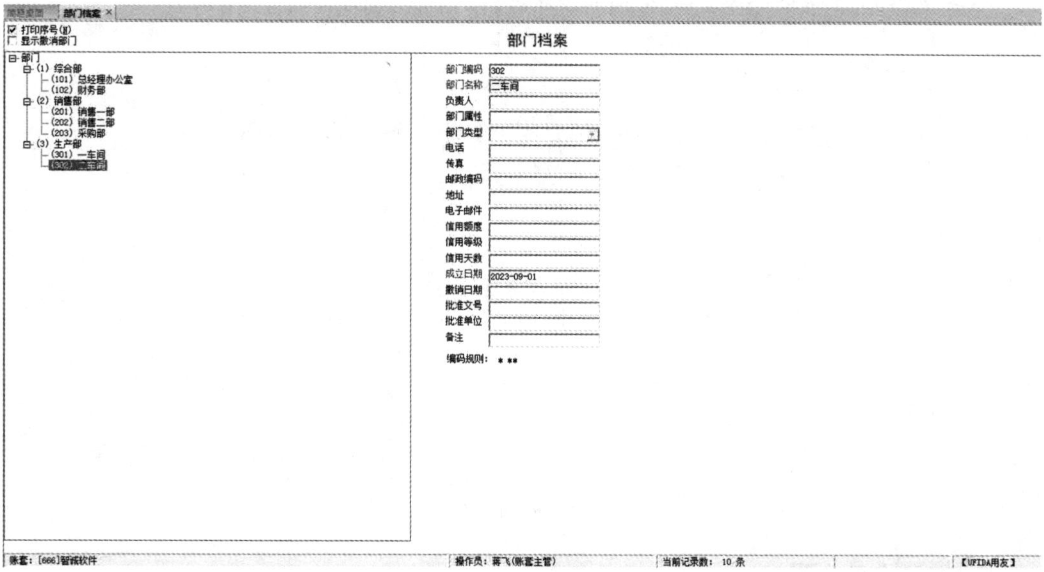

图 3-7　部门档案设置(2)

(2)设置人员类别

人员类别设置的目的是在薪资管理系统中,为工资分摊凭证设置相应的入账科目,可以按不同的需要设置不同的人员类别。

人员类别是人员档案中的必选项目,需要在人员档案建立之前设置。

① 在"基础设置"选项卡中,执行"基础档案"—"机构人员"—"人员类别"命令,进入"人员类别"窗口。

② 选择"正式工",单击"增加"按钮,打开"增加档案项"窗口,进行人员分类档案设置如图 3-8 所示。在"档案编码"处录入"1011",在"档案名称"处录入"企业管理人员",单击"确定"予以保存。

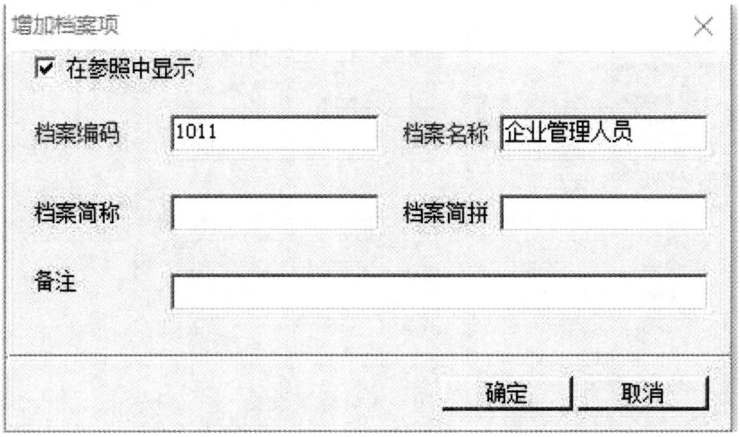


图 3-8　人员分类档案设置

按实验资料继续录入其他档案信息，增加人员类别(图 3－9)。

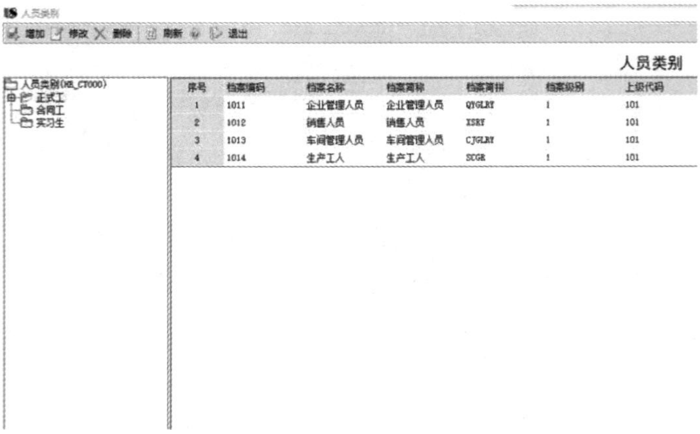


图 3－9　增加人员类别

(3)设置人员档案

通过“基础设置”选项卡设置的人员档案为公共平台的人员档案，企业全部人员档案均须在此建立。

① 在“基础设置”选项卡中，执行“基础档案”—“机构人员”—“人员档案”命令，进入“人员列表”窗口。

② 单击“增加”按钮，按实验资料输入人员信息(图 3－10)。单击“保存”按钮。

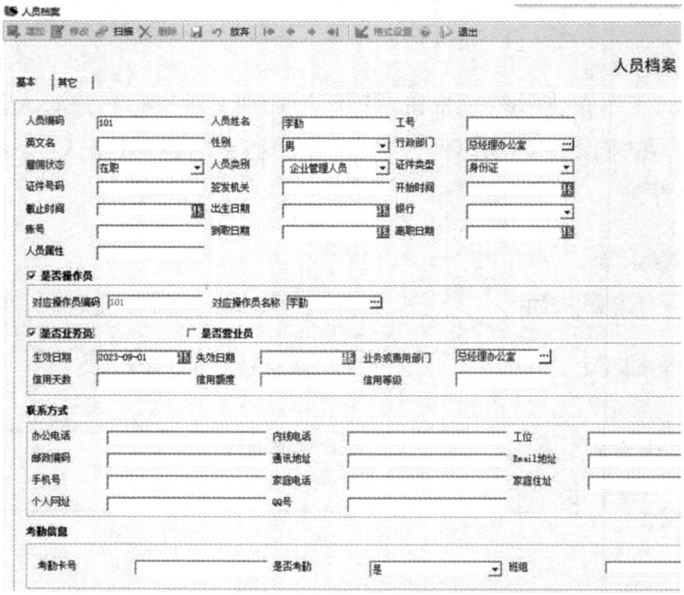


图 3－10　人员档案设置

③ 同理依次输入其他人员档案。

(4)设置客户分类

① 在“基础设置”选项卡中,执行“基础档案”—“客商信息”—“客户分类”命令,进入“客户分类”窗口。

② 单击“增加”按钮,按实验资料输入客户分类信息。单击“保存”按钮。

③ 同理依次录入其他客户分类。

(5)设置客户档案

① 在“基础设置”选项卡中,执行“基础档案”—“客商信息”—“客户档案”命令,打开“客户档案”窗口。窗口分为左右两部分,左窗口显示软件中已经存在的客户分类,单击选中某一客户分类,右窗口中显示该分类下所有的客户列表。

② 单击“增加”按钮,打开“增加客户档案”窗口。窗口中共包括4个选项卡,即“基本”“联系”“信用”和“其它”,用于对客户不同的属性分类归纳记录。

③ 在“基本”选项卡中,按实验资料输入“客户编码”“客户名称”“客户简称”“所属分类”“税号”等信息(图3-11)。

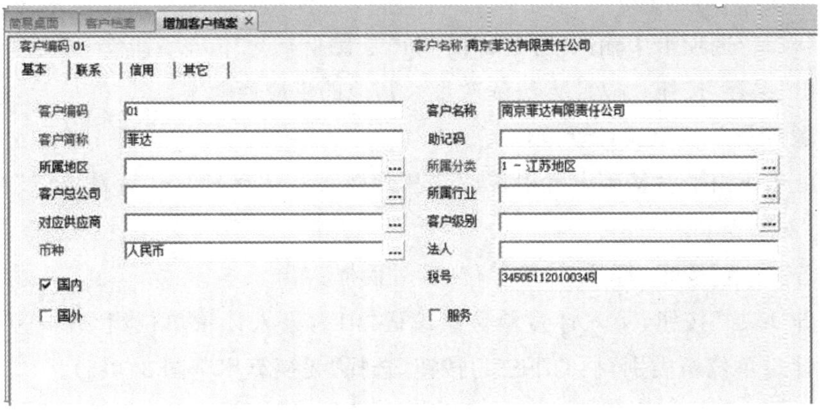


图3-11 增加客户档案—基本信息设置

④ 在“联系”选项卡中,输入“分管部门”和“专管业务员”信息。

⑤ 单击“银行”按钮,打开“客户银行档案”对话框。录入客户开户银行信息(图3-12)。

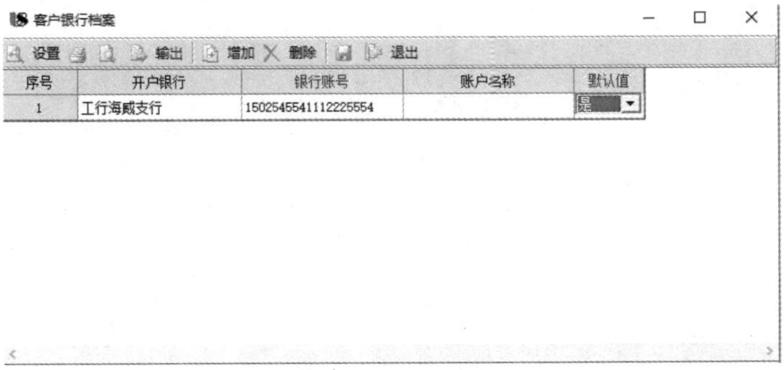


图3-12 增加客户档案—银行档案设置

⑥ 单击“保存”按钮。以此方法依次录入其他客户档案。

(6)设置供应商分类

① 在“基础设置”选项卡中,执行“基础档案”—“客商信息”—“供应商分类”命令,进入“供应商分类”窗口。

② 单击“增加”按钮,按实验资料输入供应商分类信息。单击“保存”按钮。

③ 同理依次录入其他供应商分类信息。

(7)设置供应商档案

① 在“基础设置”选项卡中,执行“基础档案”—“客商信息”—“供应商档案”命令,打开“供应商档案”窗口。窗口分为左右两部分,左窗口显示系统中已经存在的供应商分类,单击某一供应商分类,右窗口中可显示该分类下所有的供应商列表。

② 单击“增加”按钮,打开“增加供应商档案”窗口。窗口中共包括 4 个选项卡,即“基本”“联系”“信用”和“其它”,用于对供应商不同的属性进行分类归纳记录。

③ 在“基本”选项卡中,按实验资料输入“供应商编码”“供应商名称”“供应商简称”“所属分类”“税号”等信息。

④ 在”联系”选项卡中输入“分管部门”和“专管业务员”信息。

⑤ 单击“保存”按钮。以此方法依次录入其他的供应商档案。

(8)设置计量单位组及计量单位

① 在企业应用平台基础设置中,执行“基础档案”—“存货”—“计量单位”命令,打开“计量单位”对话框。

② 单击“分组”按钮,打开“计量单位组”对话框。

③ 单击“增加”按钮,录入计量单位组编码“01”,录入计量单位组名称“基本计量单位”,单击“计量单位组类别”栏的下三角按钮,选择“无换算率”(图 3-13)。

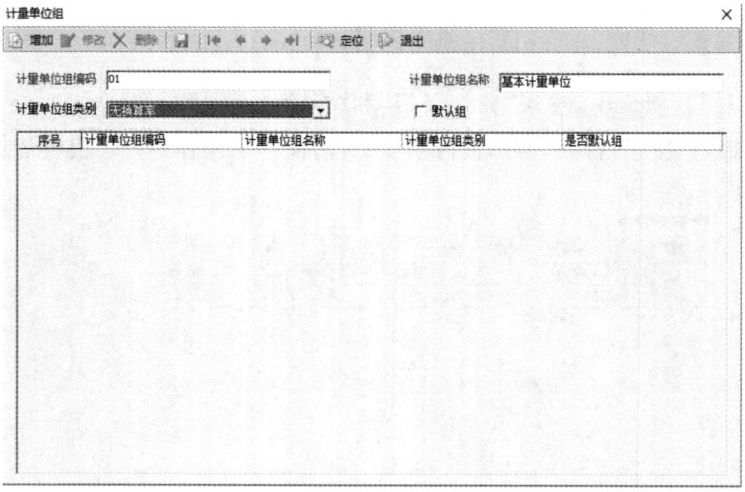


图 3-13　计量单位组设置

④ 单击“保存”按钮，再单击“退出”按钮。

⑤ 单击“单位”按钮，打开“计量单位”对话框。

⑥ 单击“增加”按钮，录入计量单位相关信息(图3-14)，单击“保存”按钮。

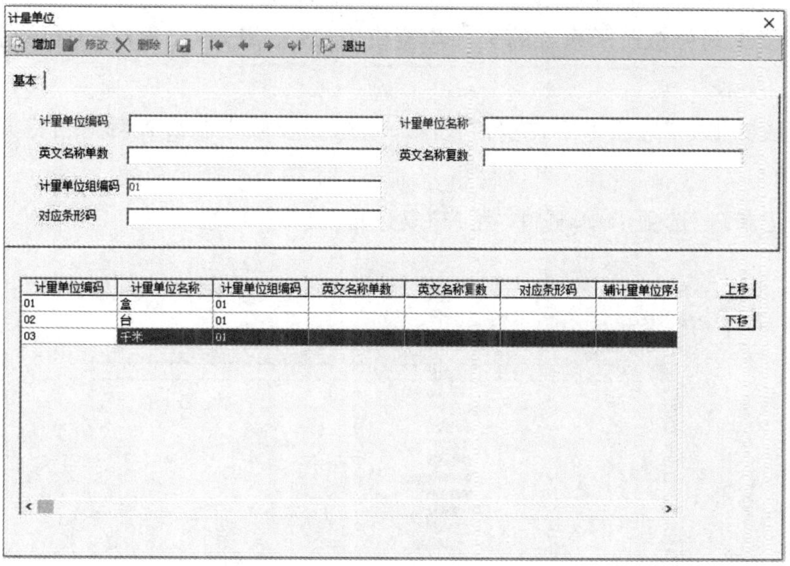

图3-14　计量单位设置

(9)存货分类

按照企业存货的状态及用途一般可将企业存货分为原材料、产成品及应税劳务等，不同的存货类别所适用的税率可能不同。

① 在企业应用平台基础设置中，执行“基础档案”—“存货”—“存货分类”命令，进入“存货分类”窗口。

② 单击“增加”按钮，录入存货的分录编码和分类名称。单击“保存”按钮。

(10)存货档案

① 在企业应用平台基础设置中，执行“基础档案”—“存货”—“存货档案”命令，进入“存货档案”窗口。

② 单击“增加”按钮，打开“增加存货档案”对话框。在“基本”选项卡中按实验资料输入各项信息。单击“保存”按钮。

③ 按上述步骤依次录入存货档案。

(11)结算方式

企业在收款及付款环节，需要将实际收款和付款方式填入单据中，同时，在出纳管理中，结算方式也是进行银行账与企业账对账的一个条件。

① 在企业应用平台基础设置中，执行“基础档案”—“收付结算”—“结算方式”命令，进入“结算方式”窗口。

② 按要求输入企业常用结算方式。

3. 数据权限设置

(1)数据权限控制设置

在进行该步操作之前,需要首先在系统管理中设置用户刘勇的功能权限。前期在系统管理中已授予刘勇总账子系统的全部功能权限,现在需要对“用户”进行数据权限控制设置。

① 在“系统服务”选项卡中,执行“权限”—“数据权限控制设置”命令,打开“数据权限控制设置”窗口。

② 在“记录级”选项卡中,选中“用户”复选框(图 3-15)。

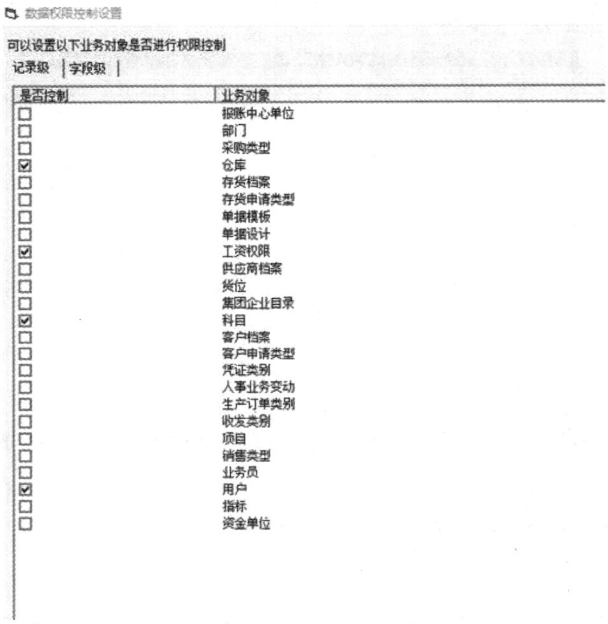


图 3-15 记录级设置

③ 单击“确定”按钮返回。

(2)数据权限授权

① 在“系统服务”选项卡中,执行“权限”—“数据权限分配”命令,进入“权限浏览”窗口。

② 在左侧的“用户及角色”列表中选择“002 刘勇”,再单击“授权”按钮,打开“记录权限设置”对话框(图 3-16)。

③ 单击“业务对象”栏的下三角按钮,选择“用户”。

④ 单击“>”按钮将“003 崔静”从“禁用”列表中选择到“可用”列表中,再按照此方法选择“001 蒋飞”。

⑤ 单击“保存”按钮,系统弹出“保存成功”信息提示框,单击“确定”按钮。

4. 账套输出(略)

全部完成后,将账套输出至"实验二基础设置"文件夹中。

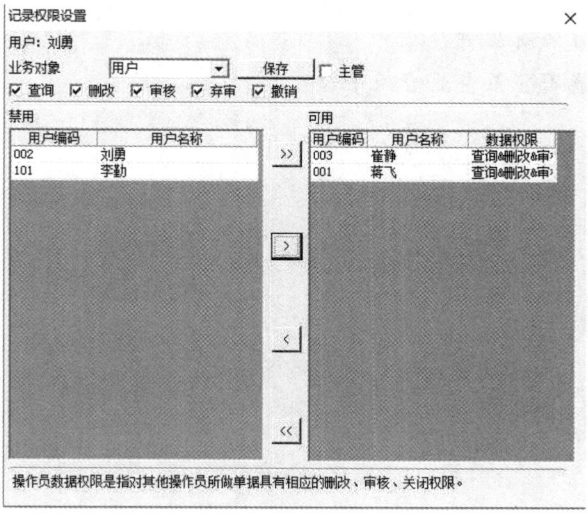


图3-16 数据权限设置

## 章节练习

一、选择题

1. 企业应用平台界面的功能选项卡分别是(　　)。

A. 系统服务　　B. 基础设置　　C. 业务工作　　D. 档案设置

2. 下列人员中,(　　)可以执行系统启用。

A. 系统管理员　　B. 账套主管　　C. 出纳　　D. 任何人

3. 系统启用操作可以在(　　)执行。

A. 建立账套时　　B. 账套主管登录企业应用平台时

C. 随时　　D. 该操作无法执行

4. 下列选项中,属于结算方式的是(　　)。

A. 现金结算　　B. 支票结算　　C. 电汇　　D. 商业汇票

5. 下列选项中,属于存货属性的是(　　)。

A. 内销　　B. 自制　　C. 外购　　D. 生产耗用

二、判断题

1. 系统管理员既可以登录系统管理,也可以登录企业应用平台。　(　　)

2. 在企业应用平台中,无法修改账套信息。　(　　)

3. 账套主管可以执行基础档案设置操作。　(　　)

4. 在新启用的系统未进行任何操作时,可以取消对该系统的启用。　(　　)

5. 客户、供应商等基础档案信息的编码,要与建立账套时的编码方案一致。　(　　)

三、简答题

1. 总账与其他子系统有什么数据关系?

2. 固定换算率与无换算率的区别是什么?

3. 系统启用的方法有几种?

4. 系统管理员能否登录企业应用平台?

# 第4章 总账日常业务

## 4.1 总账系统概述

总账系统是用友U8财务系统的核心，从建账、日常业务处理、账簿查询到月末结账等全部财务处理工作均可在总账系统实现。

总账系统的任务是利用建立的会计科目体系，处理和生成各种记账凭证，完成记账、结账和对账的工作，输出各种日记账、明细账、总分类账和相关辅助账。

总账系统的主要功能包括系统初始化、凭证管理、出纳管理、账簿管理和期末处理。

## 4.2 系统初始化

各个企业的行业特征和业务情况不尽相同，而用友U8是通用型企业管理软件，因此用户可以根据自己的个性化需求建立账务应用环境，将用友账务处理变成适合本单位实际需要的专用系统。

总账系统初始化的主要功能包括基础参数、会计科目、外币及汇率、凭证类别、结算方式、分类定义、期初余额等设置。

### 4.2.1 基础参数

基础参数设置的主要作用是决定总账系统的输入控制、处理方式、数据流向、输出格式等，部分设置执行后不能随意更改。

### 4.2.2 会计科目

会计科目是企业进行账务处理的基础，用户可以根据业务的需要增加、修改、查询会计科目。

### 4.2.3 外币及汇率

有外币核算业务的企业，应先进行外币及汇率的设置。当汇率发生变化时，应先进行定义，否则制单时不能正确录入汇率。使用固定汇率作为记账汇率的用户，在填制每月凭证前，应先录入该月的记账汇率，否则在制单时将会出现汇率为零的错误。

### 4.2.4 凭证类别

系统提供了5种常见凭证类别供用户选择：①记账凭证；②收款凭证、付款凭证、转账凭证；③现金凭证、银行凭证、转账凭证；④现金收款凭证、现金付款凭证、银行收款凭证、银行付款凭证、转账凭证；⑤自定义凭证。自定义凭证可由用户自行设置。

### 4.2.5 结算方式

常见的结算方式包括现金、现金支票、转账支票、信汇和电汇。

### 4.2.6 分类定义

用户可以将具有相同性质的一类项目定义成一个项目大类，这个项目大类可以核算多个项目。例如，可以在项目大类"自建工厂"下定义"1号工程"(分类编码:1)、"2号工程"(分类编码:2)两个项目内容。

### 4.2.7 期初余额

如果是首次使用总账系统，必须先输入科目余额。如果系统中已有上年数据，则通过结转上年余额，将上年各账户余额结转到本年。

## 4.3 凭证管理

凭证管理是通过输入和处理各种记账凭证，完成记账和对账工作，查询和输出各种凭证、日记账、明细账和总分类账，最终生成各种常用财务报表。凭证管理的关键是通过严密的制单控制保证凭证的正确性。

### 4.3.1 填制凭证

记账凭证的来源主要有三种：一是根据确认无误的原始凭证在系统上填制的凭证，二是从其他业务系统传递到总账中的凭证，三是从外部导入的凭证。

该功能主要包括增加凭证、修改凭证、作废和恢复凭证、整理凭证、冲销凭证等。

### 4.3.2 查询凭证

该功能用于查询已记账及未记账的凭证。用户可以设置查询条件，可以按制单人、审核人、科目、金额、数量、结算方式等进行查询。

### 4.3.3 出纳签字

涉及企业资金收支业务，应由出纳签字。在"出纳签字"功能下，输入出纳凭证的条件后，系统会显示凭证一览表，选中某张凭证，即可进行出纳签字操作。出纳对凭证进行核对，确认无误后签字，如果存在错误，则返回制单人修改。

### 4.3.4 主管签字

为了加强凭证管理，所有凭证均需要由主管签字确认。需要注意的是，以下几种情况不能签字：①已签字凭证不能重复签字；②取消签字须由签字人本人操作；③未经授权的凭证不能签字。

### 4.3.5 审核凭证

审核凭证是审核人按照规定，对制单人填制的凭证进行核对，核对无误后签字确认，如果存在错误则返回制单人修改。

### 4.3.6 科目汇总

利用该功能可以按照一定条件对记账凭证进行汇总并生成科目汇总表。

### 4.3.7 记账

记账凭证经审核签字后即可用来登记日记账、往来账、明细账和总分类账。

## 4.4 出纳管理

出纳的日常工作是资金的核算与管理，总账系统中的出纳管理功能就是出纳人员工作中常用的一套工具，包括现金和银行存款日记账的输出、支票登记簿的管理以及银行对账功能。

### 4.4.1 日记账与资金日报表

日记账主要用于查询和输出。现金日记账和银行存款日记账由出纳填写，所以查询和输出操作放在了出纳管理平台上。

资金日报表主要用于反映现金和银行存款的日发生额和余额情况。

### 4.4.2 支票登记簿

为了加强支票管理，总账系统中提供了支票登记簿功能。支票登记簿主要用于登记支票领用人、领用日期、支票用途、报销日期等情况。只有在会计科目中指定了银行账的科目才能使用支票登记簿。

### 4.4.3 银行对账

企业为了掌握未达账项的情况，通常会定期与银行进行对账，这种对账工作一般由出纳人员完成。银行对账有自动对账和手工对账两种。

自动对账是系统根据对账依据自动进行核对和勾销。对于已核对的银行业务，系统会在银行对账单和银行存款日记账标记两清，同时视为已达账项。对于未标记两清的记录，系统会视为未达账项。

手工对账是对自动对账的补充。自动对账后可能还有一些特殊的已达账项没有对出来，这时候就需要通过手工对账进行确认。

## 实验三　总账初始化

实验三　总账初始化

一、实验目的

1. 了解总账初始化的具体内容。

2. 理解总账初始化与后续实验的关系。

3. 掌握总账初始化的具体操作。

二、实验内容

1. 总账选项设置。

2. 外币设置。

3. 凭证类别设置。

4. 项目目录设置。

5. 会计科目的增加、修改、删除、指定。

6. 期初余额录入。

7. 输出账套。

三、实验准备

引入“实验二基础设置”账套数据。

四、实验资料

1. 666 账套总账选项(表 4-1)

**表 4-1　总账选项**

| 选项卡 | 选项设置 |
| --- | --- |
| 凭证 | 支票控制<br>可以使用应收受控科目、可以使用应付受控科目<br>“现金流量科目必录现金流量项目” |
| 权限 | 凭证审核控制到操作员<br>出纳凭证必须经由出纳签字<br>不允许修改、作废他人填制的凭证 |
| 会计日历 | 数量小数位和单价小数位设为 2 位 |
| 其他 | 部门、个人、项目按编码方式排序 |

2. 财务基础档案

(1)外币设置

本企业采用固定汇率核算外币，外币只涉及美元一种，美元币符假定为"＄"，2023年9月初汇率为7.01。

(2)会计科目(表4-2)

表4-2 会计科目表

| 科目编码 | 科目名称 | 币别/计量单位 | 辅助核算 | 方向 | 备注 |
|---|---|---|---|---|---|
| 1001 | 库存现金 | | 日记账 | 借 | 修改 |
| 1002 | 银行存款 | | 日记账、银行账 | 借 | 修改 |
| 100201 | 工行人民币户 | | 日记账、银行账 | 借 | 新增 |
| 100202 | 建行美元户 | 美元 | 日记账、银行账 | 借 | 新增 |
| 1121 | 应收票据 | | 客户往来 | 借 | 修改(应收系统受控科目) |
| 1122 | 应收账款 | | 客户往来 | 借 | 修改(应收系统受控科目) |
| 1123 | 预付账款 | | 供应商往来 | 借 | 修改(应付系统受控科目) |
| 1221 | 其他应收款 | | | 借 | |
| 122101 | 应收职工借款 | | 个人往来 | 借 | 新增 |
| 1403 | 原材料 | | | 借 | |
| 140301 | 芯片 | 盒 | | 借 | 新增 |
| 140302 | 21英寸显示器 | 个 | | 借 | 新增 |
| 140303 | 24英寸显示器 | 个 | | 借 | 新增 |
| 140304 | 机箱 | 个 | | 借 | 新增 |
| 140305 | 键盘 | 个 | | 借 | 新增 |
| 140306 | 鼠标 | 个 | | 借 | 新增 |
| 1405 | 库存商品 | | | 借 | 修改 |
| 1901 | 待处理财产损溢 | | | 借 | |
| 190101 | 待处理流动资产损溢 | | | 借 | 新增 |
| 190102 | 待处理固定资产损溢 | | | 借 | 新增 |
| 2201 | 应付票据 | | 供应商往来 | 贷 | 修改(应付系统受控科目) |
| 2202 | 应付账款 | | 供应商往来 | 贷 | 修改(应付系统受控科目) |
| 2203 | 预收账款 | | 客户往来 | 贷 | 修改(应收系统受控科目) |

（续表）

| 科目编码 | 科目名称 | 币别/计量单位 | 辅助核算 | 方向 | 备注 |
|---|---|---|---|---|---|
| 2211 | 应付职工薪酬 | | | 贷 | |
| 221101 | 应付工资 | | | 贷 | 新增 |
| 221102 | 职工福利 | | | 贷 | 新增 |
| 221103 | 社会保险 | | | 贷 | 新增 |
| 221104 | 住房公积金 | | | 贷 | 新增 |
| 2221 | 应交税费 | | | 贷 | |
| 222101 | 应交增值税 | | | 贷 | 新增 |
| 22210101 | 进项税额 | | | 贷 | 新增 |
| 22210105 | 销项税额 | | | 贷 | 新增 |
| 222102 | 未交增值税 | | | 贷 | 新增 |
| 4104 | 利润分配 | | | 贷 | |
| 410415 | 未分配利润 | | | 贷 | 新增 |
| 5001 | 生产成本 | | | 借 | |
| 500101 | 直接材料 | | | 借 | 新增 |
| 500102 | 直接人工 | | | 借 | 新增 |
| 500103 | 制造费用 | | | 借 | 新增 |
| 5101 | 制造费用 | | | 借 | |
| 510101 | 工资 | | | 借 | 新增 |
| 510102 | 折旧费 | | | 借 | 新增 |
| 6001 | 主营业务收入 | | 项目核算 | 收入 | 修改 |
| 6401 | 主营业务成本 | | 项目核算 | 支出 | 修改 |
| 6602 | 管理费用 | | | 支出 | |
| 660201 | 办公费 | | 部门核算 | 支出 | 新增 |
| 660202 | 差旅费 | | 部门核算 | 支出 | 新增 |
| 660203 | 薪资 | | 部门核算 | 支出 | 新增 |
| 660204 | 福利费 | | 部门核算 | 支出 | 新增 |
| 660205 | 招待费 | | 部门核算 | 支出 | 新增 |
| 660206 | 折旧费 | | 部门核算 | 支出 | 新增 |
| 6702 | 信用减值损失 | | | 支出 | 新增 |

指定会计科目："1001 库存现金"为现金科目，"1002 银行存款"为银行科目，"1001、

100201、100202"为现金流量科目。

(3)凭证类别(表 4-3)

**表 4-3　凭证类别**

| 类别名称 | 限制类型 | 限制科目 | |
|---|---|---|---|
| 收款凭证 | 借方必有 | 1001 | 1002 |
| 付款凭证 | 贷方必有 | 1001 | 1002 |
| 转账凭证 | 凭证必无 | 1001 | 1002 |

(4)项目目录

项目大类:产成品。

项目分类:1—消费级电脑,2—商务电脑。

项目目录,见表 4-4 所列。

**表 4-4　项目目录**

| 项目编号 | 项目名称 | 所属分类码 |
|---|---|---|
| 01 | 消费级家用电脑 | 1 |
| 02 | 消费级笔记本电脑 | 1 |
| 03 | 商务个人电脑 | 2 |
| 04 | 商务笔记本电脑 | 2 |

按产品大类核算的会计科目:6001 主营业务收入、6401 主营业务成本。

3. 期初余额(表 4-5)

**表 4-5　期初余额**

| 科目编号及名称 | 辅助核算 | 方向 | 币别/计量 | 期初余额 | 备注 |
|---|---|---|---|---|---|
| 库存现金(1001) | 日记账 | 借 | | 45000 | |
| 银行存款(1002) | 日记账、银行账 | 借 | | 2110000 | |
| 工行人民币户(100201) | 日记账、银行账 | 借 | | 2110000 | |
| 应收票据(1121) | 客户往来 | 借 | | 164350 | |
| 应收账款(1122) | 客户往来 | 借 | | 52400 | |
| 预付账款(1123) | 供应商往来 | 借 | | 50000 | |
| 其他应收款(1221) | | 借 | | 25000 | |
| 应收职工借款(122101) | 个人往来 | 借 | | 25000 | |

（续表）

| 科目编号及名称 | 辅助核算 | 方向 | 币别/计量 | 期初余额 | 备注 |
|---|---|---|---|---|---|
| 原材料(1403) | | 借 | | 1701000 | |
| 芯片(140301) | 数量核算 | 借 | 1000 盒 | 500000 | |
| 21 英寸显示器(140302) | 数量核算 | 借 | 900 个 | 306000 | |
| 24 英寸显示器(140303) | 数量核算 | 借 | 1000 个 | 480000 | |
| 机箱(140304) | 数量核算 | 借 | 1250 个 | 250000 | |
| 键盘(140305) | 数量核算 | 借 | 1500 个 | 120000 | |
| 鼠标(140306) | 数量核算 | 借 | 1500 个 | 45000 | |
| 库存商品(1405) | | 借 | | 14240000 | |
| 固定资产(1601) | | 借 | | 5532065 | |
| 累计折旧(1602) | | 贷 | | 510470 | |
| 短期借款(2001) | | 贷 | | 1250000 | |
| 应付票据(2201) | 供应商往来 | 贷 | | 0 | |
| 应付账款(2202) | 供应商往来 | 贷 | | 568710 | |
| 预收账款(2203) | 客户往来 | 贷 | | 250000 | |
| 应付职工薪酬(2211) | | 贷 | | 1600000 | |
| 应付工资(221101) | | 贷 | | 1600000 | |
| 应交税费(2221) | | 贷 | | 808400 | |
| 应交增值税(222101) | | 贷 | | 808400 | |
| 进项税额(22210101) | | 贷 | | －291600 | |
| 销项税额(22210105) | | 贷 | | 1100000 | |
| 长期借款(2501) | | 贷 | | 3500000 | |
| 实收资本(4001) | | 贷 | | 8994565 | |
| 资本公积(4002) | | 贷 | | 3500000 | |
| 利润分配(4104) | | 贷 | | 2937670 | |
| 未分配利润(410415) | | 贷 | | 2937670 | |

（2）辅助账期初明细（表 4－6）

**表 4－6**

**应收票据明细：1121 应收票据余额：借 164350 元**

| 日期 | 凭证号 | 客户 | 业务员 | 摘要 | 方向 | 金额 | 票号 |
|---|---|---|---|---|---|---|---|
| 2023－8－22 | 转—175 | 海康 | 张丽丽 | 期初 | 借 | 164350 | 56867 |

**应收账款明细：1122 应收账款余额：借 52400 元**

| 日期 | 凭证号 | 客户 | 业务员 | 摘要 | 方向 | 金额 | 票号 |
|---|---|---|---|---|---|---|---|
| 2023－8－12 | 转—89 | 菲达 | 张丽丽 | 期初 | 借 | 17760 | 56865 |
| 2023－8－18 | 转—135 | 飞骑 | 张丽丽 | 期初 | 借 | 34140 | 56866 |
| 2023－8－22 | 转—170 | 飞骑 | 张丽丽 | 代垫运费 | 借 | 500 | |

**预付账款明细：1123 预付账款余额：借 50000 元**

| 日期 | 凭证号 | 供应商 | 业务员 | 摘要 | 方向 | 金额 | 票号 |
|---|---|---|---|---|---|---|---|
| 2023－8－23 | 转—035 | 永达 | 何进 | 期初 | 借 | 50000 | |

**其他应收款明细：122101 应收职工借款余额：借 25000 元**

| 日期 | 凭证号 | 部门 | 个人 | 摘要 | 方向 | 金额 |
|---|---|---|---|---|---|---|
| 2023－8－19 | 付—98 | 采购部 | 何进 | 出差借款 | 借 | 25000 |

**应付账款明细：2202 应付账款余额：贷 568710 元**

| 日期 | 凭证号 | 供应商 | 业务员 | 摘要 | 方向 | 金额 |
|---|---|---|---|---|---|---|
| 2023－8－15 | 转—101 | 永达 | 何进 | 期初 | 贷 | 246610 |
| 2023－8－18 | 转—132 | 大华 | 何进 | 期初 | 贷 | 152550 |
| 2023－8－23 | 转—178 | 登云 | 何进 | 期初 | 贷 | 169550 |

**预收账款明细：2203 预收账款余额：贷 250000 元**

| 日期 | 凭证号 | 客户 | 业务员 | 摘要 | 方向 | 金额 |
|---|---|---|---|---|---|---|
| 2023－8－26 | 转—197 | 展科 | 刘娜 | 期初 | 贷 | 250000 |

## 五、实验要求

1. 以系统管理员 admin 登录系统管理。

2. 以账套主管“001 蒋飞”的身份登录企业应用平台，进行总账初始化设置，登录时间为 2023－09－01。

## 六、实验指导

1. 设置系统参数

（1）在企业应用平台的“业务工作”选项卡中，执行“财务会计”—“总账”命令，打开总账系统。

(2)在总账系统中,执行"设置"—"选项"命令,打开"选项"对话框。

(3)单击"编辑"按钮,进入修改状态。

(4)在"凭证"选项卡中,按照实验资料的要求进行相应的设置(图 4-1)。

(5)在"权限"选项卡中选中"凭证审核控制到操作员""出纳凭证必须由出纳签字"复选框,取消选中"允许修改、作废他人填制的凭证"复选框。

(6)单击"会计日历"选项卡,按照实验资料的要求进行相应的设置。

(7)单击"其他"选项卡,按照实验资料的要求进行相应的设置。

(8)单击"确定"按钮保存并返回。

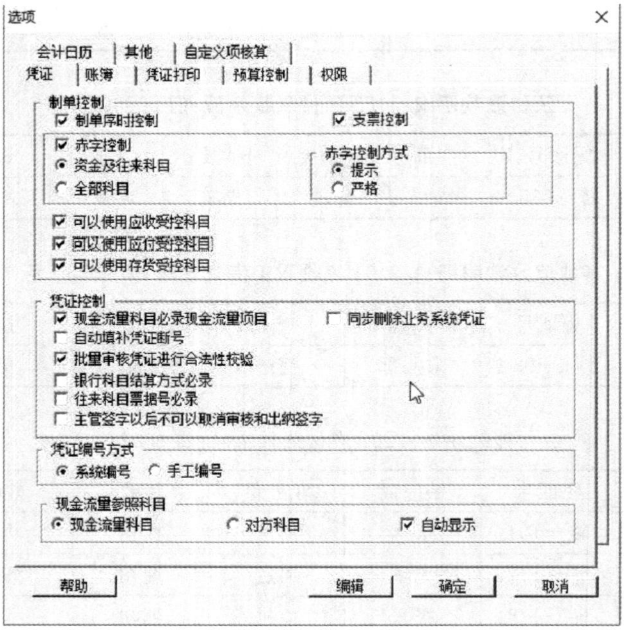


图 4-1 "凭证"选项卡

2. 设置财务基础档案

(1)外币设置

① 在企业应用平台基础设置中,执行"基础档案"—"财务"—"外币设置"命令,进入"外币设置"窗口。

② 输入币符"$",币名"美元",其他项目采用默认值,单击"确定"按钮。

③ 输入 2023 年 9 月份的记账汇率为 7.01,按"Enter"键确定(图 4-2)。

④ 单击"退出"按钮,完成外币设置。

(2)增加会计科目

① 在企业应用平台基础设置中,执行"基础档案"—"财务"—"会计科目"命令,进入"会计科目"窗口。

② 单击“增加”按钮，打开“新增会计科目”对话框(图4-3)。

③ 按实验资料会计科目表输入备注栏标注为“新增”的会计科目，单击“确定”按钮保存。

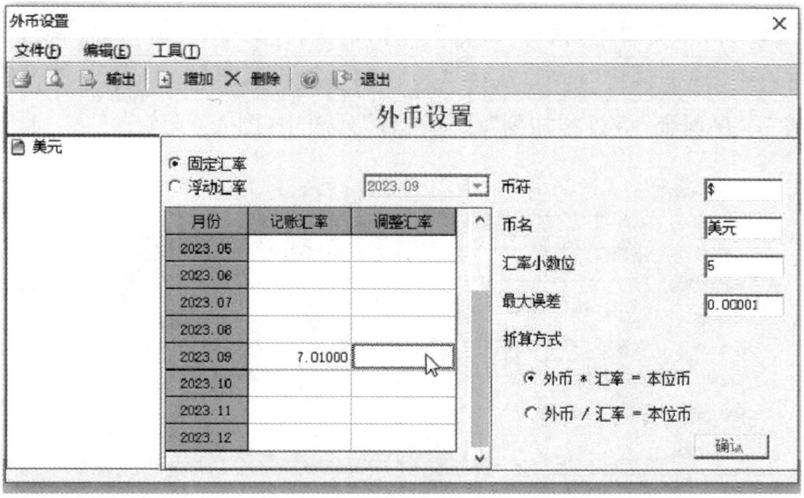


图4-2 外币设置

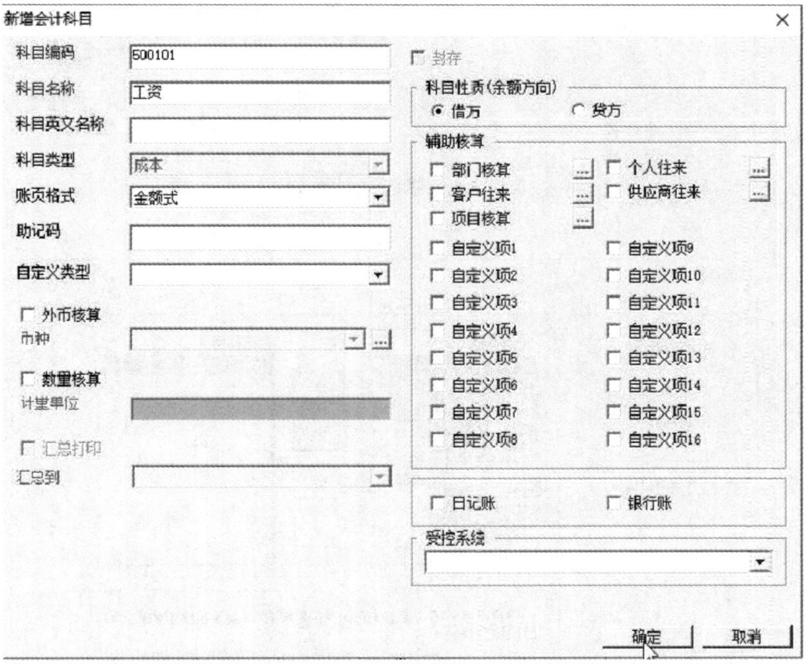


图4-3 增加会计科目

(3)修改会计科目

① 在“会计科目”窗口中，将光标定位在“库存现金”科目，单击“修改”按钮，打开“会

计科目-修改”对话框。

② 单击“修改”按钮，选中“日记账”复选框(图 4-4)，单击“确定”按钮。

③ 对会计科目表备注栏中所有标注为“修改”的科目进行修改。

(4)指定会计科目

① 在“会计科目”窗口中，执行“编辑”—“指定科目”命令，打开“指定科目”对话框。

② 单击选中“现金科目”选项，从待选科目列表框中选择“1001 库存现金”科目，单击“＞”按钮，将“库存现金”科目添加到“已选科目”列表中(图 4-5)。

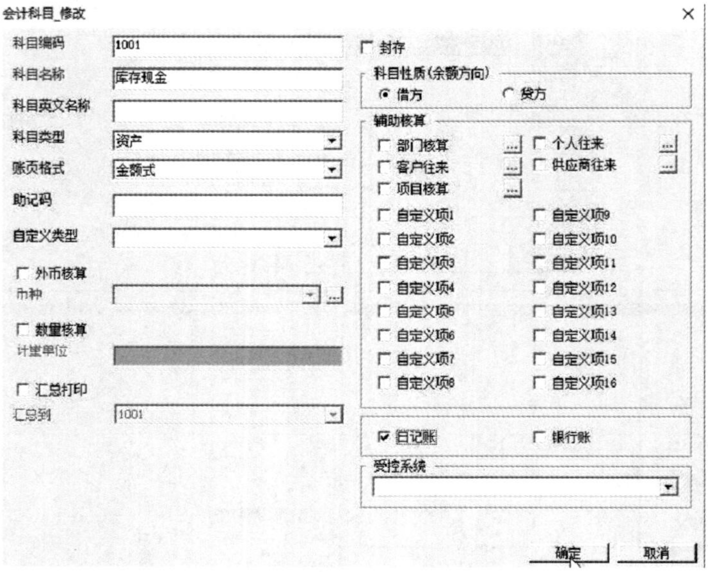


图 4-4　修改会计科目

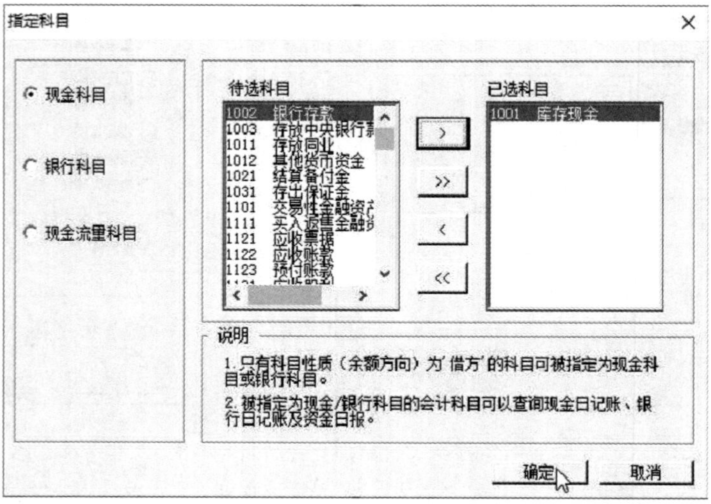


图 4-5　指定现金科目

③ 同理，将“银行存款”科目设置为银行科目(图 4－6)。

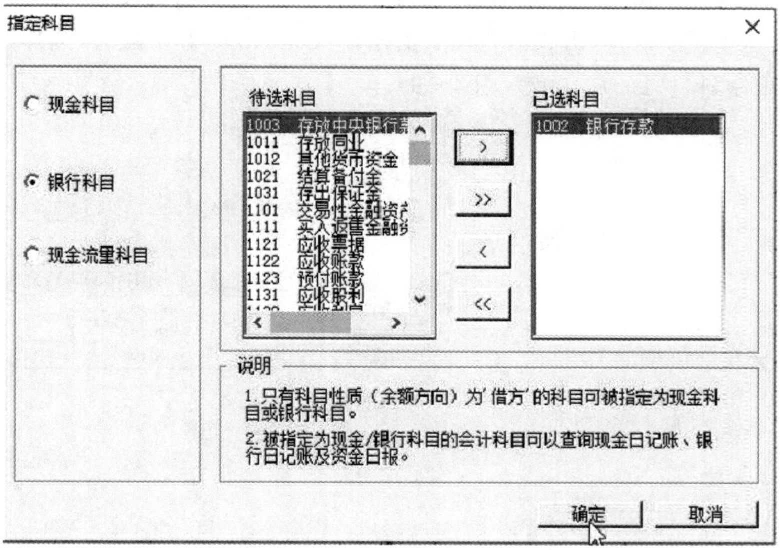


图 4－6　指定银行科目

④ 单击“确定”按钮保存。

⑤ 将“库存现金”“银行存款”设置为现金流量科目(图 4－7)。

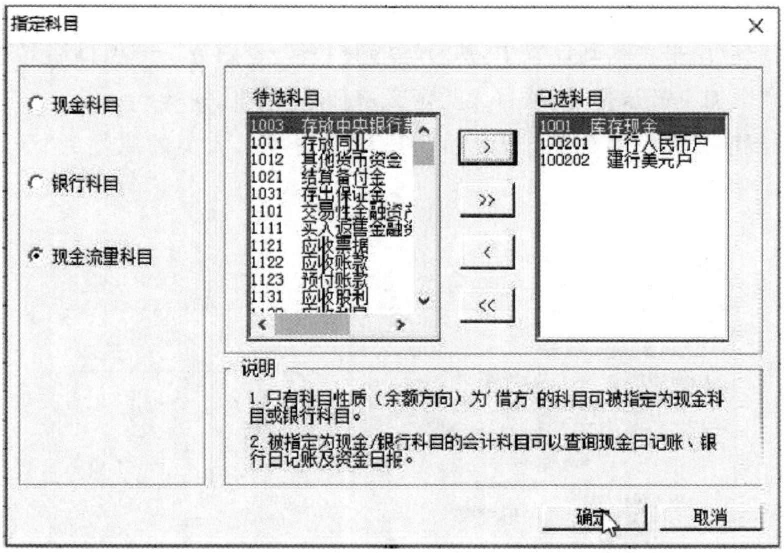


图 4－7　指定现金流量科目

(5)凭证类别

① 在企业应用平台基础设置中，执行“基础档案”—“财务”—“凭证类别”命令，打开“凭证类别预置”对话框。

② 单击选中“收款凭证　付款凭证　转账凭证”选项(图 4-8)。

③ 单击“确定”按钮,进入“凭证类别”窗口。

④ 单击“修改”按钮,双击收款凭证后的限制类型,出现下拉箭头,选择“借方必有”,选择或输入限制科目“1001,1002”(图 4-9)。

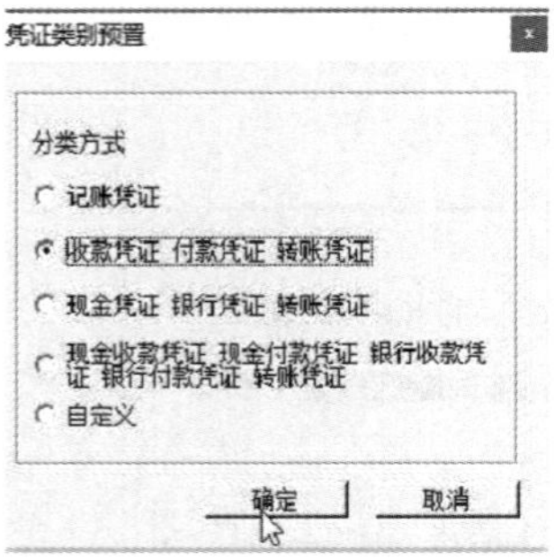


图 4-8　凭证类别预置

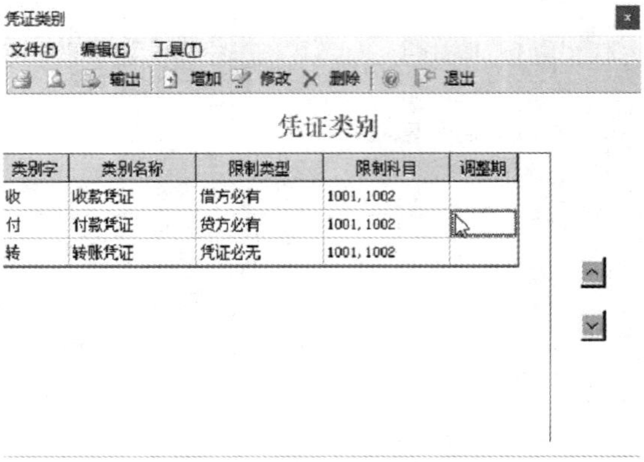


图 4-9　凭证类别设置

⑤ 同样,设置其他限制类型和限制科目。

(6)项目目录

※新增项目大类

① 在企业应用平台基础设置中,执行“基础档案”—“财务”—“项目档案”对话框。

② 单击“增加”按钮,打开“项目大类定义增加”对话框。

③ 输入新项目大类名称为“产成品”,选择新增项目大类的属性为“普通项目”(图 4-10)。

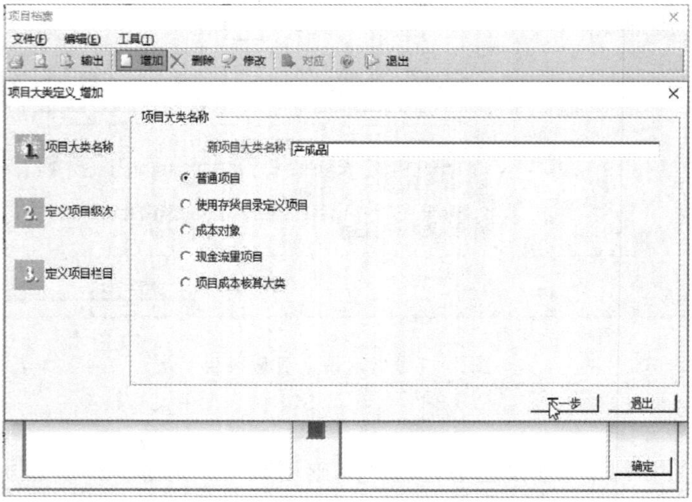


图 4-10　新增项目大类

④ 单击“下一步”按钮，打开“定义项目级次”窗口，设定项目级次：一级 1 位（图 4 - 11）。

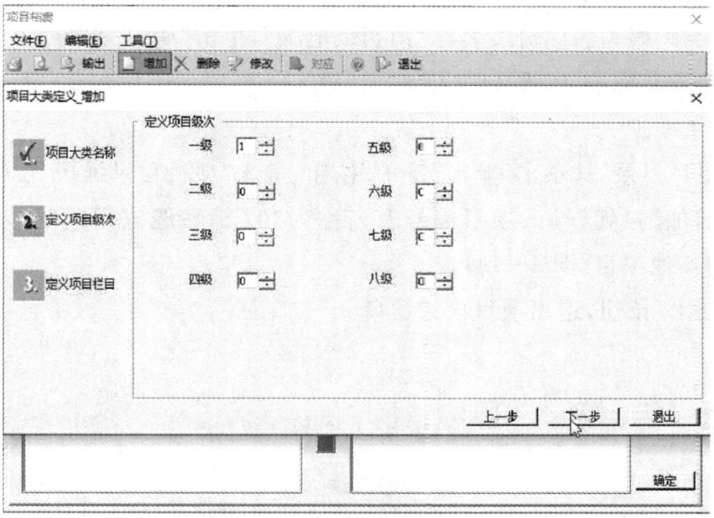

图 4 - 11　定义项目级次

⑤ 单击“下一步”按钮，打开“定义项目栏目”对话框，取系统默认，不做修改。

⑥ 单击“完成”按钮，返回“项目档案”界面。

※ 指定项目核算科目

① 单击“项目大类”栏的下三角按钮，选择“产成品”项目大类。

② 单击“核算科目”选项卡，单击按钮将全部待选科目选择为按产成品项目大类核算的科目（图 4 - 12）。

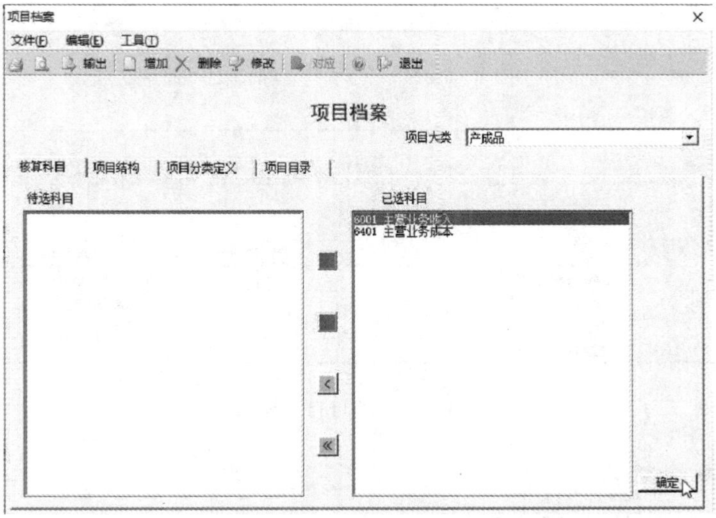

图 4 - 12　选择项目核算科目

③ 单击“确定”按钮保存。

※ 进行项目分类定义

① 单击“项目分类定义”选项卡。

② 输入分类编码为“1”，分类名称“消费级电脑”，单击“确定”按钮。

③ 同理，输入其他项目(图 4－13)。

※ 项目目录维护

① 单击“项目目录”选项卡，单击“维护”按钮，进入“项目目录维护”窗口。

② 单击“增加”按钮，输入项目编号及名称为“01 消费级家用电脑”，所属分类码为“1”。同理增加其他项目(图 4－14)。

③ 单击“退出”按钮，退出项目设置窗口。

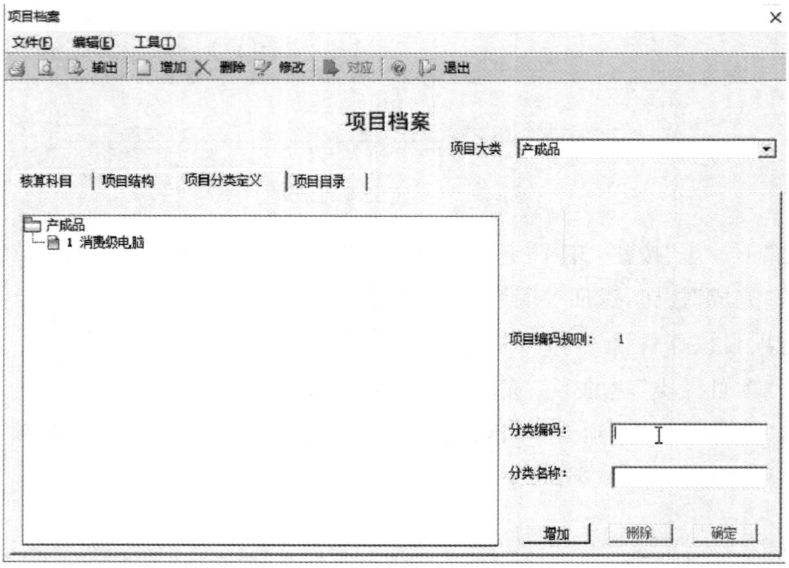


图 4－13　项目分类定义

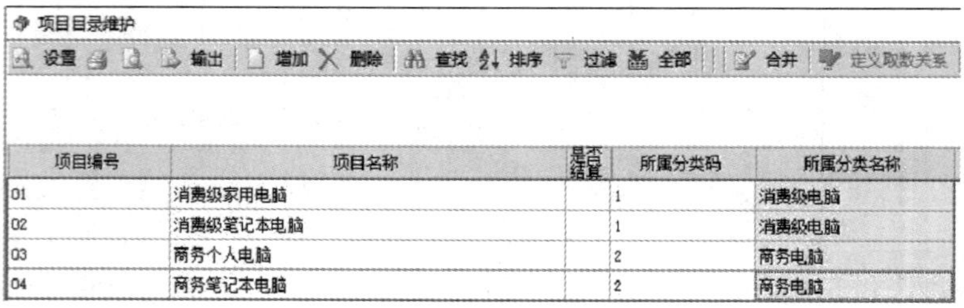


| 项目编号 | 项目名称 | 是否结算 | 所属分类码 | 所属分类名称 |
|---|---|---|---|---|
| 01 | 消费级家用电脑 | | 1 | 消费级电脑 |
| 02 | 消费级笔记本电脑 | | 1 | 消费级电脑 |
| 03 | 商务个人电脑 | | 2 | 商务电脑 |
| 04 | 商务笔记本电脑 | | 2 | 商务电脑 |

图 4－14　项目目录维护

3. 录入期初余额

(1)无辅助核算的科目余额录入

① 在总账系统中，执行“设置”—“期初余额”命令，进入“期初余额录入”窗口。期初

余额列底色有 3 种颜色。

② 底色为白色的单位格为末级科目，期初余额直接录入。例如，库存现金科目底色为白色，直接录入相关数据即可(图 4－15)。

| 科目名称 | 方向 | 币别/计量 | 年初余额 | 累计借方 | 累计贷方 | 期初余额 |
|---|---|---|---|---|---|---|
| 库存现金 | 借 | | 45,000.00 | | | 45,000.00 |
| 银行存款 | 借 | | | | | |
| 工行人民币户 | 借 | | | | | |
| 建行美元户 | 借 | | | | | |
| | 借 | 美元 | | | | |
| 存放中央银行款项 | 借 | | | | | |
| 存放同业 | 借 | | | | | |
| 其他货币资金 | 借 | | | | | |
| 结算备付金 | 借 | | | | | |

图 4－15　期初余额录入—直接录入

底色为灰色的单位格为有下级科目的科目，直接录入最末级科目的期初余额，上级科目的余额自动汇总计算。例如，银行存款—工行人民币户。

③ 数量辅助核算科目，如原材料—芯片，第 1 行录入期初余额，第 2 行录入结存数量，且必须先录入金额再录入数量(图 4－16)。

| 科目名称 | 方向 | 币别/计量 | 年初余额 | 累计借方 | 累计贷方 | 期初余额 |
|---|---|---|---|---|---|---|
| 应收职工借款 | 借 | | 25,000.00 | | | 25,000.00 |
| 坏账准备 | 贷 | | | | | |
| 贴现资产 | 借 | | | | | |
| 拆出资金 | 借 | | | | | |
| 贷款 | 借 | | | | | |
| 贷款损失准备 | 贷 | | | | | |
| 代理兑付证券 | 借 | | | | | |
| 代理业务资产 | 借 | | | | | |
| 材料采购 | 借 | | | | | |
| 在途物资 | 借 | | | | | |
| 原材料 | 借 | | 1,701,000.00 | | | 1,701,000.00 |
| 芯片 | 借 | | 500,000.00 | | | 500,000.00 |
| | 借 | 盒 | 1,000.00 | | | 1,000.00 |
| 21英寸显示器 | 借 | | 306,000.00 | | | 306,000.00 |
| | 借 | 个 | 900.00 | | | 900.00 |
| 24英寸显示器 | 借 | | 480,000.00 | | | 480,000.00 |
| | 借 | 个 | 1,000.00 | | | 1,000.00 |
| 机箱 | 借 | | 250,000.00 | | | 250,000.00 |
| | 借 | 个 | 1,250.00 | | | 1,250.00 |
| 键盘 | 借 | | 120,000.00 | | | 120,000.00 |
| | 借 | 个 | 1,500.00 | | | 1,500.00 |
| 鼠标 | 借 | | 45,000.00 | | | 45,000.00 |

图 4－16　期初余额录入—数量辅助核算

(2)客户往来辅助核算科目录入

底色为黄色的单位是设置了客户往来、供应商往来、部门核算、个人往来、项目核算等核算科目的。下面以应收票据为例来介绍客户往来辅助核算科目的录入。

① 双击应收票据科目期初余额栏,进入“辅助期初余额”窗口。

② 单击“往来明细”按钮,进入“期初往来明细”窗口。

③ 单击“增行”按钮,按资料录入应收票据往来明细(图 4-17)。

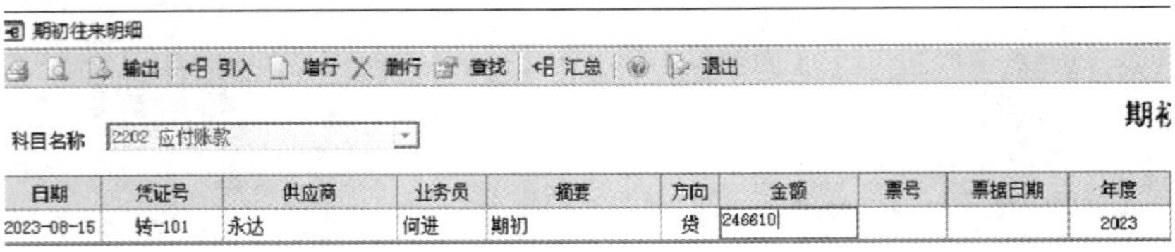


图 4-17　期初余额录入—期初往来明细

④ 单击“汇总”按钮,系统自动汇总并弹出“完成了往来明细到辅助期初表的汇总!”信息提示框,单击“确定”按钮。

⑤ 单击“退出”按钮,返回辅助期初余额界面,如图 4-18 所示。

⑥ 单击“退出”按钮,返回期初余额录入界面,应收票据科目余额已自动生成。同理录入其他应收账款科目、应付款科目期初余额。

(3)试算平衡

① 输入完所有科目余额后,单击“试算”按钮,打开“期初试算平衡表”对话框(图 4-19)。

② 若期初余额不平衡,则修改期初余额;若期初余额试算平衡,则单击“确定”按钮。

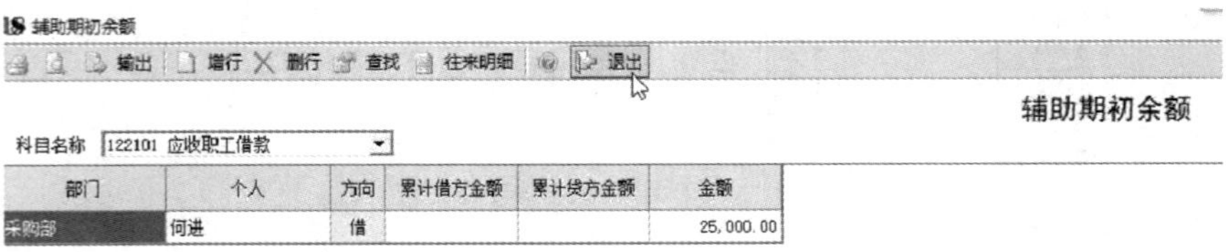


图 4-18　期初余额录入—辅助期初余额

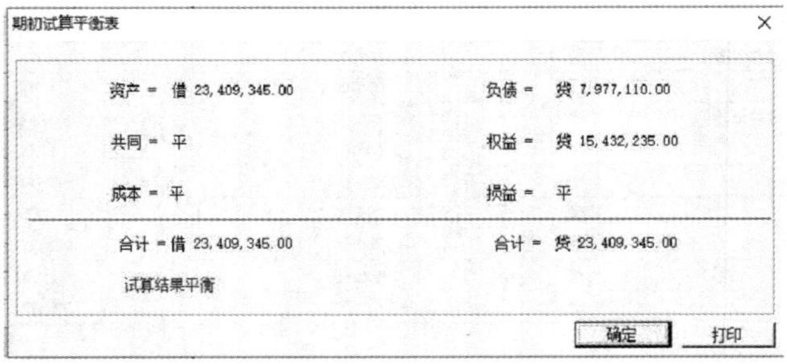


图 4-19　期初试算平衡表

4. 账套备份(略)

全部完成后,将账套输出至"实验三总账初始化"文件夹中。

## 实验四　总账系统日常业务处理

一、实验目的

1. 了解常用摘要及常用凭证的设置与调用。

2. 掌握与凭证有关的日常处理。

二、实验内容

1. 设置常用摘要。

2. 填制凭证、出纳签字、审核凭证、记账、修改凭证、删除凭证。

3. 冲销凭证。

4. 输出账套。

实验四　总账系统
日常业务处理

三、实验准备

引入"实验三总账初始化"账套数据。

四、实验资料

1. 常用摘要。(表 4-7)

表 4-7　常用摘要

| 摘要编码 | 摘要内容 |
| --- | --- |
| 1 | 购置办公用品 |
| 2 | 职工出差借款 |

2. 常用凭证。

编码:1;摘要:从工行提现金;凭证类别:付款凭证;科目编码:1001 和 100201。

3. 填制凭证。

(1)增加凭证

2023 年 9 月发生的经济业务如下:

① 9 月 1 日,销售一部报销培训费 4000 元,以现金支付。

借:销售费用　4000

　贷:库存现金　4000

② 9 月 2 日,采购部购买 2500 盒芯片,单价为 200 元/盒,款项已以转账支票(票号为 8010)支付。

借:原材料　500000

　应交税费—应交增值税—进项税额　65000

　贷:银行存款—工行存款　565000

③ 9 月 2 日，财务部崔静持现金支票(票号 8122)从工行提取备用金 60000 元。调用常用凭证完成。

借：库存现金　　60000

　　贷：银行存款—工行存款　　60000

④ 9 月 3 日，销售给泰克公司一批消费级家用电脑，货税款 90400 元(货款 80000 元，税款 10400 元)尚未收到。

借：应收账款(泰克公司)　　400000

　　贷：主营业务收入　　52000

　　应交税费—应交增值税—销项税额　　452000

⑤ 9 月 4 日，收到何进偿还借款 20000 元。

借：库存现金　　20000

　　贷：其他应收款—应收职工借款(何进)　　20000

⑥ 9 月 5 日，向大华公司采购鼠标 1000 个，无税单价 35 元，货款 35000 元，进项税 910 元，以转账支票支付，票号为 8011。

借：原材料　　35000

　　应交税费—应交增值税—进项税额　　4550

　　贷：银行存款—工行存款　　39550

⑦ 9 月 6 日，总经理办公室李勤购置办公用品 3000 元，进项税 390 元，以转账支票支付，票号为 8012。

借：管理费用—办公费　　3000

　　应交税费—应交增值税—进项税额　　390

　　贷：银行存款—工行存款　　3390

(2)修改凭证

经查，9 月 3 日销售的消费级电脑为笔记本电脑而非“消费级电脑”，需要改正。

(3)删除凭证

9 月 1 日销售一部报销的培训费由于培训内容不在公司报销范围内，不允许报销，现金已追缴。

4. 出纳签字。

5. 审核凭证。

6. 记账。

7. 将 9 月 6 日购买办公用品的凭证用红字冲销，并删除该张红字凭证。

8. 查询 1 号转账凭证。

五、实验要求

1. 以系统管理员 admin 登录系统管理。

2. 以“001 蒋飞”的身份登录企业应用平台，设置常用摘要、常用凭证，进行凭证审核、记账、查询等操作。

3. 以"002 刘勇"的身份登录企业应用平台，进行填制凭证、修改凭证、删除凭证、红字冲销等操作。

4. 以"003 崔静"的身份登录企业应用平台，进行出纳签字。

5. 总账日常业务处理的时间范围为 2023-09-01 至 2023-09-06。

六、操作指导

1. 设置常用摘要

以"001 蒋飞"身份登录企业应用平台，设置常用摘要。

① 在企业应用平台"基础设置"选项卡中，执行"基础档案"—常用摘要设置，"其他"—"常用摘要"命令，打开"常用摘要"对话框。

② 单击"增加"按钮，按实验资料录入常用摘要(图 4-20)。

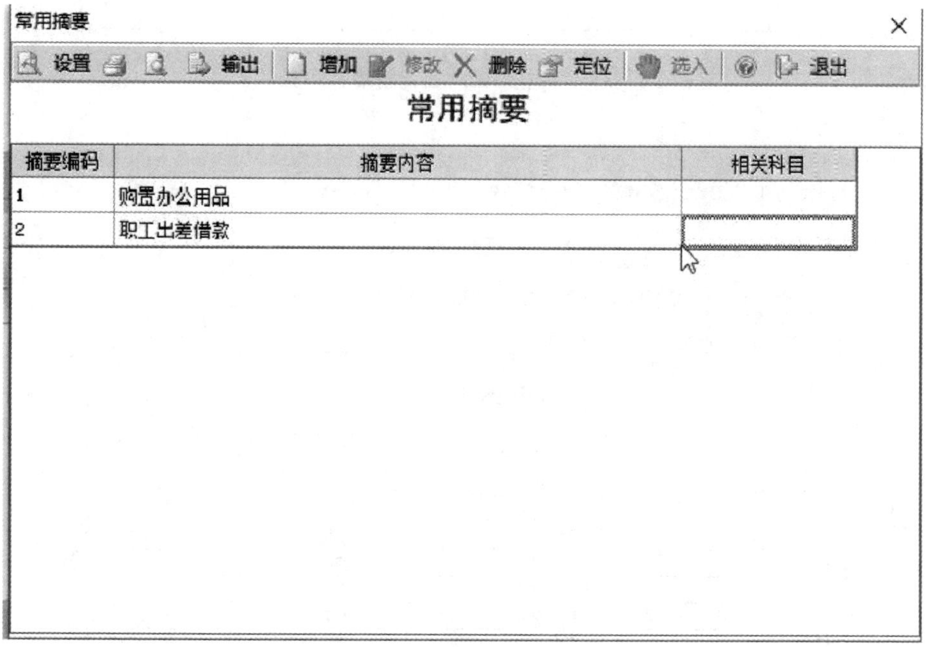


图 4-20 常用摘要设置

2. 设置常用凭证

以"001 蒋飞"身份进入总账，设置常用凭证。

① 执行"凭证"—"常用凭证"命令，打开"常用凭证"对话框。

② 单击"增加"按钮。录入编码"1"，录入说明"从工行提现金"，单击"凭证类别"栏的下三角按钮，选择"付款凭证"(图 4-21)。

③ 单击"详细"按钮，进入"常用凭证—付款凭证"窗口。

④ 单击"增分"按钮，在"科目名称"栏录入"1001"，再单击"增分"按钮，在第 2 行"科目名称"栏录入"100201"，选择结算方式"现金支票"(图 4-22)。

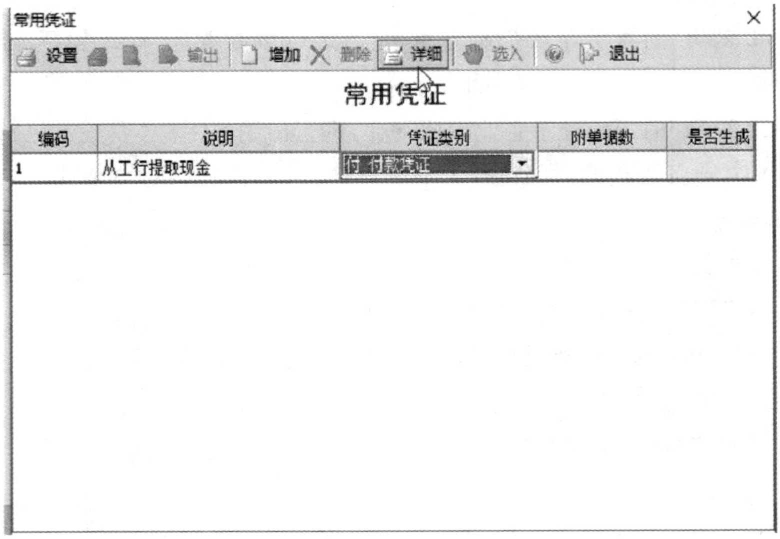


图 4－21　常用凭证设置—新增常用凭证

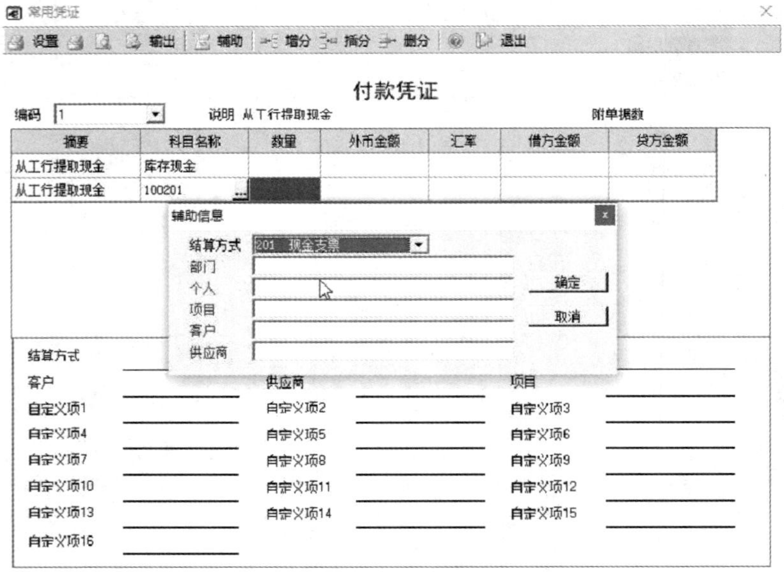


图 4－22　常用凭证设置—凭证详情设置

⑤ 单击“确定”按钮，再单击“退出”按钮退出。

3. 填制凭证

单击“重注册”选项，以“002 刘勇”的身份登录，增加凭证。

(1)增加凭证

【业务 1】无辅助核算的一般业务

① 在企业应用平台业务工作中，执行“总账”—“凭证”—“填制凭证”命令，进入“填制

凭证”窗口。

② 单击“增加”按钮或者按 F5 键，系统自动增加一张空白收账凭证。

③ 单击凭证类别的“参照”按钮，选择“付款凭证”。按“Enter”键，凭证号 0001 自动产生。

④ 修改凭证制单日期为“2023－9－1”，按照制单序时控制要求，制单日期不能小于上一张同类凭证的制单日期，且不能大于系统日期。

⑤ 输入附单据数“1”。附单据数是指该记账凭证所附原始单据的张数。

⑥ 在摘要栏直接录入摘要“报销培训费”。按“Enter”键，或单击“科目名称”栏的参照按钮（或按 F2 键），选择“损益”类科目“6601 销售费用”，或者直接在科目名称栏输入“6601”。录入借方金额“4000”。

⑦ 按“Enter”键，系统自动复制上一行的摘要，可以修改。录入贷方金额时，可以在贷方金额处直接按“＝”键，系统自动计算目前借贷方差额并放置于当前位置（图 4－23）。

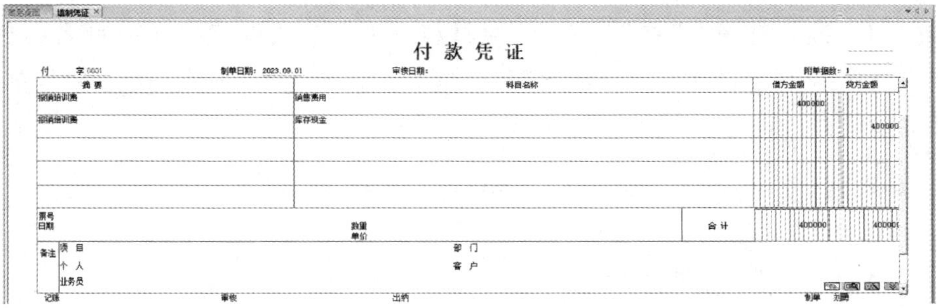


图 4－23　业务 1 凭证

⑧ 单击“保存”按钮，系统弹出“现金流量录入修改”窗口，选择项目编码“07”，项目名称为“支付的与其他经营活动有关的现金”，单击“确定”（图 4－24）。

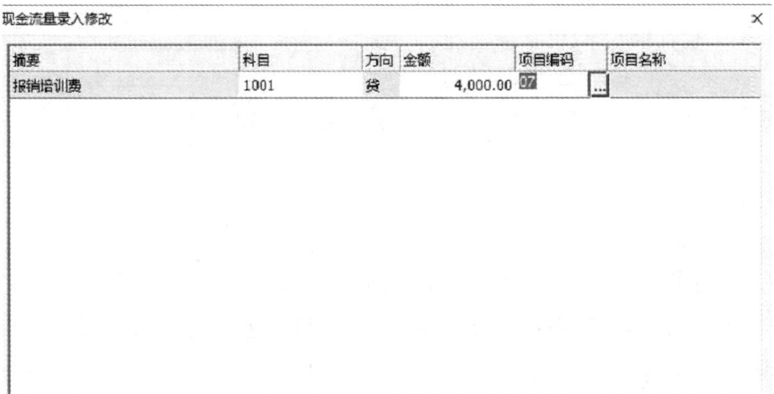


图 4－24　业务 1 现金流量项目设置

⑨ 单击“保存”按钮，系统弹出“凭证已成功保存！”信息提示框，单击“确定”按钮返回（图 4－25）。

【业务 2】

① 在企业应用平台业务工作中，执行“总账”—“凭证”—“填制凭证”命令，进入“填制凭证”窗口。

② 单击“增加”按钮或者按 F5 键，系统自动增加一张空白收账凭证。

③ 单击凭证类别的“参照”按钮，选择“付款凭证”。按“Enter”键，凭证号 0001 自动产生。

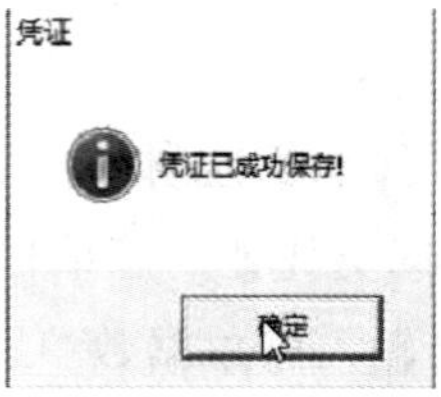


图 4－25　凭证保存成功

④ 修改凭证制单日期为“2023－9－2”，按照制单序时控制要求，制单日期不能早于上一张同类凭证的制单日期，且不能晚于系统日期。

⑤ 输入附单据数“1”。附单据数是指该记账凭证所附原始单据的张数。

⑥ 在摘要栏直接录入摘要“购买芯片”。按“Enter”键，或单击“科目名称”栏的参照按钮（或按 F2 键），选择“资产”类科目“原材料—芯片”，或者直接在科目名称栏输入“140301”，按要求在数量辅助项窗口填写“数量”为“2500 盒”，“单价”为“200”，单击“确定”（图 4－26）。

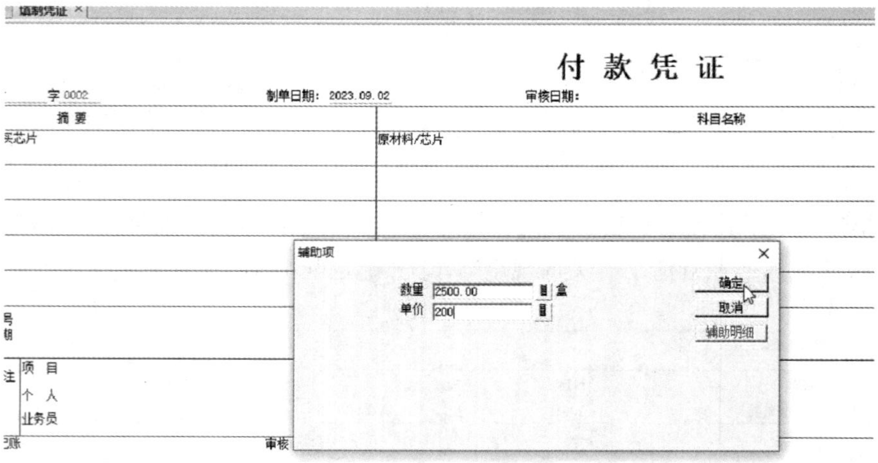


图 4－26　业务 2 凭证—数量金额设置

⑦ 系统自动计算出借方第一个科目的金额为 500000 元。按“Enter”键，系统自动复制上一行的摘要，可以修改。选择借方第二个科目“应交税费—应交增值税—进项税额”，金额栏填写金额为 65000 元。

⑧ 按“Enter”键，系统自动复制上一行的摘要，可以修改。选择贷方科目“银行存款—工行存款”，在弹出的结算方式辅助项里，“结算方式”选择“转账支票”，票号填写“8010”（图 4－27），单击“确定”。

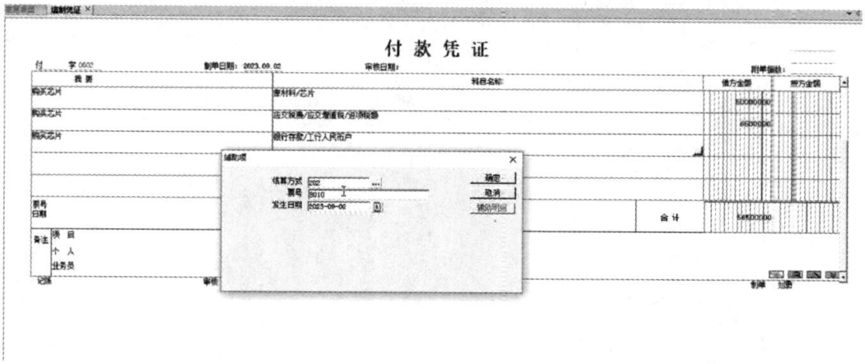


图 4－27　业务 2 凭证—结算方式设置

注意：录入最后一个科目金额时，可以在金额处直接按“＝”键，系统自动计算目前借贷方差额并放置于当前位置。

⑨ 单击“保存”按钮，系统弹出支票登记窗口(图 4－28)。

图 4－28　业务 2 凭证—支票登记提示

⑩ 单击“是”，按照资料填写支票登记簿信息(图 4－29)。

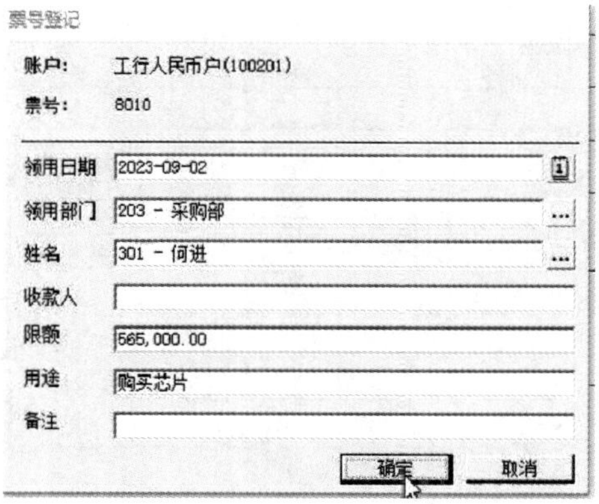


图 4－29　业务 2 凭证—票号登记

⑪ 单击“确定”,弹出“现金流量录入修改”窗口,选择项目编码“04”(图 4-30)。

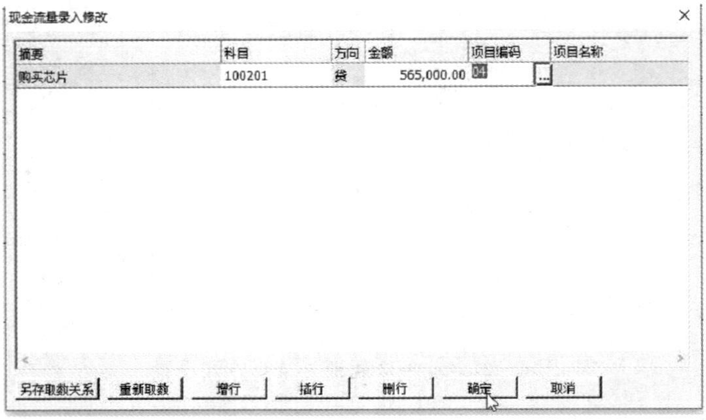


图 4-30　业务 2 凭证—现金流量设置

⑫ 单击“确定”按钮,单击“保存”按钮,系统弹出“凭证已成功保存!”信息提示框,单击“确定”按钮返回。

【业务 3】调用常用凭证

① 在“填制凭证”窗口中,单击“常用凭证”下三角按钮并选择“调用常用凭证”选项,打开“调用常用凭证”对话框。

② 输入常用凭证代号“1”,单击“确定”按钮,屏幕上出现事先定义的常用凭证。

③ 录入“库存现金”借方金额为“60000”。将光标定位在凭证上的第 2 行,将光标下移至凭证下方票号处,光标变形为黑色笔状时双击,打开“辅助项”对话框。输入现金支票票号“8122”和发生日期“2023-9-2”(图 4-31),单击“确定”按钮返回。

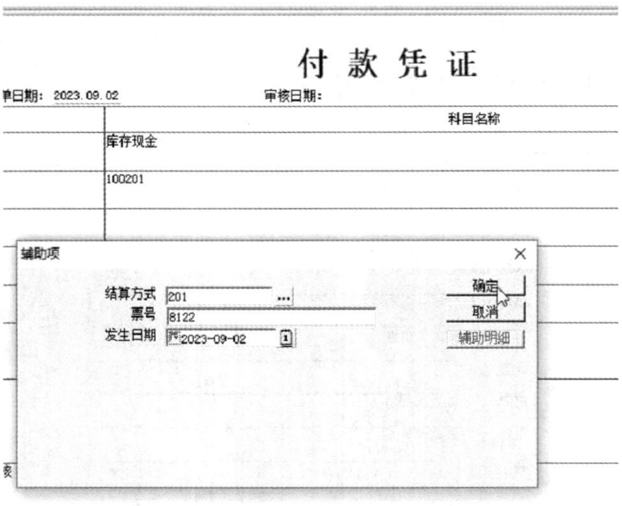


图 4-31　业务 3 凭证—结算方式设置

④ 单击“保存”按钮，系统弹出“此支票尚未登记，是否登记？”信息提示框（图4－32）。

⑤ 单击“是”按钮弹出“票号登记”对话框，填写领用日期“2023－9－2”，领用部门“102—财务部”，限额“12000”，用途“提现”。

⑥ 单击“确定”按钮，弹出信息提示框“凭证已成功保存！”，单击“确定”按钮。

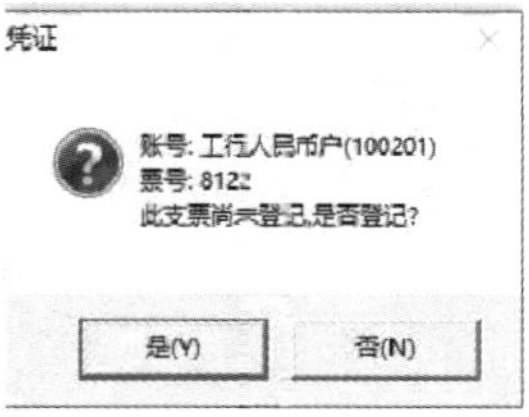


图4－32　业务3凭证—支票登记提示

【业务4】客户往来辅助核算、项目核算

① 在填制凭证过程中，输入客户往来科目“1122”，弹出“辅助项”对话框。

② 选择输入客户“泰克”，发生日期“2023－9－3”（图4－33）。

③ 单击“确定”按钮，填写借方金额“90400”，回车进入第二行。选择第二个会计科目“6001”。

④ 在输入完项目核算科目“6001”后，弹出“辅助项”对话框。选择项目名称“消费级家用电脑”（图4－34）。

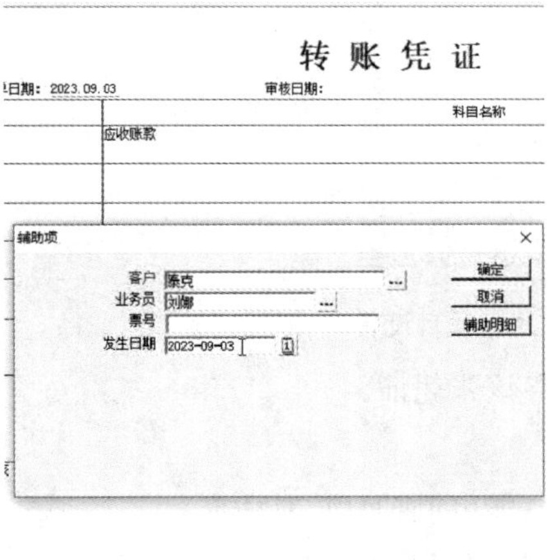


图4－33　业务4凭证—客户辅助信息设置

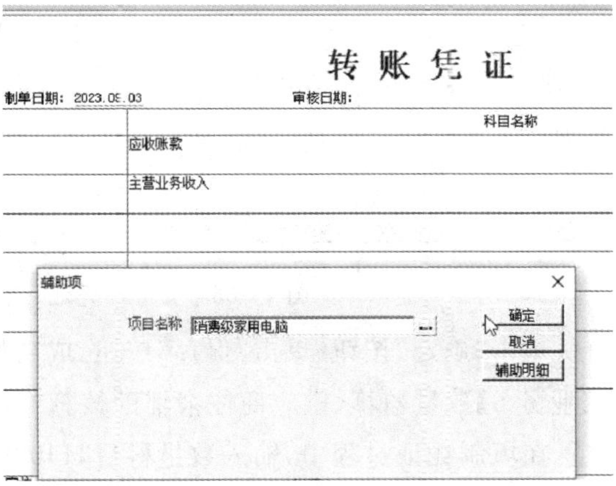


图4－34　业务4凭证—项目辅助信息设置

⑤ 单击“确定”按钮。输入该行金额400C00元，回车到第三行，选择会计科目“22210105”，在该行金额栏按“＝”取差额，并保存。

【业务5】个人往来辅助核算

① 在填制凭证过程中，输入个人往来科目“122101”后，弹出“辅助项”对话框。

② 选择部门“采购部”，个人“何进”，发生日期“2023－9－4”（图4－35）。

③ 单击“确定”按钮，输入该行金额后，单击“保存”按钮，弹出“现金流量录入修改”窗口，项目编码选择“03”（图4－36）。

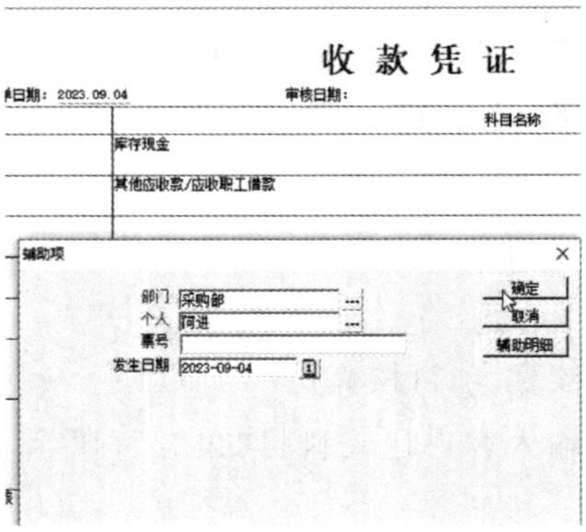


图 4-35　业务 5 凭证—部门辅助信息设置

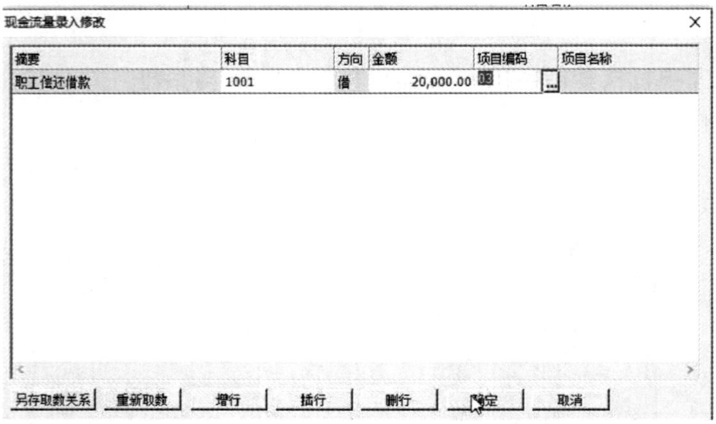


图 4-36　业务 5 凭证—现金流量项目设置

④ 单击“确定”按钮，单击“保存”按钮，成功保存该张凭证。

【业务 6】数量核算、供应商往来辅助核算

① 在填制凭证过程中，输入数量科目“140306”，弹出“辅助项”对话框。

② 输入数量“1000”，单价“35”（图 4-37），单击“确定”按钮返回。

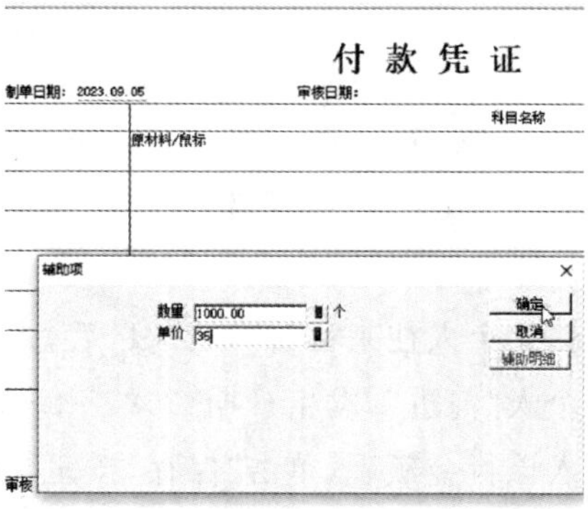


图 4-37　业务 6 凭证—数量核算信息设置

③ 选择第三行的会计科目“100201”时，按照资料要求填写银行存款辅助项信息（图4－38）。

④ 单击“确定”按钮，录入金额及支票登记簿信息（图4－39）。

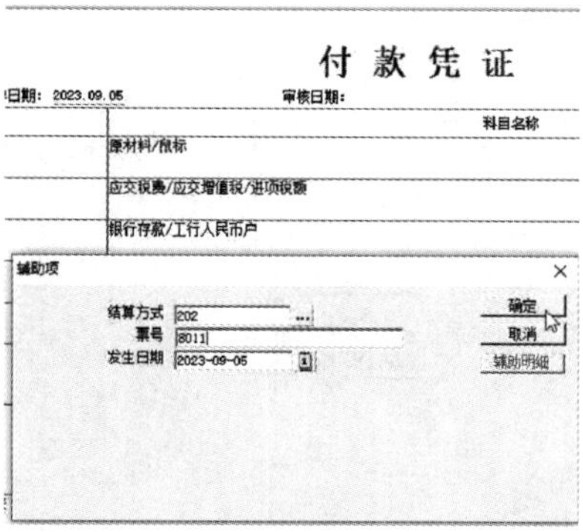


图4－38 业务6凭证—结算方式设置

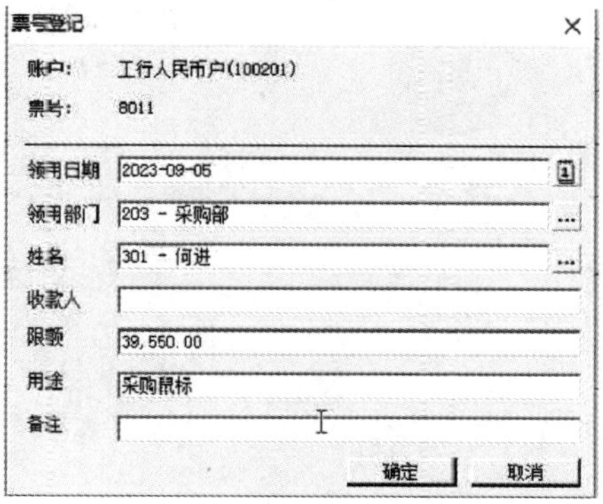


图4－39 业务6凭证—支票票号登记

⑤ 单击“确定”按钮，进入“现金流量录入修改”窗口，项目编码选择“04”（图4－40）。

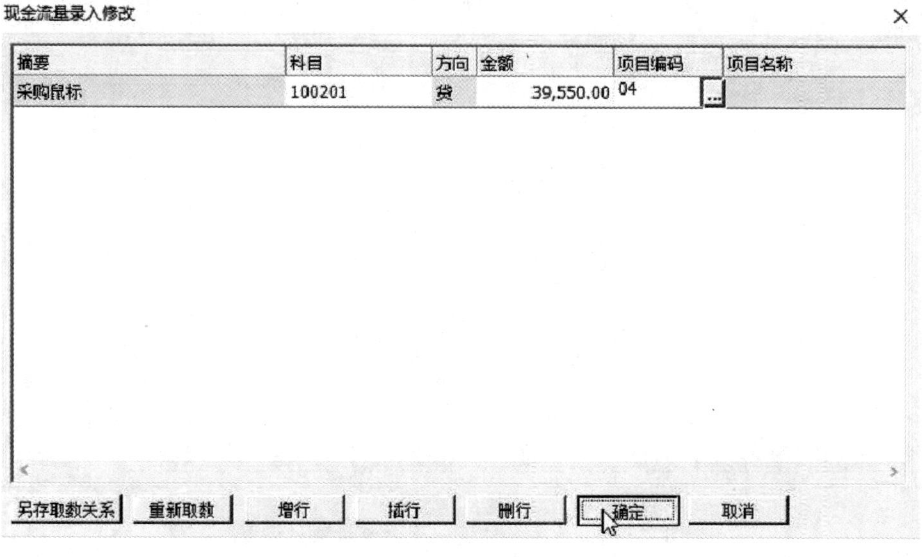


图4－40 业务6凭证—现金流量项目设置

⑥ 单击“确定”按钮，保存该张凭证。

【业务7】部门辅助核算

① 在填制凭证过程中，输入第一行会计科目“560201”，弹出“辅助项”对话框。选择输入部门“总经理办公室”，单击“确定”按钮（图4－41）。

② 依次录入凭证中其他内容，最后在“现金流量录入修改”窗口，项目编码选择“07”（图4－42）。

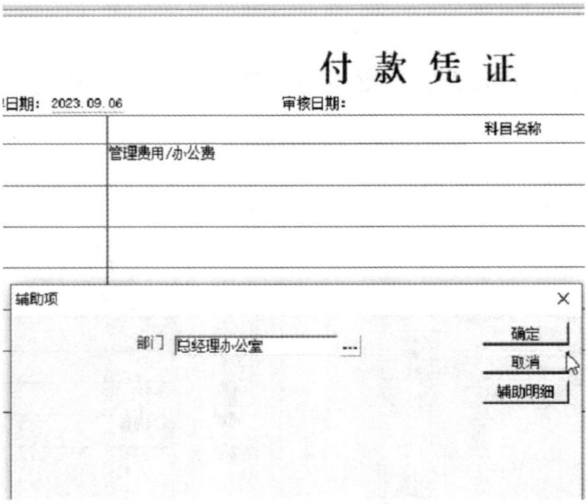


图 4-41　业务 7 凭证—部门辅助信息设置

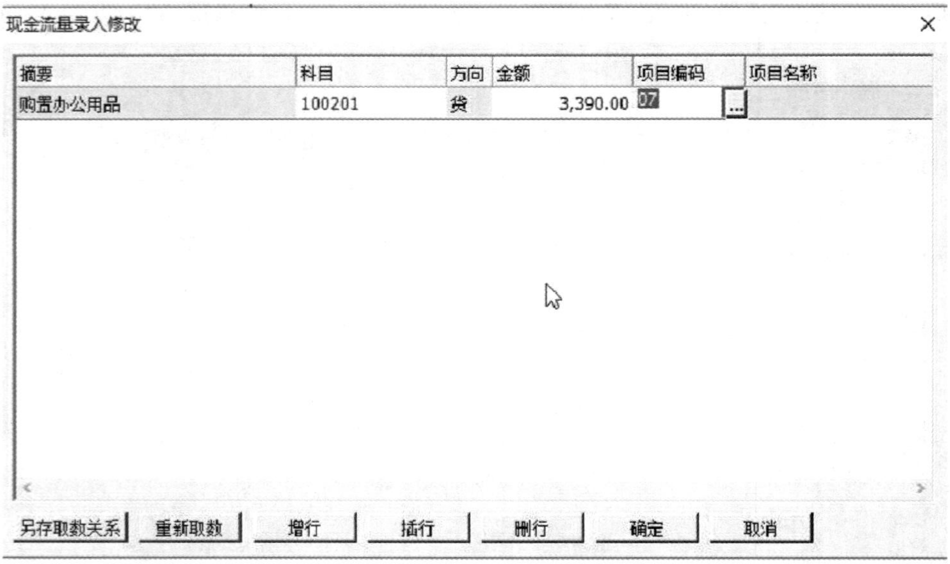


图 4-42　业务 7 凭证—现金流量项目设置

③ 单击“确定”，保存该张凭证。

(2)修改凭证

① 执行“凭证”—“填制凭证”命令，进入“填制凭证”窗口。

② 单击“”按钮，找到要修改的“转－0001”凭证。

③ 选中“6001 主营业务收入”辅助核算科目行，然后将光标移动到凭证下方的备注栏，待光标变形为笔头形状时双击，弹出“辅助项”对话框。删除已有的“消费级家用电脑”，重新选择“消费级笔记本电脑”(图 4-43)。

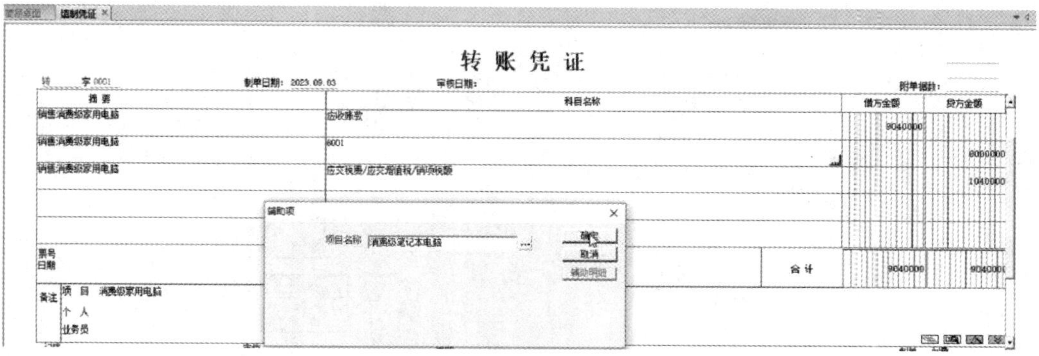


图 4 - 43　修改辅助核算信息

④ 单击“确定”按钮，单击“保存”按钮。

(3)删除凭证

在 U8 中，删除凭证是通过作废凭证和整理凭证两步实现的。

※ 作废凭证

① 在“填制凭证”窗口中，先查询到要作废的凭证“付－0001”。

② 单击“作废/恢复”。凭证的左上角显示“作废”字样，表示该凭证已作废（图 4 - 44）。

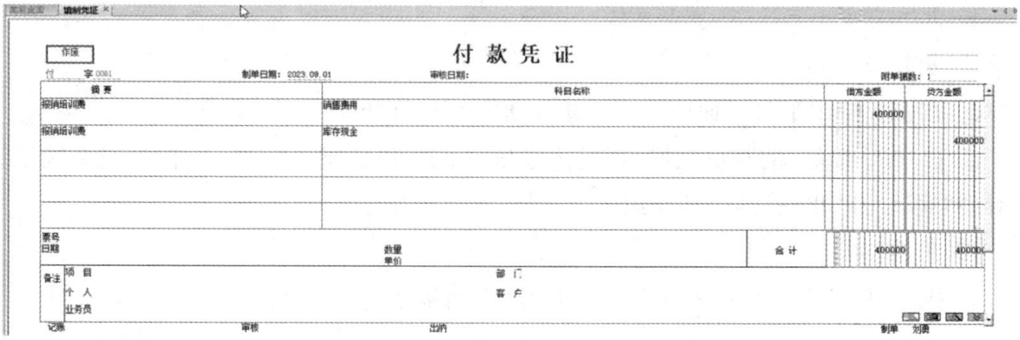


图 4 - 44　作废凭证

※ 整理凭证

① 在“填制凭证”窗口中，单击整理凭证按钮，打开“凭证期间选择”对话框。

② 选择要整理的凭证期间“2023.09”（图 4 - 45）。单击“确定”按钮，打开“作废凭证表”。

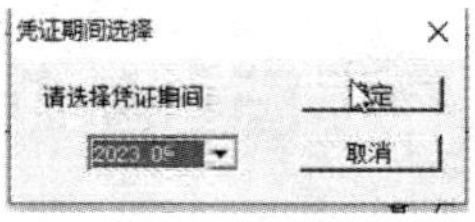


图 4 - 45　整理凭证期间选择

③ 单击“全选”按钮或双击要删除的凭证记录行，选择真正要删除的作废凭证（图 4 - 46）。

④ 单击“确定”按钮，系统将弹出“是否还需整理凭证断号”信息提示框（图 4 - 47）。

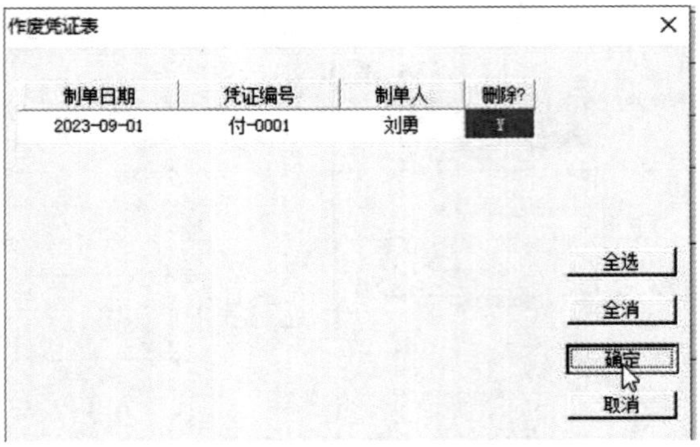


图 4－46　选择待整理的凭证

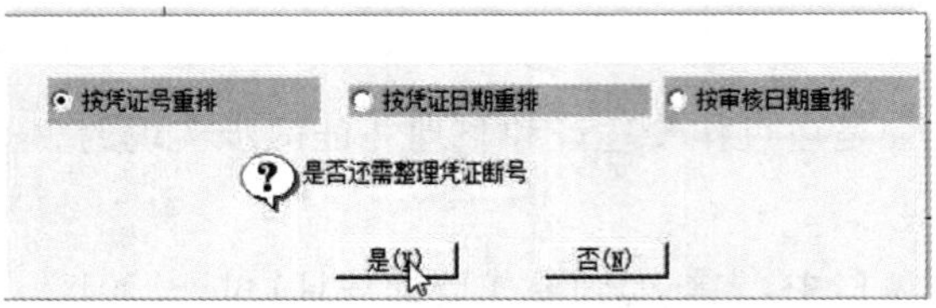


图 4－47　整理断号选择

⑤ 单击“是”按钮，系统将这些凭证从数据库中删除并对剩余的凭证进行重新排号。

4. 出纳签字

(1)更换操作员

① 在企业应用平台界面中，执行“重注册”命令，打开“登录”对话框。

② 以“003 崔静”的身份注册，再进入总账系统。以出纳身份登录，在总账系统下只能看到“凭证”和“出纳”两个功能组。

(2)出纳签字

① 执行“凭证”—“出纳签字”命令，打开“出纳签字”查询条件对话框(图 4－48)。

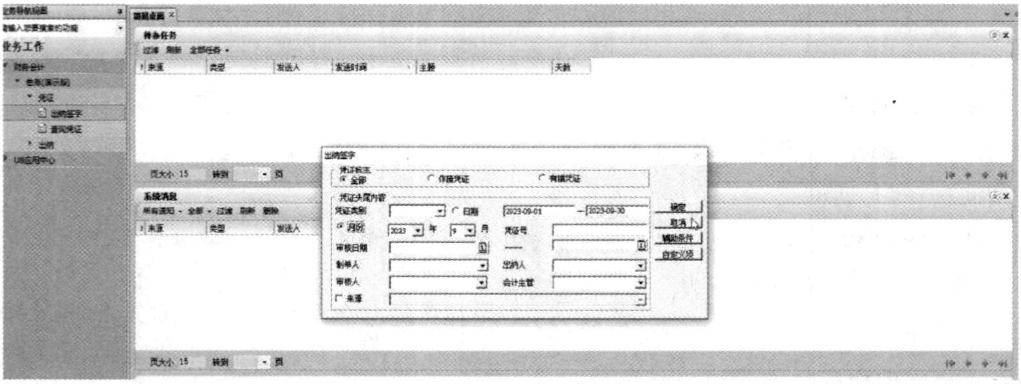

图 4－48　出纳签字凭证范围设置

② 单击“确定”按钮，进入“出纳签字列表”窗口。

③ 双击要签字的凭证，进入“出纳签字”窗口。

④ 单击“签字”按钮，凭证底部的“出纳”处自动签上出纳签字。

⑤ 单击“下一张”➡按钮，对其他凭证签字，最后单击“退出”按钮退出。

5. 审核凭证

(1)重新注册，更换操作员为“001 蒋飞”。

(2)执行“凭证”—“审核凭证”命令，打开“凭证审核”对话框(图 4－49)。

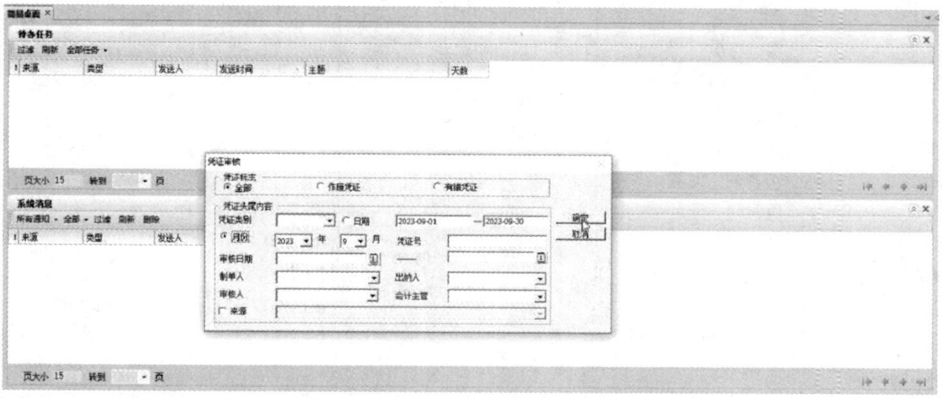

图 4－49　凭证审核范围设置

(3)单击“确定”按钮，进入“凭证审核列表”窗口。

(4)双击打开待审核的第 1 号“收款凭证”。

(5)单击“审核”按钮(第 1 号收款凭证审核完成后，系统自动翻页到第 2 张待审核的凭证)，再单击“审核”按钮，直到将已经填制的 5 张凭证全部审核签字。

(6)单击“退出”按钮退出。

6. 记账

(1)由操作员“001 蒋飞”执行“凭证”—“记账”命令，打开“记账”对话框。

(2)单击“全选”按钮，选择对所有已审核凭证进行记账。

(3)单击“记账”按钮，打开“期初试算平衡表”对话框(图 4－50)。

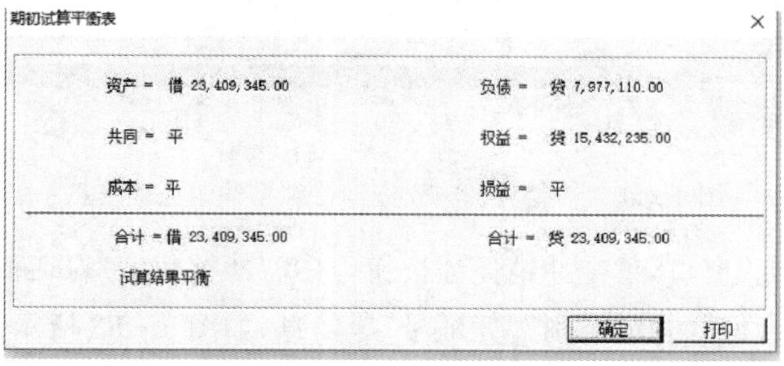


图 4－50　记账—期初试算平衡

(4)单击“确定”按钮，系统自动进行记账，记账完成后，系统弹出“记账完毕!”信息提示框，如图 4－51 所示。

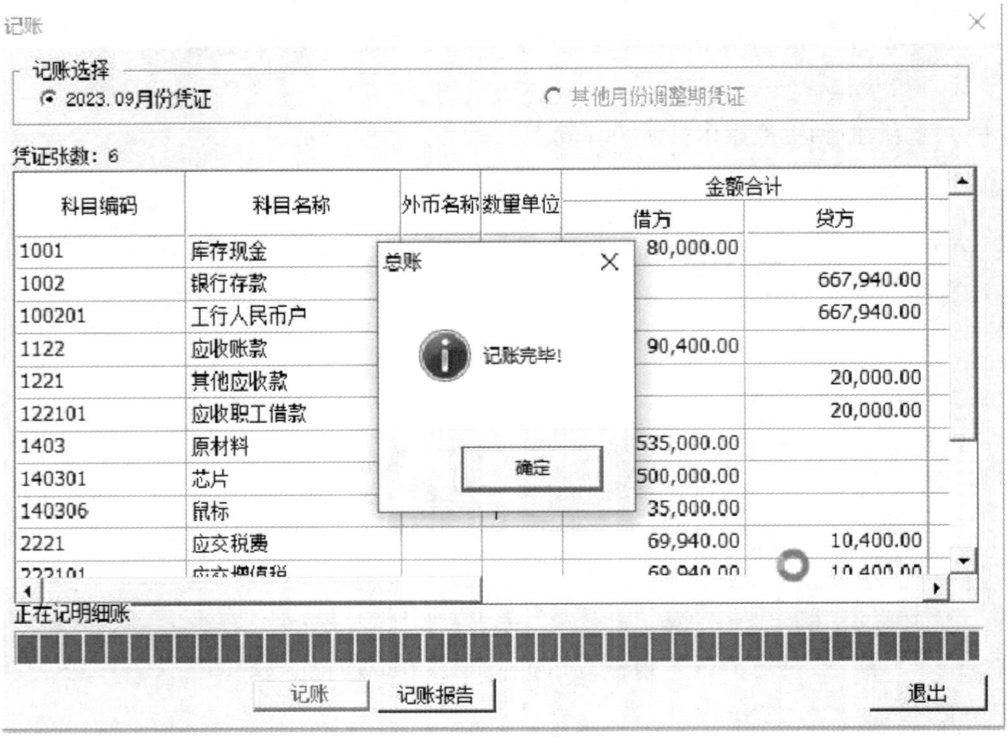


图 4－51　记账完毕

(5)单击“确定”按钮。

7. 冲销凭证

(1)以“002 刘勇”的身份登录总账，冲销 9 月 6 日的购置办公用品凭证。

① 在“查询凭证”窗口，查询待红字冲销的凭证编号“付—00004”，如图 4－52 所示。

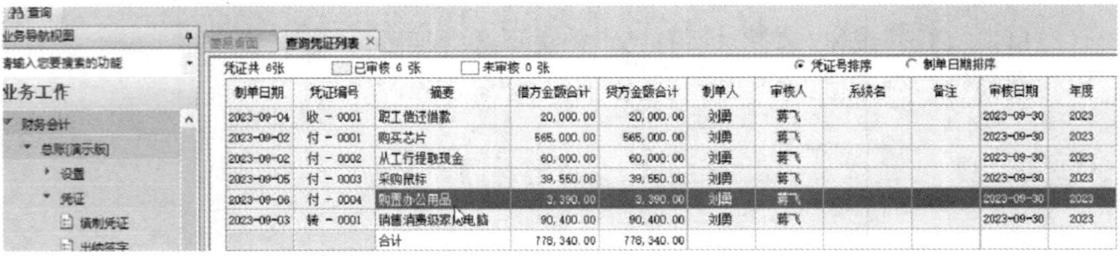

图 4－52　冲销凭证——查询待红字冲销凭证信息

② 在“填制凭证”窗口，单击冲销凭证按钮，打开“冲销凭证”对话框。

③ 选择输入“月份”“凭证类别”“凭证号”等信息，如图 4－53 所示。

④ 单击“确定”按钮，系统自动生成一张红字冲销凭证，如图 4－54 所示。

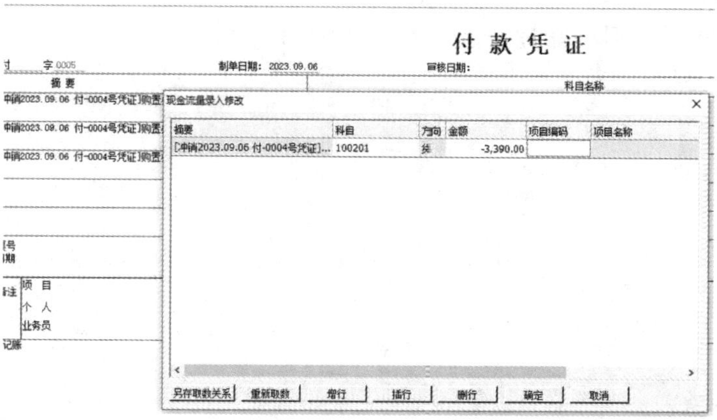


图 4-53　冲销凭证——输入待冲销凭证信息

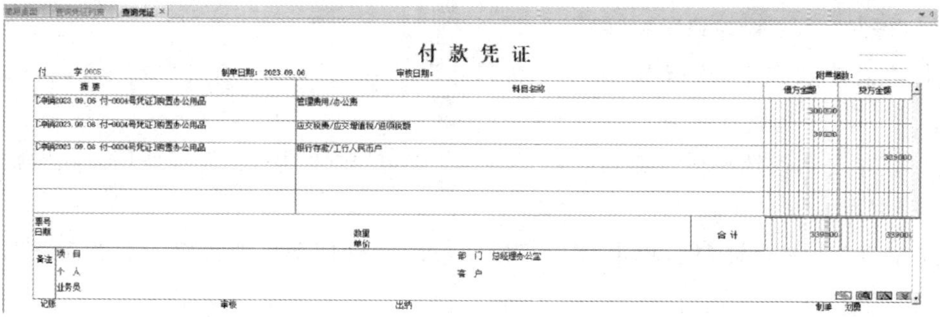


图 4-54　冲销凭证——生成红字冲销凭证

(2)删除红字冲销凭证

自行练习将红字冲销凭证删除。

8. 查询凭证

(1)执行“凭证”—“查询凭证”命令，打开“凭证查询”对话框。

(2)选择“已记账凭证”选项，选择凭证类别为“转 转账凭证”，月份为“2023 年 9 月”，在“凭证号”栏录入“0001”，如图 4-55 所示。

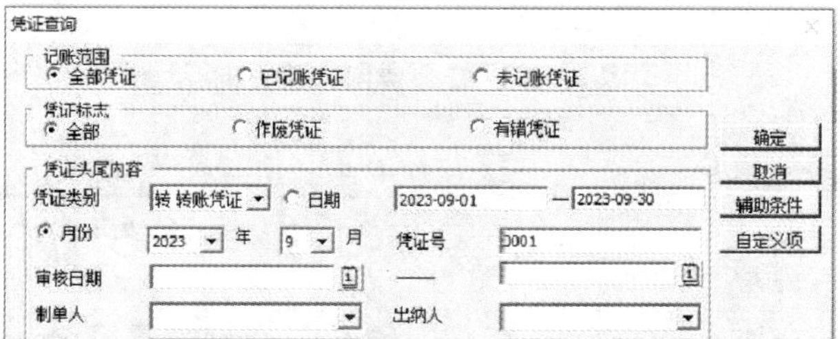


图 4-55　待查询凭证信息设置

(3)单击“确定”按钮，进入“查询凭证列表”窗口。

(4)双击打开第 1 号转账凭证进行查看，如图 4－56 所示。

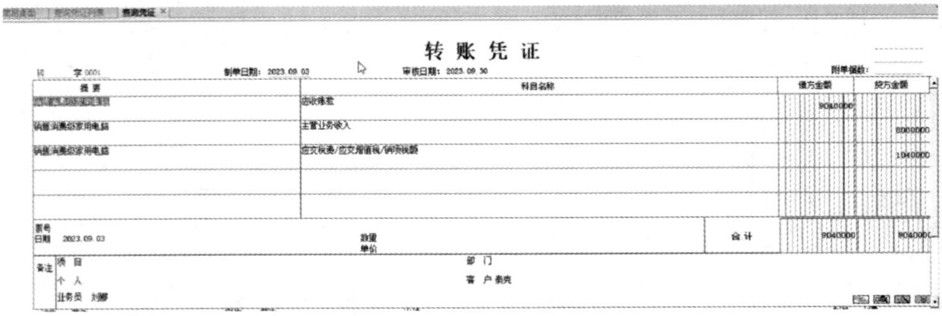


图 4－56　第 1 号转账凭证

9. 账簿查询

(1)查询“6602 管理费用”总账

① 在总账系统中，执行“账表”—“科目账”—“总账”命令，打开“总账查询条件”对话框。

② 直接录入或选择科目编码“6602”，单击“确定”按钮，进入“管理费用总账”窗口，如图 4－57 所示。

③ 选中“当前合计”栏，单击“明细”按钮，进入“管理费用明细账”窗口，如图 4－58 所示。

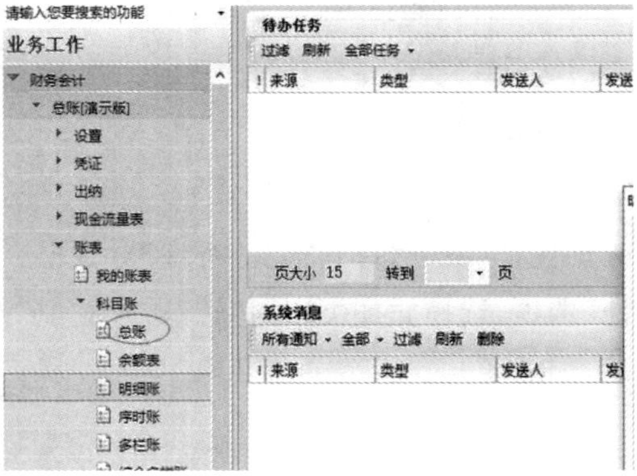


图 4－57　管理费用总账查询

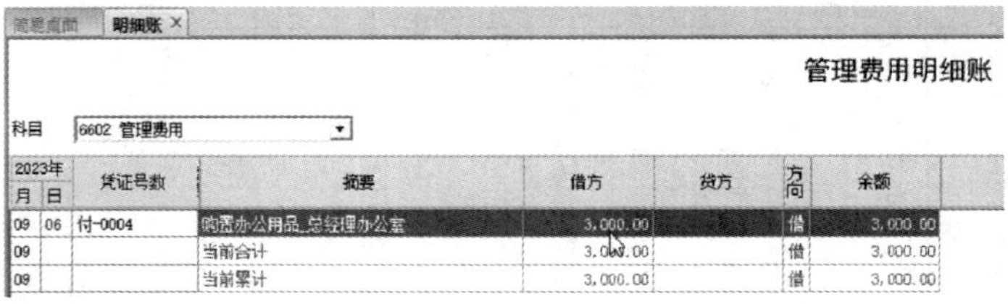


| 2023年 月 | 日 | 凭证号数 | 摘要 | 借方 | 贷方 | 方向 | 余额 |
|---|---|---|---|---|---|---|---|
| 09 | 06 | 付-0004 | 购置办公用品,总经理办公室 | 3,000.00 | | 借 | 3,000.00 |
| 09 | | | 当前合计 | 3,000.00 | | 借 | 3,000.00 |
| 09 | | | 当前累计 | 3,000.00 | | 借 | 3,000.00 |

图 4－58　管理费用明细账查询

④ 选中“付-0004”所在行，单击“凭证”按钮，打开第 4 号付款凭证，如图 4－59 所示。

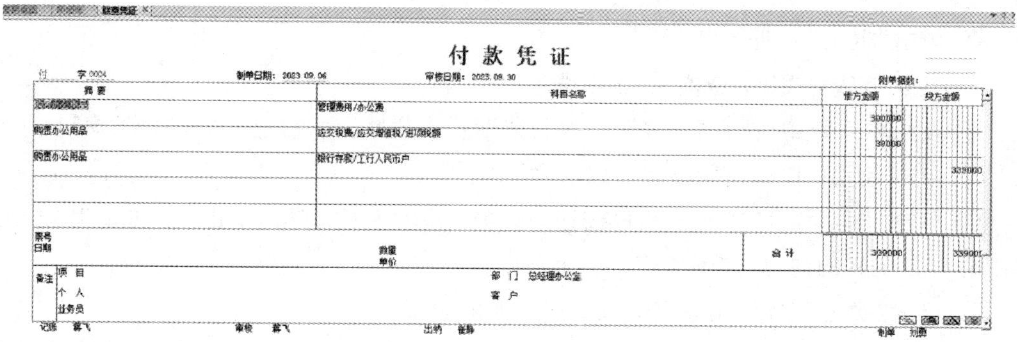


图 4－59　第 4 号付款凭证

⑤ 单击“退出”按钮退出。

(2)查询发生额及余额表

① 在总账系统中，执行“账表”—“科目账”—“余额表”命令，打开“发生额及余额查询条件”对话框。

② 单击“确定”按钮，进入“发生额及余额表”窗口，如图 4－60 所示。

简易桌面　发生额及余额表

**发生额及余额表**

| 科目编码 | 科目名称 | 期初余额 | | 本期发生 | | 期末余额 | |
|---|---|---|---|---|---|---|---|
| | | 借方 | 贷方 | 借方 | 贷方 | 借方 | 贷方 |
| 1001 | 库存现金 | 45,000.00 | | 80,000.00 | | 125,000.00 | |
| 1002 | 银行存款 | 2,110,000.00 | | | 667,940.00 | 1,442,060.00 | |
| 1121 | 应收票据 | 164,350.00 | | | | 164,350.00 | |
| 1122 | 应收账款 | 52,400.00 | | 90,400.00 | | 142,800.00 | |
| 1123 | 预付账款 | 50,000.00 | | | | 50,000.00 | |
| 1221 | 其他应收款 | 25,000.00 | | | 20,000.00 | 5,000.00 | |
| 1403 | 原材料 | 1,701,000.00 | | 535,000.00 | | 2,236,000.00 | |
| 1405 | 库存商品 | 14,240,000.00 | | | | 14,240,000.00 | |
| 1601 | 固定资产 | 5,532,065.00 | | | | 5,532,065.00 | |
| 1602 | 累计折旧 | | 510,470.00 | | | | 510,470.00 |
| 资产小计 | | 23,919,815.00 | 510,470.00 | 705,400.00 | 687,940.00 | 23,937,275.00 | 510,470.00 |
| 2001 | 短期借款 | | 1,250,000.00 | | | | 1,250,000.00 |
| 2202 | 应付账款 | | 568,710.00 | | | | 568,710.00 |
| 2203 | 预收账款 | | 250,000.00 | | | | 250,000.00 |
| 2211 | 应付职工薪酬 | | 1,600,000.00 | | | | 1,600,000.00 |
| 2221 | 应交税费 | | 808,400.00 | 69,940.00 | 10,400.00 | | 748,860.00 |
| 2501 | 长期借款 | | 3,500,000.00 | | | | 3,500,000.00 |
| 负债小计 | | | 7,977,110.00 | 69,940.00 | 10,400.00 | | 7,917,570.00 |
| 4001 | 实收资本 | | 8,994,565.00 | | | | 8,994,565.00 |
| 4002 | 资本公积 | | 3,500,000.00 | | | | 3,500,000.00 |
| 4104 | 利润分配 | | 2,937,670.00 | | | | 2,937,670.00 |
| 权益小计 | | | 15,432,235.00 | | | | 15,432,235.00 |
| 6001 | 主营业务收入 | | | | 80,000.00 | | 80,000.00 |
| 6602 | 管理费用 | | | 3,000.00 | | 3,000.00 | |
| 损益小计 | | | | 3,000.00 | 80,000.00 | 3,000.00 | 80,000.00 |
| 合计 | | 23,919,815.00 | 23,919,815.00 | 778,340.00 | 778,340.00 | 23,940,275.00 | 23,940,275.00 |

图 4－60　发生额及余额表查询

③ 将光标定位在“1122 应收账款”，单击“专项”按钮，打开余额表中的专项资料，如图 4－61 所示。

④ 单击“退出”按钮退出。

(3)定义并查询“应交增值税”多栏账

① 在总账系统中，执行“账表”—“科目账”—“多栏账”命令，进入“多栏账”窗口。

② 单击“增加”按钮，打开“多栏账定义”对话框。

③ 单击“核算科目”栏的下三角按钮，选择“2221 应交税费”，单击“自动编制”按钮，出现栏目自定义的内容，如图 4－62 所示。

④ 单击“确定”按钮，完成应交税费多栏账的设置。

⑤ 单击“查询”按钮，打开“多栏账查询”对话框。再单击“确定”按钮，显示应交税费多栏账，如图 4－63 所示。

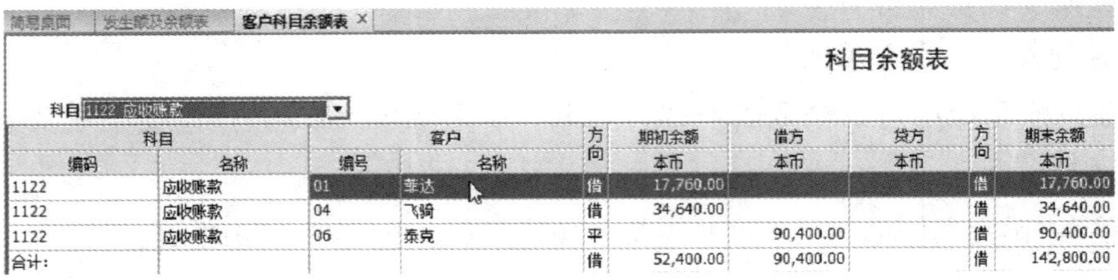


| 科目 | | 客户 | | 方向 | 期初余额 | 借方 | 贷方 | 方向 | 期末余额 |
|---|---|---|---|---|---|---|---|---|---|
| 编码 | 名称 | 编号 | 名称 | | 本币 | 本币 | 本币 | | 本币 |
| 1122 | 应收账款 | 01 | 华达 | 借 | 17,760.00 | | | 借 | 17,760.00 |
| 1122 | 应收账款 | 04 | 飞骑 | 借 | 34,640.00 | | | 借 | 34,640.00 |
| 1122 | 应收账款 | 06 | 泰克 | 平 | | 90,400.00 | | 借 | 90,400.00 |
| 合计: | | | | 借 | 52,400.00 | 90,400.00 | | 借 | 142,800.00 |

图 4－61　科目余额表查询

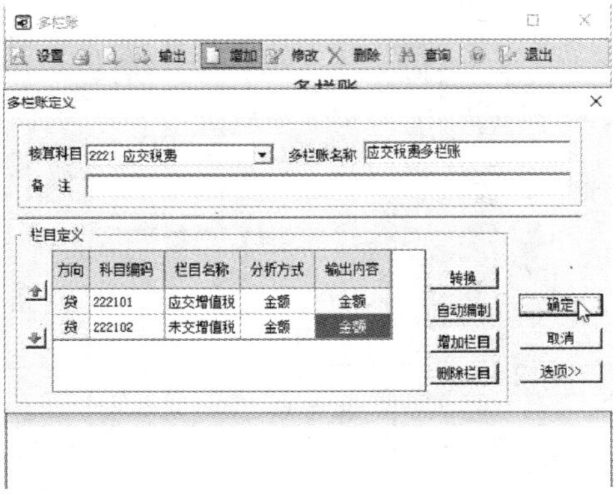


图 4－62　多栏账查询设置

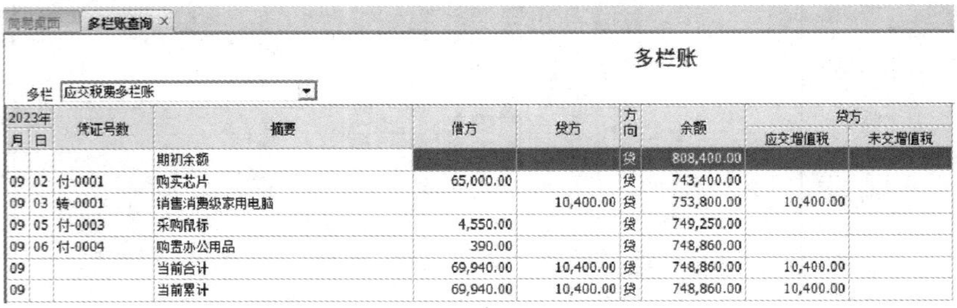


| 2023年 | | 凭证号数 | 摘要 | 借方 | 贷方 | 方向 | 余额 | 贷方 | |
|---|---|---|---|---|---|---|---|---|---|
| 月 | 日 | | | | | | | 应交增值税 | 未交增值税 |
| | | | 期初余额 | | | 贷 | 808,400.00 | | |
| 09 | 02 | 付-0001 | 购买芯片 | 65,000.00 | | 贷 | 743,400.00 | | |
| 09 | 03 | 转-0001 | 销售消费级家用电脑 | | 10,400.00 | 贷 | 753,800.00 | 10,400.00 | |
| 09 | 05 | 付-0003 | 采购鼠标 | 4,550.00 | | 贷 | 749,250.00 | | |
| 09 | 06 | 付-0004 | 购置办公用品 | 390.00 | | 贷 | 748,860.00 | | |
| 09 | | | 当前合计 | 69,940.00 | 10,400.00 | 贷 | 748,860.00 | 10,400.00 | |
| 09 | | | 当前累计 | 69,940.00 | 10,400.00 | 贷 | 748,860.00 | 10,400.00 | |

图 4－63　多栏账查询

(4)查询客户往来明细账中的客户科目明细账

① 在总账系统中,执行“账表”—“客户往来辅助账”—“客户往来明细账”—“客户科目明细账”命令,打开“查询条件选择”对话框。

② 单击“确定”按钮,进入“客户科目明细账”窗口(图 4 - 64)。

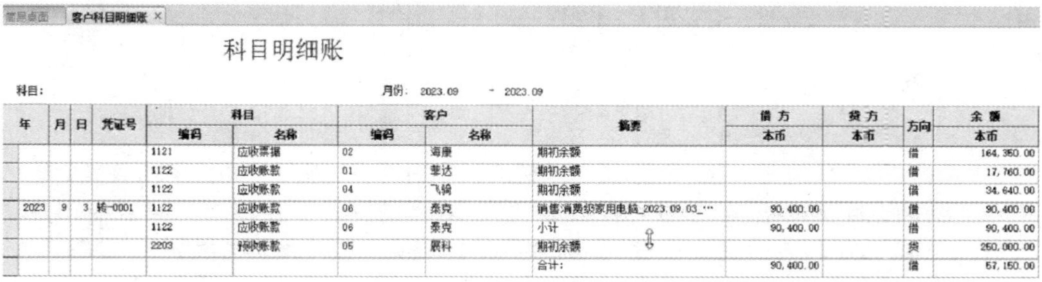

科目明细账

科目:　　月份: 2023.09 - 2023.09

| 年 | 月 | 日 | 凭证号 | 科目 编码 | 科目 名称 | 客户 编码 | 客户 名称 | 摘要 | 借方 本币 | 贷方 本币 | 方向 | 余额 本币 |
|---|---|---|---|---|---|---|---|---|---|---|---|---|
| | | | | 1121 | 应收票据 | 02 | 海康 | 期初余额 | | | 借 | 164,350.00 |
| | | | | 1122 | 应收账款 | 01 | 华达 | 期初余额 | | | 借 | 17,760.00 |
| | | | | 1122 | 应收账款 | 04 | 飞骑 | 期初余额 | | | 借 | 34,640.00 |
| 2023 | 9 | 3 | 转-0001 | 1122 | 应收账款 | 06 | 泰克 | 销售消费级家用电脑_2023.09.03_… | 90,400.00 | | 借 | 90,400.00 |
| | | | | 1122 | 应收账款 | 06 | 泰克 | 小计 | 90,400.00 | | 借 | 90,400.00 |
| | | | | 2203 | 预收账款 | 05 | 展科 | 期初余额 | | | 贷 | 250,000.00 |
| | | | | | | | | 合计: | 90,400.00 | | 借 | 57,150.00 |

图 4 - 64　客户科目明细账查询

③ 单击“退出”按钮退出。

④ 可以进行客户往来余额、客户往来催款单、客户往来账龄分析等查询。

(5)进行部门收支分析

① 执行“账表”—“部门辅助账”—“部门收支分析”命令,打开“部门收支分析条件”对话框。

② 选择管理费用下的明细科目作为分析科目(图 4 - 65),单击“下一步”按钮。

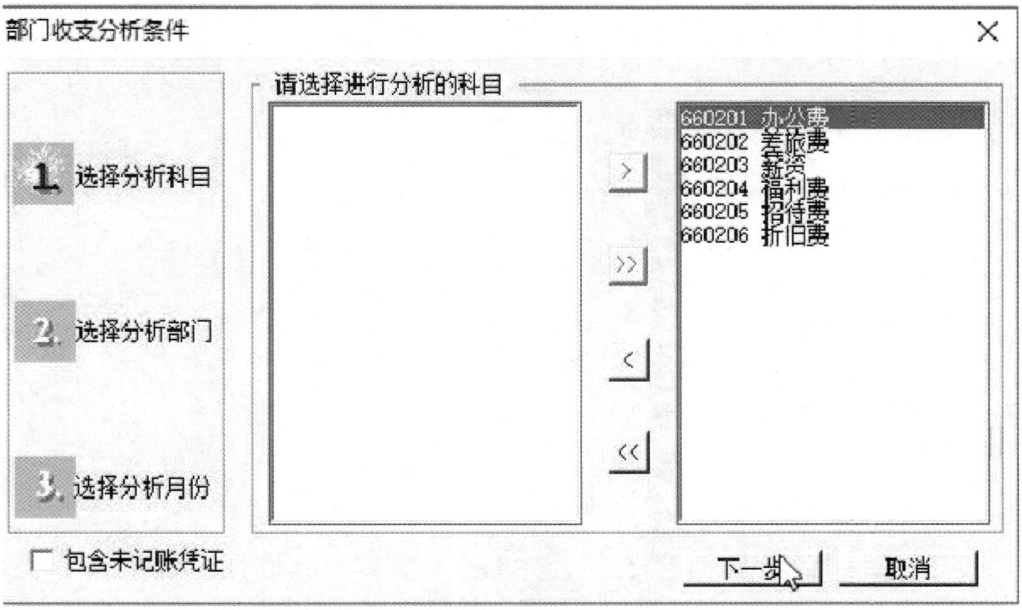


图 4 - 65　部门收支分析——选择分析科目

③ 选择“总经理办公室”“财务部”作为分析部门(图 4 - 66),单击“下一步”按钮。

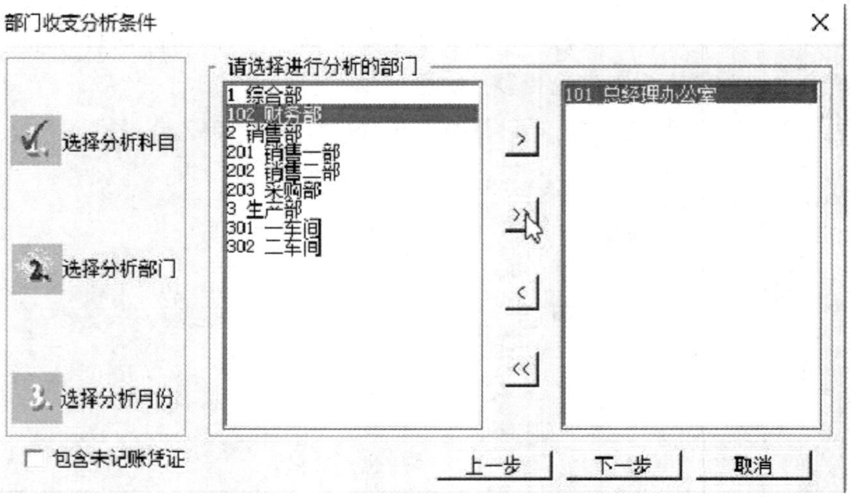


图 4-66　部门收支分析——选择分析部门

④ 选择“2023-09”作为分析月份，单击“完成”按钮，系统显示部门收支分析表。

⑤ 单击“过滤”按钮。打开“过滤条件”对话框选中“借方”，单击“确定”按钮，显示几个部门的本期支出情况，如图 4-67 所示。

简易桌面　部门收支分析 ×

**部门收支分析表**

2023.01-2023.09

全部 | 收入科目 | 费用科目

| 科目编码 | 科目名称 | 统计方式 | 方向 | 合计<br>金额 | 101 总经理办公室<br>金额 | 102 财务部<br>金额 |
|---|---|---|---|---|---|---|
| 660201 | 办公费 | 期初 | 借 | | | |
| | | 借方 | | 3,000.00 | 3,000.00 | |
| | | 贷方 | | | | |
| | | 期末 | 借 | 3,000.00 | 3,000.00 | |
| 660202 | 差旅费 | 期初 | 借 | | | |
| | | 借方 | | | | |
| | | 贷方 | | | | |
| | | 期末 | 借 | | | |
| 660203 | 薪资 | 期初 | 借 | | | |
| | | 借方 | | | | |
| | | 贷方 | | | | |
| | | 期末 | 借 | | | |
| 660204 | 福利费 | 期初 | 借 | | | |
| | | 借方 | | | | |
| | | 贷方 | | | | |
| | | 期末 | 借 | | | |
| 660205 | 招待费 | 期初 | 借 | | | |
| | | 借方 | | | | |
| | | 贷方 | | | | |
| | | 期末 | 借 | | | |
| 660206 | 折旧费 | 期初 | 借 | | | |
| | | 借方 | | | | |
| | | 贷方 | | | | |
| | | 期末 | 借 | | | |
| 费用科目 | 合计 | 期初 | 借 | | | |
| | | 借方 | | 3,000.00 | 3,000.00 | |
| | | 贷方 | | | | |
| | | 期末 | 借 | 3,000.00 | 3,000.00 | |

图 4-67　部门收支分析表

10. 账套备份(略)

全部完成后,将账套输出至"实验四　总账系统日常业务处理"文件夹中。

## 实验五　出纳管理

一、实验目的

1. 掌握现金日记账、银行日记账、资金日报表的查询方法。

2. 掌握支票登记簿的登记方法。

3. 掌握银行对账的方法。

实验五　出纳管理

二、实验内容

1. 查询日记账。

2. 查询资金日报表。

3. 登记支票登记簿。

4. 银行对账。

5. 输出账套。

三、实验准备

引入"实验四　总账系统日常业务处理"的账套数据。

四、实验资料

1. 支票登记簿

9月6日,销售一部张丽丽领用转账支票(No.3271)支付广告费,限额100000元,出纳登记支票登记簿。

2. 银行对账期初数据

企业日记账余额为2110000元,银行对账单期初余额为2100000元,有企业已收而银行未收的未达账(2023年8月20日)10000元。

3. 2023年9月的银行对账单(表4-7)。

表4-7　银行对账单

| 日期 | 结算方式 | 票号 | 借方金额 | 贷方金额 | 余额 |
|---|---|---|---|---|---|
| 2023-9-2 | 转账支票 | 8010 | | 565000 | 1535000 |
| 2023-9-2 | 现金支票 | 8122 | | 60000 | 1475000 |
| 2023-9-5 | 转账支票 | 8011 | | 39550 | 1435450 |
| 2023-9-6 | 转账支票 | 8012 | | 3390 | 1432060 |

五、实验要求

1. 以系统管理员admin登录系统管理。

2. 以出纳"003崔静"的身份登录企业应用平台,登录时间为2023-09-06。

六、操作指导

1. 查询现金日记账

（1）执行“出纳”—“现金日记账”命令，打开“现金日记账查询条件”对话框。

（2）单击“确定”按钮，进入“现金日记账”窗口，如图 4－68 所示。

（3）单击“退出”按钮退出。

简易桌面　现金日记账

现金日记账

科目　1001 库存现金

| 2023年 月 | 日 | 凭证号数 | 摘要 | 对方科目 | 借方 | 贷方 | 方向 | 余额 |
|---|---|---|---|---|---|---|---|---|
| | | | 月初余额 | | | | 借 | 45,000.00 |
| 09 | 02 | 付-0002 | 从工行提取现金 | 100201 | 60,000.00 | | 借 | 105,000.00 |
| 09 | 02 | | 本日合计 | | 60,000.00 | | 借 | 105,000.00 |
| 09 | 04 | 收-0001 | 职工偿还借款 | 122101 | 20,000.00 | | 借 | 125,000.00 |
| 09 | 04 | | 本日合计 | | 20,000.00 | | 借 | 125,000.00 |
| 09 | | | 当前合计 | | 80,000.00 | | 借 | 125,000.00 |
| 09 | | | 当前累计 | | 80,000.00 | | 借 | 125,000.00 |
| | | | 结转下年 | | | | 借 | 125,000.00 |

图 4－68　现金日记账查询

2. 查询 9 月 6 日的资金日报表

（1）执行“出纳”—“资金日报”命令，打开“资金日报表查询条件”对话框。

（2）选择日期“2023－9－6”，单击“确定”按钮，进入“资金日报表”窗口，如图 4－69 所示。

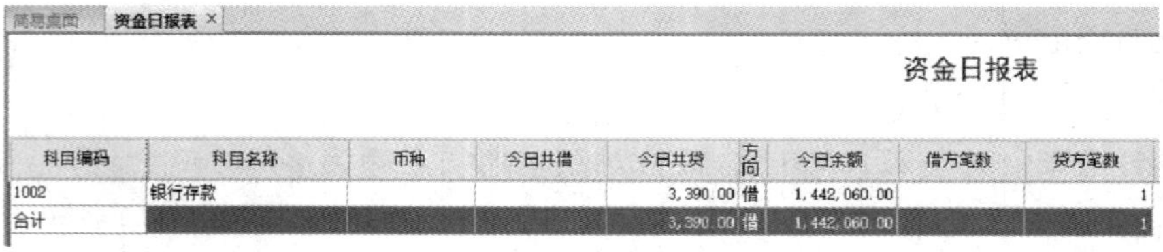

简易桌面　资金日报表

资金日报表

| 科目编码 | 科目名称 | 币种 | 今日共借 | 今日共贷 | 方向 | 今日余额 | 借方笔数 | 贷方笔数 |
|---|---|---|---|---|---|---|---|---|
| 1002 | 银行存款 | | | 3,390.00 | 借 | 1,442,060.00 | | 1 |
| 合计 | | | | 3,390.00 | 借 | 1,442,060.00 | | 1 |

图 4－69　资金日报表查询

（3）单击“退出”按钮退出。

3. 登记支票登记簿

（1）执行“出纳”—“支票登记簿”命令，打开“银行科目选择”对话框。

（2）单击“确定”按钮，进入“支票登记簿”窗口。

（3）单击“增加”按钮，进入或选择领用日期“2023－09－06”、领用部门“销售部”、领用人“张丽丽”、支票号“3271”、预计金额“100000”及用途“广告费”，如图 4－70 所示。

（4）单击“保存”按钮并退出。

4. 银行对账

（1）录入银行对账期初

① 执行“出纳”—“银行对账”—“银行对账期初录入”命令，打开“银行科目选择”对

简易桌面　支票登记簿

支票登记簿

科目：工行人民币户(100201)

| 领用日期 | 领用部门 | 领用人 | 支票号 | 预计金额 | 用途 | 收款人 | 对方科目 |
|---|---|---|---|---|---|---|---|
| 2023.09.02 | 采购部 | 何进 | 8010 | 565,000.00 | 购买芯片 | | |
| 2023.09.02 | 财务部 | 崔静 | 8122 | 60,000.00 | 备用金 | | |
| 2023.09.05 | 采购部 | 何进 | 8011 | 39,550.00 | 采购鼠标 | | |
| 2023.09.06 | 总经理办公室 | 李勤 | 8012 | 3,390.00 | 办公费 | | |
| 2023.09.06 | 销售一部 | 张丽丽 | 3271 | 100,000.00 | 广告费 | | |

图 4-70　登记支票

话框。

② 选择“100201 工行存款”，单击“确定”按钮，进入“银行对账期初”窗口。

③ 在单位日记账的“调整前余额”栏录入“2110000”，在银行对账单的“调整前余额”栏录入“2100000”。

④ 单击“日记账期初未达项”按钮，进入“企业方期初”窗口。

⑤ 单击“增加”按钮，录入或选择凭证日期“2023－8－20”，在“借方金额”栏录入“2000”。

⑥ 单击“保存”按钮，再单击“退出”按钮，返回“银行对账期初”窗口，如图 4－71 所示。

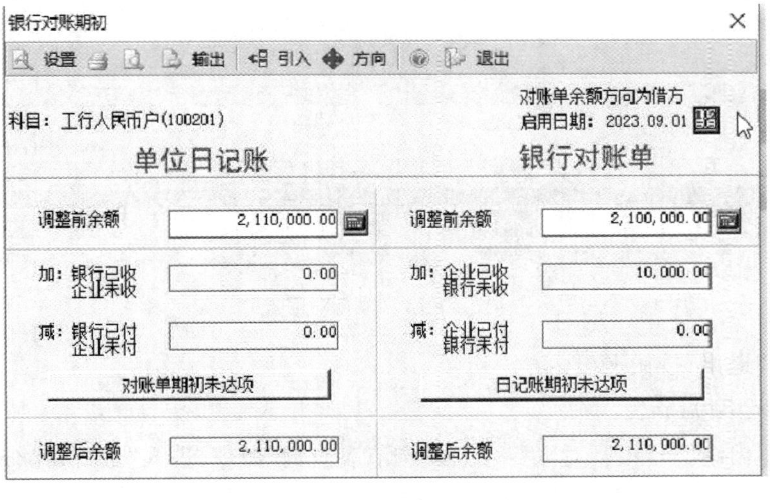


图 4-71　银行对账期初

⑦ 单击“退出”按钮退出。

(2)录入银行对账单

① 执行“出纳”—“银行对账”—“银行对账单”命令，打开“银行科目选择”对话框。

② 单击“确定”按钮，进入“银行对账单”窗口。

③ 单击“增加”按钮，按表 4－7 所列内容录入银行对账单，如图 4－72 所示。

简易桌面　银行对账单 ×

科目：工行人民币户(100201)

银行对账单

| 日期 | 结算方式 | 票号 | 借方金额 | 贷方金额 | 余额 |
|---|---|---|---|---|---|
| 2023.09.02 | 202 | 8010 | | 565,000.00 | 1,535,000.00 |
| 2023.09.02 | 201 | 8122 | | 60,000.00 | 1,475,000.00 |
| 2023.09.05 | 202 | 8011 | | 39,550.00 | 1,435,450.00 |
| 2023.09.06 | 202 | 8012 | | 3,390.00 | 1,432,060.00 |

图 4－72　银行对账单

④ 单击“保存”按钮，再单击“退出”按钮退出。

(3)银行对账

① 执行“出纳”—“银行对账”—“银行对账”命令，打开“银行科目选择”对话框。

② 单击“确定”按钮，进入“银行对账”窗口。

③ 单击“对账”按钮，打开“自动对账”对话框，如图 4－73 所示。

④ 单击“确定”按钮，完成自动对账，如图 4－74 所示。

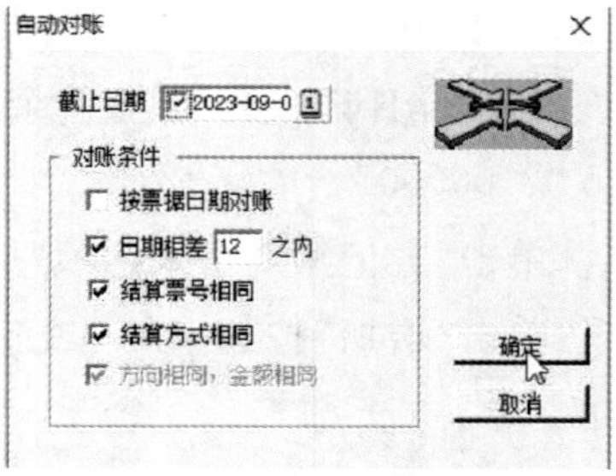


图 4－73　自动对账

简易桌面　银行对账 ×

科目：100201(工行人民币户)

| 单位日记账 | | | | | | | | | 银行对账单 | | | | | | |
|---|---|---|---|---|---|---|---|---|---|---|---|---|---|---|---|
| 票据日期 | 结算方式 | 票号 | 方向 | 金额 | 两清 | 凭证号数 | 摘　要 | 对账序号 | 日期 | 结算方式 | 票号 | 方向 | 金额 | 两清 | 对账序号 |
| 2023.09.02 | 202 | 8010 | 贷 | 565,000.00 | ○ | 付-0001 | 购买芯片 | 2023090600001 | 2023.09.02 | 202 | 8010 | 贷 | 565,000.00 | ○ | 2023090600001 |
| 2023.09.02 | 201 | 8122 | 贷 | 60,000.00 | ○ | 付-0002 | 从工行提取现金 | 2023090600004 | 2023.09.02 | 201 | 8122 | 贷 | 60,000.00 | ○ | 2023090600004 |
| 2023.09.05 | 202 | 8011 | 贷 | 39,550.00 | ○ | 付-0003 | 采购鼠标 | 2023090600002 | 2023.09.05 | 202 | 8011 | 贷 | 39,550.00 | ○ | 2023090600002 |
| 2023.09.06 | 202 | 8012 | 贷 | 3,390.00 | ○ | 付-0004 | 购置办公用品 | 2023090600003 | 2023.09.06 | 202 | 8012 | 贷 | 3,390.00 | ○ | 2023090600003 |

图 4－74　银行对账

⑤ 单击“退出”按钮退出。

(4)输出余额调节表

① 执行“出纳”—“银行对账”—“余额调节表查询”命令，进入“银行存款余额调节表”窗口。

② 单击“查看”按钮，进入“银行存款余额调节表”窗口。

③ 单击“详细”按钮，进入“余额调节表(详细)”窗口。

④ 单击“退出”按钮退出。

5. 账套输出(略)

全部完成后，将账套输出至“实验五　出纳管理文件夹中”。

## 章节练习

一、选择题

1. 在凭证类别设置中，付款凭证必须设置成凭证(　　)。

A. 借方必有 1001 或 1002　　B. 贷方必有 1001 或 1002

C. 借方必无 1001 或 1002　　D. 凭证必无 1001 或 1002

2. 在总账系统中，执行查询凭证操作时，应通过下列(　　)界面进行。

A. 凭证—填制凭证　　B. 凭证—查询凭证

C. 凭证—常用凭证　　D. 账表—科目账

3. 使用总账系统输入凭证时，科目和金额须满足(　　)。

A. 科目必须是总账科目，金额不能为零

B. 科目必须是末级科目，金额不能为零

C. 金额可以是任意数

D. 金额不能为负数

4. 在总账系统中，对记账次数的要求是(　　)。

A. 每月只能记一次账　　B. 每天只能记一次账

C. 月末时记一次账　　D. 不受限制

5. 在总账系统中，为确保转账金额正确，在转账前，须将全部相关的业务(　　)。

A. 填制凭证　　B. 审核凭证　　C. 记账　　D. 月末结账

6. 在凭证类别设置中，收款凭证必须设置成凭证(　　)。

A. 借方必有 1001 或 1002　　B. 贷方必有 1001 或 1002

C. 借方必无 1001 或 1002　　D. 凭证必无 1001 或 1002

7. 期初余额不平衡，则不能进行以下哪项操作(　　)。

A. 填制凭证　　B. 修改凭证　　C. 审核凭证　　D. 记账

8. A 公司应收款项通过总账系统核算，并进行分客户管理，则其“应收账款”科目应选择(　　)辅助核算方式。

A. 部门核算　　B. 个人往来　　C. 客户往来　　D. 供应商往来

二、判断题

1. 在总账系统中增设会计科目时，应遵循先建三级科目再建二级科目的原则。(　　)

2. 账套主管可以对会计科目执行修改、增加或删除操作。(　　)

3. 总账系统项目目录设置功能中，一个项目大类可指定多个核算科目，而一个项目核算科目只能对应一个项目大类。(　　)

4. 总账会计填制的凭证可以由其本人来审核。(　　)

5. 在总账系统中，期初余额试算不平衡时，可以填制凭证，但不能执行记账功能。(　　)

6. 凭证上的制单人由系统根据当前操作员自动填写。 （ ）

三、简答题

1. 同一张凭证的填制人员与审核人员有什么要求？
2. 出纳人员无法执行出纳签字的原因有哪些？
3. 只有制单人员签名的凭证怎么修改？
4. 已由制单人、出纳、审核人员签字的凭证怎么修改？
5. 已经记账的凭证怎么修改？
6. 第一次记账有什么要求？
7. 一个月内可以记账多少次？

# 第5章 应收款管理

## 5.1 应收款管理系统概述

应收款管理系统是用来核算与管理企业与客户之间业务往来账款的系统。该系统主要是根据销售发票、费用单、其他应收单这些单据，来记录相关往来账款。同时能够对收回应收款项、发生坏账、发生转账等事项进行处理，从而实现对应收款的管理。应收款管理包括初始化设置、日常处理、信息查询、期末处理等功能。

初始化设置是指用户在运用该系统时所做的操作，主要包括设置系统参数、设置基础信息和录入期初数据。

日常处理是指用户在日常经常做的操作，主要包括对销售发票和其他应收单等应收单据处理，对收款单进行单据录入和审核处理，对应收冲应付、应收冲应收、预收冲应收以及红票对冲的业务处理等业务进行转账处理，对计提应收坏账准备、发生坏账、收回坏账等业务进行坏账处理，对银行承兑汇票和商业承兑汇票进行票据管理等内容。

信息查询是指用户在该系统中可以进行单据查询、凭证查询以及账款查询等活动。

期末处理是指用户在月末进行的工作，包括结算汇兑损益和月末结账工作。在月末结账前，应将当月业务全部处理完毕，否则不能进行结账处理。

## 5.2 应收账款管理系统初始化

应收账款管理系统初始化包括选项设置、基础信息设置、初始设置和期初数据录入。

### 5.2.1 选项设置

选项设置，主要是对应收款管理系统提供的选项进行设置，主要包括常规、凭证、权限与预警、核销设置。

(1)常规选项设置。主要包括选择单据审核日期的依据，选择计算汇兑损益的方式(汇兑损益方式有外币余额结清时计算和月末计算两种)，选择坏账处理方式(坏账处理方式有备抵法和直接转销法两种)，选择核算代垫费用的单据类型，选择是否自动计算现金折扣等内容。

(2)凭证选项设置。主要包括选择受控科目的制单方式(系统提供的受控科目制单方式有明细到客户或明细到单据两种方式），选择非控科目的制单方式（系统提供的非控科目制单方式有明细到客户、明细到单据和汇总制单三种方式），选择控制科目依据（用户可以按照客户分类、客户、地区、销售类型、存货分类、存货设置科目依据），选择销售科目依据（用户可以按照存货分类，核存货、客户、客户分类、销售类型设置存货销售科目）。

（3）权限与预警。主要包括启用客户权限（选择录入发票显示提示信息），选择单据报警（用户可以选择按信用方式报警或者按折扣方式报警），选择信用额度报警（当选择此种报警方式，票面金额＋应收借方余额－应收贷方余额＞信用额度时，系统会提示本张单据不予保存处理）。

（4）核销设置。主要包括选择应收款的核销方式（系统提供了按单据和按产品两种应收款的核销方式），收付款单审核后核销。

### 5.2.2 基础信息设置

基础信息设置主要是对在业务过程中需要使用的基础信息进行设置，或者对相关单据进行格式设置。

### 5.2.3 初始设置

初始设置主要包括科目的设置、坏账准备的设置、账龄区间的设置及报警级别的设置等。

（1）科目的设置，主要包括基本科目设置、控制科目设置、产品科目设置、结算方式科目设置四个内容。基本科目设置主要对经常使用的科目进行设置，控制科目设置主要是按照“客户分类”对控制科目进行设置。

（2）坏账准备的设置，主要是对坏账方法进行设置，用户可以选择使用销售收入百分比法、应收余额百分比法、账龄分析法等坏账准备方法。

（3）账龄区间的设置，主要包括账期内账龄区间设置、逾期账龄区间设置。

（4）报警级别的设置，设置报警级别，可以将客户按照客户欠款余额与其授信额度的比例分为不同的类型，以便于管理客户的信用。

（5）单据类型的设置，主要包括对发票和应收单据进行设置。发票的类型包括增值税专用发票、普通发票、销售调拨单和销售日报。应收单是用来记录销售业务之外的应收款情况的单据。

### 5.2.4 期初数据录入

首次使用该系统时，需要先将相关数据录入系统，如没有结算完的发票和应收单、预收款单据、未结算完的应收票据以及未结算完毕的合同金额。期初余额录入后，要进行对账。

## 5.3　应收款管理系统日常业务处理

日常业务处理是应收款管理系统中经常做的一项工作，主要包括应收单据处理、收款单据处理、票据管理、转账处理、坏账处理、制单处理、信息查询、期末处理等内容。

应收单据处理主要包括单据录入、单据审核、单据制单三个方面的内容。单据输入是指将未收款项的单据录入系统；单据审核是对录入的单据进行正确性审核；单据制单是指系统将相关单据自动生成凭证，或操作员编制相关凭证。

收款单据处理主要包括输入结算单据和单据核销两个方面的内容。输入结算单据是指将已交来应收款项的单据录入应收系统，由系统自动进行结算；单据核销是系统对应收账款等往来已达账款进行删除，表示本笔业务已经结清。

票据管理主要是对银行承兑汇票和商业承兑汇票的详细信息和处理情况进行管理，并通过管理，达到记录票据的目的。

转账处理主要包括应收冲应付、应收冲应收、预收冲应收以及红票对冲的业务处理。应收冲应付是指用客户的应收账款冲抵供应商的应付账款；应收冲应收是指应收款在不同客户之间的转移；预收冲应收是指对同一客户的预收款与应收款转销的处理；红票对冲是指当发生退票时，用户将客户的红字应付单与蓝字应付单、付款单与收款单之间进行的冲抵。红票对冲可以分为系统自动冲销和手工冲销两种处理方式。

坏账处理主要包括计提坏账准备、坏账发生、坏账收回、生成输出催款单等内容。计提坏账准备可以采取销售收入百分比法、应收账款余额百分比法和账龄分析法等方法。

制单处理主要包括对应收单据制单、结算单制单、坏账制单、转账制单、汇兑损益制单等的处理方式。企业可根据实际情况选取需要制单的类型。

应收款系统不仅可以进行单据查询、业务账表查询，还可以进行业务账表分析。单据查询主要包括指对发票、应收单、结算单和凭证的查询。业务账表查询是指对业务总账、明细账、余额表和对账单的查询，并且它们之间可以进行联查。

业务账表分析功能主要是分析应收账款的账龄、分析欠款情况、进行收款预测等。

期末处理是指用户在月末进行的工作，包括结算汇兑损益以及月末结账工作。如果客户有外币核算业务，则需要在月末结算汇兑损益；如果客户没有外币核算业务，则无须进行汇兑结算。在月末结账前，应将当月业务全部处理完毕，否则不能进行结账处理。如果发现结账错误，用户可以进行反向操作。

实验六　应收款管理初始化

### 实验六　应收款管理初始化

一、实验目的

1. 了解应收款管理系统初始化的含义。

2. 了解应收款管理系统初始化的内容。

3. 理解应收款管理系统选项设置的意义。

4. 掌握应收款管理系统初始化的方法。

5. 掌握应收款管理系统期初数据录入方法。

## 二、实验内容

1. 选项设置。

2. 基础档案录入。

3. 单据设置。

4. 期初余额录入。

5. 输出账套。

## 三、实验准备

引入"实验五　出纳管理"账套数据。

## 四、实验资料

1. 选项设置(表 5－1)

**表 5－1　选项设置**

| 选项卡 | 参数 | 设置要求 |
|---|---|---|
| 常规 | 单据审核日期依据 | 单据日期 |
| | 坏账处理方式 | 应收余额百分比法 |
| 凭证 | 核销生成凭证 | 否 |
| 权限与预警 | 控制客户权限 | 否 |
| | 单据报警 | 按信用方式提前 7 天进行报警 |

注:其他选项保持系统默认。

2. 初始设置

(1)设置科目(表 5－2)

**表 5－2　科目设置**

| 科目类别 | 设置方式 |
|---|---|
| 基本科目设置 | 应收科目(本币):1122 应收账款 |
| | 预收科目(本币):2203 预收账款 |
| | 商业承兑科目和银行承兑科目:1121 应收票据 |
| | 票据利息科目、票据费用科目和现金折扣科目:6603 财务费用 |
| | 销售收入科目和销售退回科目:6001 主营业务收入 |
| | 税金科目:22210105 销项税额 |
| | 坏账入账科目:1231 坏账准备 |

（续表）

| 科目类别 | 设置方式 |
| --- | --- |
| 结算方式科目设置 | 现金结算:币种:人民币;科目:1001 |
| | 现金支票:币种:人民币;科目:100201 |
| | 转账支票:币种:人民币;科目:100201 |
| | 电汇:币种:人民币:科目;100201 |
| | 银行承兑汇票:币种:人民币;科目:100201 |
| | 商业承兑汇票:币种:人民币;科目:100201 |

(2)坏账准备设置(表5-3)

**表5-3 坏账准备设置**

| 控制参数 | 参数设置 |
| --- | --- |
| 提取比例 | 0.5% |
| 坏账准备期初余额 | 0 |
| 坏账准备科目 | 1231 |
| 对方科目 | 6702 |

(3)账龄区间设置(表5-4)

**表5-4 账龄区间设置**

| 序号 | 起止天数 | 总天数 |
| --- | --- | --- |
| 01 | 1～10 | 10 |
| 02 | 11～30 | 30 |
| 03 | 31～60 | 60 |
| 04 | 61～90 | 90 |
| 05 | 91及以上 | |

(4)逾期账龄区间设置(表5-5)

**表5-5 逾期账龄区间设置**

| 序号 | 起止天数 | 总天数 |
| --- | --- | --- |
| 01 | 1～30 | 30 |
| 02 | 31～60 | 60 |
| 03 | 61～90 | 90 |
| 04 | 91～120 | 120 |
| 05 | 121及以上 | |

(5)报警级别设置

A级总比率为10%,B级总比率为20%,C级总比率为30%,D级总比率为40%,E级总比率为50%,F级总比率为50%以上。

3. 基础信息设置

本单位开户银行的编码为"01",开户银行为"中国工商银行路口支行",银行账号为"001—12345678"。

4. 单据设置

(1)单据格式设置

删除销售专用发票、销售普通发票的"销售类型"表头项目。

(2)单据编号设置

设置允许修改销售专用发票和销售普通发票的编号,将其修改为"完全手工编号"。

5. 期初数据(表5-6,存货税率均为13%,开票日期均为2023年8月)

表5-6 期初余额

| 单据名称 | 方向 | 开票日期 | 票号 | 客户名称 | 销售部门 | 科目编码 | 货物名称 | 数量 | 无税单价 | 价税合计 |
|---|---|---|---|---|---|---|---|---|---|---|
| 销售专用发票 | 正向 | 2023-8-12 | 56865 | 菲达 | 销售一部 | 1122 | 消费级家用电脑 | 1 | 15715 | 17757.95 |
| 销售专用发票 | 正向 | 2023-8-18 | 56866 | 飞骑 | 销售一部 | 1122 | 消费级笔记本电脑 | 1 | 30210 | 34137.3 |
| 其他应收单 | 正向 | 2023-8-22 | — | 飞骑 | 销售一部 | 1122 | 代垫运费 | — | — | 500 |
| 销售专用发票 | 正向 | 2023-8-22 | 56867 | 海康 | 销售一部 | 1121 | 商务个人电脑 | 1 | 145440 | 164347.2 |
| 收款单 | 正向 | 2023-8-26 | 银行承兑汇票 | 展科 | 销售一部 | 2203 | — | — | — | 250000 |

五、实验要求

1. 以系统管理员admin登录系统管理。

2. 以账套主管"001 蒋飞"登录企业应用平台,登录日期为2023-9-1。

3. 由账套主管"001 蒋飞"在企业应用平台启用应收款管理系统,启用日期为"2023-9-1"。

六、实验指导

1. 选项设置

(1)数据权限控制设置

① 在U8企业应用平台中,执行"系统服务"—"权限"—"数据权限控制设置"命令,

打开“数据权限控制设置”对话框。

② 在“记录级”选项卡中，选中“客户档案”选项(图5-1)，单击“确定”按钮返回。

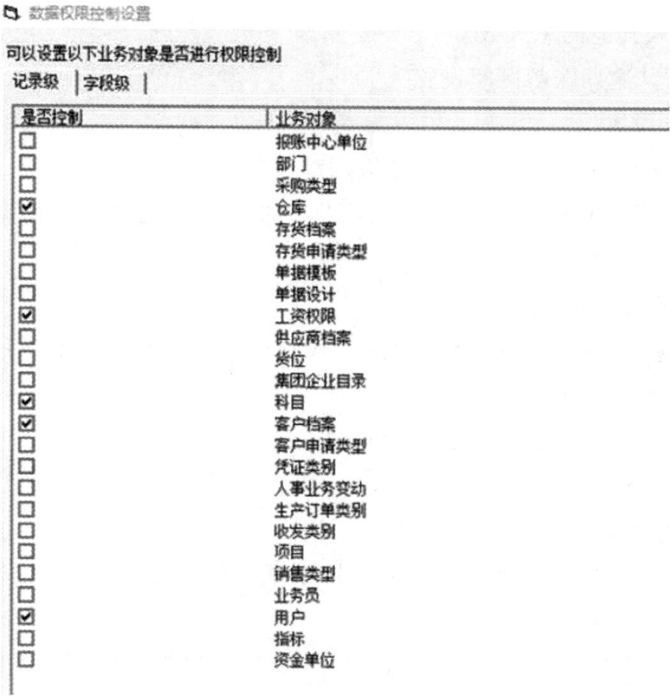


图5-1 数据权限控制设置

(2)应收款系统选项设置

① 在应收款系统中，执行“设置”—“选项”命令，打开“账套参数设置”对话框。

② 单击“编辑”按钮，系统提示“选项修改需要重新登录才能生效”，单击“确定”按钮。在“常规”“凭证”“权限与预警”选项卡中按照实验资料完成设置。

③ 单击“确定”按钮。

2. *初始设置*

(1)设置科目

① 执行“设置”—“初始设置”命令，进入“初始设置”窗口。

② 在“设置科目”中选择“基本科目设置”，单击“增加”按钮，按实验资料设置基本科目。

③ 选择“设置科目”中的“结算方式科目设置”，按实验资料设置结算方式科目。

(2)坏账准备设置

① 在应收款管理系统中，执行“设置”—“初始设置”命令，进入“初始设置”窗口。

② 选择“坏账准备设置”，设置坏账准备相关资料。

③ 单击“确定”按钮，弹出“存储完毕”信息提示对话框，单击“确定”按钮。

(3)设置账期内账龄区间及逾期账龄区间

① 在“初始设置”窗口中,选择”账期内账龄区间设置”。

② 在“总天数”栏录入“10”,按“Enter”键,再在“总天数”栏录入“30”,按“Enter”键。以此方法继续录入其他的总天数。

③ 同理,进行“逾期账龄区间设置”。

(4)报警级别设置

① 在“初始设置”窗口中,选择“报警级别设置”。

② 在“总比率”栏录入“10”,在“级别名称”栏录入“A”,按“Enter”键。以此方法继续录入其他的总比率和级别。

3. 本单位开户银行设置

(1)在企业应用平台基础设置中,执行“基础档案”—“收付结算”—“本单位开户银行”命令,进入“本单位开户银行”窗口。

(2)单击“增加”按钮,设置本单位开户银行。

4. 单据设置

(1)单据格式设置

① 在企业应用平台“基础设置”选项卡中,执行“单据设置”—“单据格式设置”命令,进入“单据格式设置”窗口。

② 在“单据类型”的“U8 单据目录分类”中执行“销售管理”—“销售专用发票”—“显示”—“销售专用发票显示模板”命令,左键单击右侧销售专用发票窗口的“销售类型”项目,右键单击。

③ 单击“是”按钮,再单击“保存”按钮。

④ 同理,删除销售普通发票的“销售类型”表头项目,如图 5－2 所示。

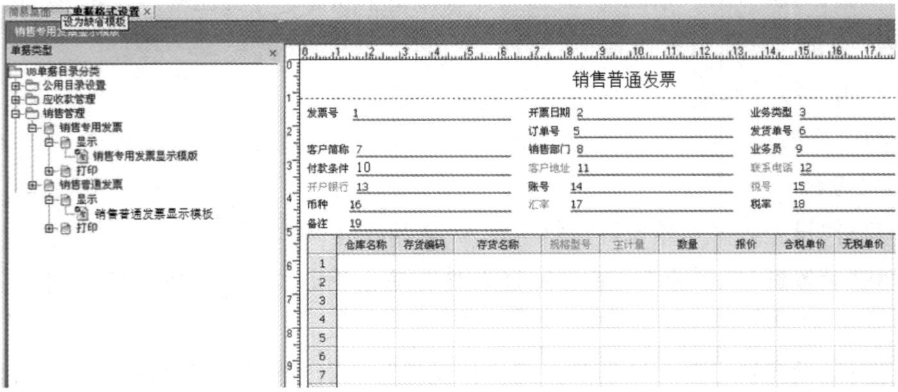


图 5－2　单据格式设置——销售普通发票

注意:如果单击“单据格式设置”时没有出现“U8 单据目录分类”,可单击表头的“模板夹”菜单,即可调出“U8 单据目录分类”功能菜单。

(2)单据编号设置

① 在企业应用平台“基础设置”选项卡中,执行“单据设置”—“单据编号设置”命令,打开“单据编号设置”对话框。

② 在“销售管理”单据类型中选择“销售专用发票”,单击“修改”按钮,选中“完全手工编号”复选框后,再单击“保存”按钮。

③ 同理,设置销售普通发票编号方式为“完全手工编号”。

5. 期初数据

(1)输入销售专用发票

① 在应收款管理系统中,执行“设置”—“期初余额”命令,打开“期初余额—查询”对话框,单击“确定”按钮,进入“期初余额”窗口。

② 单击“增加”按钮,打开“单据类别”对话框。选择单据名称“销售发票”,单据类型“销售专用发票”后单击“确定”按钮,进入“销售专用发票”窗口。

③ 单击“增加”按钮,开票日期“2023-8-12”,输入发票号“56865”、客户名称“菲达”,其他信息自动带出。

④ 选择货物名称“2001 消费级家用电脑”;输入数量“1”,无税单价“15715”,金额自动算出,再单击“保存”按钮。

⑤ 同理,录入其他销售专用发票。

(2)输入其他应收单

① 在“期初余额”窗口,单击“增加”按钮,打开“单据类型”对话框。

② 选择单据名称“应收单”,单据类型“其他应收单”,单击“确定”按钮,进入“应收单”窗口。

③ 单击“增加”按钮,输入其他应收单信息后,单击“保存”按钮。

(3)录入预收款单

① 在期初余额明细表界面,单击“增加”按钮,打开“单据类型”对话框。

② 单击“单据名称”栏的下三角按钮,选择“预收款”选项。

③ 单击“确定”按钮,打开“收款单”窗口。

④ 修改日期为“2023-8-26”。在“客户”栏选择“展科”。在“结算方式”栏选择“银行承兑汇票”;在“金额”栏录入“50000”,在“摘要”栏录入“预收货款”。在收款单下半部分中的“科目”栏录入“2203”,或单击“科目”栏的参照按钮,选择“2203 预收账款”。

⑤ 单击“保存”按钮,再单击“退出”按钮退出。

(4)期初对账

① 在“期初余额明细表”窗口中,单击“对账”按钮,进入“期初对账”窗口,如图5-3所示。

② 查看应收系统与总账系统的期初余额是否平衡。

注意:总账系统录入余额时数据保留到个位数,应收款管理系统录入余额时数据保留到小数点后两位，由于数据保留的位数不同，两个系统对账时，会出现些许差异。

图 5－3 期初对账

6. 备份账套（略）

全部实验完成后，将账套输出至“实验六　应收款管理初始化”文件夹中。

## 实验七　单据处理与票据管理

实验七　单据处理与票据管理（一）

一、实验目的

1. 了解应收单的类型及填制方法。
2. 了解收款单的类型及填制方法。
3. 理解核销的意义。
4. 掌握单据的填制、修改、审核、删除、核销操作。
5. 掌握批量制单的操作。
6. 掌握票据的填制、贴现、结算操作。

二、实验内容

1. 录入应收单、收款单、商业承兑汇票、银行承兑汇票。
2. 修改应收单、收款单。
3. 核销应收单。
4. 审核应收单、收款单。
5. 制单。
6. 商业承兑汇票贴现并制单。
7. 输出账套。

实验七　单据处理与票据管理（二）

三、实验准备

引入“实验六　应收款管理初始化”账套数据。

四、实验资料

1. 2023 年 9 月 7 日，收到飞骑公司签发并承兑的商业承兑汇票一张（No. 123456），面值为25000元，到期日为2023年11月2日，用以支付前欠部分货款。

2.2023年9月7日，向菲达公司销售消费级家用电脑20台，无税单价为17500元，增值税税率为13%（销售专用发票号码：1234566）。

3.2023年9月7日，收到菲达公司的银行承兑汇票一张（No.123405），面值为395500元，到期日为2023年9月12日。用以支付上笔货款。

4.2023年9月8日，向上海天峻公司销售消费级家用电脑10台，无税单价为19000元，增值税税率为13%（销售专用发票号码：1234501）。以现金代垫运费600元。

5.2023年9月9日，发现2023年9月8日向上海天峻公司销售的消费级家用电脑无税单价为18250元，修改销售专用发票信息。

6.2023年9月10日，接到银行通知，收到上海天峻公司以电汇方式支付购买消费级家用电脑10台的货税款及代垫运费款206825元。

7.2023年9月11日，向山西泰克公司销售商务笔记本电脑10台，无税单价125000元，开具销售普通发票，发票号码：2023112。

8.2023年9月12日，发现2023年9月10日所填制的收到上海天峻公司购买消费级家用电脑10台的货税款及代垫运费206825元实为207500元，其中206825元用于归还货税款，余款作为预收款。

9.2023年9月12日，审核以上应收单据并制单。

10.2023年9月12日，审核以上收款单据、核销应收并制单。

11.2023年9月12日，将2023年9月7日收到的菲达公司的银行承兑汇票（No.123405）进行结算。

12.2023年9月12日，将2023年9月7日收到的飞骑公司签发并承兑的商业承兑汇票（No.123456）送到银行贴现，贴现率为5%。

13. 备份账套。

五、实验要求

1. 以系统管理员admin登录系统管理。

2. 以账套主管"001 蒋飞"的身份登录企业应用平台，进行应收单据处理与票据处理的操作，业务处理的时间范围为2023-09-07至2023-09-12。

六、实验指导

1. 填制商业承兑汇票

(1)在应收款管理系统中，执行"票据管理"命令，打开"查询条件选择"对话框。单击"确定"按钮，进入"票据管理"窗口。

(2)单击"增加"按钮，进入"商业汇票"窗口。按实验资料中1的资料输入各项信息，单击"保存"按钮。

2. 填制销售专用发票

(1)在应收款管理系统中，执行"应收单据处理"—"应收单据录入"命令，打开"单据类别”对话框。

(2)确认“单据名称”栏为“销售发票”，“单据类型”栏为“销售专用发票”后，单击“确定”按钮，进入“销售专用发票”窗口。

(3)单击“增加按钮”，录入发票号“1234566”，修改开票日期为“2023－09－07”，输入发票其他相关信息，单击“保存”按钮。

3. 填制银行承兑汇票

(1)在应收款管理系统中，执行“票据管理”命令，打开“查询条件选择”对话框。单击“确定”按钮，进入“票据管理”窗口。

(2)单击“增加”按钮，进入“商业汇票”窗口。按实验资料中3的资料输入各项信息，单击“保存”按钮。

4. 填制销售专用发票和应收单

(1)填制销售专用发票操作指导

① 在应收款管理系统中，执行“应收单据处理”—“应收单据录入”命令，打开“单据类别”对话框。

② 确认“单据名称”栏为“销售发票”，“单据类型”栏为“销售专用发票”后，单击“确定”按钮，进入“销售专用发票”窗口。

③ 单击“增加按钮”，录入发票号“1234501”，修改开票日期为“2023－09－08”，输入发票其他相关信息，单击“保存”按钮。

(2)填制应收单操作指导

① 在应收款管理系统中，执行“应收单据处理”—“应收单据录入”命令，打开“单据类别”对话框。单击“单据名称”栏的下三角按钮，选择“应收单”。单击“确定”按钮，进入“应收单”窗口。

② 单击“确定”按钮，修改单据日期为“2023－09－08”；客户选择“天骏”。在“金额”栏录入“600”，在“摘要”栏录入“代垫运费”。在下半部分的“对应科目”栏录入“1001”，单击“保存”按钮。

5. 修改销售专用发票

(1)在应收款管理系统中，执行“应收单据处理”—“应收单据录入”命令，打开“单据类别”对话框。

(2)单击“确定”按钮，打开“销售专用发票”窗口。

(3)单击“末张”按钮，找到“1234501”号销售专用发票。

(4)单击“修改”按钮，将无税单价修改为“18250”，单击“保存”按钮。

6. 填制收款单

(1)在应收款管理系统中，执行“收款单据处理”—“收款单据录入”命令，进入“收付款单录入”窗口。

(2)单击“增加”按钮。按照实验资料中6的资料输入各项信息，单击“保存”按钮。

7. 填制销售普通发票

(1)在应收款管理系统中,执行"应收单据处理"—"应收单据录入"命令,打开"单据类别"对话框。

(2)选择单据类型为"销售普通发票",单击"确定"按钮,进入"销售发票"窗口。

(3)按实验资料中7的资料输入各项信息并保存。

8. 修改收款单

(1)在应收款管理系统中,执行"收款单据处理"—"收款单据录入"命令,进入"收款单"窗口。

(2)单击"末张"按钮,找到要修改的收款单。单击"修改"按钮,将表头中的金额修改为"20750"。在表体第2行中单击款项类型选择"预收款",该行其他内容由系统自动生成。

(3)单击"保存"按钮,再单击"退出"按钮退出。

9. 审核应收单据并制单

(1)审核应收单据

① 在应收款管理系统中,执行"应收单据处理"—"应收单据审核"命令,打开"应收单查询条件"对话框。

② 单击"确定"按钮,进入"单据处理"窗口。

③ 单击"全选"按钮。

④ 单击"审核"按钮,系统提示"本次审核成功单据4张"。

⑤ 单击"确定"按钮,再单击"关闭"按钮退出。

(2)制单

① 在应收款管理系统中,执行"制单处理"命令,打开"制单查询"对话框。

② 选中"发票制单"和"应收单制单"复选框。

③ 单击"确定"按钮,进入"制单"窗口。

④ 单击"全选"按钮,再单击"凭证类别"栏的下三角按钮,选择"转账凭证"。单击"制单"按钮,生成第1张转账凭证。

⑥ 单击凭证中的第2行科目"6001",鼠标往下移变成笔头形状,单击"01 消费级家用电脑"项目。

⑦ 单击"确定",再单击"保存"。

⑧ 单击"下张"按钮,依次保存其他凭证。

10. 审核收款单据、核销应收并制单

(1)审核收款单据

① 在应收款管理系统中,执行"收款单据处理"—"收款单据审核"命令,打开"收款单查询条件"对话框。

② 单击"确定"按钮,进入"收付款单列表"窗口。

③ 单击“全选”按钮，再单击“审核”按钮，系统提示“本次审核成功单据 3 张”。

④ 单击“确定”按钮，完成全部收付款单据审核，单击“关闭”按钮退出。

(2)核销收款单

① 在应收款管理系统中，执行“核销处理”—“手工核销”命令，打开“核销条件”对话框。

② 选择客户“菲达”，单击“确定”按钮，进入“单据核销”窗口。

③ 在窗口下方单据类型为“销售专用发票”的“本次结算”栏输入数据“395500”。

④ 单击“保存”按钮。关闭单据核销窗口。

⑤ 同理，对天峻公司和飞骑公司的应收款进行核销。

(3)收款单制单

① 在收款管理系统中，执行“制单处理”命令，打开“制单查询”对话框。

② 在“制单查询”对话框中，选中“应收制单”选项，单击“确定”按钮，进入“制单”窗口。

③ 单击“全选”按钮。

④ 单击“制单”按钮，生成转账凭证后，单击“保存”按钮。

⑤ 单击“下张”按钮，继续生成并保存其他凭证。

11. 票据结算

(1)在应收款管理系统中，单击“票据管理”菜单，打开“查询条件选择”对话框，单击“确定”按钮，进入“票据管理”窗口。

(2)在“票据管理”窗口中，单击选中 2023 年 9 月 7 日填制的收到菲达公司的银行承兑汇票(No. 123405)。

(3)单击“结算”按钮，打开“票据结算”对话框。修改结算金额为“395500”，在“结算科目”栏录入“100201”。

(4)单击“确定”按钮，出现“是否立即制单”提示。

(5)单击“是”按钮，生成结算的记账凭证。单击“保存”按钮，选择“销售商品、提供劳务收到的现金”。再单击“确定”，再次单击“保存”。

(6)单击“关闭”按钮退出。

12. 票据贴现

(1)在应收款管理系统中，执行“票据管理”命令，打开“票据查询”对话框。单击“确定”按钮，进入“票据管理”窗口。

(2)选中 2023 年 9 月 7 日填制的商业承兑汇票，单击“贴现”按钮，打开“票据贴现”对话框。

(3)在“贴现率”栏录入“5”，在“结算科目”栏录入“6603”。

(4)单击“确定”按钮，系统弹出“是否立即制单”信息提示框。

(5)单击“是”按钮，生成贴现的记账凭证。单击“保存”菜单，选择“销售商品、提供劳务收到的现金”项目，再次单击“保存”按钮。

13. 备份账套(略)

全部实验完成后，将账套输出至“实验七　单据处理与票据管理”文件夹中。

## 实验八　转账处理、坏账处理及查询

一、实验目的

1. 理解转账处理的意义。
2. 掌握转账处理的类型及操作。
3. 掌握坏账处理的操作。

实验八　转账处理、坏账处理及查询

二、实验内容

1. 转账处理并制单。
2. 坏账处理并制单。
3. 账表查询。
4. 输出账套。

三、实验准备

引入“实验七　单据处理与票据管理”账套数据。

四、实验资料

1. 2023年9月12日，经三方同意将“南京菲达公司”期初17757.95元货款转为向展科公司的应收账款。

2. 2023年9月12日，经双方同意，将转入展科公司的17757.95元货款用展科公司预收款冲抵。

3. 2023年9月12日，经双方商议，将期初余额中应向飞骑公司收取的运费500元用红票冲抵。

4. 2023年9月12日，将应向海康公司收取的期初应收账款164347.2元转为坏账。

5. 2023年9月12日，收到银行通知(电汇)，收回已作为坏账处理的应向海康公司收取的应收账款164347.2元。

6. 2023年9月12日，计提坏账准备。

五、实验要求

1. 以系统管理员admin登录系统管理。
2. 以账套主管“001 蒋飞”的身份登录企业应用平台，进行转账相关处理，登录时间为2023-09-12。

六、实验指导

1. 应收冲应收

(1)在应收款管理系统中，执行“转账”—“应收冲应收”命令，进入“应收冲应收”窗口。

(2)输入日期“2023－09－12”;选择转出客户“菲达”,转入客户“展科”。

(3)单击“查询”按钮。系统列出转出户“菲达”未核销的应收款。

(4)在2023－8－12销售专用发票的并账金额处输入“17757.95”。

(5)单击“保存”按钮。系统弹出提示“是否立即制单?”,单击“是”按钮。

(6)保存后,单击“关闭”按钮退出。

2. 预收冲应收

(1)在应收款管理系统中,执行“转账”—“预收冲应收”命令,进入“预收冲应收”窗口。

(2)单击“预收款”选项卡,选择客户“展科”。单击“过滤”按钮,系统列出该客户的预收款,输入转账金额“17757.95”。

(3)单击“应收款”选项卡,再单击“过滤”按钮,系统列出该客户的应收款,在期初销售专用发票一行输入应收转账金额“17757.95”。

(4)单击“确定”按钮,系统弹出提示“是否立即制单?”,单击“是”按钮即可。

3. 红票对冲

(1)填制红字应收单并制单

① 在应收款管理系统中,执行“应收单据处理”—“应收单据录入”命令,打开“单据类别”窗口。

② 单击“单据名称”栏的下三角按钮,选择“应收单”;单击“方向”栏的下三角按钮,选择“负向”。

③ 单击“确定”按钮,进入红字“应收单”窗口。选择客户“飞骑公司”,在“科目”栏录入“1122”,或单击“科目”栏的参照按钮选择“1122 应收账款”,在“金额”栏录入“500”,表体中贷方科目选择“1001”,单击“保存”按钮。

④ 单击“审核”按钮,系统弹出“是否立即制单?”信息提示对话框,单击“是”按钮,生成红字凭证。单击“保存”按钮,选择“支付的与其他经营活动有关的现金”项目,再次单击“保存”。

⑤ 单击“关闭”按钮退出。

(2)红票对冲

① 在应收款管理系统中,执行“转账”—“红票对冲”—“手工对冲”命令,打开“红票对冲条件”对话框。

② 在“客户”栏录入“04”,或选择“飞骑公司”。单击“确定”按钮,进入“红票对冲”窗口。

③ 在“2023－8－22”所填制的其他应收单“对冲金额”栏中填入“500”。

④ 单击“保存”按钮,系统自动将选中的红字应收单和蓝字应收单对冲完毕。单击“关闭”按钮退出。

4. 坏账发生

(1)在应收款管理系统中,执行“坏账处理”—“坏账发生”命令,打开“坏账发生”对话框，选择客户“海康”。

(2)单击“确定”按钮，进入“发生坏账损失”窗口，系统列出该客户所有未核销的应收单据。在2023-08-22日“本次发生坏账金额”出输入“164347.2”。

(3)单击“OK确认”按钮，系统弹出提示“是否立即制单”，单击“是”按钮。

5. 收回坏账

(1)填制收款单

① 在应收款管理系统中，执行“收款单据处理”—“收款单据录入”命令，进入“收款单”窗口。

② 单击“增加”按钮。选择客户“大地”，结算方式“电汇”，在“金额”栏录入“164347.2”，在“摘要”栏录入“已做坏账处理的应收账款又收回”。

③ 单击“保存”按钮。

(2)坏账收回处理

① 在应收款管理系统中，执行“坏账处理”—“坏账收回”命令，打开“坏账收回”对话框。

② 选择客户“海康”：单击“结算单号”栏的参照按钮，选择相应的结算单。

③ 单击“确定”按钮，系统提示“是否立即制单?”，单击“是”按钮，生成一张收款凭证后，单击“保存”按钮。

6. 计提坏账准备

(1)在应收款管理系统中，执行“坏账处理”—“计提坏账准备”命令，进入“应收账款百分比法”窗口。

(2)系统根据应收账款余额、坏账准备余额、坏账准备初始设置情况自动算出本次计提金额。

(3)单击“OK确定”按钮，系统弹出提示“是否立即制单?”，单击“是”按钮，生成凭证后，单击“保存”按钮。

7. 查看应收核销明细表

(1)在应收款管理系统中，执行“单据查询”—“应收核销明细表”命令，打开“查询条件选择”对话框，不选择其具体的日期。

(2)单击“确定”按钮，进入“应收核销明细表”进行查看。

8. 欠款分析

(1)在应收款管理系统中，执行“账表管理”—“统计分析”—“应收账龄分析”命令，打开“查询条件选择”对话框。

(2)单击“确定”按钮，进入“应收账龄分析”窗口。

9. 月末结账

(1)执行“期末处理”—“月末结账”命令，打开“月末处理”对话框。

(2)双击9月的结账标志栏。单击“下一步”按钮，屏幕显示各处理类型的处理情况。

(3)在处理情况都是“是”的情况下,单击“完成”按钮,结账后,系统弹出提示“9 月份结账成功”。

(4)单击“确定”按钮。系统在 9 月份的“结账标志”栏中标识“已结账”字样。

10. 账套备份(略)

全部完成后,将账套输出至“实验八　转账处理、坏账处理及查询”文件夹中。

## 章节练习

一、选择题

1. 下列属于应收款的核销方式的是(　　)。

A. 存货　　B. 单据　　C. 日期　　D. 余额

2. 应收与预收科目必须是设置成按(　　)辅助核算的科目。

A. 供应商往来　　B. 个人往来　　C. 客户往来　　D. 项目核算

3. 应收款系统计提坏账处理方式不包括(　　)。

A. 应收余额百分比法　　B. 销售余额百分比法

C. 账龄分析法　　D. 直接转销法

4. 下列业务需要填”收款单”的是(　　)。

A. 应收代垫费用款时　　B. 应收利息款时

C. 应收罚款时　　D. 收到货款时

5. 应收系统单独使用时,应收款单据有(　　)两大类型。

A. 销售发票　　B. 应收单　　C. 销售调拨单　　D. 销售日报

6. 应收款管理系统与总账管理系统的(　　)科目的期初余额应完全一致。

A. 供应商往来　　B. 客户往来　　C. 个人往来　　D. 项目核算

7. 在应收款系统的取消操作功能中,不能完成(　　)操作。

A. 取消核销　　B. 取消票据处理

C. 取消并账　　D. 取消制单

8. A 公司应收款项通过总账系统核算,并进行分客户管理,则其”应收账款”科目应选择(　　)辅助核算方式。

A. 部门核算　　B. 个人往来　　C. 客户往来　　D. 供应商往来

二、判断题

1. 在应收款管理系统里,制单日期应大于或等于所选单据的最小日期,但大于当前业务日期。(　　)

2. 应收款管理系统的核销方式一经确定,不允许调整。(　　)

3. 录入收款单据内容时,结算方式、结算科目及金额可以为空。(　　)

4. 在应收款系统中,期初余额的形式只能是销售发票。(　　)

5. 已核销的应收单据不允许修改和删除。(　　)

三、简答题

1. 什么时候填制应收单？什么时候填制收款单？

2. 商业汇票什么时候执行结算？什么时候执行贴现？

3. 什么是核销？什么情况下需要执行核销？

4. 单据生成对应凭证的前提条件是什么？

5. 转账一般包括哪几种情况？

6. 坏账收回需要几步处理？

# 第6章　应付款管理

## 6.1　应付款管理系统概述

应付款管理系统主要是用来核算企业与供应商之间的业务账款。根据采购发票、其他应付单等原始单据，应付款管理系统记录、处理、应付款项及转账等情况，同时可以提供票据。在该系统中可以实现初始设置、日常业务处理、信息查询与期末处理等功能。

1. 初始设置

在系统初始设置中可以进行系统参数设置、基础信息设置和期初数据录入。

2. 日常业务处理

(1)应付单据处理：对采购发票和其他应付单的处理，包括应付单据录入和应付单据审核。

(2)付款单据处理：付款单据主要是指付款单，付款单据处理主要是对这些单据的录入和审核。

(3)单据核销处理：将供应商支付的款项与该供应商应付款的单据进行核销。

(4)票据管理：对银行承兑汇票和商业承兑汇票这些票据的取得、承兑、背书等进行处理。

(5)转账处理：系统处理应付冲应收、应付冲应付、预付冲应付及红票对冲等内容。

3. 信息查询

在该系统中可以查询单据、凭证及账款等。

4. 期末处理

期末处理包括结算汇兑损益及月末结账工作。

## 6.2　应付款管理系统初始化

该系统的初始化主要是由选项设置、基础信息设置、初始设置和期初数据录入等内容构成。

### 6.2.1　选项设置

选项设置主要包括常规、凭证、权限与预警、核销设置。

1. 常规选项

(1)选择单据审核日期的依据

在该系统中,可以选择单据日期和业务日期进行审核。如果选择单据日期,该系统对单据审核时,则该单据日期被系统自动记为审核日期。如果选择业务日期,该系统对单据审核时,则该单据当前业务日期被系统自动记为审核日期。

(2)选择计算汇兑损益的方式

系统中设置了外币结清时处理和月末处理两种计算汇兑损益的方式。

(3)是否自动计算现金折扣

2. 凭证选项

(1)选择受控科目的制单方式

应付款系统有以下两种制单方式:明细到供应商或明细到单据。明细到供应商:指在控制科目相同时,系统将同一供应商的多笔业务自动合并成一条分录。明细到单据:系统将一个供应商的多笔业务合并成一张凭证,但是只是生成一条分录。

(2)选择非控科目的制单方式

应付款系统有以下制单方式:明细到供应商、明细到单据和汇总制单。

(3)选择控制科目依据

应付款系统有以下控制科目依据:按供应商、按供应商、按地区、按采购类型、按存货。

(4)选择科目依据

应付款系统有以下选择科目依据:按存货分类、按存货、按供应商、按供应商分类、按采购类型。

3. 权限与预警

(1)选择单据报警

应付款系统有以下单据报警方式:信用方式报警和折扣方式报警。

选择信用报警:用户先设置报警的提前天数,系统根据“单据到期日－提前天数≤当前登录日期”这个条件,将已审核单据显示出来。

选择折扣方式报警:用户先设置报警的提前天数,系统根据“单据到期日－提前天数≤当前登录日期”这个条件,将已审核单据显示出来。

(2)选择信用额度报警

用户在使用信用额度进行报警时,预先输入预警的提前比率,系统根据“该供应商信用比率小于预先输入预警的提前比率”这个条件,将已审核单据显示出来。

4. 核销设置

(1)选择应付款的核销方式

应付款系统有以下核销方式:按单据核销和按产品核销。按单据核销,系统根据用户选择的单据报销;按产品核销,即系统根据用户选择的产品进行报销。

(2)收付款单审核后核销

选择该选项，表示收付款单审核后进行核销操作。

### 6.2.2 基础信息设置

基础信息设置包括对付款条件、本单位开户行等基础信息进行设置。

### 6.2.3 初始设置

初始设置包括科目设置、账龄区间设置、单据类型设置。

1. 科目设置

基本科目设置：主要是对应付账款、预付账款、采购科目、税金科目、商业承兑科目、银行承兑科目的设置。

控制科目设置：主要是对应付科目和预付科目进行设置。

产品科目设置：根据选择的产品科目，对采购科目、采购税金、税率进行设置。

计算方式科目设置：对每一种结算方式设置一个科目，对应的结算方式生成对应的入账科目。

2. 账龄区间设置

账龄区间设置：主要是对账期内账龄区间和逾期账龄区间进行设置。

3. 单据类型设置

单据类型设置：主要是对发票和应付单两种单据类型进行设置，其中，发票有专用发票和普通发票等类型，应付单有其他应付款等类型。

### 6.2.4 期初数据录入

期初数据录入主要包括未结算完的发票和应付单、预付款单据、未结算完的应付票据及未完成的合同金额等。

## 6.3 应付款管理系统日常业务处理

日常业务处理包括应付单据处理、付款单据处理、票据管理、转账处理、制单处理、信息查询等。

### 6.3.1 应付单据处理

应付单据处理包括应付单据的录入、审核以及单据制单。应付单据录入包括对各类发票及采购业务之外的应付单的录入；审核有手工审核和自动审批两种方式；单据制单，即单据审核后由系统自动编制凭证或者是集中处理制单。

### 6.3.2 付款单据处理

付款单据处理包括对付款单、收款单的录入和审核。付款单、收款单的录入指将付款单和收款单录入应付款管理系统(付款单,即指记录支付给供应商款项的单据;收款单,即记录发生采购退货时,供应商退回企业的款项的单据)。付款单据审核有手工审核和自动审核两种方式。

### 6.3.3 票据管理

票据管理主要是指记录银行承兑汇票和商业承兑汇票等的详细信息和处理情况,其中,票据处理包括计息、贴现、转出、结算、背书等处理。

### 6.3.4 转账处理

转账处理包括应付冲应收、应付冲应付、预付冲应付以及红票对冲的业务。应收冲应付是指用供应商的应付账款冲抵客户的应收账款;应付冲应付是指应付款在不同供应商之间的转移;预付冲应付是指对同一供应商的应付款与预付款转销的处理;红票对冲是指当发生退票时,用户将供应商的红字应付单与蓝字应付单、付款单与收款单之间进行的冲抵。其中,红票对冲又可分为系统自动冲销和手工冲销两种方式处理。

### 6.3.5 制单处理

制单类型主要包括应付单据制单、结算制单、转账制单、汇兑损益制单等。

### 6.3.6 信息查询

在该系统下可以进行单据查询、业务账表查询、业务账表分析等。单据查询包括查询发票、应收单、结算单和凭证的情况;业务账表查询包括总账、明细账、业务余额表和对账单的查询,在查询时,可以进行总账、明细账、单据之间的联查;业务账表分析包括对应付账款的账龄、付款账龄及欠款分析、对收款进行预测等。

### 6.3.7 期末处理

期末处理包括计算汇兑损益和月末结转。

汇兑损益:如果供应商有外币业务,采用了外币核算,则在月末需要对这些外币单据计算汇兑损益,并进行相应的处理。用户可以选择在月末计算汇兑损益或在单据结清时计算汇兑损益。

月末结账:当本月的各项业务处理完成时,就可以进行月末结转。当存在以下情况时,系统不能结账,即上个月没有结账、本月的结算单还有未核销的,或者本年度进行的所有核销、转销等处理没有完成制单,则不能向下一个年度结转。

# 实验九　应付款管理初始化

## 一、实验目的

1. 了解应付款管理系统初始化的含义。
2. 了解应付款管理系统初始化的内容。
3. 理解应付款管理系统选项设置的意义。
4. 掌握应付款管理系统初始化的方法。
5. 掌握应付款管理系统期初数据录入方法。

实验九　应付款管理初始化

## 二、实验内容

1. 选项设置。
2. 基础档案录入。
3. 单据设置。
4. 期初余额录入。
5. 输出账套。

## 三、实验准备

引入"实验八　转账处理、坏账处理及查询"账套数据。

## 四、实验资料

1. 选项设置(表6-1)

**表6-1　选项设置**

| 选项卡 | 参数 | 设置要求 |
| --- | --- | --- |
| 常规 | 单据审核日期依据 | 业务日期 |
| 凭证 | 核销生成凭证 | 否 |
| 权限与预警 | 单据报警 | 按信用方式提前7天进行报警 |

注:其他选项保持系统默认。

2. 初始设置

(1)设置科目(表6-2)

**表6-2　科目设置**

| 科目类别 | 设置方式 |
| --- | --- |
| 基本科目设置 | 应付科目(本币):2202 应付账款 |
| | 预付科目(本币):1123 预付账款 |
| | 采购科目:1401 材料采购 |
| | 税金科目:22210101 进项税额 |
| | 商业承兑科目和银行承兑科目:2201 应付票据 |
| | 票据利息科目、票据费用科目和现金折扣科目:6603 财务费用 |

（续表）

| 科目类别 | 设置方式 |
| --- | --- |
| 结算方式科目设置 | 现金结算:币种:人民币:科目:1001 |
| | 现金支票:币种:人民币:科目:100201 |
| | 转账支票:币种:人民币:科目:100201 |
| | 电汇:币种:人民币:科目:100201 |
| | 银行承兑汇票:币种:人民币:科目:100201 |
| | 商业承兑汇票:币种:人民币:科目:100201 |

(2)账龄区间设置(表6－3)

**表6－3 账龄区间设置**

| 序号 | 起止天数(天) | 总天数(三) |
| --- | --- | --- |
| 01 | 1～10 | 10 |
| 02 | 11～30 | 30 |
| 03 | 31～60 | 60 |
| 04 | 61～90 | 90 |
| 05 | 91及以上 | |

(3)逾期账龄区间设置(表6－4)

**表6－4 逾期账龄区间设置**

| 序号 | 起止天数(天) | 总天数(天) |
| --- | --- | --- |
| 01 | 1～30 | 30 |
| 02 | 31～60 | 60 |
| 03 | 61～90 | 90 |
| 04 | 91～120 | 120 |
| 05 | 121及以上 | |

(4)报警级别设置

A级总比率为10%,B级总比率为20%,C级总比率为30%,D级总比率为40%,E级总比率为50%,F级总比率为50%以上。

3. 基础信息设置

本单位开户银行的编码为“01”,开户银行为“中国工商银行路口支行”,银行账号为“001－12345678”。

4. 单据编号设置

设置允许修改采购专用发票和采购普通发票的编号。

5. 期初数据(表 6-3,存货税率均为 13%,开票日期均为 2023 年 8 月)

表 6-5 期初数据

| 单据名称 | 方向 | 开票日期 | 票号 | 供应商 | 销售部门 | 科目编码 | 货物名称 | 数量 | 原币单价 | 价税合计 |
|---|---|---|---|---|---|---|---|---|---|---|
| 采购专用发票 | 正向 | 2023-8-15 | 38301 | 永达 | 采购部 | 2202 | 芯片 | 440 | 496 | 246611.2 |
| 采购专用发票 | 正向 | 2023-8-18 | 38555 | 大华 | 采购部 | 2202 | 机箱 | 2500 | 54 | 152550 |
| 应付单 | 正向 | 2023-8-23 | | 登云 | 采购部 | 2202 | 代垫运费 | | | 169550 |
| 付款单 | 正向 | 2023-8-23 | 银行承兑汇票 9907 | 永达 | 采购部 | 1123 | | | | 50000 |

五、实验要求

1. 以系统管理员 admin 登录系统管理。

2. 以账套主管“001 蒋飞”登录企业应用平台,登录日期为 2023-09-01。

3. 以账套主管“001 蒋飞”启用应付款管理系统启用日期为“2023-09-01”。

六、实验指导

1. 选项设置

(1)在应付款管理系统中,执行“设置”—“选项”命令,打开“账套参数设置”对话框。

(2)单击“编辑”按钮,系统提示“选项修改需要重新登录才能生效”后,单击“确定”按钮。在“常规”“凭证”“权限与预警”选项卡中按照实验资料完成设置。

(3)单击“确定”按钮。

2. 初始设置

(1)科目设置

① 在应付款管理系统中,执行“设置”—“初始设置”命令,进入“初始设置”窗口。

② 在“设置科目”项下选择“基本科目设置”,单击“增加”按钮,按实验资料设置基本科目。

(2)结算方式科目设置

① 在应付款管理系统中,执行“设置”—“初始设置”命令,进入“初始设置”窗口。

② 选择“结算方式科目设置”,设置结算方式科目。

③ 单击“确定”按钮,弹出“存储完毕”信息提示对话框,再单击“确定”按钮。

(3)设置账期内账龄区间及逾期账龄区间

① 在“初始设置”窗口中,选择“账期内账龄区间设置”。

② 在“总天数”栏录入“10”,按“Enter”键,再在“总天数”栏录入“30”后按“Enter”键。以此方法继续录入其他的总天数。

③ 同理,进行“逾期账龄区间设置”。

(4)报警级别设置

① 在“初始设置”窗口中,选择“报警级别设置”。

② 在“总比率”栏录入“10”,在“级别名称”栏录入“A”,按“Enter”键。以此方法继续录入其他的总比率和级别。

3. 单据编号设置

① 在企业应用平台“基础设置”选项卡中,执行“单据设置”—“单据编号设置”命令,打开“单据编号设置”对话框。

② 在“采购管理”单据类型中选择“采购专用发票”,单击“修改”按钮,选中“手工改动,重号时自动重取”复选框,单击“保存”按钮。

③ 同理,设置采购普通发票编号方式为“手工改动,重号时自动重取”。

4. 期初数据

(1)输入采购专用发票

① 在应付款管理系统中,执行“设置”—“期初余额”命令,打开“期初余额—查询”对话框。单击“确定”按钮,进入“期初余额”窗口。

② 单击“增加”按钮,打开“单据类别”对话框。选择单据名称“采购发票”,单据类型“采购专用发票”,单击“确定”按钮,进入“采购专用发票”窗口。

③ 单击“增加”按钮,输入发票号“38301”、开票日期“2023-8-15”、供应商名称“永达”,其他信息自动带出。

④ 选择货物名称“1001 芯片”,输入数量“440”,原币单价“496”,金额自动算出,如图6-1所示,单击“保存”按钮。

图6-1 期初采购专用发票录入

⑤ 同理,录入其他采购专用发票。

(2)输入其他应付单

① 在“期初余额”窗口,单击“增加”按钮,打开“单据类型”对话框。

② 选择单据名称“应付单”,单据类型“其他应付单”,单击“确定”按钮,进入“应付单”窗口。

③ 单击“增加”按钮,输入应付单信息,如图6-2所示。

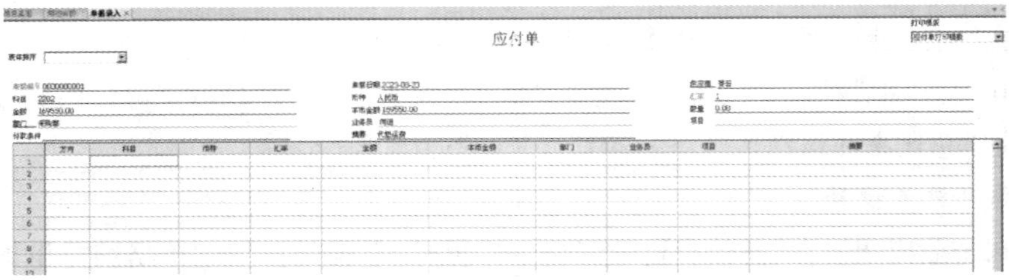


图 6 - 2　期初应付单录入

(3)录入预付款单

① 在期初余额明细表界面，单击“增加”按钮，打开“单据类型”对话框。

② 单击“单据名称”栏的下三角按钮，选择“预付款”选项。

③ 单击“确定”按钮，打开“付款单”窗口。

④ 修改日期为“2023 - 8 - 23”，在“供应商”栏选择“永达”，在“结算方式”栏选择“银行承兑汇票”，在“金额”栏录入“50000”，在“摘要”栏录入“预付货款”，在付款单下半部分中的“科目”栏录入“1123”，或单击“科目”栏的参照按钮，选择“1123 预付账款”。

⑤ 单击“保存”按钮，再单击“退出”按钮退出。

(4)期初对账

① 在“期初余额明细表”窗口中，单击“对账”按钮，进入“期初对账”窗口，如图 6 - 3 所示。

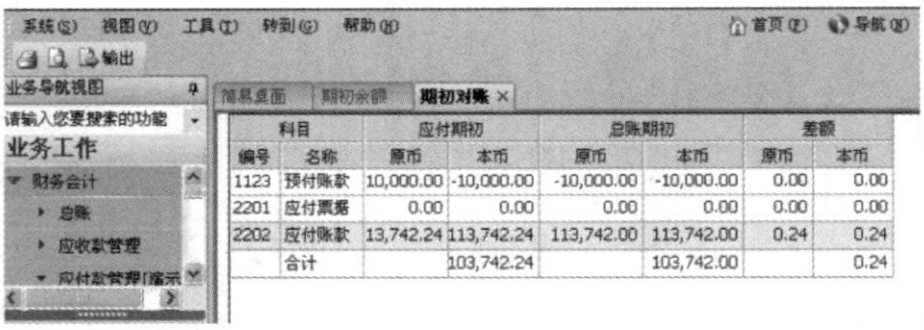


图 6 - 3　期初对账

② 查看应收系统与总账系统的期初余额是否平衡。

注意：总账期初余额录入时，数据保留到个位数；应付款期初数据录入时，数据保留到小数点后两位；两个系统对账时，会出现因小数点问题而对账不完全一致的情况。

5. 备份账套(略)

全部实验完成后，将账套输出至“实验九　应付款管理初始化”文件夹中。

## 实验十　单据处理与票据管理

一、实验目的

1. 了解应付单的类型及填制方法。

2. 了解收付单的类型及填制方法。

3. 理解核销的意义。

4. 掌握单据的填制、修改、审核、删除、核销操作。

5. 掌握批量制单的操作。

6. 掌握票据的填制、贴现、结算操作。

实验十　单据处理与票据管理

二、实验内容

1. 录入应付单、付款单、商业承兑汇票、银行承兑汇票。

2. 修改应付单、付款单。

3. 核销应付单。

4. 审核应付单、付款单。

5. 制单。

6. 商业承兑汇票贴现并制单。

7. 输出账套。

三、实验准备

引入“实验九　应付款管理初始化”账套数据。

四、实验资料

1. 2023 年 9 月 13 日，向登云公司签发并承兑商业承兑汇票一张(No. 12341)，用以结算前期欠款，票据面值为 169550 元，到期日为 2023 年 9 月 18 日。

要求：填制商业承兑汇票、审核付款单、生成凭证并核销应付款。

2. 2023 年 9 月 14 日，从永达公司采购芯片 1000 个，原币单价为 490 元，增值税税率为 13%(采购专用发票号码：556677)。

要求：填制采购专用发票，审核并生成凭证。

3. 2023 年 9 月 15 日，从大华公司采购机箱 2500 个，原币单价为 45 元，增值税税率为 13%(采购专用发票号码：No. 667788)。收到京华物流公司运费专用发票一张(发票号：19400)，运费 400 元，税率 9%，价税合计 436 元，用现金支付。

要求：填制采购专用发票，审核并生成凭证。填制运费专用发票，审核并生成凭证。用现金支付运费并核销应付。

4. 2023 年 9 月 16 日，从登云公司采购鼠标 5000 个，原币单价为 35 元，增值税税率为 13%(采购专用发票号码：5678)。

要求：填制采购专用发票，审核并生成凭证。

5. 2023 年 9 月 17 日，用转账支票支付向南京永达公司购买芯片的部分货税款 300000 元。

要求：填制付款单，审核并生成付款凭证。核销部分支付。

6. 2023 年 9 月 17 日，以电汇方式向登云公司支付 200000 元，核销部分购买鼠标的货税款 197750 元，余款 2250 元作为预付款。

要求:填制付款单,审核并生成付款凭证。部分核销应付款,部分形成预付款。

7. 2023 年 9 月 18 日,将 2023 年 9 月 13 日向登云公司签发并承兑的商业承兑汇票(No. 12341)进行结算。

8. 备份账套。

五、实验要求

1. 以系统管理员 admin 登录系统管理。

2. 以账套主管"001 蒋飞"登录企业应用平台,登录时间为 2023-09-13 至 2023-9-18。

3. 以账套主管"001 蒋飞"进行单据处理与票据处理操作,业务处理时间为 2023-09-13至 2023-9-18。

六、实验指导

1. 商业承兑汇票填制

(1)填制商业承兑汇票

① 在应付款管理系统中,执行"票据管理"命令,打开"查询条件选择"对话框,单击"确定"按钮,进入"票据管理"窗口。

② 单击"增加"按钮,进入"商业汇票"窗口。按实验资料中 1 的资料输入各项信息,单击"保存"按钮。

(2)审核商业承兑汇票生产的付款单

① 在应付款管理系统中,单击"付款单据处理"—"付款单据审核"菜单,打开"付款单查询条件"对话框。

② 单击"确定"按钮,进入"收付款单列表"窗口。

③ 单击"全选"按钮,再单击"审核"按钮,审核付款单。

(3)付款单制单

① 在应付款管理系统中,单击"制单处理"菜单,打开"制单查询"窗口。

② 选中"收付款单制单",单击"确定"按钮,进入"收付款单制单"窗口。

③ 单击"全选"按钮,再单击"制单"按钮,生成记账凭证。

④ 修改凭证类别为"转账凭证",再单击"保存"按钮。

(4)核销应付

① 在应付款管理系统中,单击"核销处理"—"手工核销"菜单,打开"核销条件"窗口。

② 在"供应商"处录入"登云",单击"确定"菜单,进入"单据核销"窗口。

③ 在窗口上方付款单的"本次结算"栏中录入"169550",在窗口下方的其他应付单的"本次结算"处录入"169550"。

④ 单击"保存"按钮,再关闭退出。

2. 填制采购专用发票,审核并生成凭证

(1)在应付款管理系统中,执行"应付单据处理"—"应付单据录入"命令,打开"单据类别"对话框。

(2)确认“单据名称”为“采购发票”,“单据类型”为“采购专用发票”后,单击“确定”按钮,进入“专用发票”窗口。

(3)单击“增加”按钮,录入发票号“556677”,修改开票日期为“2023-09-14”。

(4)输入发票其他信息,单击“保存”按钮。

(5)单击“审核”按钮,系统弹出“是否立即制单?”。

(6)单击“是”按钮,生成凭证,将凭证类别修改为“转账凭证”并保存。

3. 填制采购专用发票、运费专用发票

(1)填制采购专用发票,审核并生成凭证

① 在应付款管理系统中,执行“应付单据处理”—“应付单据录入”命令,打开“单据类别”对话框。

② 确认“单据名称”为“采购发票”,“单据类型”为“采购专用发票”后,单击“确定”按钮,进入“专用发票”窗口。

③ 单击“增加”按钮,录入发票号“667788”,修改开票日期为“2023-09-15”。

④ 输入发票其他相关信息。

⑤ 单击“审核”按钮,系统弹出“是否立即制单?”。

⑥ 单击“是”按钮,生成凭证,将凭证类别修改为“转账凭证”并保存。

(2)填制运费专用发票,审核并生成凭证

① 在应付款管理系统中,执行“应付单据处理”—“应付单据录入”命令,打开“单据类别”对话框。

② 确认“单据名称”为“采购发票”,“单据类型”为“采购专用发票”后,单击“确定”按钮,进入“专用发票”窗口。

③ 单击“增加”按钮,录入发票号“19400”,修改开票日期为“2023-09-15”。

④ 输入发票其他相关信息。

⑤ 单击“审核”按钮,系统弹出“是否立即制单?”。

⑥ 单击“是”按钮,生成凭证,将凭证类别修改为“转账凭证”并保存。

(3)用现金支付运费

① 在应付款管理系统中,执行“付款单据处理”—“付款单据录入”命令,进入“付款单”窗口。

② 录入付款单信息,单击“保存”按钮。

③ 单击“审核”按钮,系统弹出“是否立即制单?”。

④ 单击“是”按钮,生成付款凭证。

(4)核销应付

① 在“付款单”窗口中单击“核销”按钮,打开“核销条件”对话框。

② 单击“确定”按钮,进入“单据核销”窗口。

③ 在窗口下方的采购专用发票“本次结算”处输入“436”。

④ 单击“保存”按钮。

4. 填制采购专用发票，审核并生成凭证

(1)在应付款管理系统中，执行“应付单据处理”—“应付单据录入”命令，打开“单据类别”对话框。

(2)确认“单据名称”为“采购发票”，“单据类型”为“采购专用发票”后，单击“确定”按钮，进入“专用发票”窗口。

(3)单击“增加”按钮，录入发票号“5678”，修改开票日期为“2023-09-16”。

(4)输入发票其他相关信息，单击“保存”按钮。

(5)单击“审核”按钮，系统弹出“是否立即制单?”。

(6)单击“是”按钮，生成凭证，将凭证类别修改为“转账凭证”并保存。

5. 填制付款单，审核并生成付款凭证

(1)在应付款管理系统中，执行“付款单据处理”—“付款单据录入”命令，打开“单据类别”对话框。单击“单据名称”栏的下三角按钮，选择“付款单”，单击“确定”按钮，进入“付款单”窗口。

(2)输入付款单各项信息，单击“保存”按钮。

(3)单击“审核”按钮，系统弹出“是否立即制单?”。

(4)单击“是”按钮，生成付款凭证。

(5)在“付款单”窗口，单击“核销”按钮，打开“核销条件”对话框，再单击“确定”按钮，进入“单据核销”窗口。

(6)在窗口下方的单据编号为“556677”的采购专用发票的“本次结算”处输入“300000”，单击“保存”按钮，核销部分应付款。

6. 填制付款单，审核并生成付款凭证

(1)在应付款管理系统中，执行“付款单据处理”—“付款单据录入”命令，打开“单据类别”对话框。单击“单据名称”栏的下三角按钮，选择“付款单”，单击“确定”按钮，进入“付款单”窗口。

(2)输入付款单表头中的各项信息，在付款单表体第1行的“款项类型中选择”应付款”，输入金额为“197750”；在付款单表体第2行的“款项类型”中选择“预付款”，系统自动计算金额为“2250”，单击“保存”按钮。

(3)单击“审核”按钮，系统弹出“是否立即制单?”。

(4)单击“是”按钮，生成付款凭证。

(5)在“付款单”窗口，单击“核销”按钮，打开“核销条件”对话框，再单击“确定”按钮，进入“单据核销”窗口。

(6)窗口下方的单据编号为“5678”的采购专用发票的“本次结算”处输入“197750”，单击“保存”菜单，核销部分应付款。

7. 对商业承兑汇票执行结算处理

(1)在应付款管理系统中，单击“票据管理”，打开“查询条件选择”对话框，单击“确定”按钮，进入“票据管理”窗口。

(2)双击选中向登云公司签发并承兑的商业承兑汇票(No. 12341)，单击“结算”按钮，打开“票据结算”对话框。

(3)修改结算日期为“2023－9－18”，录入结算金额；在“结算科目”处录入“100201”。

(4)单击“确定”按钮，系统弹出“是否立即制单?”，单击“是”按钮，生成票据结算的记账凭证，修改凭证类别为“付款凭证”，单击“保存”按钮即可。

8. 备份账套(略)

全部实验完成后，将账套输出至“实验十单据处理与票据管理”文件夹中。

## 实验十一　转账处理、账表查询及其他处理

一、实验目的

1. 理解转账处理的意义。

2. 掌握转账处理的类型及操作。

3. 掌握取消操作。

二、实验内容

1. 转账处理并制单。

2. 账表查询。

3. 输出账套。

实验十一　转账处理、账表查询及其他处理

三、实验准备

引入“实验十　单据处理与票据管理”账套数据。

四、实验资料

1. 应付冲应付

2023年9月18日，经三方同意将2023年8月18日形成的应向大华公司支付的货税款152550元转为向登云公司的应付账款。

2. 预付冲应付

2023年9月18日，经双方同意，用给登云公司的预付款2250元冲抵8月18日转入登云公司的152550元中的部分应付款。

3. 单据查询

(1)查询9月份的收付款单。

(2)查询并删除9月18日登云公司预付冲应付业务生成的凭证。

4. 进行统计分析

(1)对供应商进行付款账龄分析。

(2)查询2023年9月的业务总账。

(3)查询科目明细账。

5. 取消操作

取消登云公司预付冲应付的操作。

6. 月末结账

在应付款系统中，完成 2023 年 9 月的结账。

五、实验要求

1. 以系统管理员 admin 登录系统管理。

2. 以账套主管“001 蒋飞”登录企业应用平台，登录时间为 2023－09－18，进行转账操作。

六、实验指导

1. 应付冲应付

(1)在应付款管理系统中，执行“转账”—“应付冲付收”命令，进入“应付冲应付”窗口。

(2)输入日期“2023－09－18”，选择转出客户“大华”，转入客户“登云”。

(3)单击“查询”按钮。系统列出转出户“大华”未核销的应付款。

(4)在 2023－8－18 的采购专用发票的并账金额处输入“152550”。

(5)单击“保存”按钮。系统弹出提示“是否立即制单?”。单击“是”按钮。

(6)保存后，单击“关闭”按钮退出。

2. 预付冲应付

(1)在应付款管理系统中，执行“转账”—“预付冲应付”命令，进入“预付冲应付”窗口。

(2)单击“预付款”对话框中，选择供应商“登云”。单击“过滤”按钮，系统列出该供应商的预付款，输入转账金额“2250”。

(3)单击“应付款”选项卡，再单击“过滤”按钮，系统列出该供应商的应付款。在单据日期为“2023－9－18”的采购专用发票一行输入应付转账金额为“2250”。

(4)单击“确定”按钮，系统弹出提示“是否立即制单?”后，再单击“是”按钮。

3. 单据查询

(1)查询 9 月份的收付款单

① 在应付款管理系统中，执行“单据查询”—“收付款单查询”命令，打开“查询条件选择—收付款单查询”对话框。

② 在“收付款单查询”对话框中，不设置“单据日期”以及“审核日期”。

③ 在“收付款单查询”对话框的下方将“包含余额＝0”选为“是”。

④ 单击“确定”按钮，进入“收付款单查询”窗口。

⑤ 单击“退出”菜单退出。

(2)查询并删除 9 月 18 日登云公司的预付冲应付业务生成的凭证

① 在应付款管理系统中，单击“单据查询”—“凭证查询”命令，打开“凭证查询”对话框。

② 单击“确定”按钮，进入“凭证查询”窗口。

③ 选中“2023－09－18”的预付冲应付记录行，单击“删除”按钮，系统弹出“确定要删除此凭证吗?”。

④ 单击“确定”菜单，该凭证即被删除。

4. 统计分析

(1)对供应商进行付款账龄分析

① 在应付款管理系统中，单击“账表管理”—“统计分析”—“付款账龄分析”命令，打开“付款账龄分析”对话框。

② 单击“确定”按钮，进入“付款账龄分析”窗口。

③ 单击“退出”菜单退出。

(2)查询2023年9月的业务总账

① 在应付款管理系统中，单击“账表管理”—“业务账表|业务总账”命令，打开“应付总账表”对话框。

② 单击“确定”按钮，进入“应付总账表”窗口。

③ 单击“退出”菜单退出。

(3)查询科目明细账

① 在应付款管理系统中，单击“账表管理”—“科目账查询”—“科目明细账”命令，打开“供应商往来科目明细账”对话框。

② 单击“确定”按钮，进入“科目明细账”窗口。

③ 单击“退出”菜单退出。

5. 取消操作

(1)在应付款管理系统中，单击“其他处理”—“取消操作”命令，打开“取消操作条件”对话框。

(2)操作类型选择“预付冲应付”，单击“确定”按钮，进入“取消操作”窗口(图6－4)。

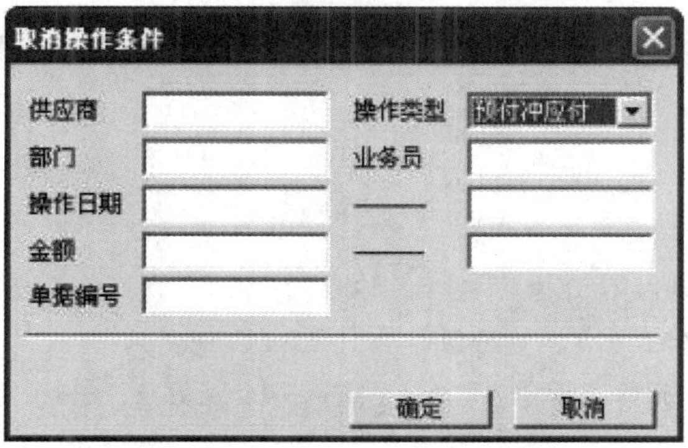


图6－4 取消预付冲应付条件设置

(3)双击“选择标志”或单击“全选”按钮，如图6－5所示。

(4)单击“OK确认”菜单，该记录不再显示。

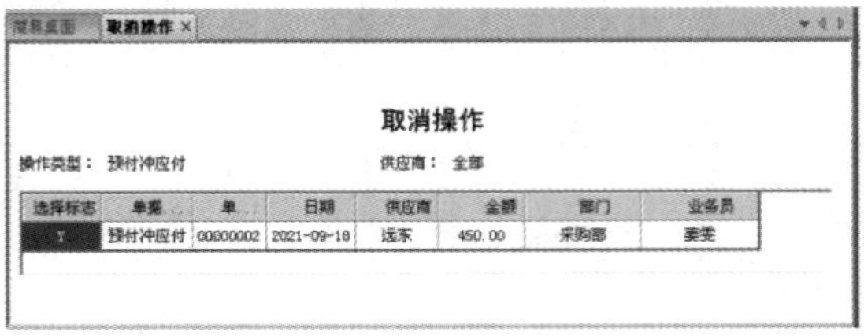


图 6-5　取消预付冲应付

6. 月末结账

(1)执行“期末处理”—“月末结账”命令，打开“月末处理”对话框。

(2)双击 9 月的结账标志栏，单击“下一步”按钮，屏幕显示各处理类型的处理情况。

(3)在处理情况都为“是”的情况下，单击“完成”按钮。结账后，系统弹出提示“9 月份结账成功”，如图 6-6 所示。

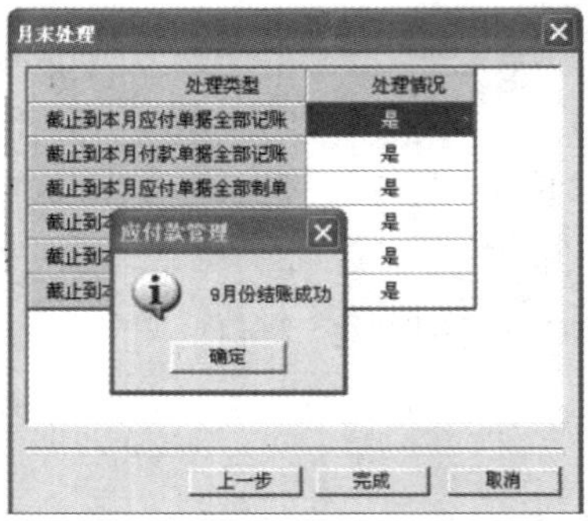


图 6-6　月末结账

(4)单击“确定”按钮。系统在 9 月份的“结账标志”栏中标识“已结账”字样。

7. 账套备份(略)

全部完成后，将账套输出至“实验十一　转账处理、账表查询及其他处理”文件夹中。

## 章节练习

一、选择题

1. 录入期初数据时，可选择的单据名称分别是(　　)。

A. 采购专用发票　　B. 应付单　　C. 付款单　　D. 应收单

2. 应付与预付科目必须是有(　　)类辅助核算的科目。

A. 供应商往来　　B. 个人往来　　C. 客户往来　　D. 项目核算

3. 应付款管理系统与总账管理系统的(　　)科目的期初余额应完全一致。

A. 供应商往来　　B. 客户往来　　C. 个人往来　　D. 项目核算

4. B 公司应付款项通过总账系统核算，并进行分供应商管理，则其”应付账款”科目应选择(　　)辅助核算方式。

A. 部门核算　　B. 个人往来　　C. 客户往来　　D. 供应商往来

二、判断题

1. 在应付款管理系统里,制单日期应大于或等于所选单据的最小日期,但大于当前业务日期。(　　)

2. 应付款管理系统的核销方式一经确定,不允许调整。(　　)

3. 录入付款单据内容时,结算方式、结算科目及金额可以为空。(　　)

4. 在应付款系统中,期初余额的形式只能是其他应付单。(　　)

5. 已核销的付款单据不允许修改和删除。(　　)

三、简答题

1. 如何修改单据编号?

2. 如何修改已经审核的采购专用发票?

3. 付款单与应付单的区别是什么? 各是什么时候填制?

4. 什么时候需要对应付款执行核销处理?

5. 应付款系统的转账处理一般包括哪几种?

6. 应付款系统生成的凭证有错误时如何修改?

# 第7章　固定资产

## 7.1　固定资产系统概述

固定资产系统主要包括资产管理、折旧计算、统计分析等。固定资产核算系统主要包括初始设置、卡片管理、折旧管理、月末对账结账等。

初始设置是用户在开始就要进行的操作。初始设置主要包括系统初始化，设置部门、类别，对固定资产的使用状况、增减方式、折旧方法、卡片项目、卡片样式等进行定义。

卡片管理主要包括卡片台账管理和会计处理，是指对固定资产卡片进行录入、修改、删除，对资产增加及减少进行处理等。

折旧管理主要是对固定资产的折旧生成等内容进行管理。在该系统，对于折旧可以自动生成相关凭证，并传递到总账系统。

月末对账结账主要是指在月末进行对账和结账工作。每月月末，固定资产系统可以与其他财务系统自动对账，并且根据对账结果决定是否结账。

## 7.2　初始化固定资产系统

在固定资产开始时，要对固定资产系统进行初始化处理。初始化包括建立固定资产账套、基础信息设置和初始数据录入等内容。

### 7.2.1　固定资产账套

在建立固定资产账套之前，首先要建立会计核算账套。建立固定资产账套主要为设置固定资产的参数，包括账套的启用月份、折旧启用月份、折旧信息、编码方式、账务接口等信息。在这些参数中，有些参数是不能修改的。

### 7.2.2　基础信息设置

基础信息设置主要包括资产类别设置、部门对应折旧科目设置、固定资产增减方式设置、固定资产的使用状况设置、固定资产的折旧方法设置、固定资产的卡片项目等。

对于资产类别设置来说，企业可以结合自身固定资产的特点，选择适合的资产分类方法。

部门对应折旧科目设置主要是指在折旧过程中，与累计折旧所对应的会计科目名称，其对应的会计科目可以按部门或按类别进行归类。

固定资产增减方式主要包括固定资产的增加和减少。固定资产增加方式，系统里提供了直接购买、投资者投入、捐赠、盘盈、在建工程转入、融资租入等；固定资产减少方式，系统里提供了出售、盘亏、投资转出、捐赠转出、报废、毁损、融资租出等。

固定资产的使用状况设置包括使用中、未使用和无须用三种。

固定资产的折旧方法设置包括平均年限法、工作量法、双倍余额递减法、年限总和法。固定资产系统可以自动计算出折旧，并且生成相关凭证，传递到总账系统。

固定资产卡片项目主要包括固定资产的原值、资产名称、所属部门、使用年限、折旧方法等内容。固定资产卡片样式指固定资产卡片的外观，即卡片的格式和卡片上包含的项目及项目的位置。

### 7.2.3 初始数据录入

初始状态下，用户要将固定资产原始卡片的有关数据录入到固定资产系统，在录入时要确保数据录入正确，并且在录入前要对固定资产进行盘点，保证账面与实际相符合。

## 7.3 固定资产日常业务处理

固定资产日常业务处理主要包括资产增减、资产变动、折旧计算、资产评估、生成凭证和账簿管理等。

固定资产增加是指企业固定资产原值的增加，即企业通过购买或其他方式取得固定资产时，企业要填制新的固定资产卡片。此时，要确定该固定资产的原始价值，并且填制和审核有关凭证。固定资产减少是指企业固定资产原值的减少，即固定资产在使用过程中，出现了毁损、出售、盘亏等现象，而被企业淘汰。此时，要对固定资产进行减少的处理，对相关卡片进行更新。

固定资产变动包括原值的增加或减少，固定资产在不同部门间的转移，固定资产在用、未使用、无须用、停用、封存等使用状况之间的变动，使用年限增加或减少等折旧方法（平均年限法、工作量法、双倍余额递减法、年限总和法等方法）的调整，净残值（率）、工作总量、累计折旧、资产类别等的调整。

折旧计算在资产系统中能够自动计算，自动生成折旧分配表和相关转账凭证，并且将这些转账传递到总账系统。

固定资产评估是指在固定资产系统中，提供对固定资产进行评估的功能。在固定资产管理子系统中，固定资产进行评估时，首先选择需要评估的项目，然后选择需要评估的资产制作出评估单、录入评估结果，最后生成相关转账凭证。

固定资产盘点是指企业对固定资产进行定期或不定期的清查，至少每年清查一次，从而实现账实相符。在固定资产系统中，对于盘点结果与固定资产中的账目相核对，生成盘点结果清单。

账簿管理是指对固定资产账簿、固定资产统计分析表、固定资产统计表进行管理，当系统提供的报表不能满足企业要求时，用户也可以自己定义报表。

## 实验十二　固定资产系统初始化

实验十二　固定资产系统初始化

一、实验目的

1. 了解固定资产初始化的内容。
2. 理解固定资产账套各种参数的含义。
3. 掌握固定资产基础信息设置的方法。
4. 掌握原始卡片录入的方法。

二、实验内容

1. 建立固定资产系统账套。
2. 固定资产系统选项设置。
3. 基础信息设置。
4. 原始卡片录入。
5. 输出账套。

三、实验准备

引入“实验十一　转账处理、账表查询及其他处理”账套数据。

四、实验资料

1. 固定资产账套参数(表7-1)

**表7-1　固定资产账套参数**

| 建账向导 | 参数设置 |
|---|---|
| 约定与说明 | 我同意 |
| 启用月份 | 2023年9月 |
| 折旧信息 | 本账套计提折旧，折旧方法，平均年限法(一)：折旧汇总分配周期：1个月当(月初已计提月份＝可使用月份－1)时，将剩余折旧全部提足 |
| 编码方式 | 资产类别编码方式：2112，固定资产编码方式：按“类别编码＋部门编码＋序号”自动编码，卡片序号长度：3 |
| 财务接口 | 与账务系统进行对账，对账科目：固定资产，对账科目：1601固定资产，累计折旧对账科目：1602，累计折旧：在对账不平的情况下允许固定资产月末结账 |

2. 初始设置

(1)选项

业务发生后立即制单；

月末结账前一定要完成制单登账业务；
固定资产缺省入账科目：1601；
累计折旧缺省入账科目：1602；
固定资产减值准备缺省入账科目：1603；
增值税进项税额缺省入账科目：22210101；
固定资产清理缺省入账科目：1606。

（2）资产类别（表 7－2）

**表 7－2　资产类别**

| 类别编码 | 类别名称 | 使用年限 | 净残值率 | 计提属性 | 折旧方法 | 卡片样式 |
|---|---|---|---|---|---|---|
| 01 | 厂房及建筑物 | 30 | 2% | 正常计提 | 平均年限法（一） | 通用样式（二） |
| 011 | 办公楼 | 30 | 2% | 正常计提 | 平均年限法（一） | 通用样式（二） |
| 012 | 厂房 | 30 | 2% | 正常计提 | 平均年限法（一） | 通用样式（二） |
| 02 | 运输设备 | 8 | 2% | 正常计提 | 平均年限法（一） | 含税卡片样式 |
| 021 | 经营用 | 8 | 2% | 正常计提 | 平均年限法（一） | 含税卡片样式 |
| 022 | 非经营用 | 8 | 2% | 正常计提 | 平均年限法（一） | 含税卡片样式 |
| 03 | 机器设备 |  | 2% | 正常计提 | 平均年限法（一） | 含税卡片样式 |
| 031 | 生产用 | 10 | 2% | 正常计提 | 平均年限法（一） | 含税卡片样式 |
| 032 | 非生产用 | 5 | 2% | 正常计提 | 平均年限法（一） | 含税卡片样式 |

（3）部门及对应折旧科目（表 7－3）

**表 7－3　部门及对应折旧科目**

| 部门名称 | 贷方科目 |
|---|---|
| 总经理办公室、财务部、采购部 | 管理费用—折旧费（660206） |
| 销售一部 | 销售费用（6601） |
| 一车间、二车间 | 制造费用（510102） |

（4）增减方式的对应入账科目（表 7－4）

**表 7－4　增减方式的对应入账科目**

| 增加方式 | 对应入账科目 | 减少方式 | 对应入账科目 |
|---|---|---|---|
| 直接购入 | 银行存款—工行人民币户（100201） | 出售 | 固定资产清理（1606） |
| 盘盈 | 待处理财产损溢—待处理固定资产损溢（190102） | 盘亏 | 待处理财产损溢—待处理固定资产损溢（190102） |
| 投资者投入 | 实收资本（4001） | 投资转出 | 长期股权投资（1511） |

（续表）

| 增加方式 | 对应入账科目 | 减少方式 | 对应入账科目 |
| --- | --- | --- | --- |
| 捐赠 | 营业外收入(6301) | 捐赠转出 | 固定资产清理(1606) |
| 在建工程转入 | 在建工程(1604) | 报废 | 固定资产清理(1606) |

3. 固定资产原始卡片(表 7-5)

**表 7-5 固定资产原始卡片**

| 固定资产名称 | 类别编号 | 所在部门 | 增加方式 | 使用期限(月) | 开始使用日期 | 原值 | 累计折旧 |
| --- | --- | --- | --- | --- | --- | --- | --- |
| 1 号楼 | 011 | 总经理办公室 | 在建工程转入 | 360 | 2021-8-1 | 1532065 | 100095 |
| 2 号楼 | 012 | 一车间 | 直接购入 | 360 | 2021-8-10 | 2250000 | 147000 |
| 流水线 | 031 | 二车间 | 直接购入 | 120 | 2021-8-1 | 150000 | 29400 |
| 货车 | 021 | 销售一部 | 直接购入 | 96 | 2021-8-1 | 250000 | 61250 |
| 轿车 | 022 | 采购部 | 直接购入 | 96 | 2022-8-1 | 1250000 | 153125 |
| 多功能一体机 | 032 | 财务部 | 直接购入 | 60 | 2022-8-1 | 100000 | 19600 |
| 合计 | | | | | | 5532065 | 510470 |

注:使用状况均为在用。

五、实验要求

1. 以系统管理员 admin 登录系统管理。

2. 以账套主管“001 蒋飞”登录企业应用平台,登录时间为“2023-09-01”,启用固定资产系统,启用日期为“2023-09-01”。

六、实验指导

1. 建立固定资产账套

(1)企业应用平台的“业务工作”对话框中,执行“财务会计”—“固定资产”命令,系统弹出提示“这是第一次打开此账套,还未进行过初始化,是否进行初始化?”,单击“是”按钮,打开“初始化账套向导”对话框。

(2)“初始化账套向导”—“约定及说明”对话框中,仔细阅读相关条款,选中“我同意”单选按钮。

(3)单击“下一步”按钮,打开“初始化账套向导”—“启用月份”对话框,确认账套启用月份为“2023-09”。

(4)单击“下一步”按钮,打开“初始化账套向导”—“折旧信息”对话框,如图 7-1 所示。选中“本账套计提折旧”复选框,选择主要折旧方法为“年数总和法”,折旧汇总分配周期为“1 个月”,选中“当(月初已计提月份=可使用月份-1)时将剩余折旧全部提足(工作量法除外)”复选框。

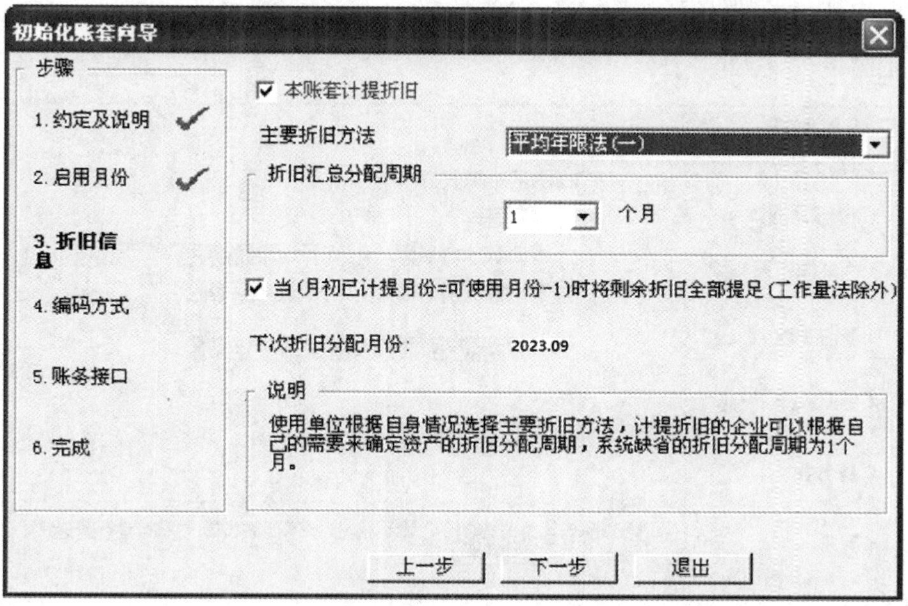


图7-1 初始化账套向导—折旧信息

(5)单击“下一步”按钮，打开“初始化账套向导”—“编码方式”对话框。确定资产类别编码长度为“2112”，选中“自动编码”按钮，选择固定资产编码方式为“类别编码＋部门编号＋序号”，选择序号长度为“3”，如图7-2所示。

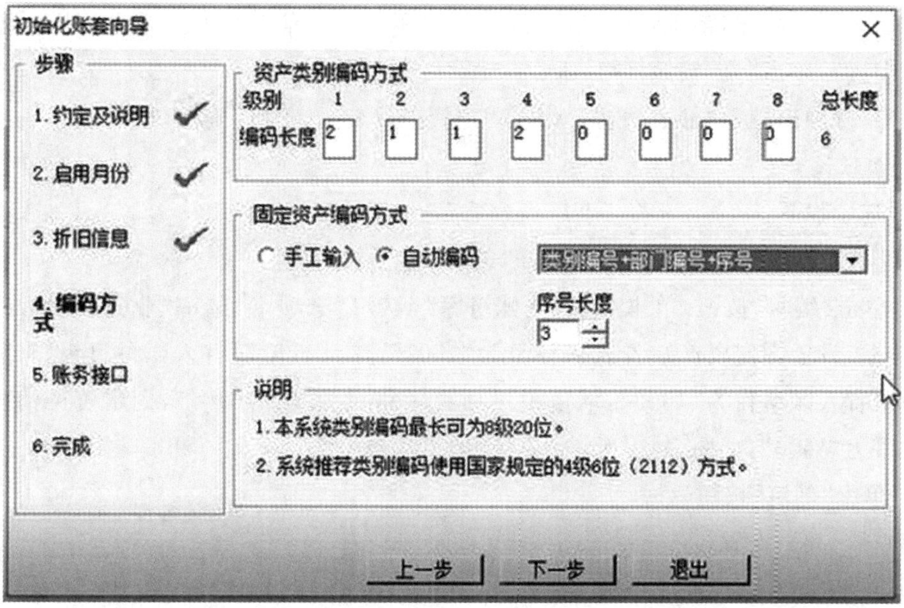


图7-2 初始化账套向导—编码方式

(6)单击“下一步”按钮，打开“初始化账套向导”—“账务接口”对话框。选中“与账务系统进行对账"复选框，选择固定资产对账科目为"1601"，累计折旧对账科目为"1602"，选中"在对账不平情况下允许固定资产月末结账"复选框，如图 7－3 所示。

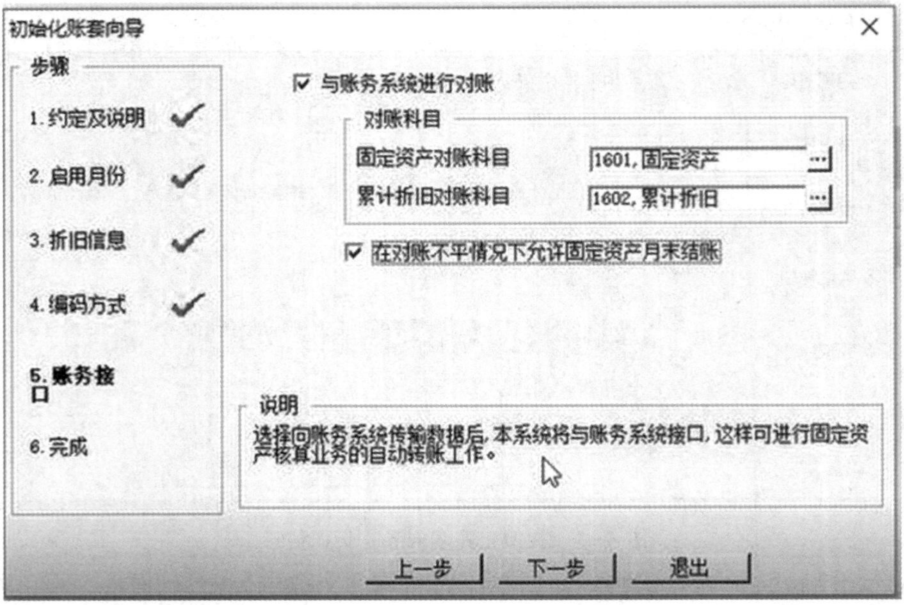


图 7－3　初始化账套向导—账务接口

（7）单击"下一步"按钮，打开"初始化账套向导"—"完成"对话框。单击"完成"按钮，完成本账套的初始化，系统弹出提示"是否确定所设置的信息完全正确并保存对新账套的所有设置"，单击"是"按钮即可。

（8）系统弹出提示"已成功初始化本固定资产账套！"，单击"确定"按钮。

2. 初始设置

（1）选项设置

① 执行"设置"—"选项"命令，打开"选项"对话框。

② 单击"编辑"按钮，单击打开"与账务系统接口"选项卡，选中"业务发生后立即制单"复选框，设置固定资产缺省入账科目为"1601"，累计折旧缺省入账科目为"1602"，减值准备缺省入账科目为"1603"，增值税进项税额科目为"22210101"，固定资产清理缺省入账科目为"1606"，如图 7－4 所示。

③ 单击"确定"按钮返回。

（2）资产类别设置

① 执行"设置"—"资产类别"命令，进入"资产类别"窗口。

② 单击"增加"按钮，输入类别名称为"厂房及建筑物"，选择卡片样式为"通用样式（二）"，单击"保存"按钮。

③ 继续增加"运输设备"和"机器设备"两个一级类别。

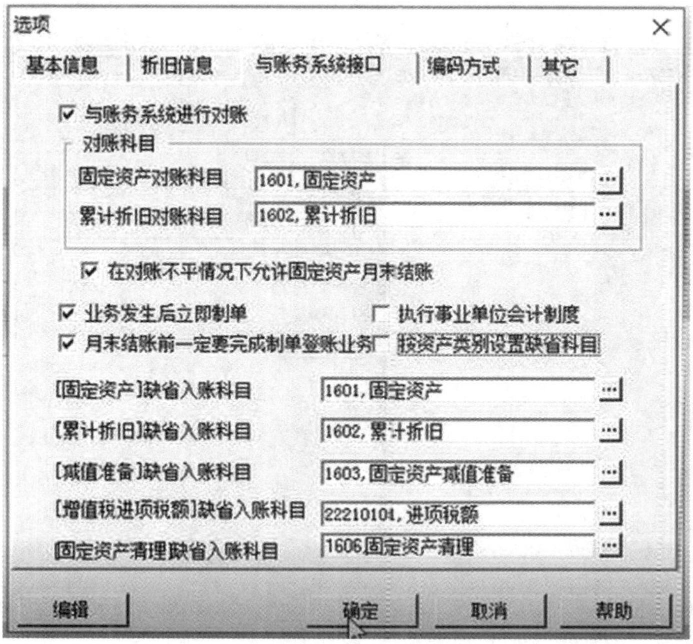


图7-4 选项设置

④ 单击“放弃”按钮，系统提示“是否取消本次操作”，单击“是”按钮，返回“资产类别”窗口。

⑤ 单击选中“固定资产分类编码表”中的“01 厂房及建筑物”分类，再单击“增加”按钮，增加“办公楼”。

⑥ 单击“保存”按钮，以此方法继续录入其他的固定资产分类。

(3)设置部门对应折旧科目

① 执行“设置”—“部门对应折旧科目”命令，进入“部门对应折旧科目”—“列表视图”窗口。

② 从左侧的部门编码目录中，选择“综合部”，单击“修改”按钮，打开“单张视图”窗口(也可以直接选中部门编码目录中的“综合部”，单击打开“单张视图”选项卡，再单击“修改”按钮)。

③ “折旧科目”栏录入或选择“660206”。

④ 单击“保存”按钮，弹出“是否将[综合部]部门的所有下级部门的折旧科目替换为[折旧费]?”对话框，单击“是”按钮。

(4)设置固定资产的增减方式及对应入账科目

① 执行“设置”—“增减方式”命令，打开“增减方式”窗口。

② 在左侧的“增加方式”目录中，选择“直接购入”，再单击“修改”按钮，打开“增减方式”—“单张视图”窗口，在“对应入账科目”栏录入“100201”，如图7-5所示。

③ 单击“保存”按钮。以此方法继续设置其他增减方式对应的入账科目。

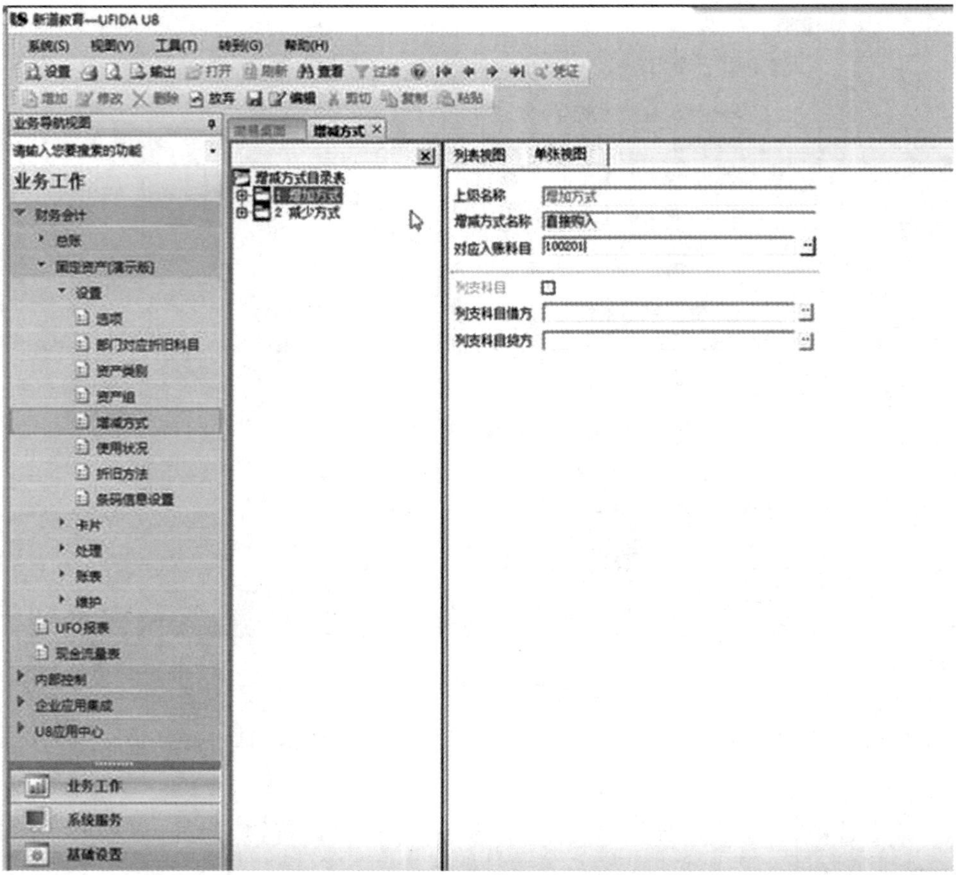


图 7－5　增减方式设置

3. 录入固定资产原始卡片

(1)执行“卡片”—“录入原始卡片”命令，打开“固定资产类别档案”对话框。

(2)选择“011 办公楼”前的复选框，如图 7－6 所示，单击“确定”按钮或按“Enter”键后进入“固定资产卡片[录入原始卡片:00001 号卡片]”窗口。

(3)“固定资产名称”栏录入“1 号楼”，单击“部门名称”栏，再单击“部门名称”按钮，打开“固定资产”—“本资产部门使用方式”对话框。默认“单部门使用”，单击“确定”按钮，进入“部门参照”窗口。选择“总经理办公室”，单击“确定”按钮。

(4)单击“增加方式”栏，再单击“增加方式”按钮，打开“固定资产增减方式”对话框，选择“105 在建工程转入”，单击“确定”按钮。

(5)单击“使用状况”栏，再单击“使用状况”按钮，打开“使用状况参照”对话框。默认“在用”，单击“确定”按钮。

(6)在“开始使用日期”栏录入“2021－08－01”，在“原值”栏录入“1532065”，在“累计折旧”栏录入“100095”，如图 7－7 所示。

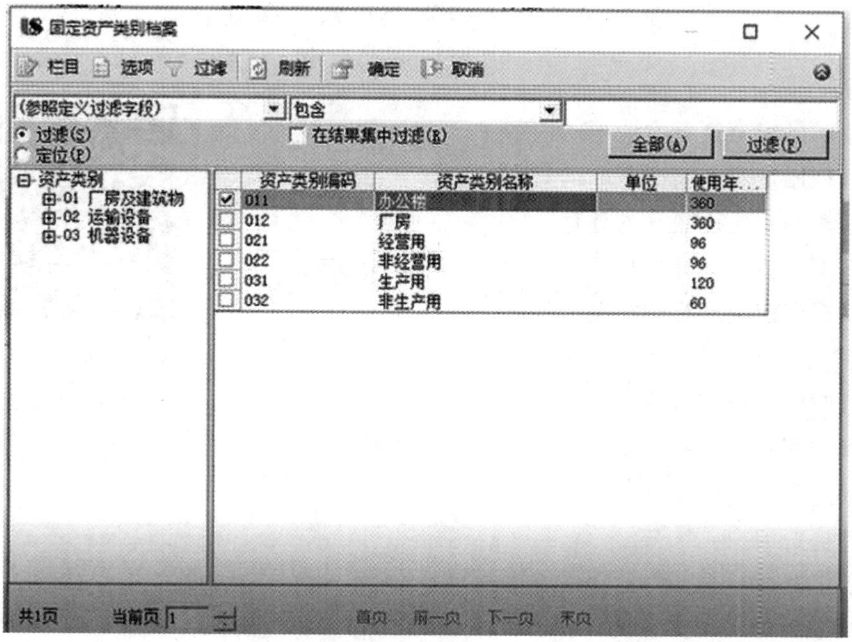


图7-6 固定资产类别选择

## 固定资产卡片

| | | | | | |
|---|---|---|---|---|---|
| 卡片编号 | 00001 | | | 日期 | 2023-09-01 |
| 固定资产编号 | 011101001 | 固定资产名称 | 1号楼 | | |
| 类别编号 | 011 | 类别名称 | 办公楼 | 资产组名称 | |
| 规格型号 | | 使用部门 | 总经理办公室 | | |
| 增加方式 | 在建工程转入 | 存放地点 | | | |
| 使用状况 | 在用 | 使用年限(月) | 360 | 折旧方法 | 平均年限法(一) |
| 开始使用日期 | 2021-08-01 | 已计提月份 | 24 | 币种 | 人民币 |
| 原值 | 1532065.00 | 净残值率 | 2% | 净残值 | 30641.30 |
| 累计折旧 | 100095.00 | 月折旧率 | 0.0027 | 本月计提折旧额 | 4136.58 |
| 净值 | 1431970.00 | 对应折旧科目 | 660206,折旧费 | 项目 | |
| 录入人 | 蒋飞 | | | 录入日期 | 2023-09-01 |

图7-7 录入固定资产原始卡片

(7)单击“保存”按钮，系统提示“数据保存成功!”。

(8)单击“确定”按钮。以此方法继续录入其他的固定资产卡片。

4. 将录入的固定资产原始卡片的金额与总账的期初数据进行对账

执行“处理”—“对账”命令，显示对账结果平衡，如果对账结果不平衡，则检查录入的固定资产原始卡片的项目是否有误。

5. 账套备份(略)

全部完成后，将账套输出至“实验十二 固定资产系统初始化”文件夹中。

## 实验十三　固定资产日常业务处理

一、实验目的

1. 了解固定资产日常业务的内容。

2. 掌握固定资产增减业务的处理。

3. 掌握固定资产变动的处理。

4. 掌握固定资产计提折旧的处理。

5. 掌握固定资产月末结账的处理。

实验十三　固定资产
日常业务处理

二、实验内容

1. 修改固定资产卡片。

2. 增加固定资产并生成凭证。

3. 固定资产原值变动。

4. 计提折旧。

5. 固定资产减少。

6. 批量制单。

7. 输出账套。

三、实验准备

引入"实验十二　固定资产系统初始化"账套数据。

四、实验资料

2023 年 9 月发生以下业务。

1. 修改固定资产卡片

2023 年 9 月 19 日，将卡片编号为"00003"的"流水线"的使用状况由"在用"修改为"大修理停用"。

2. 新增固定资产

2023 年 9 月 20 日，采购部购买投影仪一台，取得增值税专用发票价款为 50000 元，增值税 6500 元，款项已付。预计使用年限 5 年，净残值率为 2%，采用"平均年限法(一)"计提折旧，当日已投入使用。

3. 固定资产原值变动暂不生成凭证

2023 年 9 月 21 日，为采购部的轿车添置新配件 15000 元，用工行转账支票支付，票号 8028。

4. 计提折旧

2023 年 9 月 25 日，计提本月折旧，并生成凭证。

5. 减少固定资产

2023 年 9 月 25 日，财务部的多功能一体机做报废处理。

6. 进行批量制单

2023 年 9 月 25 日，对 9 月份固定资产业务进行批量制单处理。

五、实验要求

1. 以系统管理员 admin 登录系统管理。

2. 以账套主管“001 蒋飞”登录企业应用平台，进行固定资产日常业务处理，业务处理时间为 2023－09－19 至 2023－09－25。

六、实验指导

1. 修改固定资产卡片

(1)执行“卡片”—“卡片管理”命令，打开“查询条件选择”对话框，修改“开始使用日期”，不设定开始使用日期，单击“确定”按钮，进入“卡片管理”窗口，如图 7－8 所示。

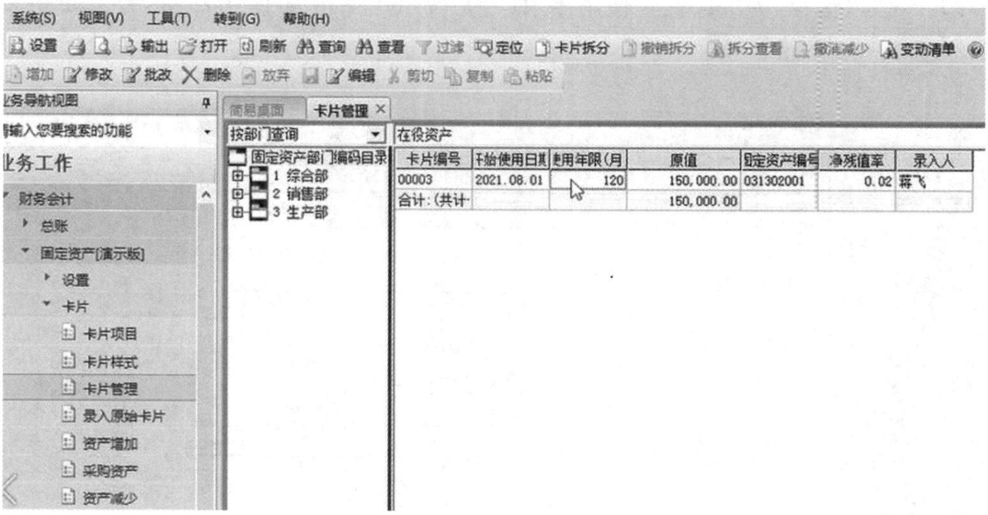

图 7－8　待修改卡片查询

(2)选中“00003”所在行，再单击“修改”按钮，进入“固定资产卡片”窗口。

(3)单击“使用状况”栏，再单击“使用状况”按钮，打开“使用状况参照”对话框，选择“1004 大修理停用”，单击“确定”按钮，如图 7－9 所示。

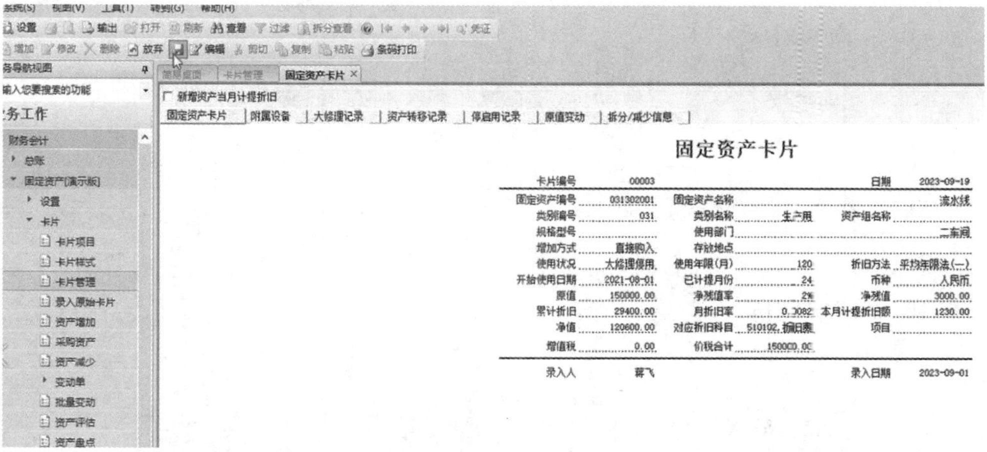

图 7－9　修改固定资产卡片

(4)单击“保存”按钮，系统提示“数据成功保存!”。

(5)单击“确定”按钮，返回“固定资产卡片”窗口。

(6)单击“退出”按钮，返回“卡片管理”窗口。

2. 增加固定资产

(1)执行“卡片”—“资产增加”命令，打开“资产类别参照”对话框。

(2)单击“032 非生产用”，进入“固定资产卡片”窗口。

(3)在“固定资产名称”栏中录入“投影仪”，选择“使用部门”为“采购部”，“增加方式”为“直接购入”，“使用状况”为“在用”，选择“折旧方法”为“平均年限法(一)”，输入“原值”为“50000”，“增值税”为“6500”，“使用年限(月)”为“60”，“开始使用日期”为“2023－09－20”，如图 7－10 所示。

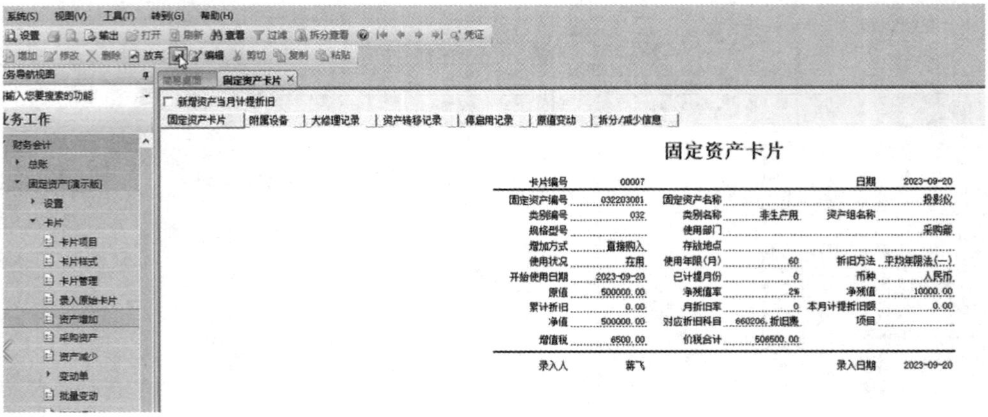


图 7－10 新增固定资产卡片

(4)单击“保存”按钮，进入“填制凭证”窗口。

(5)选择凭证类型为“付款凭证”，修改制单日期、附件数，单击“保存”按钮，弹出“现金流量录入修改”对话框，项目编码选择“04”，再单击“确定”按钮，如图 7－11 所示。

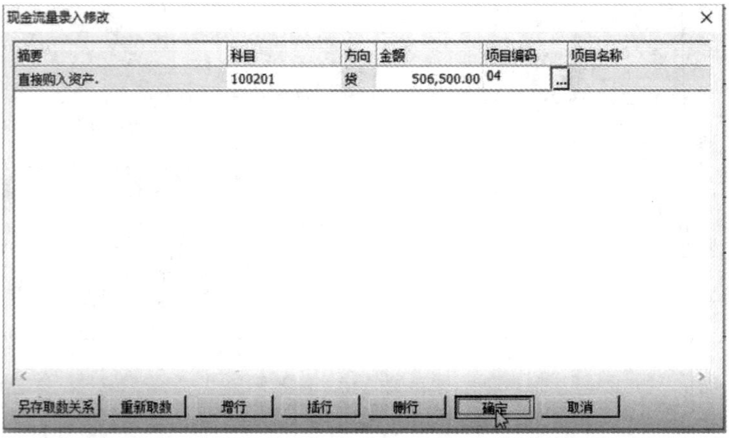


图 7－11 现金流量项目选择

(6)再次单击“保存”按钮，生成如图 7－12 所示的凭证。

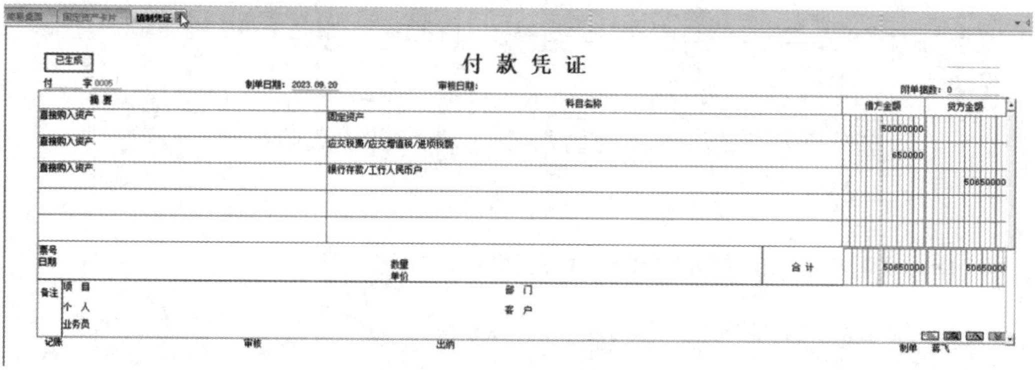
已生成

付款凭证

付　字 0005　制单日期：2023.09.20　审核日期：　附单据数：0

| 摘要 | 科目名称 | 借方金额 | 贷方金额 |
| --- | --- | --- | --- |
| 直接购入资产 | 固定资产 | 50000000 | |
| 直接购入资产 | 应交税费/应交增值税/进项税额 | 650000 | |
| 直接购入资产 | 银行存款/工行人民币户 | | 50650000 |
| | | | |
| | | | |
| 票号<br>日期 | 数量<br>单价　合计 | 50650000 | 50650000 |

备注　项目　部门　个人　客户　业务员

记账　审核　出纳　制单　蒋飞

图 7－12　生成付款凭证

3. 固定资产原值变动

(1)在固定资产系统中，执行“卡片”—“变动单”—“原值增加”命令，进入“固定资产变动单”窗口。

(2)输入“卡片编码”为“00005”，“增加金额”为“15000”，“变动原因”为“增加配件”，如图 7－13 所示。

(3)单击“保存”按钮，进入“填制凭证”窗口。单击“关闭”按钮，暂不生成凭证。

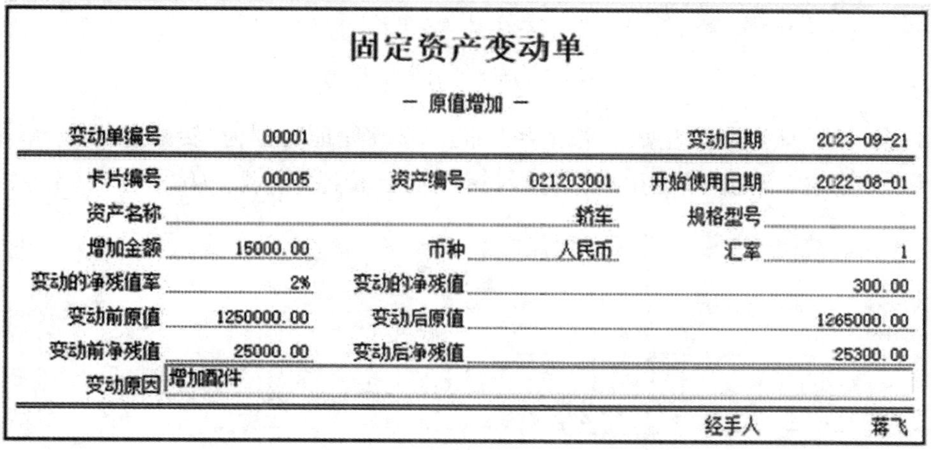
固定资产变动单

－ 原值增加 －

变动单编号　00001　变动日期　2023-09-21

卡片编号　00005　资产编号　021203001　开始使用日期　2022-08-01

资产名称　轿车　规格型号

增加金额　15000.00　币种　人民币　汇率　1

变动的净残值率　2%　变动的净残值　300.00

变动前原值　1250000.00　变动后原值　1265000.00

变动前净残值　25000.00　变动后净残值　25300.00

变动原因　增加配件

经手人　蒋飞

图 7－13　固定资产变动单

4. 计提固定资产折旧

(1)执行“处理”—“计提本月折旧”命令，系统弹出“是否要查看折旧清单?”信息提示框。

(2)单击“是”按钮，系统提示“本操作将计提本月折旧，并花费一定时间，是否继续?”。单击“是”按钮，打开“折旧清单”窗口，如图 7－14 所示。

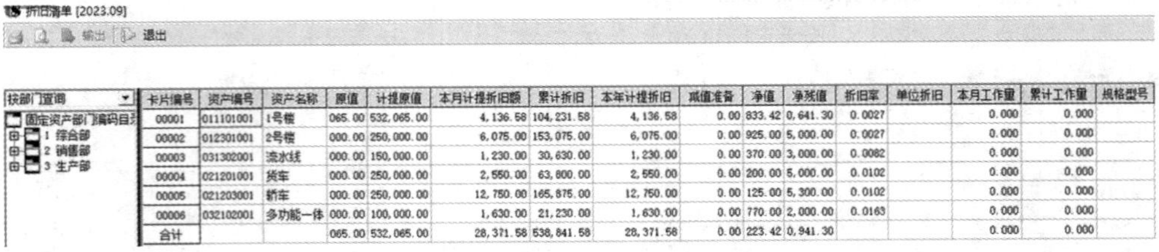


| 卡片编号 | 资产编号 | 资产名称 | 原值 | 计提原值 | 本月计提折旧额 | 累计折旧 | 本年计提折旧 | 减值准备 | 净值 | 净残值 | 折旧率 | 单位折旧 | 本月工作量 | 累计工作量 | 规格型号 |
|---|---|---|---|---|---|---|---|---|---|---|---|---|---|---|---|
| 00001 | 011101001 | 1号楼 | 065.00 | 532,065.00 | 4,136.58 | 104,231.58 | 4,136.58 | 0.00 | 833.42 | 0,641.30 | 0.0027 | | 0.000 | 0.000 | |
| 00002 | 012301001 | 2号楼 | 000.00 | 250,000.00 | 6,075.00 | 153,075.00 | 6,075.00 | 0.00 | 925.00 | 5,000.00 | 0.0027 | | 0.000 | 0.000 | |
| 00003 | 031302001 | 流水线 | 000.00 | 150,000.00 | 1,230.00 | 30,630.00 | 1,230.00 | 0.00 | 370.00 | 3,000.00 | 0.0082 | | 0.000 | 0.000 | |
| 00004 | 021201001 | 货车 | 000.00 | 250,000.00 | 2,550.00 | 63,800.00 | 2,550.00 | 0.00 | 200.00 | 5,000.00 | 0.0102 | | 0.000 | 0.000 | |
| 00005 | 021203001 | 轿车 | 000.00 | 250,000.00 | 12,750.00 | 165,875.00 | 12,750.00 | 0.00 | 125.00 | 5,300.00 | 0.0102 | | 0.000 | 0.000 | |
| 00006 | 032102001 | 多功能一体 | 000.00 | 100,000.00 | 1,630.00 | 21,230.00 | 1,630.00 | 0.00 | 770.00 | 2,000.00 | 0.0163 | | 0.000 | 0.000 | |
| 合计 | | | 065.00 | 532,065.00 | 28,371.58 | 538,841.58 | 28,371.58 | 0.00 | 223.42 | 0,941.30 | | | 0.000 | 0.000 | |

图 7-14　折旧清单

(3)单击“退出”按钮，打开“折旧分配表”窗口，如图 7-15 所示。

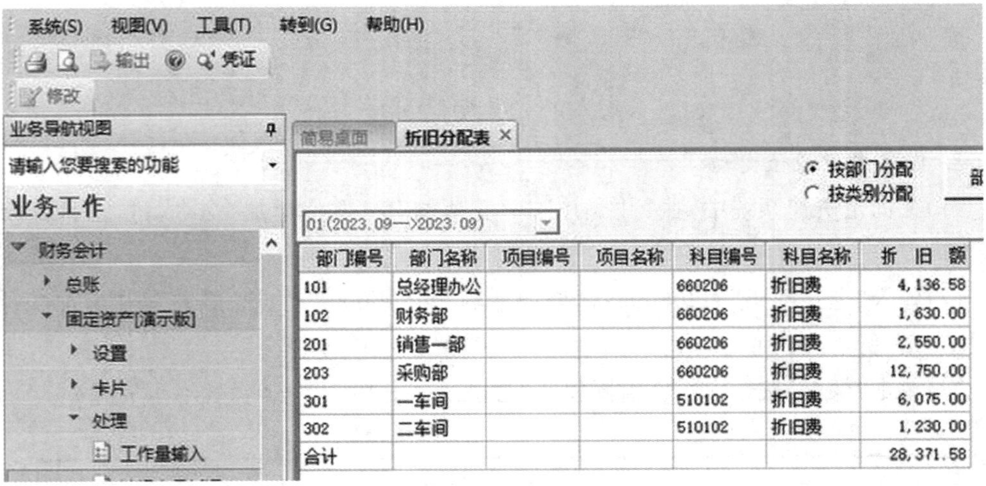


| 部门编号 | 部门名称 | 项目编号 | 项目名称 | 科目编号 | 科目名称 | 折　旧　额 |
|---|---|---|---|---|---|---|
| 101 | 总经理办公 | | | 660206 | 折旧费 | 4,136.58 |
| 102 | 财务部 | | | 660206 | 折旧费 | 1,630.00 |
| 201 | 销售一部 | | | 660206 | 折旧费 | 2,550.00 |
| 203 | 采购部 | | | 660206 | 折旧费 | 12,750.00 |
| 301 | 一车间 | | | 510102 | 折旧费 | 6,075.00 |
| 302 | 二车间 | | | 510102 | 折旧费 | 1,230.00 |
| 合计 | | | | | | 28,371.58 |

图 7-15　折旧分配表

(4)单击“凭证”按钮，生成一张记账凭证。修改凭证类别为“转账凭证”。单击“保存”按钮，凭证左上角出现“已生成”字样，表示凭证已传递到总账，如图 7-16 所示。

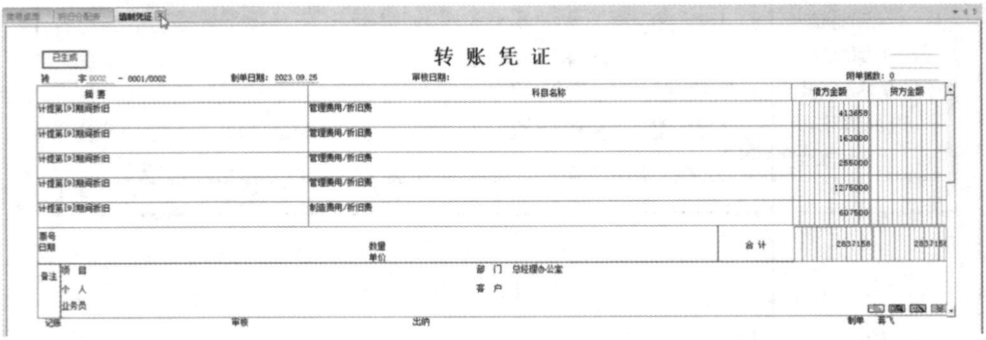


| 摘要 | 科目名称 | 借方金额 | 贷方金额 |
|---|---|---|---|
| 计提第[9]期间折旧 | 管理费用/折旧费 | 413658 | |
| 计提第[9]期间折旧 | 管理费用/折旧费 | 163000 | |
| 计提第[9]期间折旧 | 管理费用/折旧费 | 255000 | |
| 计提第[9]期间折旧 | 管理费用/折旧费 | 1275000 | |
| 计提第[9]期间折旧 | 制造费用/折旧费 | 607500 | |
| 合计 | | 2837158 | 2837158 |

图 7-16　生成转账凭证

5. 减少固定资产

(1)执行“卡片”—“资产减少”命令，打开“资产减少”对话框。

(2)在“卡片编码”栏录入“00006”，或单击“卡片编码”栏对照按钮，选择“00006”。

(3)单击“增加”按钮,双击“减少方式”栏,再单击“减少方式”栏参照按钮,选择“报废”,如图7-17所示。

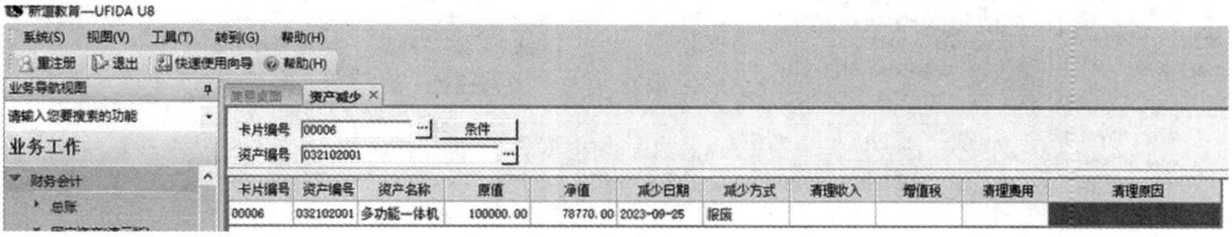

图7-17 资产减少

(4)单击“确定”按钮,系统弹出“所选卡片已经减少成功”信息提示框。单击“确定”按钮,进入“填制凭证”窗口。

(5)选择“转账凭证”,修改其他项目,单击“保存”按钮,如图7-18所示。

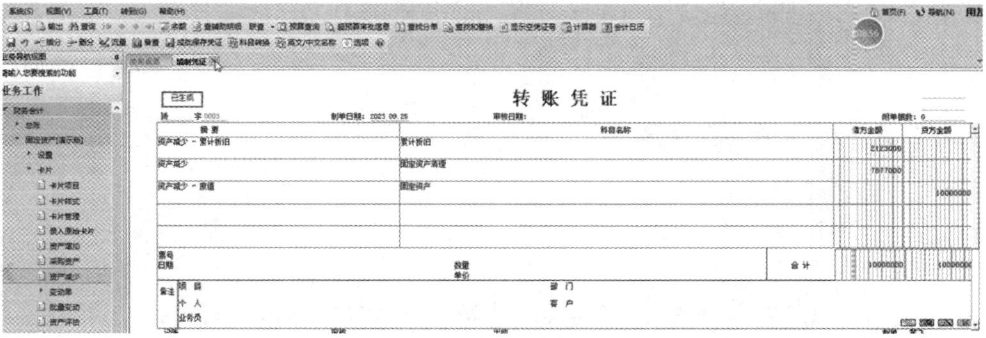

图7-18 生成转账凭证

6. 批量制单

(1)在固定资产系统中,执行“处理”—“批量制单”命令,打开“查询条件选择”对话框,单击“确定”按钮,进入“批量制单”窗口。

(2)单击“全选”按钮,或双击“选择”栏,选中要制单的业务,如图7-19所示。

(3)单击打开“制单设置”选项卡,进行制单设置,如图7-20所示。

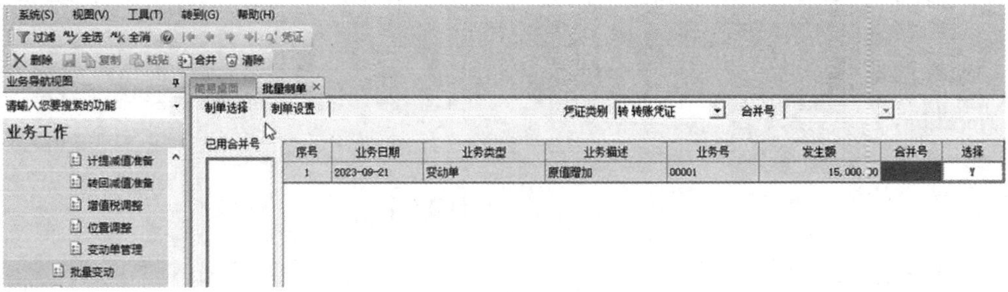

图7-19 批量制单—制单选择

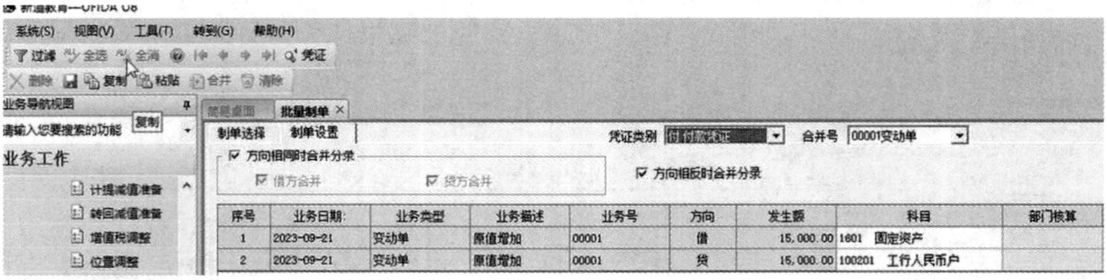


图 7-20 批量制单—制单设置

(4)单击“凭证”按钮，修改凭证类别为“付款凭证”，单击“保存”按钮，弹出如图 7-21 所示的“现金流量录入修改”对话框，项目编码选择“04”，单击“确定”按钮。

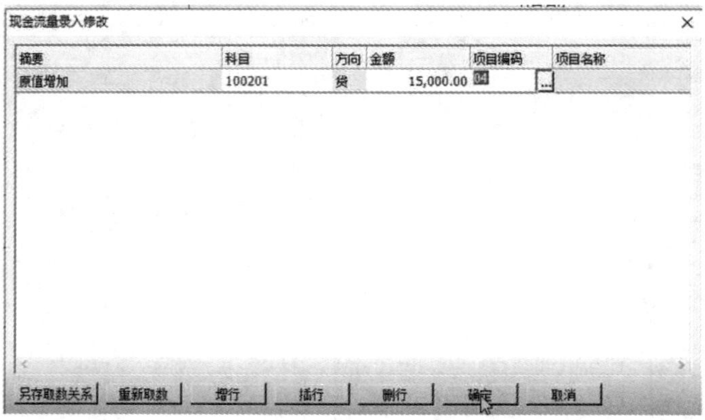


图 7-21 现金流量项目选择

(5)单击“保存”按钮，付款凭证保存成功，如图 7-22 所示。

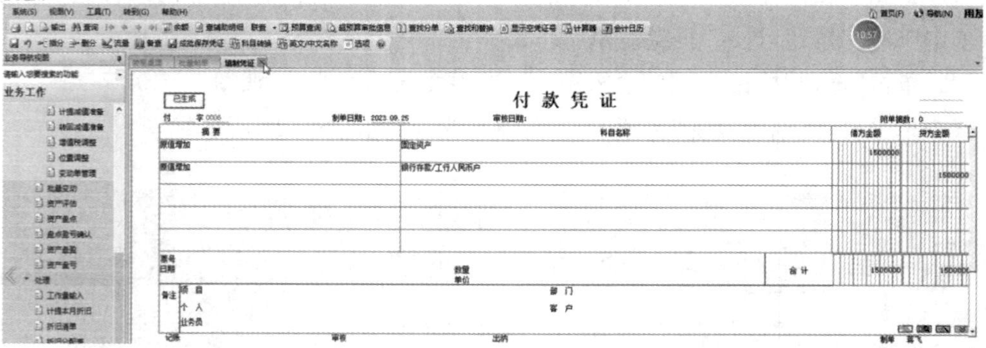


图 7-22 生成付款凭证

7. 月末结账

(1)在固定资产系统中，执行“处理”—“月末结账”命令，打开“月末结账”对话框。

(2)单击“开始结账”按钮，出现“与总账对账结果”对话框。

(3)单击“确定”按钮,出现系统提示,再单击“确定”按钮。

8. 账套备份(略)

全部完成后,将账套输出至“实验十三　固定资产日常业务处理”文件夹中。

## 章节练习

一、选择题

1. 在固定资产子系统中,若须一次性完成对所有待制单业务的制单处理,可采用(　　)。

A. 在系统设置的“选项”中,选取“业务发生后立即制单”

B. 在业务发生后单击“制单”按钮

C. 在系统菜单中单击“处理”—“批量制单”

D. 在系统菜单中单击“处理”—“月末结账”,系统自动制单

2. 下列(　　)固定资产的卡片能通过“资产增加”功能录入系统。

A. 开始使用日期为 2023-01-10,启用账套为 2023-02-10

B. 开始使用日期为 2023-01-10,启用账套为 2023-02-10

C. 开始使用日期为 2023-01-10,启用账套为 2023-01-22

D. 开始使用日期为 2023-01-10,启用账套为 2023-02-10

3. 由于误操作,本月月末前固定资产子系统已经计提了折旧,且折旧凭证已经传递到总账系统。要重新计提本月折旧,下列(　　)操作步骤是正确的。

A. 单击“处理—查询凭证”选择该凭证—“删除”—“处理|计提本月折旧”

B. 单击“处理—查询凭证”选择该凭证—“冲销”—“处理|计提本月折旧”

C. 双击“处理—计提本月折旧”

D. 单击“处理—计提本月折旧”

4. 在固定资产系统产生的凭证,(　　)。

A. 在总账系统修改、删除　　B. 在固定资产系统审核、记账

C. 在固定资产系统修改、删除　　D. 在总账系统审核、记账

5. 在系统基础设置的“部门及对应折旧科目”中,需填制的科目是(　　)。

A. 资产类　　B. 负债类　　C. 成本费用类　　D. 所有者权益类

二、判断题

1. 对于固定资产系统传递到总账中的凭证,如果审核时发现该凭证错误,可在总账中直接修改。(　　)

2. 在用友 ERP 固定资产管理系统中,已经在总账中记账的凭证,不能通过固定资产的“处理”—“凭证查询”功能删除。(　　)

3. 固定资产折旧方法一经确定,不得随意变更。(　　)

4. 企业将一台在用电脑转为无须用,在填写变动单的同时,应修改相应的固定资产

卡片。 (  )

5. 已经制单的固定资产卡片不能被直接删除。 (  )

三、简答题

1. 如何启用固定资产模块?

2. 如何设置企业各个部门固定资产的折旧科目?

3. 为什么要录入固定资产原始卡片?

4. 如何将固定资产卡片信息由“已减少资产”转移至“在役资产”?

5. 计提折旧与减少固定资产这两项业务应该先处理哪一项? 为什么?

6. 本月新增的固定资产是否影响本月折旧总金额? 为什么?

# 第8章 薪资管理

## 8.1 薪资管理系统概述

薪资管理系统可以根据员工的工资数据，计算出该员工的应发、实发工资，编制相关单据。在该系统中可以计算出个人所得税，也可以对工资发放表和个人工资数据进行查询、打印，对工资费用进行分配与计提、自动转账处理。该系统的基本功能包括工资类别管理、人员档案管理、薪资数据管理、薪资报表管理等。

工资类别管理：该系统可以处理多个工资类别。如果企业一个月或一个星期有多次发放工资，或者是企业中有超过两种类别以上的人员，这个时候，就要选择多个工资类别。

人员档案管理：当人员的基础信息变动、人事变动时，该系统可以进行相应的调整。该系统还可以对人员附加信息进行设置。

薪资数据管理：该系统可以设计工资项目、工资的计算公式，对工资数据进行管理，自动算出个人所得税，向银行传输工资数据，对工资数据进行汇算、分摊、计提、转账等。

薪资报表管理，在该系统中可以对工资数据进行查询。

## 8.2 薪资管理系统初始化

### 8.2.1 建立工资账套

工资账套不仅是属于薪资管理中的子系统，也是企业核算账套构成的有机体。在建立工资账套之前，首先要在系统管理中建立该企业的账套。在建立工资账套时有四个步骤：第一步进行参数设置，第二部进行扣税设置，第三步进行扣零设置，第四步进行人员编码设置。

1. 参数设置

在参数设置中，主要是有两个工作：一是选择工资类别个数，二是选择货币币种。如果企业一个月或一个星期有多次发放工资，或者是企业中有超过两种类别以上的人员，这个时候，就要选择多个工资类别；反之，则选择“单个”工资类别。在系统人民币是默认的币种，但是也可以选择人民币之外的其他币种。

2. 扣税设置

薪资管理系统具有代扣个人所得税选项设置选项。如果操作员选择了代扣个人所得税设置,系统将自动生成"代扣税"项目,然后自行计算代扣税金的金额。

3. 扣零设置

在每次发放工资时,如果有零头,薪资系统则可以自动扣下,待下次发工资时再补上,凑整。

4. 人员编码设置

该系统可以根据员工的人数来设置人员的编码位数。

### 8.2.2 基础信息设置

工资账套建好之后,要对该系统的一些基础信息进行设置。基础信息设置分为与工资账套有关的基础信息和与工资类别相关的信息两类。

1. 与工资账套相关的基础信息

(1)部门设置。这个设置已在企业应用平台中设置了,其他系统也可使用。

(2)人员类别设置。不同的人员,他们的工资要计入不同的账户中。例如:"生产成本"主要是核算生产人员的工资,"制造费用"用来核算车间管理人员的工资,计入"管理费用"用来核算管理人员工资等。

(3)人员附加信息设置。

(4)工资项目设置。工资项目设置包括应发合计、扣款合计、实发合计、基本工资、奖励工资、请假天数等。

(5)银行名称设置。对代发工资的企业的银行应进行名称的设置。发放工资的银行可按需要设置多个名称。

2. 与工资类别相关的基础信息

(1)工资类别管理。它包括对工资类别进行建立、打开、关闭、删除等操作。

(2)建立人员档案。每个职工都可以归属于相应的工资类别中。在该系统中可以对这些职工建立档案,并且对这些档案进行删除、修改、增加、调离、查找等处理。

(3)设置工资项目和计算公式。如果工资类别、工资发放项目、计算公式不同,则用户需要结合具体情况,对这些具体的工资类别,选择合适的工资项目,并对工资项目之间的计算关系进行定义。选择本工资类别的工资项目是指从账套中已有的工资项目中进行选择。设置计算公式,主要是指定义项目的计算公式及项目之间的运算关系。对于系统中已经自带的工资项目,系统会自动带出。对于没有的计算公式,人们可以进行增加、修改或删除。

(4)设置个人所得税税率。薪资系统中自带个人所得税税率表,如果该税率表与现实情况不相符合,用户可以结合自身情况进行修改和调整。

(5)录入职工基本工资数据。系统对于一些稳定的数据,用户可以在开始时一次性录入,而对于每月经常变动的数据,用户则需每次进行录入和编辑。

# 8.3　薪资管理系统日常业务处理

## 8.3.1　工资变动数据录入

在录入工资数据时，薪资系统里面提供了如下操作，来实现此功能。

1. 筛选和定位

过滤的方法主要用于对部分人员的工资数据而非对全部人员的工资数据进行修改，此时先用过滤的方法，选择出需要修改的对象，等修改完毕后，然后单击“重新计算”和“汇总”按钮。

2. 编辑

如果要对选定的个人进行快速录入，则可以单击“编辑”按钮，进行录入或修改。

3. 替换

替换功能主要是用于：如所有人员的某些数据全部替换成某个数据；又如将所有业务员的工资上调5000元。

4. 过滤器

过滤器主要是用于根据需要，将需要修改的目标选择出来，然后对过滤出来的数据进行修改。例如仅仅是对事假天数、请假天数两个工资项目的数据进行修改，则可以使用此过滤器。

## 8.3.2　工资计算及分摊

1. 工资计算

用户先在薪资统中预先设置好计算公式，然后系统就会自动计算出职工的应发合计、扣款合计、实发合计、代扣的个人所得税。同时，用户可以查看个人所得税申报表。

2. 银行代发

银行代发是指企业员工的工资由银行直接划入职工账户，薪资管理系统可以实现此功能。

3. 工资分摊

工资分摊主要是指企业在每月计算工资费用总额、分配工资费用以及对职工教育经费、工会等经费的计提，根据这些业务，编制转账会计凭证，传递到总账，用于登账处理使用。

## 8.3.3　工资数据查询统计

工资系统里面提供了工资表、工资分析表、工资类别汇总表等表格。这些表格的格式是工资系统自动提供的，用户可以进行修改或新建表格。

1. 工资表

工资表主要用于发放工资和统计工资，可以对工资表进行修改和重建。常见的工资表有：工资发放签名表、工资发放条、工资卡等。

2. 工资分析表

若要对工资数据进行分析和比较，则可以使用工资分析表，分析出来的信息供决策人员使用。

3. 工资类别汇总

完成各工资类别日常业务处理后，汇总工资类别，再进行统一工资核算。

## 8.4 月末处理

月末处理是在会计年度的1—11月进行，由主管人员以主管的身份进入系统，对当月数据进行处理，然后结转至下月。在对每月工资处理时，需要将项目清零。若为处理多个工资类别，则应分别进行月末结转。

### 实验十四 薪资管理初始化

一、实验目的

1. 了解薪资管理中初始化的内容。
2. 了解薪资账套中参数的含义。
3. 理解工资类别的含义。
4. 掌握薪资管理基础信息设置的方法。

实验十四 薪资管理初始化

二、实验内容

1. 建立工资账套。
2. 设置基础信息。
3. 建立工资类别。
4. 设置不同工资类别下的工资项目。
5. 输入工资数据。
6. 输出账套。

三、实验准备

引入"实验十三 固定资产日常业务处理"账套数据。

四、实验资料

1. 建立工资账套

工资类别为"多个"，工资核算本位币为"人民币"，核算计件工资。自动代扣个人所得税，不进行扣零设置。

2. 工资账套基础信息设置

(1)人员附加信息

增加人员附加信息："性别""学历"。

(2)工资项目(表8-1)

表8-1 工资项目

| 工资项目名称 | 类型 | 长度 | 小数 | 增减项 |
|---|---|---|---|---|
| 基本工资 | 数字 | 8 | 2 | 增项 |
| 岗位工资 | 数字 | 8 | 2 | 增项 |
| 职务补贴 | 数字 | 8 | 2 | 增项 |
| 交补 | 数字 | 8 | 2 | 增项 |
| 话费补贴 | 数字 | 8 | 2 | 增项 |
| 奖金 | 数字 | 8 | 2 | 增项 |
| 缺勤扣款 | 数字 | 8 | 2 | 减项 |
| 住房公积金 | 数字 | 8 | 2 | 减项 |
| 计税工资 | 数字 | 8 | 2 | 其他 |
| 缺勤天数 | 数字 | 8 | 2 | 其他 |

(3)银行名称

银行编码:01001。银行名称:中国工商银行路口支行。

3. 在职人员工资类别资料

(1)新建"在职人员"工资类别部门选择"所有部门"。

(2)人员档案(表8-2)

表8-2 人员档案

| 人员编号 | 人员姓名 | 性别 | 学历 | 所属部门 | 人员类别 | 银行代发账号 |
|---|---|---|---|---|---|---|
| 101 | 李勤 | 男 | 本科 | 总经理办公室 | 企业管理人员 | 11122233301 |
| 201 | 蒋飞 | 男 | 硕士研究生 | 财务部(2) | 企业管理人员 | 11122233302 |
| 202 | 刘勇 | 男 | 本科 | 财务部(2) | 企业管理人员 | 11122233303 |
| 203 | 崔静 | 女 | 本科 | 财务部(2) | 企业管理人员 | 11122233304 |
| 301 | 何进 | 男 | 本科 | 采购部(3) | 销售人员 | 11122233305 |
| 401 | 张丽丽 | 女 | 专科 | 销售一部(401) | 销售人员 | 11122233306 |
| 402 | 刘娜 | 女 | 本科 | 销售一部(402) | 销售人员 | 11122233307 |
| 501 | 李斌 | 男 | 专科 | 一车间(301) | 车间管理人员 | 11122233308 |
| 502 | 高菲 | 女 | 高中 | 二车间(301) | 生产工人 | 11122233309 |

注:以上人员均不核算计件工资,代发银行均为中国工商银行路口支行。

(3)工资项目

选择工资账套中的所有工资项目,并按照基本工资、岗位工资、职务补贴、交补、话费补贴、奖金、应发合计、住房公积金、代扣税、缺勤扣款、扣款合计、实发合计、计税工资、缺勤天数排序。

(4)计算公式

缺勤扣款＝基本工资/22×缺勤天数。

住房公积金＝(基本工资＋岗位工资＋职务补贴)×0.08。

企业管理人员和销售人员的交补为600元,其他人员的交补为300元。

计税工资＝基本工资＋岗位工资＋职务补贴＋奖金＋交补＋话费补贴－缺勤扣款－住房公积金。

(5)个人所得税税率设置

2019年开始实行的7级超额累进个人所得税税率表见表8-3所列,个税免征额即扣税基数为5000元。

**表8-3　个人所得税税率表**

| 级数 | 全年应纳税所得额 | 按月换算 | 税率(%) | 速算扣除数 |
| --- | --- | --- | --- | --- |
| 1 | 不超过36000元的部分 | 不超过3000元 | 3 | 0 |
| 2 | 超过36000元至144000元的部分 | 3000元<$X$≤12000元 | 10 | 210 |
| 3 | 超过144000元至300000元的部分 | 12000元<$X$≤25000元 | 20 | 1410 |
| 4 | 超过300000元至420000元的部分 | 25000元<$X$≤35000元 | 25 | 2660 |
| 5 | 超过420000元至660000元的部分 | 35000元<$X$≤55000元 | 30 | 4410 |
| 6 | 超过660000元至960000元的部分 | 55000元<$X$≤80000元 | 35 | 7160 |
| 7 | 超过960000元的部分 | 超过80000元 | 45 | 15160 |

(6)输入在职人员工资基本数据

9月份在职人员工资基本情况见表8-4所列。

**表8-4　工资数据**

| 职员编号 | 人员姓名 | 基本工资 | 岗位工资 | 职务补贴 | 奖金 | 话费补贴 |
| --- | --- | --- | --- | --- | --- | --- |
| 101 | 李勤 | 5200元 | 2600元 | 260元 | 1040元 | 260元 |
| 201 | 蒋飞 | 4550元 | 1950元 | 260元 | 1040元 | 260元 |
| 202 | 刘勇 | 3900元 | 1300元 | 260元 | 1040元 | 260元 |
| 203 | 崔静 | 3900元 | 1300元 | 260元 | 1040元 | 260元 |
| 301 | 何进 | 4550元 | 1560元 | 260元 | 1300元 | 260元 |
| 401 | 张丽丽 | 3640元 | 1560元 | 260元 | 1300元 | 260元 |
| 402 | 刘娜 | 3640元 | 1560元 | 260元 | 1300元 | 260元 |
| 501 | 李斌 | 3900元 | 1300元 | 260元 | 1300元 | 260元 |
| 502 | 高菲 | 3250元 | 0 | 260元 | 1300元 | 260元 |

4. 临时人员工资类别

(1)新建

新建“临时人员”,工资类别部门选择“生产部”。

(2)人员档案(表 8-5)

表 8-5 临时工人员档案

| 人员编号 | 人员姓名 | 性别 | 行政部门 | 雇佣状态 | 人员类别 | 核算计件工资 | 代发银行 | 银行代发账号 |
|---|---|---|---|---|---|---|---|---|
| 081 | 李娜 | 女 | 二车间 | 在职 | 生产工人 | 是 | 中国工商银行路口支行 | 11122233381 |
| 082 | 王华 | 男 | 二车间 | 在职 | 生产工人 | 是 | | 11122233382 |
| 083 | 戴强 | 男 | 二车间 | 在职 | 生产工人 | 是 | | 11122233383 |

(3)工资项目

工资项目包括计件工资、应发合计、代扣税、扣款合计、实发合计。

(4)计件要素

计件要素包括两道生产工序,分别为 01 组装、02 检验。

(5)计件工价设置

组装:80。检验:30。

(6)个人所得税税率同在职人员工资类别

收入额合计为“应发工资”。

五、实验要求

1. 以系统管理员 admin 登录系统管理。

2. 以账套主管“001 蒋飞”登录企业应用平台,登录时间为 2023-09-01。

3. 以账套主管“001 蒋飞”启用薪资管理和计件工资管理,启用时间为 2023-09-01。

六、实验指导

1. 建立工资账套

(1)在企业应用平台的“业务工作”选项卡中,选择“人力资源”中的“薪资管理”,打开“建立工资套”对话框。

(2)在建账第一步“参数设置”中,选择本账套所需处理的工资类别个数为“多个”,默认币别名称为“人民币 RMB”,选中“是否核算计件工资”复选框,如图 8-1 所示。

(3)单击“下一步”按钮,打开“扣税设置”对话框,选中“是否从工资中代扣个人所得税”复选框,如图 8-2 所示。

(4)单击“下一步”按钮,打开“扣零设置”对话框,不做选择,如图 8-3 所示。

(5)单击“下一步”按钮,打开“人员编码”对话框,系统要求和公共平台的人员编码保持一致,如图 8-4 所示。

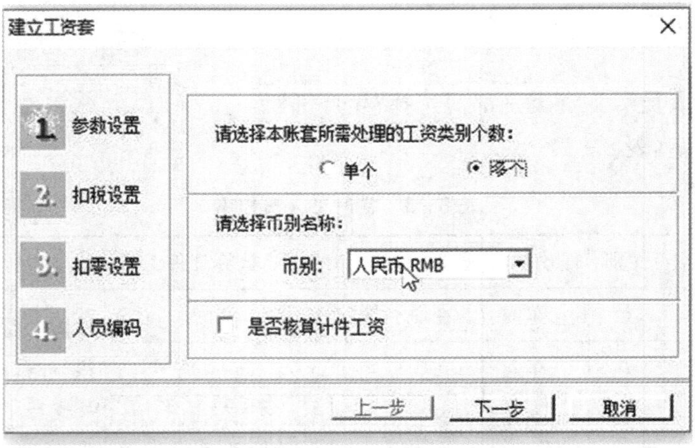


图 8－1 建立工资账套—参数设置

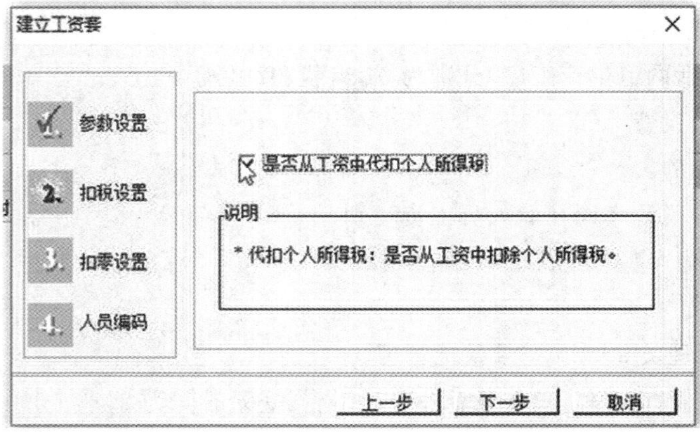


图 8－2 建立工资账套—扣税设置

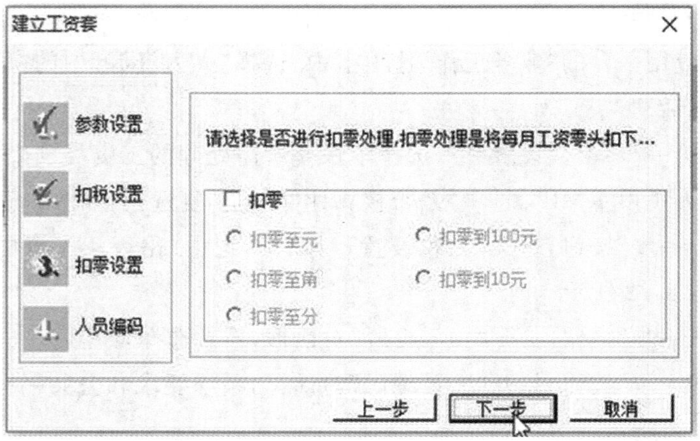


图 8－3 建立工资账套—扣零设置

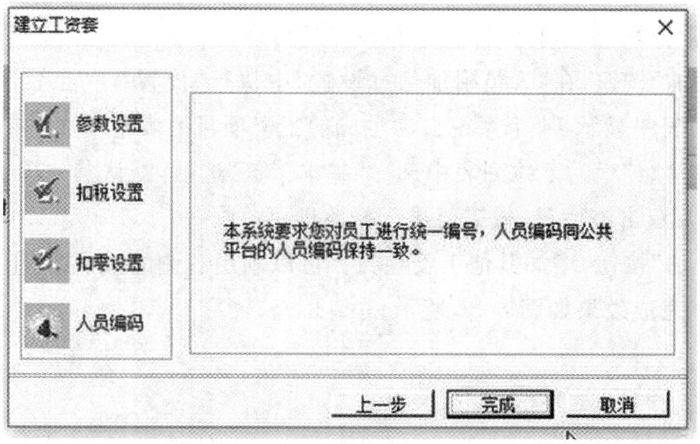


图8-4 建立工资账套—人员编码

(6)单击“完成”按钮,完成工资账套的创建。

2. 工资账套基础信息设置

(1)人员附加信息设置

① 执行“设置”—“人员附加信息设置”命令,打开“人员附加信息设置”对话框。

② 单击“增加”按钮,单击“栏目参照”栏的下三角按钮,选择“性别”选项,再单击“增加”按钮;同理,增加“学历”。如图8-5所示。

③ 单击“确定”按钮返回。

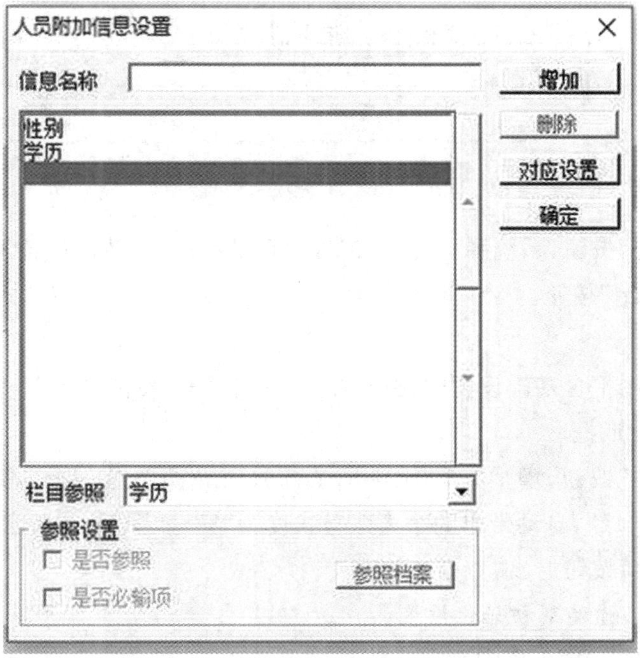


图8-5 人员附加信息设置

(2)工资项目设置

① 在薪资管理系统中，打开“工资项目设置”对话框。

② 单击“增加”按钮，在“人员附加信息设置”中执行“设置”—“工资项目设置”命令，打开工资项目列表中显示 14 个系统自动生成的工资项目列表中增加一空行。

③ 从“名称参照”栏的下拉列表中选择“基本工资”选项，默认其他项目。如果需要修改某栏目，只需要双击该栏目，按需要进行修改即可。

④ 单击“增加”按钮，增加其他工资项目。可以利用右侧的“上移”“下移”按钮调整工资项目的位置。完成效果如图 8-6 所示。

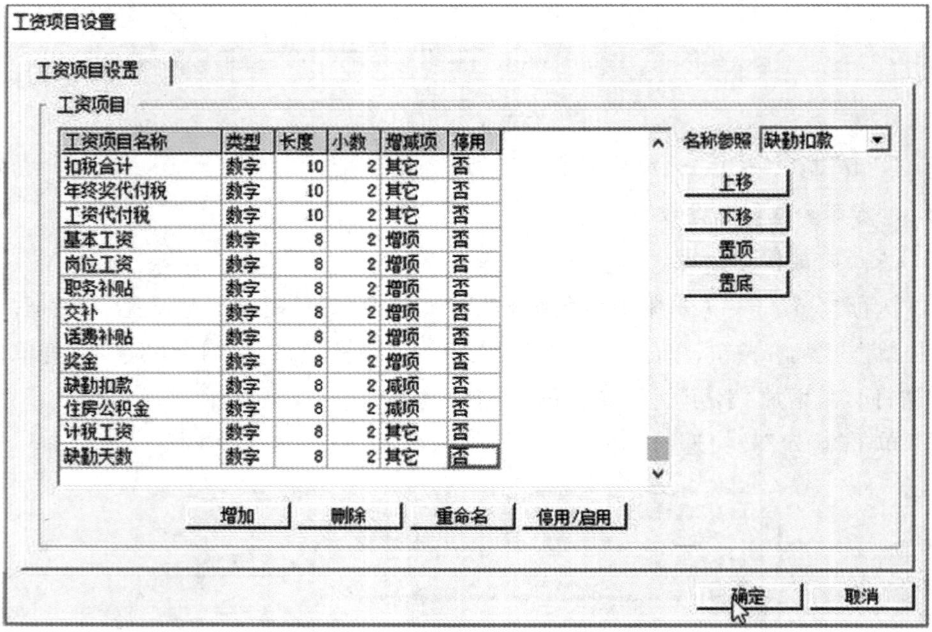


图 8-6　工资项目设置

⑤ 单击“确定”按钮，系统弹出提示“工资项目已经改变，请确认各工资类别的公式是否正确”，单击“确定”按钮。

(3)银行设置

① 在企业应用平台基础设置中，执行“基础档案”—“收付结算”—“银行档案”命令，打开“银行档案”对话框。

② 单击“增加”按钮，增加“01001 中国工商银行花园路分理处”，默认个人账号“定长”且账号长度为“11”、自动带出的个人账号长度为“8”，如图 8-7 所示。

③ 单击“保存”按钮退出。

3. 在职员工工资类别初始化设置

(1)建立“在职人员”工资类别

① 在薪资管理系统中，执行“工资类别”—“新建工资类别”命令，打开“新建工资类

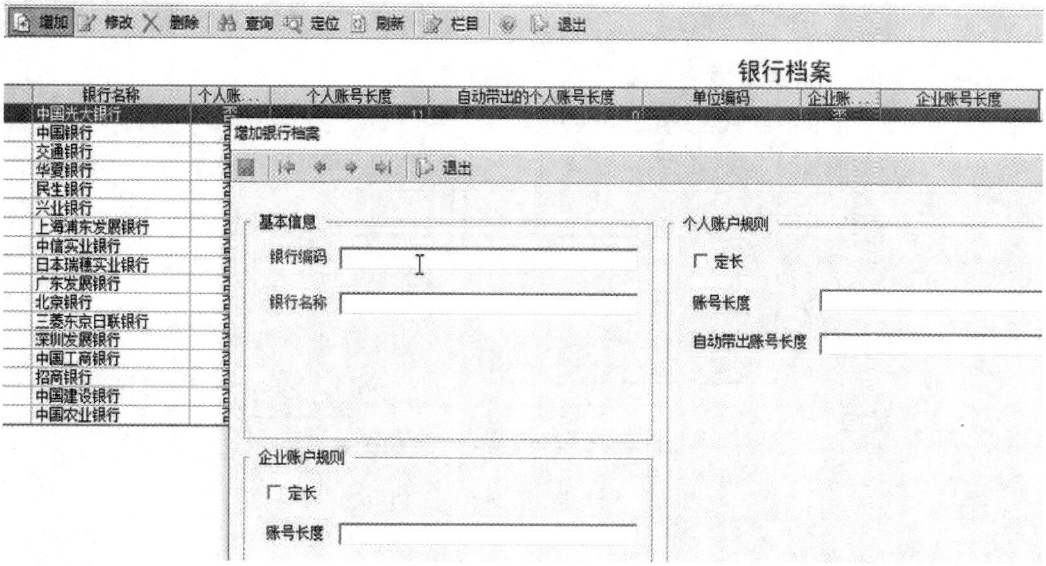


图 8－7 银行档案设置

别”对话框。

② 在文本框中输入第一个工资类别“在职人员”，单击“下一步”按钮，如图 8－8 所示。

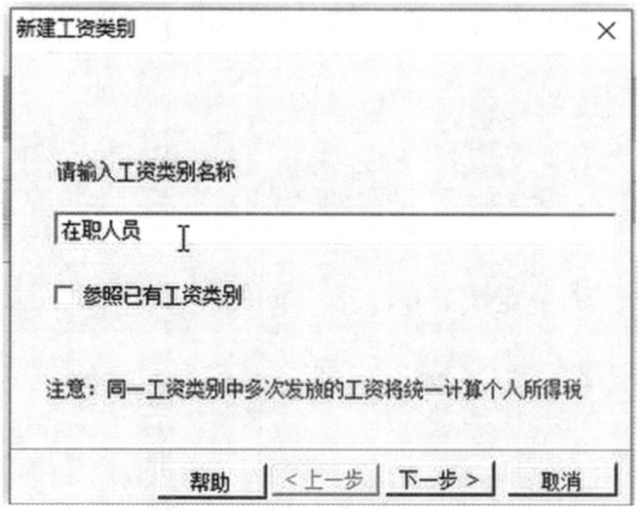


图 8－8 新建工资类别—类别名称设置

③ 单击“选定全部部门”按钮，如图 8－9 所示。

④ 单击“完成”按钮，系统弹出提示“是否以 2023－09－01 为当前工资类别的启用日期？”，单击“是”按钮，返回薪资管理系统。

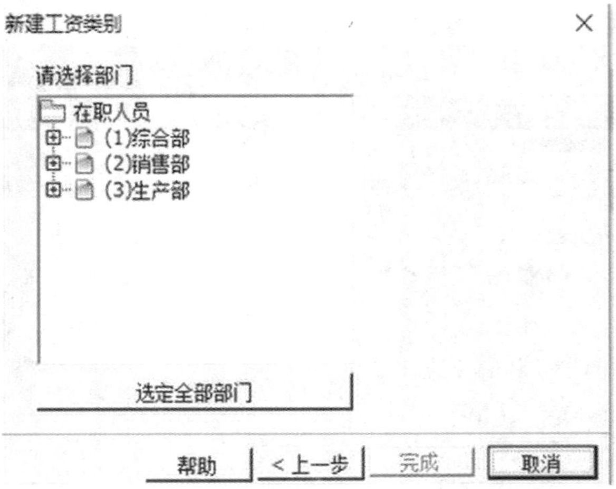


图 8－9　新建工资类别—部门设置

(2)设置人员档案

① 执行“设置”—“人员档案”命令,进入“人员档案”窗口。

② 单击“批增”按钮,打开“人员批量增加”对话框。

③ 单击“查询”按钮,系统显示在企业应用平台中已经增加的人员档案,且默认是选中状态,如图 8－10 所示。单击“确定”按钮返回“人员档案”窗口。

④ 单击“修改”按钮,打开“人员档案明细”对话框。在“基本信息”选项卡中,取消选中“核算计件工资”复选框,补充录入“银行名称”和“银行账号”信息,如图 8－11 所示。

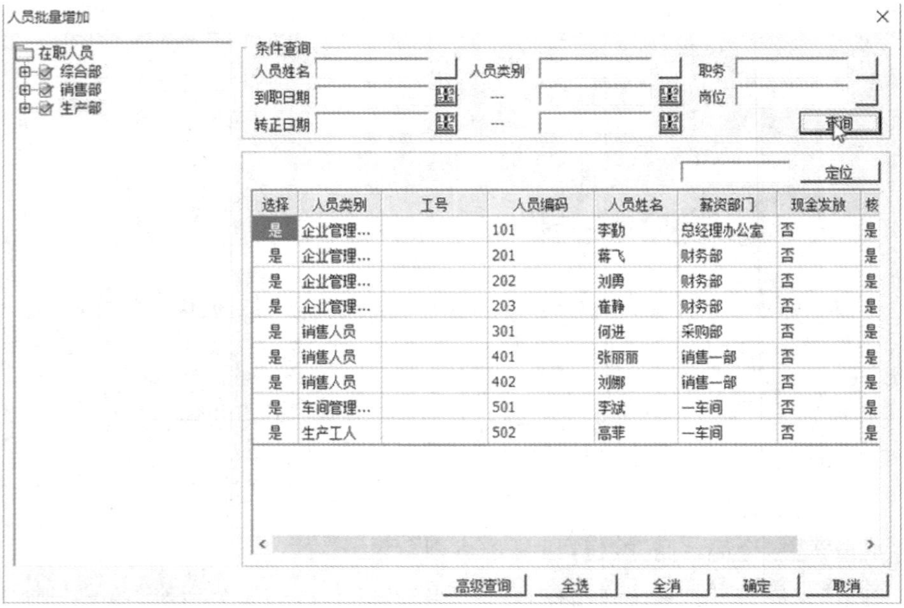


图 8－10　人员档案设置

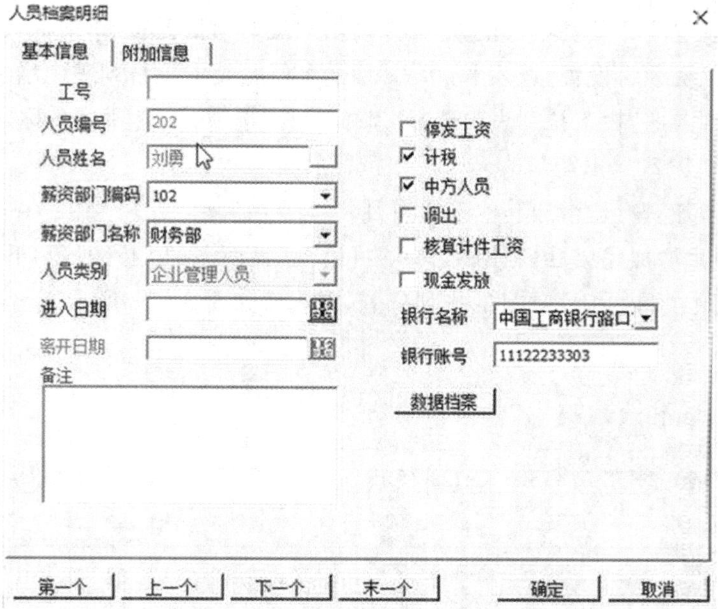


图 8－11　人员档案信息修改—基本信息

⑤ 单击“附加信息”选项卡，录入“性别”“学历”信息，如图 8－12 所示。

⑥ 单击“确认”按钮，系统弹出“写入该人员档案信息吗?”信息提示框，单击“确认”按钮继续修改其他人员信息。

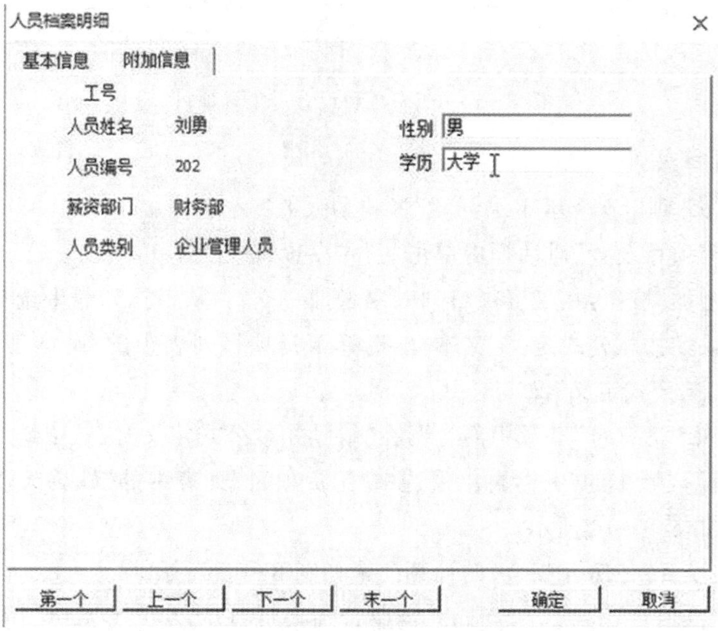


图 8－12　人员档案信息修改—附加信息

(3)选择工资项目

① 执行“设置”—“工资项目设置”命令,打开“工资项目设置”对话框。

② 单击“工资项目设置”选项卡,单击“增加”按钮,工资项目列表中增加了一空行。

③ 从“名称参照”栏下拉列表中选择“基本工资”选项,工资项目名称、类型、长度、小数、增减项都自动带出,不能修改。

④ 单击“增加”按钮,增加其他工资项目。

⑤ 所有项目增加完成后,利用“工资项目设置”界面上的“上移”和“下移”按钮,按照实验资料所给顺序调整工资项目的排列位置,完成后如图 8-13 所示。

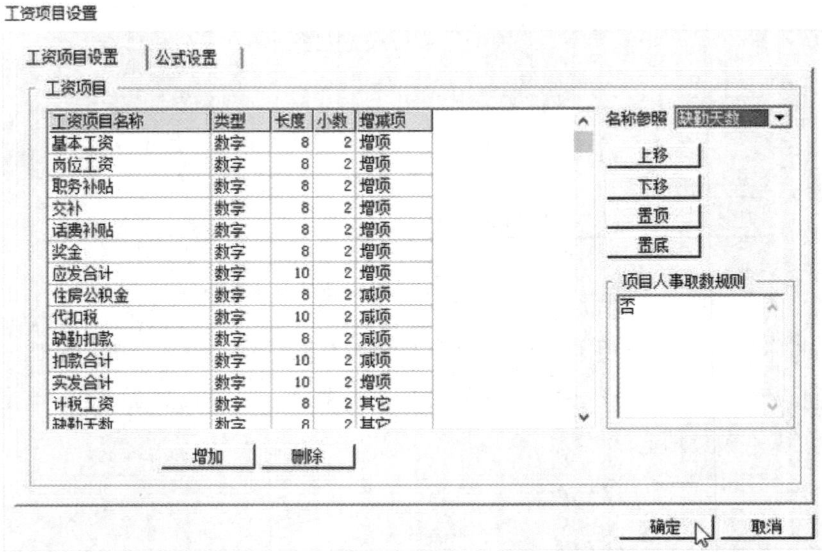


图 8-13　工资项目设置—工资项目

(4)设置计算公式

设置公式“缺勤扣款=基本工资/22×缺勤天数”。

① 在“工资项目设置”对话框中单击“公式设置”选项卡。

② 单击“增加”按钮,在工资项目列表中增加一空行,从下拉列表中选择“缺勤扣款”。

③ 单击“缺勤扣款公式定义”文本框,选择工资项目列表中的“基本工资”,基本工资出现在“缺勤扣款公式定义”文本框中。

④ 单击选中“运算符”区域中的“/”,在“缺勤扣款公式定义”区域中继续录入“22”,单击选中“运算符”区域中的“*”,再单击选中“工资项目”列表中的“缺勤天数”,再单击“公式确认”按钮,如图 8-14 所示。

⑤ 此方法设置“住房公积金”的计算公式如图 8-15 所示。

设置公式“交补=iff(人员类别=‘企业管理人员’OR 人员类别=‘销售人员’,600,300)。

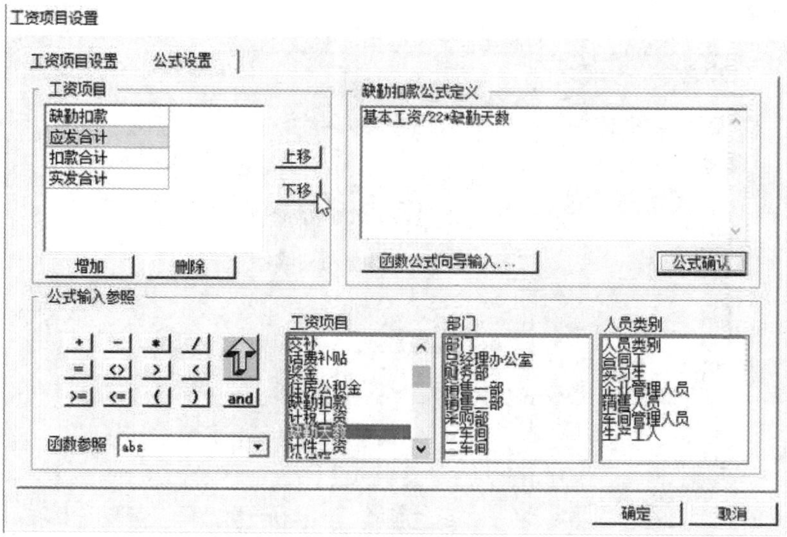

图 8-14 工资项目设置—缺勤扣款设置

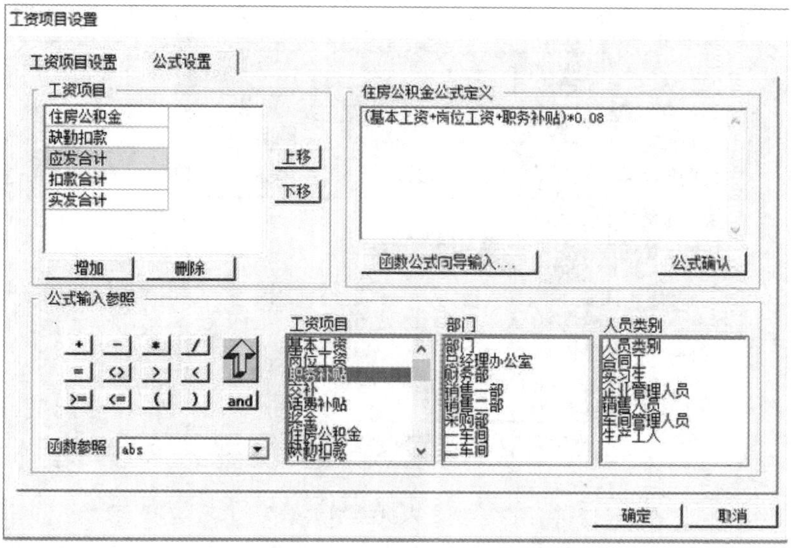

图 8-15 工资项目设置—住房公积金设置

① 单击“增加”按钮，在工资项目列表中增加一空行，从下拉列表中选择“交通补贴”。

② 单击“公式定义”文本框，单击“函数公式向导输入”按钮，打开“函数向导——步骤之 1”对话框，如图 8-16 所示。

③ 从“函数名”列表中选择“iff”，单击“下一步”按钮，打开“函数向导——步骤之 2”对话框。

④ 单击“逻辑表达式”后的“参照”按钮，打开“参照”对话框，从“参照列表”的下拉列表中选择“人员类别”选项，然后再从下面的列表中选择“企业管理人员”，单击“确定”按

钮，如图 8－17 所示。

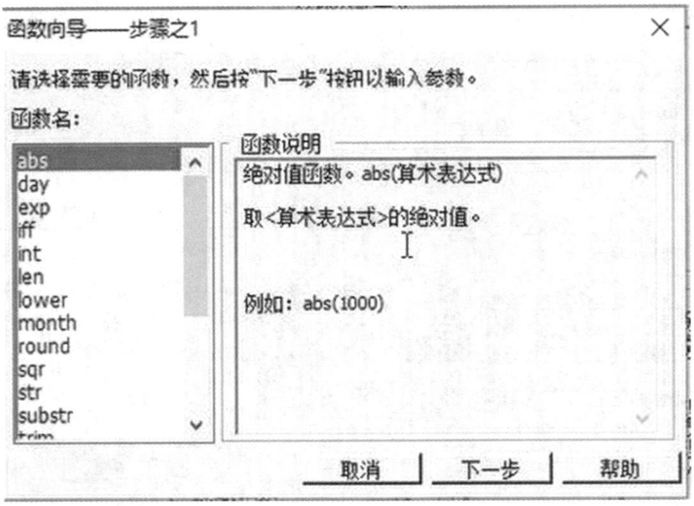


图 8－16　函数向导——步骤之 1

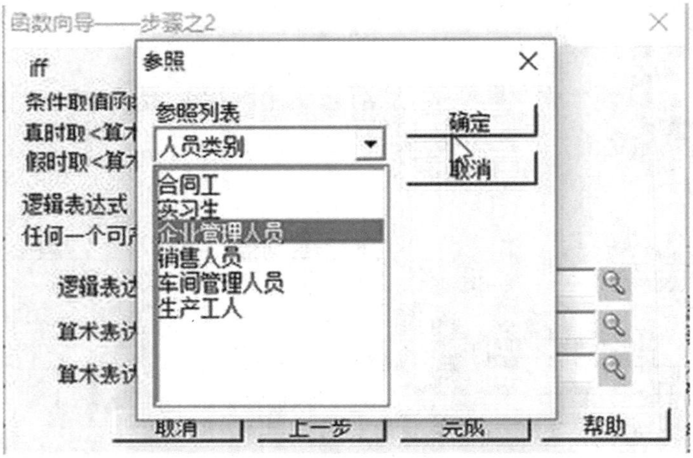


图 8－17　人员类别选择 1

⑤ 在逻辑表达式文本框中的公式后输入“or”，注意前后必须空格。再次单击“逻辑表达式”后的“参照”按钮，出现“参照”对话框，从“参照列表”的下拉列表中选择“人员列表”选项，再从下面的列表中选择“销售人员”，单击“确定”按钮，返回“函数向导——步骤之 2”，如图 8－18 所示。

⑥ 在“算术表达式 1”后的文本框中输入“600”，在“算术表达式 2”后的文本框中输入“300”，如图 8－19 所示。单击“完成”按钮，返回“公式设置”窗口，如图 8－20 所示。再单击“完成”按钮。

⑦ 设置计税工资的计算公式。设置完成之后，如图 8－21 所示，再单击“确定”按钮，

退出公式设置。

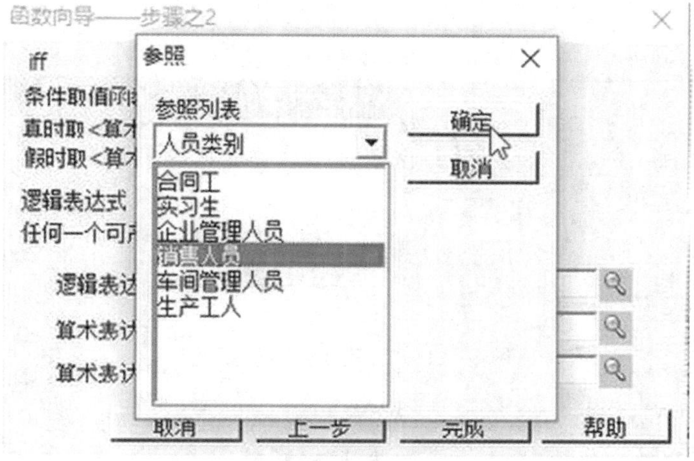


图 8－18　人员类别选择 2

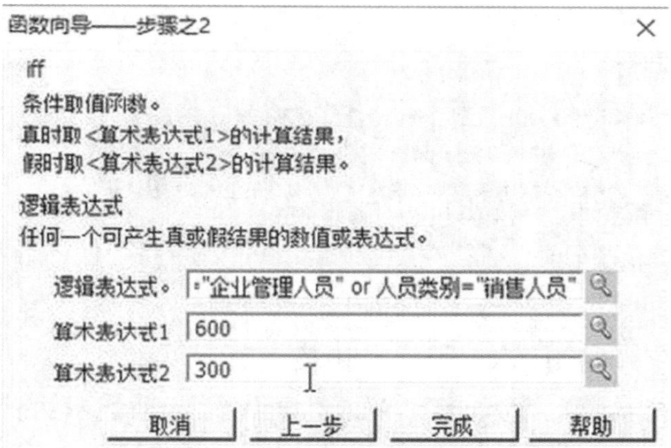


图 8－19　函数向导——步骤之 2

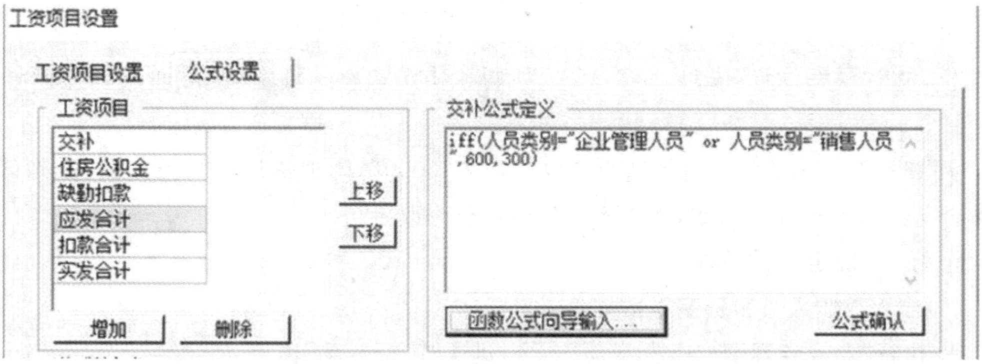


图 8－20　“交补”公式设置

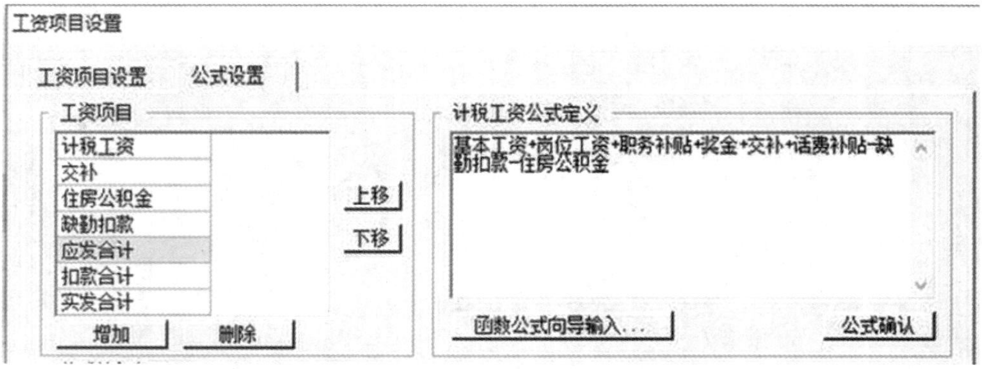


图 8-21 “计税工资”公式设置

(5)设置所得税税率

① 执行“设置”—“选项”命令,打开“选项”对话框。

② 单击“编辑”按钮,在“扣税设置”选项卡中,单击“实发合计”下拉列表框,从中选择“计税工资”,如图 8-22 所示。

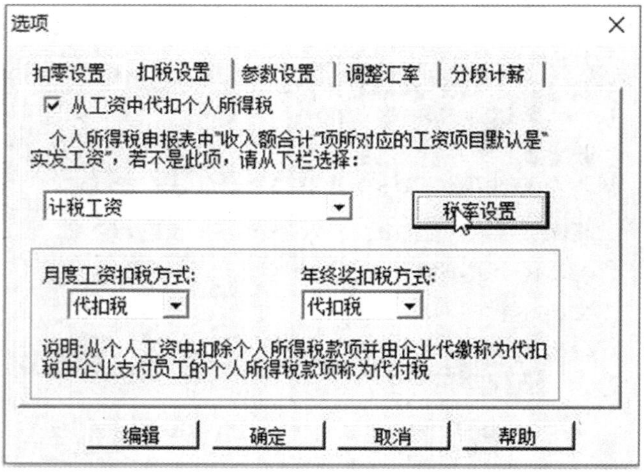


图 8-22 扣税设置

③ 单击“税率设置”按钮,打开“个人所得税申请表——税率表”对话框,如图 8-23 所示。

④ 查看系统预置的所得税纳税基数是否为“5000”,附加费用是否为“0”。需确认税率是否与国家现行规定一致,如果不一致应进行修改。

⑤ 单击“确定”按钮返回。

(6)输入在职人员工资基本数据

① 执行“业务处理”—“工资变动”命令,进入“工资变动”窗口。

② “过滤器”下拉列表中选择“过滤设置”,打开“项目过滤”对话框。

③ 选择“工资项目”列表中的“基本工资”，单击“＞”按钮；同样再选择“岗位工资”“职务补贴”“奖金”“话费补贴”等，如图 8－24 所示。

图 8－23 个人所得税申报表——税率表

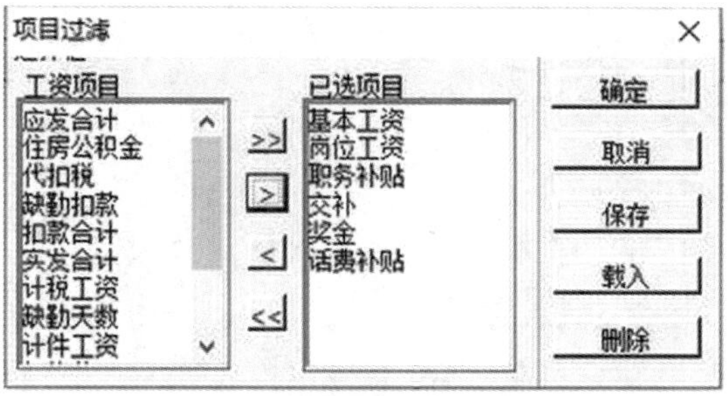


图 8－24 项目过滤

④ 单击“确定”按钮，返回“工资变动”窗口，此时每个人的工资项目只显示基本工资、岗位工资、职务补贴和奖金几项。

⑤ 实验资料输入“在职人员”工资类别的工资数据，如图 8－25 所示。

⑥ 在“过滤器”下拉列表中选择“所有项目”，屏幕上显示所有工资项目。

⑦ 单击“关闭”按钮退出，系统显示“数据发生变动后请进行工资计算和汇总，否则工资数据可能不正确！是否进行工资计算和汇总？”信息提示框，单击“否”按钮退出。

(7)关闭工资类别

执行“工资类别”—“关闭工资类别”命令，关闭“在职人员”工资类别。

4．临时人员工资类别初始化设置

(1)建立“临时人员”工资类别

① 执行“工资类别”—“新建工资类别”命令，打开“新建工资类别”对话框。

② 文本框中输入第二个工资类别“临时人员”，单击“下一步”按钮。

| 人员编号 | 姓名 | 部门 | 人员类别 | 基本工资 | 岗位工资 | 职务补贴 | 交补 | 话费补贴 |
|---|---|---|---|---|---|---|---|---|
| 101 | 李勤 | 总经理办公室 | 企业管理人员 | 20,000.00 | 10,000.00 | 1,000.00 | | 1,000.00 |
| 201 | 蒋飞 | 财务部 | 企业管理人员 | 17,500.00 | 7,500.00 | 1,000.00 | | 1,000.00 |
| 202 | 刘勇 | 财务部 | 企业管理人员 | 15,000.00 | 5,000.00 | 1,000.00 | | 1000 |
| 203 | 崔静 | 财务部 | 企业管理人员 | 15,000.00 | 5,000.00 | 1,000.00 | | |
| 401 | 张丽丽 | 销售一部 | 销售人员 | 14,000.00 | 6,000.00 | 1,000.00 | | |
| 402 | 刘娜 | 销售一部 | 销售人员 | 14,000.00 | 6,000.00 | 1,000.00 | | |
| 301 | 何进 | 采购部 | 销售人员 | 17,500.00 | 6,000.00 | 1,000.00 | | |
| 501 | 李斌 | 一车间 | 车间管理人员 | 15,000.00 | 5,000.00 | 1,000.00 | | |
| 502 | 高菲 | 一车间 | 生产工人 | 12,500.00 | | 1,000.00 | | |
| | | | | 140,500.00 | 50,500.00 | 9,000.00 | 0.00 | 2,000.00 |

图 8-25　工资数据输入

③ 选择“生产部”，如图 8-26 所示。

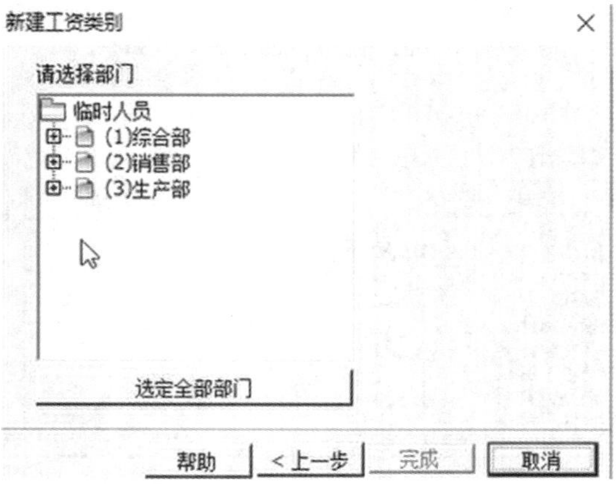


图 8-26　临时工工资类别部门选择

④ 单击“完成”按钮，系统弹出提示“是否以 2023-09-01 为当前工资类别的启用日期？”，单击“是”按钮，返回薪资管理系统。

(2)增加临时人员档案

① 在“基础设置”选项卡的“基础档案”—“机构人员”—“人员档案”中增加临时人员档案，如图 8-27 所示。

② 在薪资管理系统中，执行“工资类别”—“打开工资类别”命令，打开“临时人员”工资类别。

③ 临时人员工资类别中执行“设置”—“人员档案”命令，单击“批增”按钮，打开“人员批量增加”对话框。

④ 选中左边窗口中的“生产部”，单击“查询”按钮，右侧窗口中显示了生产部中所有人员，且默认为选中状态。去掉非临时人员的选中标记，如图 8-28 所示，单击“确定”按钮返回，补充临时人员代发银行和银行账号等必要信息。

人员列表

记录总数：12

| 选择 | 人员编码 | 姓名 | 行政部门名称 | 雇佣状态 | 人员类别 | 性别 | 出生日期 | 业务或费用部门名称 | 审核标志 |
|---|---|---|---|---|---|---|---|---|---|
| | 081 | 李娜 | 二车间 | 在职 | 生产工人 | 女 | | | 未处理 |
| | 082 | 王华 | 二车间 | 在职 | 生产工人 | 男 | | | 未处理 |
| | 083 | 边勇 | 二车间 | 在职 | 生产工人 | 男 | | | 未处理 |
| | 101 | 李勤 | 总经理办公室 | 在职 | 企业管... | 男 | | 总经理办公室 | 未处理 |
| | 201 | 蒋飞 | 财务部 | 在职 | 企业管... | 男 | | | 未处理 |
| | 202 | 刘勇 | 财务部 | 在职 | 企业管... | 男 | | | 未处理 |
| | 203 | 崔静 | 财务部 | 在职 | 企业管... | 女 | | | 未处理 |
| | 301 | 何进 | 采购部 | 在职 | 销售人员 | 男 | | 采购部 | 未处理 |
| | 401 | 张丽丽 | 销售一部 | 在职 | 销售人员 | 女 | | 销售一部 | 未处理 |
| | 402 | 刘娜 | 销售一部 | 在职 | 销售人员 | 女 | | 销售一部 | 未处理 |
| | 501 | 李斌 | 一车间 | 在职 | 车间管... | 男 | | | 未处理 |
| | 502 | 高菲 | 一车间 | 在职 | 生产工人 | 女 | | | 未处理 |

图 8－27　在公共平台中增加临时工人员档案

人员档案

| 薪资部门名称 | 工号 | 人员编号 | 人员姓名 | 人员类别 | 账号 | 中方人员 | 是否计税 | 工资停发 | 核算计件工资 | 现金发放 |
|---|---|---|---|---|---|---|---|---|---|---|
| 二车间 | | 081 | 李娜 | 生产工人 | | 是 | 是 | 否 | 是 | 否 |
| 二车间 | | 082 | 王华 | 生产工人 | | 是 | 是 | 否 | 是 | 否 |
| 二车间 | | 083 | 边勇 | 生产工人 | | 是 | 是 | 否 | 是 | 否 |

图 8－28　在薪资管理中增加临时工人员档案

(3)工资项目设置

① 在薪资管理系统中，执行“设置”—“工资项目设置”命令，打开“工资项目设置”对话框。

② 利用“上移”“下移”按钮重新排列“计件工资、应发合计、代扣税、扣款合计、实发合计”等工资项目，如图 8－29 所示。

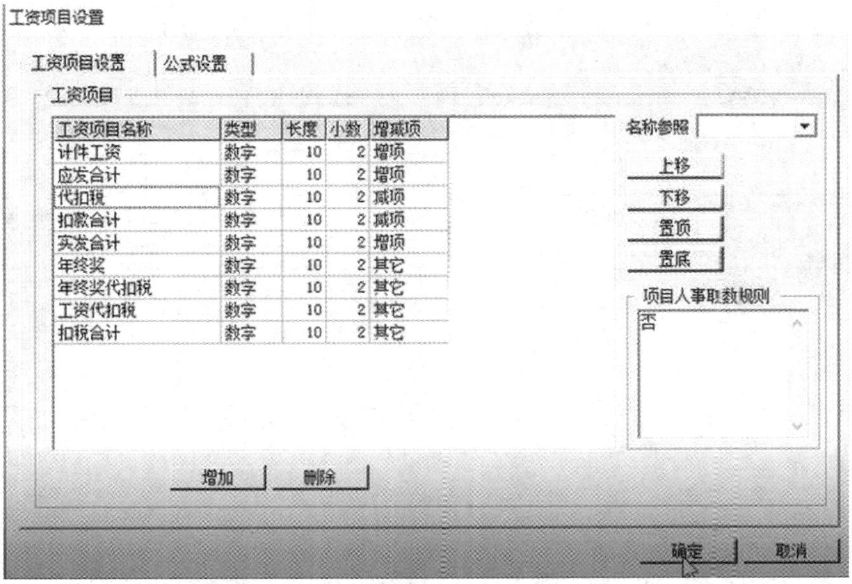


图 8－29　临时工工资项目设置

③ 单击“确定”按钮返回。

(4)计件要素设置

① 在计件工资中,执行“设置”—“计件要素设置”命令,打开“计件要素设置”对话框。

② 查看是否包括“工序”计件要素,且为“启用”状态,如图 8-30 所示。

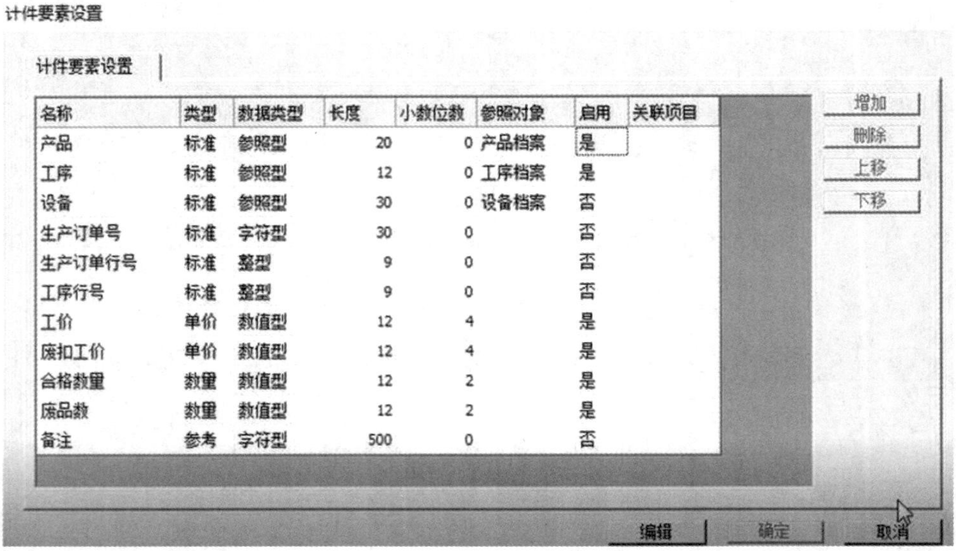


图 8-30 临时工计件要素设置

(5)工序设置

① 在企业应用平台基础档案设置中,执行“生产制造”—“标准工序资料维护”命令,进入“标准工序资料维护”窗口。

② 单击“增加”按钮,增加“01 组装”和“02 组装”两种工序,如图 8-31 所示。

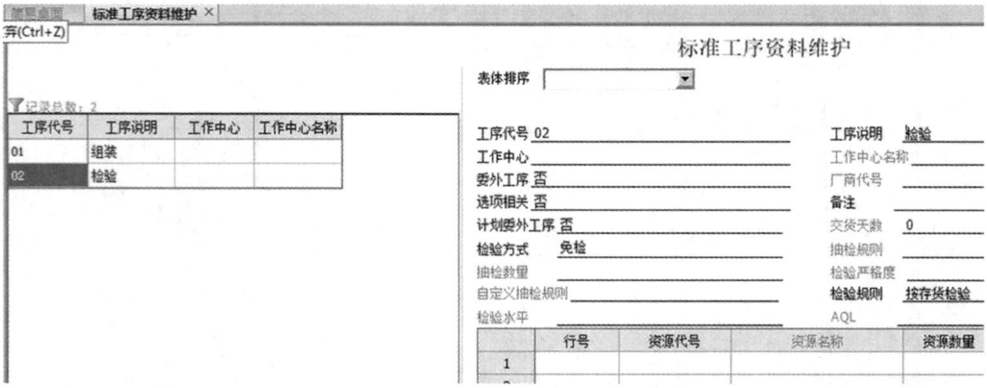


图 8-31 临时工工序设置

(6)计件工价设置

① 在“业务工作”选项卡下,执行“计件工资”—“计件工价设置”命令,进入“计件工价

设置”窗口。

② 单击“增加”按钮，按实验资料输入计件工价，

③ 单击“保存”按钮，执行“设置”，如图 8－32 所示。

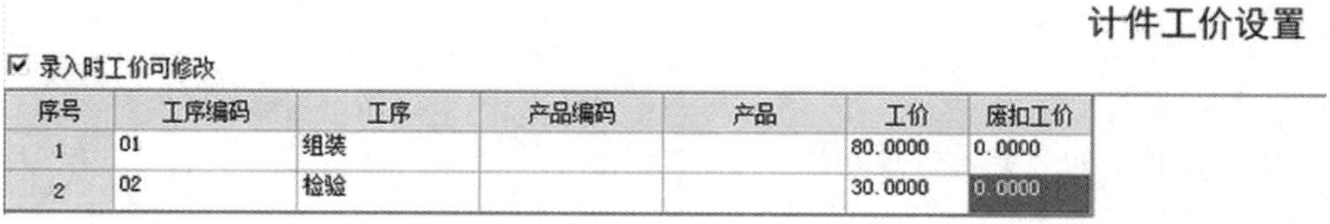

计件工价设置

☑ 录入时工价可修改

| 序号 | 工序编码 | 工序 | 产品编码 | 产品 | 工价 | 废扣工价 |
|---|---|---|---|---|---|---|
| 1 | 01 | 组装 | | | 80.0000 | 0.0000 |
| 2 | 02 | 检验 | | | 30.0000 | 0.0000 |

图 8－32　临时工计件工价设置

(7)计税基数设置

① 在“薪资管理”中，执行“设置”—“选项”命令，打开“选项”对话框。单击“编辑”按钮，在“扣税设置”选项卡中选择个人所得税申报表中收入额合计对应的工资项目为“应发合计”，如图 8－33 所示。

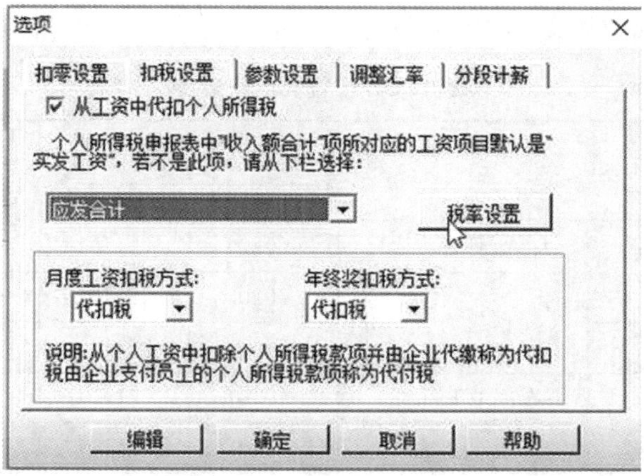


图 8－33　临时工扣税设置

② 单击“税率设置”，按照在职人员的个人所得税税率表，修改系统中的税率表。

5. 账套备份(略)

以上内容全部完成后，将账套输出至“实验十四　薪资管理初始化”文件夹中。

## 实验十五　薪资管理日常业务处理

实验十五　薪资管理日常业务处理

### 一、实验目的

1. 掌握工资变动的处理。
2. 掌握个人所得税的扣缴处理。
3. 掌握工资分摊的设置及凭证生成。
4. 掌握薪资管理系统的月末结账。

二、实验内容

1. 录入工资变动数据。

2. 进行工资分摊设置及生成凭证。

3. 查看相关数据。

4. 输出账套。

三、实验准备

引入“实验十四　薪资管理初始化”账套数据。

四、实验资料

1. 在职人员薪资计算相关资料

(1)9 月份考勤统计:张丽丽缺勤 2 天,刘娜缺勤 1 天。

(2)特殊激励:因第二季度销售一部销售业绩较好,每人增加奖金 800 元。

(3)工资计算与汇总。

(4)查看个人所得税扣缴申报表。

(5)工资分摊及费用计提:应付工资总额等于工资项目“应发合计”,企业为职工缴纳的住房公积金按应付工资总额的 10%计提(表 8-6)。

**表 8-6　工资费用分摊表**　　单位:元

| 部门 \ 工资分摊 | | 应付工资 | | 住房公积金(10%) | |
| --- | --- | --- | --- | --- | --- |
| | | 借方 | 贷方 | 借方 | 贷方 |
| 总经理办公室、财务部 | 企业管理人员 | 660203 | 221101 | 660203 | 221104 |
| 采购部 | 销售人员 | 660203 | 221101 | 660203 | 221104 |
| 销售一部 | | 6601 | 221101 | 6601 | 221104 |
| 一车间、二车间 | 车间管理人员 | 510101 | 221101 | 510101 | 221104 |
| | 生产工人 | 500102 | 221101 | 500102 | 221104 |

2. 临时人员薪资计算相关资料

(1)9 月份临时人员计件工资情况见表 8-7 所列。

**表 8-7　9 月份临时人员计件工资数据表**

| 姓名 | 计件日期 | 工序 | 工时/小时 | 工价/元 |
| --- | --- | --- | --- | --- |
| 李娜 | 2021-10-31 | 组装 | 120 | 70 |
| 王华 | 2021-10-31 | 检验 | 150 | 60 |
| 戴强 | 2021-10-31 | 检验 | 180 | 60 |

(2)进行工资变动和代扣个人所得税处理。

3. 工资类别汇总

对在职人员和临时人员两个工资类别进行工资类别汇总。

4. 对薪资管理系统执行月末结账处理

5. 查询相关账表

五、实验要求

1. 以系统管理员 admin 登录系统管理。

2. 以账套主管“001 蒋飞”登录企业应用平台，进行薪资管理日常业务处理操作，业务处理时间范围为 2023－09－26 至 2023－09－30。

六、实验指导

1. 在职人员工资处理

(1)输入本月考勤情况

① 在薪资管理系统中，执行“工资类别”—“打开工资类别”命令，打开在职人员工资类别。

② 执行“业务处理”—“工资变动”命令，进入“工资变动”窗口。

③ 输入本月缺勤天数：张丽丽缺勤 2 天，刘娜缺勤 1 天，如图 8－34 所示。

| 选择 | 工号 | 人员编号 | 姓名 | 部门 | 人员类别 | 缺勤天数 |
|---|---|---|---|---|---|---|
| | | 101 | 李勤 | 总经理办公室 | 企业管理人员 | |
| | | 201 | 蒋飞 | 财务部 | 企业管理人员 | |
| | | 202 | 刘勇 | 财务部 | 企业管理人员 | |
| | | 203 | 崔静 | 财务部 | 企业管理人员 | |
| | | 401 | 张丽丽 | 销售一部 | 销售人员 | 2.00 |
| | | 402 | 刘娜 | 销售一部 | 销售人员 | 1.00 |
| | | 301 | 何进 | 采购部 | 销售人员 | |
| | | 501 | 李斌 | 一车间 | 车间管理人员 | |
| | | 502 | 高菲 | 一车间 | 生产工人 | |
| 合计 | | | | | | 3.00 |

图 8－34　工资变动—输入请假天数

(2)特殊激励处理

① 在工资变动窗口中，单击“全选”按钮，人员前面的“选择”栏出现选中标记“Y”。

② 单击“替换”按钮，打开“工资数据替换”对话框，在“将工资项目”下拉列表中选择“奖金”，在“替换成”文本框中输入“奖金＋800”，替换条件处分别选择“部门”“＝”“销售一部”，如图 8－35 所示。

③ 单击“确定”按钮，系统弹出“数据替换后将不可恢复。是否继续?”信息提示框。

④ 单击“是”按钮，系统弹出提示信息“2 条记录被替换，是否重新计算?”，单击“是”按钮，系统自动完成工资计算，如图 8－36 所示。

(3)工资计算与汇总

① 在“工资变动”窗口的工具栏中单击“计算”按钮，计算工资数据。

② 单击“汇总”按钮，汇总工资数据。之后，退出“工资变动”窗口。

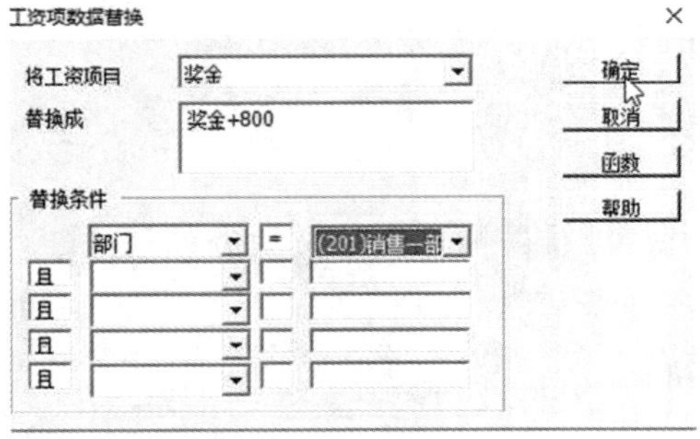


图 8－35　工资变动—数据替换

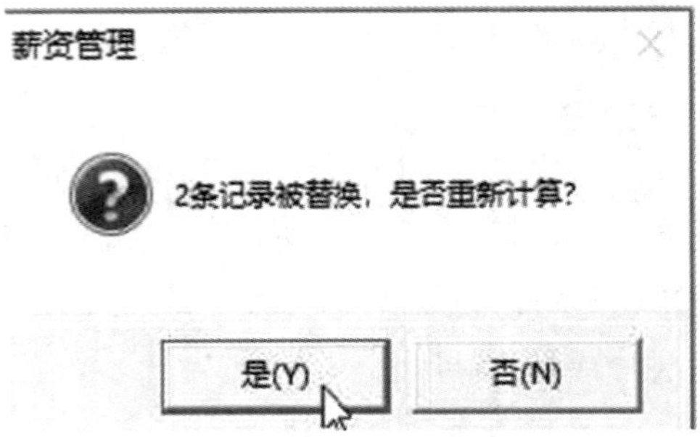


图 8－36　数据替换信息提示

(4)查看个人所得税扣缴申报表

① 在薪资管理系统中，执行“业务处理”—“扣缴所得税”命令，打开“个人所得税申报模板”对话框。

② 选择“扣缴个人所得税报表”，单击“打开”按钮，打开“所得税申报”对话框，再单击“确定”按钮，进入“系统扣缴个人所得税报表”窗口，如图 8－37 所示。

系统扣缴个人所得税报表

2023年9月－2023年9月

| 序号 | 纳税义务… | 身份证照… | 身份证号码 | 国家与地区 | 职业编码 | 所得项目 | 所得期间 | 收入额 | 免税收入额 | 允许扣除… | 费用扣除… | 准予扣除… | 应纳税所… | 税率 | 应扣税额 | 已扣税额 | 备注 |
|---|---|---|---|---|---|---|---|---|---|---|---|---|---|---|---|---|---|
| 1 | 李勤 | 身份证 | | | | | 9 | 9960.00 | | | 5000.00 | | 4315.20 | 10 | 221.52 | 221.52 | |
| 2 | 蒋飞 | 身份证 | | | | | 9 | 8660.00 | | | 5000.00 | | 3119.20 | 10 | 101.92 | 101.92 | |
| 3 | 刘勇 | 身份证 | | | | | 9 | 7360.00 | | | 5000.00 | | 1923.20 | 3 | 57.70 | 57.70 | |
| 4 | 崔静 | 身份证 | | | | | 9 | 7360.00 | | | 5000.00 | | 1923.20 | 3 | 57.70 | 57.70 | |
| 5 | 何进 | 身份证 | | | | | 9 | 8530.00 | | | 5000.00 | | 3020.40 | 10 | 92.04 | 92.04 | |
| 6 | 张丽丽 | 身份证 | | | | | 9 | 8420.00 | | | 5000.00 | | 2652.29 | 3 | 79.57 | 79.57 | |
| 7 | 刘娜 | 身份证 | | | | | 9 | 8420.00 | | | 5000.00 | | 2817.75 | 3 | 84.53 | 84.53 | |
| 8 | 李斌 | 身份证 | | | | | 9 | 7320.00 | | | 5000.00 | | 1883.20 | 3 | 56.50 | 56.50 | |
| 9 | 高菲 | 身份证 | | | | | 9 | 5370.00 | | | 5000.00 | | 89.20 | 3 | 2.68 | 2.68 | |
| 合计 | | | | | | | | 71400.00 | | | 45000.00 | | 21743.64 | | 754.16 | 754.16 | |

图 8－37　个人所得税查询

③ 查看完毕后退出。

(5)工资分摊及费用计提

※ 工资分摊类型设置

① 薪资管理系统中，执行“业务处理”—“工资分摊”命令，打开“工资分摊”对话框，如图 8－38 所示。

② 单击“工资分摊设置”按钮，打开“分摊类型设置”对话框，如图 8－39 所示。

③ 单击“增加”按钮，打开“分摊计提比例设置”对话框，如图 8－40 所示。

④ 输入计提类型名称为“应付工资”，如图 8－41 所示。

⑤ 单击“下一步”按钮，打开“分摊构成设置”对话框。按实验资料内容进行设置，设置完成后如图 8－42 所示。单击“完成”按钮，返回“分摊类型设置”对话框。

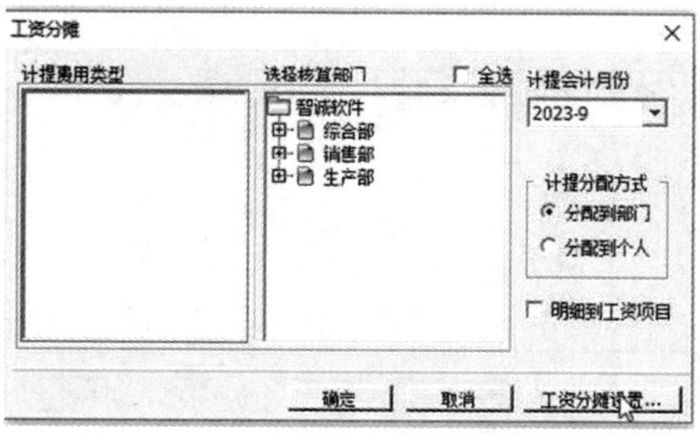


图 8 - 38　工资分摊设置 1

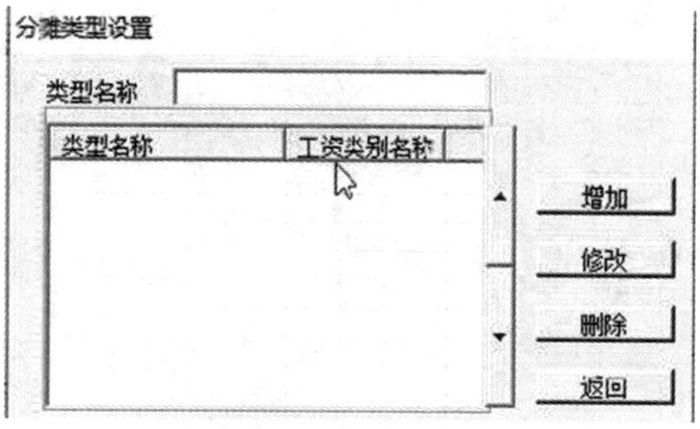


图 8 - 39　工资分摊设置 2

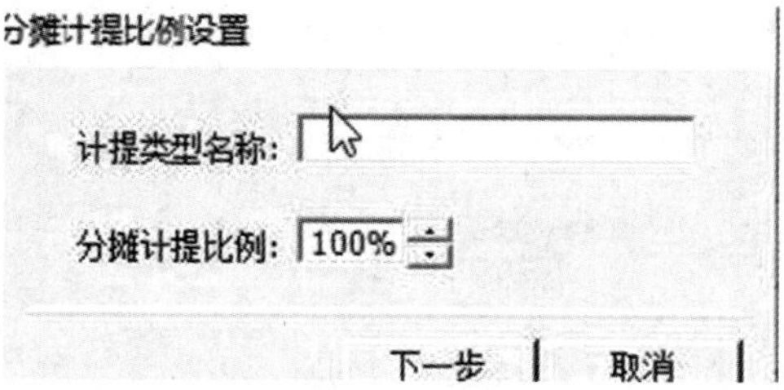


图 8 - 40　工资分摊设置 3

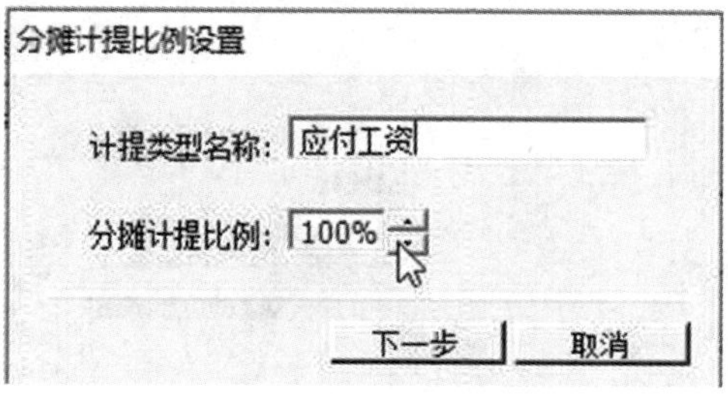


图 8 - 41　工资分摊设置 4

分摊构成设置

| 部门名称 | 人员类别 | 工资项目 | 借方科目 | 借方项目大类 | 借方项目 | 贷方科目 | 贷方项 |
|---|---|---|---|---|---|---|---|
| 总经理办公室,财务部 | 企业管理人员 | 应发合计 | 660203 | | | 221101 | |
| 采购部 | 销售人员 | 应发合计 | 660203 | | | 221101 | |
| 销售一部 | 销售人员 | 应发合计 | 6601 | | | 221101 | |
| 一车间,二车间 | 车间管理人员 | 应发合计 | 510101 | | | 221101 | |
| 一车间,二车间 | 生产工人 | 应发合计 | 500102 | | | 221101 | |

上一步　完成　取消

图 8 - 42　工资分摊设置 5

⑥ 按照同样的方法设置住房公积金分摊计提项目,如图 8 - 43 所示。

※ 工资分摊

① 在薪资管理系统中,执行"业务处理"—"工资分摊"命令,打开"工资分摊"对话框。

② 选择需要分摊的计提费用类型,确定分摊计提的月份为"2023 - 9"。

③ 选择核算部门:总经理办公室、财务部、销售一部、采购部、一车间、二车间。

④ 选中"明细到工资项目"复选框,如图 8 - 44 所示。

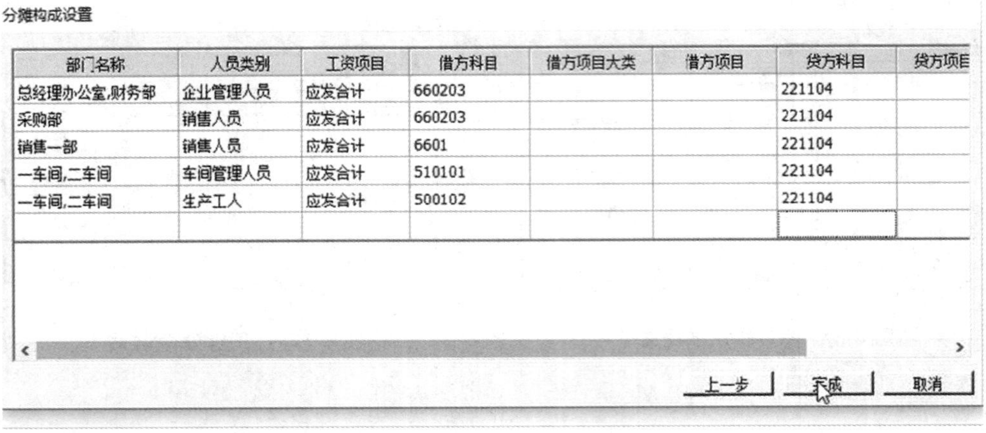


| 部门名称 | 人员类别 | 工资项目 | 借方科目 | 借方项目大类 | 借方项目 | 贷方科目 | 贷方项目 |
|---|---|---|---|---|---|---|---|
| 总经理办公室,财务部 | 企业管理人员 | 应发合计 | 660203 | | | 221104 | |
| 采购部 | 销售人员 | 应发合计 | 660203 | | | 221104 | |
| 销售一部 | 销售人员 | 应发合计 | 6601 | | | 221104 | |
| 一车间,二车间 | 车间管理人员 | 应发合计 | 510101 | | | 221104 | |
| 一车间,二车间 | 生产工人 | 应发合计 | 500102 | | | 221104 | |

图 8-43　住房公积金分摊设置

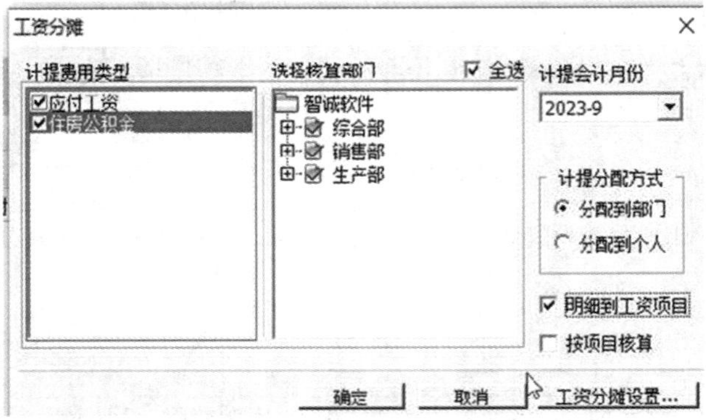


图 8-44　工资分摊—计提费用类型设置

⑤ 单击“确定”按钮，打开“应付工资”—“览表”对话框。

⑥ 选中“合并科目相同、辅助项相同的分录”复选框，如图 8-45 所示，再单击“制单”按钮。

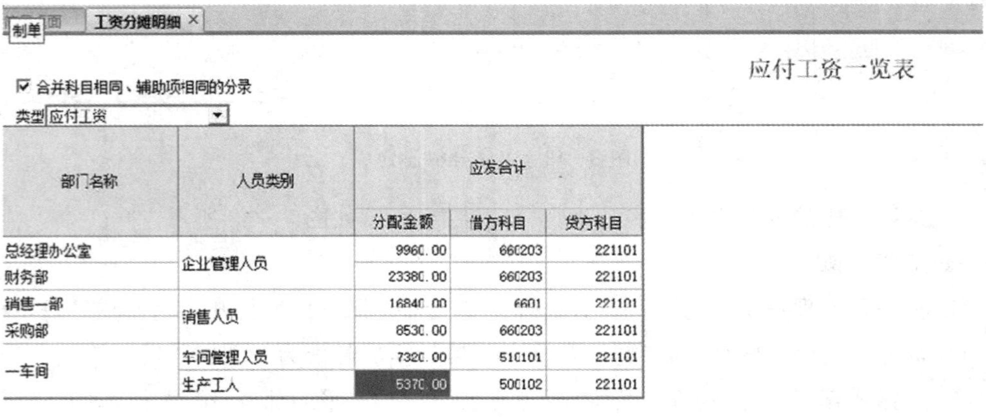


| 部门名称 | 人员类别 | 应发合计 | | |
|---|---|---|---|---|
| | | 分配金额 | 借方科目 | 贷方科目 |
| 总经理办公室 | 企业管理人员 | 9960.00 | 660203 | 221101 |
| 财务部 | | 23380.00 | 660203 | 221101 |
| 销售一部 | 销售人员 | 16840.00 | 6601 | 221101 |
| 采购部 | | 8530.00 | 660203 | 221101 |
| 一车间 | 车间管理人员 | 7320.00 | 510101 | 221101 |
| | 生产工人 | 5370.00 | 500102 | 221101 |

图 8-45　工资分摊—凭证设置

⑦ 单击凭证左上角的“字”处，选择“转账凭证”，输入附单据数；再单击“保存”按钮，凭证左上角出现“已生成”标志，代表该凭证已传递到总账，如图 8－46 所示。

⑧ 在“应付工资”—“览表”窗口的“类型”下拉列表中选择“住房公积金”，生成住房公积金凭证，如图 8－47 所示。

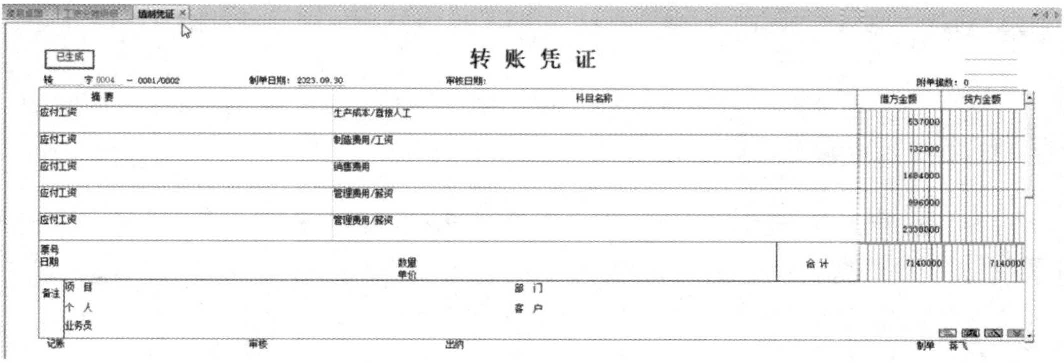


图 8－46　工资分摊—凭证生成

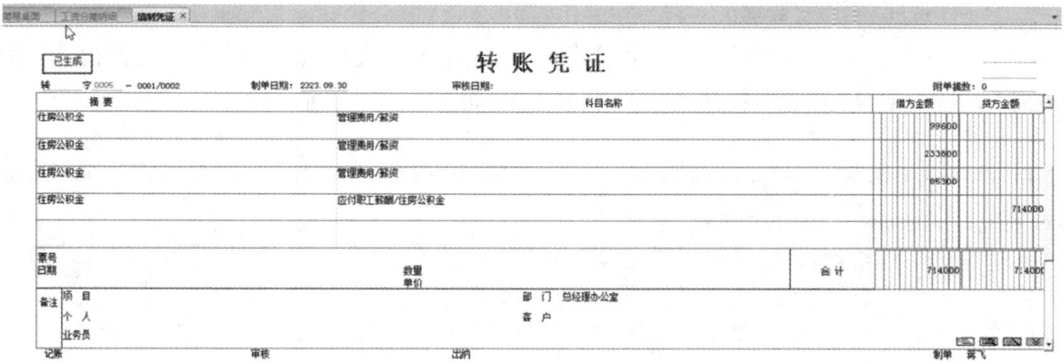


图 8－47　住房公积金分摊凭证

2. 临时人员工资处理

(1)计件工资统计

① 在计件工资中，执行“个人计件”—“计件工资录入”命令，进入“计件工资录入”窗口。

② 选择工资类别为“临时人员”，部门为“二车间”，单击“批增”按钮，进入“批量增加计件工资”窗口。

③ 选择姓名“李娜”，选择计件日期“2023－09－30”，单击“增行”按钮，在数量栏输入组装工时“120”，如图 8－48 所示。

④ 单击“计算”按钮，计算计件工资，再单击“确定”按钮返回，继续输入“王华”和“戴强”的计件工资数据。

⑤ 全部输入完成后，单击“全选”按钮，再单击“审核”按钮，对录入的计件工资数据进

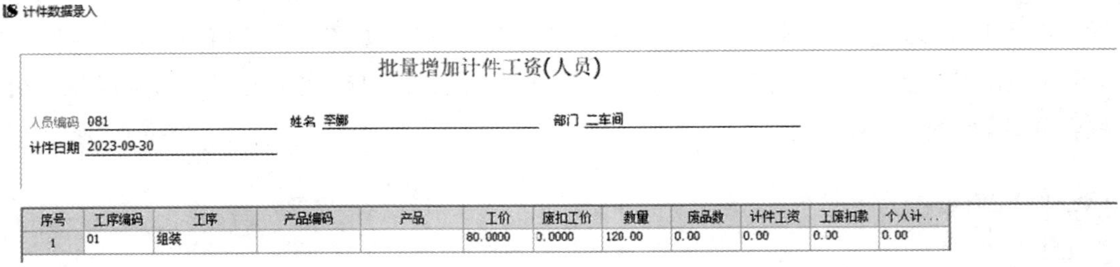

计件数据录入

批量增加计件工资(人员)

人员编码 081　姓名 李娜　部门 二车间

计件日期 2023-09-30

| 序号 | 工序编码 | 工序 | 产品编码 | 产品 | 工价 | 废扣工价 | 数量 | 废品数 | 计件工资 | 工废扣款 | 个人计... |
|---|---|---|---|---|---|---|---|---|---|---|---|
| 1 | 01 | 组装 | | | 80.0000 | 0.0000 | 120.00 | 0.00 | 0.00 | 0.00 | 0.00 |

图 8－48　录入计件工资数据

行审核,如图 8－49 所示。

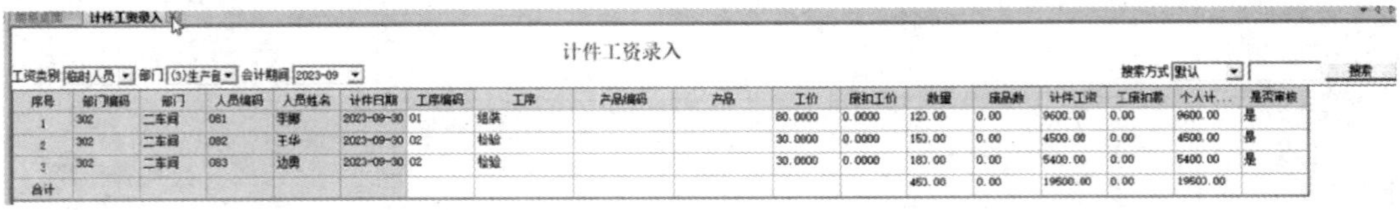

计件工资录入

工资类别 临时人员　部门 (3)生产部　会计期间 2023-09　搜索方式 默认　搜索

| 序号 | 部门编码 | 部门 | 人员编码 | 人员姓名 | 计件日期 | 工序编码 | 工序 | 产品编码 | 产品 | 工价 | 废扣工价 | 数量 | 废品数 | 计件工资 | 工废扣款 | 个人计... | 是否审核 |
|---|---|---|---|---|---|---|---|---|---|---|---|---|---|---|---|---|---|
| 1 | 302 | 二车间 | 081 | 李娜 | 2023-09-30 | 01 | 组装 | | | 80.0000 | 0.0000 | 120.00 | 0.00 | 9600.00 | 0.00 | 9600.00 | 是 |
| 2 | 302 | 二车间 | 082 | 王华 | 2023-09-30 | 02 | 检验 | | | 30.0000 | 0.0000 | 150.00 | 0.00 | 4500.00 | 0.00 | 4500.00 | 是 |
| 3 | 302 | 二车间 | 083 | 边勇 | 2023-09-30 | 02 | 检验 | | | 30.0000 | 0.0000 | 180.00 | 0.00 | 5400.00 | 0.00 | 5400.00 | 是 |
| 合计 | | | | | | | | | | | | 453.00 | 0.00 | 19500.00 | 0.00 | 19500.00 | |

图 8－49　审核计件工资数据

(2)计件工资汇总处理

在计件工资中,执行“计件工资汇总”命令,选择工资类别为“临时人员”,部门为“生产部”,单击“汇总”按钮进行计件工资汇总处理,如图 8－50 所示。

计件工资汇总

工资类别 临时人员　部门 (3)生产部　会计期间 2023-09　汇总日期: 2023-9-1 至 2023-9-30

| 序号 | 部门编码 | 部门 | 人员编码 | 人员 | 数量 | 废品数 | 计件工资 | 工废扣款 | 个人计... | 新员工工资 | 班长提成 | 工种补贴 | 分配工资 | 出勤工数 | 班组计... | 工资合计 |
|---|---|---|---|---|---|---|---|---|---|---|---|---|---|---|---|---|
| 1 | 302 | 二车间 | 081 | 李娜 | 120.00 | 0.00 | 9600.00 | 0.00 | 9600.00 | 0.00 | 0.00 | 0.00 | 0.00 | 0.000000 | 0.00 | 9600.00 |
| 2 | 302 | 二车间 | 082 | 王华 | 150.00 | 0.00 | 4500.00 | 0.00 | 4500.00 | 0.00 | 0.00 | 0.00 | 0.00 | 0.000000 | 0.00 | 4500.00 |
| 3 | 302 | 二车间 | 083 | 边勇 | 180.00 | 0.00 | 5400.00 | 0.00 | 5400.00 | 0.00 | 0.00 | 0.00 | 0.00 | 0.000000 | 0.00 | 5400.00 |
| 合计 | | | | | 450.00 | 0.00 | 19500.00 | 0.00 | 19500.00 | 0.00 | 0.00 | 0.00 | 0.00 | 0.000000 | 0.00 | 19500.00 |

图 8－50　计件工资汇总

(3)工资变动处理

① 在薪资管理系统中,执行“工资类别”—“打开工资类别”命令,打开临时人员工资类别。

② 执行“业务处理”—“工资变动”命令,对临时人员进行工资计算、汇总,如图 8－51 所示。

工资变动

过滤器 所有项目　定位器

| 选择 | 工号 | 人员编号 | 姓名 | 部门 | 人员类别 | 计件工资 | 应发合计 | 代扣税 | 扣款合计 | 实发合计 | 年终奖 | 年终奖代扣税 | 工资代扣税 | 扣税合计 |
|---|---|---|---|---|---|---|---|---|---|---|---|---|---|---|
| | | 081 | 李娜 | 二车间 | 生产工人 | 9,600.00 | 9,600.00 | 250.00 | 250.00 | 9,350.00 | | | 250.00 | 250.00 |
| | | 082 | 王华 | 二车间 | 生产工人 | 4,500.00 | 4,500.00 | | | 4,500.00 | | | | |
| | | 083 | 边勇 | 二车间 | 生产工人 | 5,400.00 | 5,400.00 | 12.00 | 12.00 | 5,388.00 | | | 12.00 | 12.00 |
| 合计 | | | | | | 19,500.00 | 19,500.00 | 262.00 | 262.00 | 19,238.00 | | | 262.00 | 262.00 |

图 8－51　工资变动

3. 汇总工资类别

(1)在薪资管理系统中，执行“工资类别”—“关闭工资类别”命令。

(2)执行“维护”—“工资类别汇总”命令，打开“工资类别汇总”对话框。

(3)选择要汇总的工资类别，单击“确定”菜单，如图 8－52 所示。

(4)执行“工资类别”—“打开工资类别”命令，打开“选择工资类别”对话框。

(5)选择“998 汇总工资类别”，单击“确定”按钮，查看工资类别汇总后的各项数据，如图 8－53 所示。

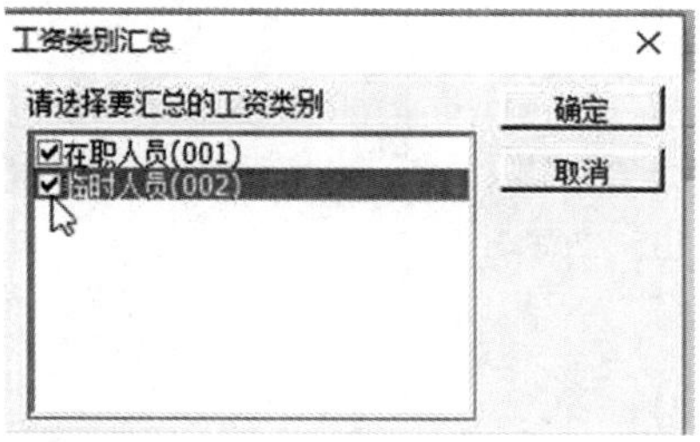


图 8－52　工资类别汇总选择

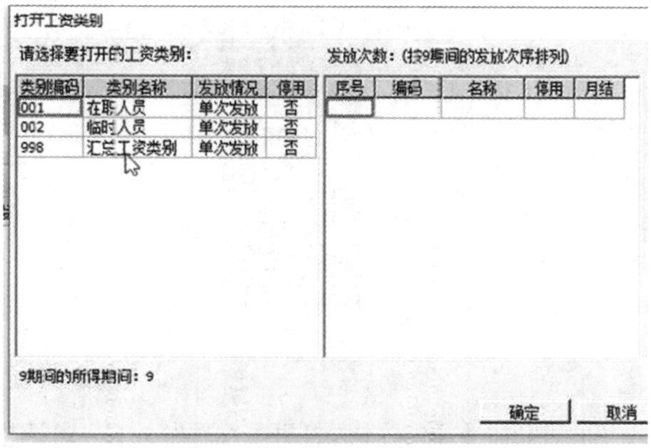


图 8－53　打开工资类别—汇总工资类别

4. 月末处理

(1)打开“在职人员”工资类别，执行“业务处理”—“月末处理”命令，打开“月末处理”对话框，如图 8－54 所示。

(2)单击“确定”按钮，系统弹出信息提示“月末处理之后，本月工资将不许变动，继续月末处理吗?”，单击“是”按钮。系统弹出信息提示“是否选择清零项?”，单击“否”按钮。系统弹出信息提示“月末处理完毕!”，单击“确定”按钮返回。

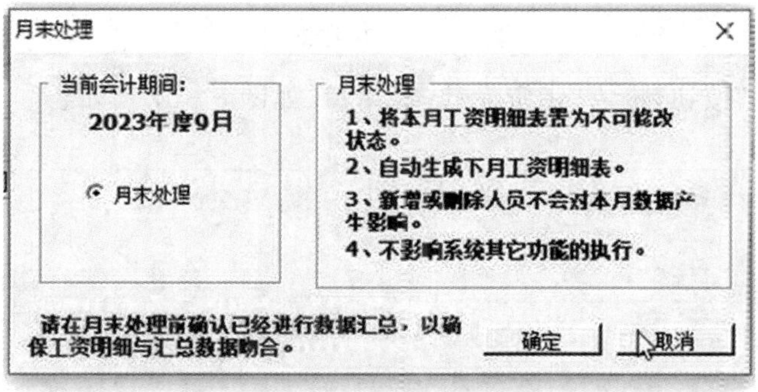


图 8－54　月末处理

(3)用同样的方法完成“临时人员”工资类别的月末处理。

5. 在职人员工资类别账表查询

(1)查看工资发放条

① 打开“在职人员”工资类别，执行“统计分析”—“账表”—“工资表”命令，打开“工资表”对话框。

② 单击选中“工资发放条”，如图 8－55 所示。

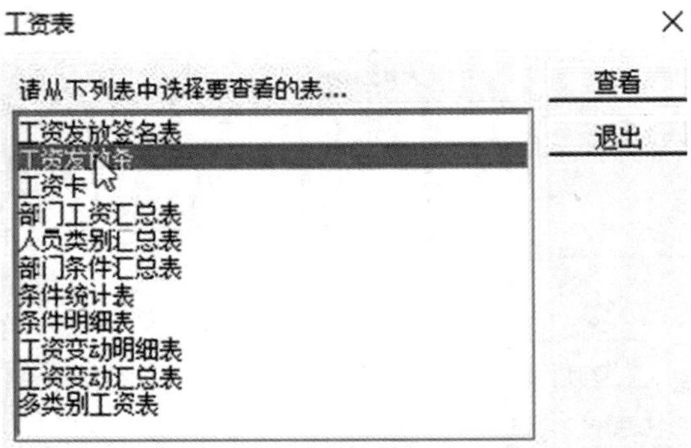


图 8－55　选择“工资发放条”

③ 单击“查看”按钮，打开“工资发放条”对话框。

④ 单击选中各个部门，并单击选中“选定下级部门”复选框，如图 8－56 所示。

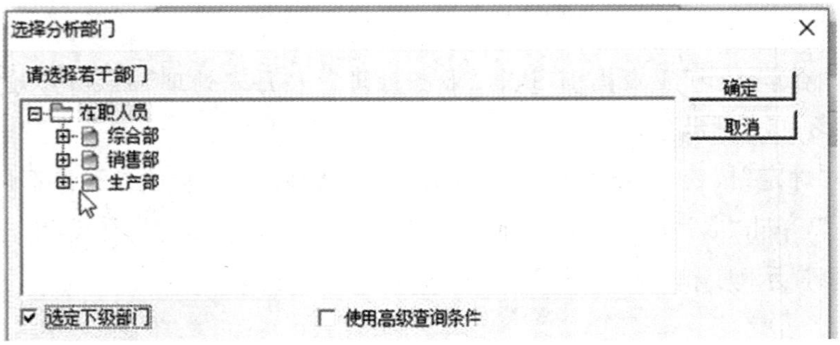


图 8－56　选择部门

⑤ 单击“确定”按钮，进入“工资发放条”窗口，如图 8－57 所示。

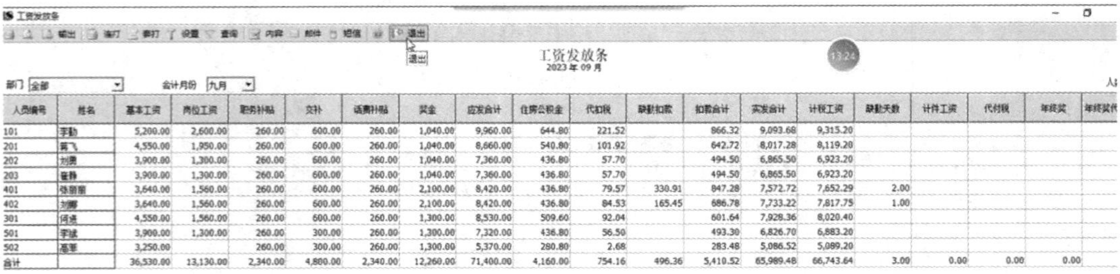

工资发放条
2023 年 09 月

部门 全部　会计月份 九月

| 人员编号 | 姓名 | 基本工资 | 岗位工资 | 职务补贴 | 交补 | 话费补贴 | 奖金 | 应发合计 | 住房公积金 | 代扣税 | 缺勤扣款 | 扣款合计 | 实发合计 | 计税工资 | 缺勤天数 | 计件工资 | 代付税 | 年终奖 | 年终奖代 |
|---|---|---|---|---|---|---|---|---|---|---|---|---|---|---|---|---|---|---|---|
| 101 | 李勤 | 5,200.00 | 2,600.00 | 260.00 | 600.00 | 260.00 | 1,040.00 | 9,960.00 | 644.80 | 221.52 | | 866.32 | 9,093.68 | 9,315.20 | | | | | |
| 201 | 黄飞 | 4,550.00 | 1,950.00 | 260.00 | 600.00 | 260.00 | 1,040.00 | 8,660.00 | 540.80 | 101.92 | | 642.72 | 8,017.28 | 8,119.20 | | | | | |
| 202 | 刘果 | 3,900.00 | 1,300.00 | 260.00 | 600.00 | 260.00 | 1,040.00 | 7,360.00 | 436.80 | 57.70 | | 494.50 | 6,865.50 | 6,923.20 | | | | | |
| 203 | 崔静 | 3,900.00 | 1,300.00 | 260.00 | 600.00 | 260.00 | 1,040.00 | 7,360.00 | 436.80 | 57.70 | | 494.50 | 6,865.50 | 6,923.20 | | | | | |
| 401 | 张丽丽 | 3,640.00 | 1,560.00 | 260.00 | 600.00 | 260.00 | 2,100.00 | 8,420.00 | 436.80 | 79.57 | 330.91 | 847.28 | 7,572.72 | 7,652.29 | 2.00 | | | | |
| 402 | 刘娜 | 3,640.00 | 1,560.00 | 260.00 | 600.00 | 260.00 | 2,100.00 | 8,420.00 | 436.80 | 84.53 | 165.45 | 686.78 | 7,733.22 | 7,817.75 | 1.00 | | | | |
| 301 | 何进 | 4,550.00 | 1,560.00 | 260.00 | 600.00 | 260.00 | 1,300.00 | 8,530.00 | 509.60 | 92.04 | | 601.64 | 7,928.36 | 8,020.40 | | | | | |
| 501 | 李斌 | 3,900.00 | 1,300.00 | 260.00 | 300.00 | 260.00 | 1,300.00 | 7,320.00 | 436.80 | 56.50 | | 493.30 | 6,826.70 | 6,883.20 | | | | | |
| 502 | 高军 | 3,250.00 | | 260.00 | 300.00 | 260.00 | 1,300.00 | 5,370.00 | 280.80 | 2.68 | | 283.48 | 5,086.52 | 5,089.20 | | | | | |
| 合计 | | 36,530.00 | 13,130.00 | 2,340.00 | 4,800.00 | 2,340.00 | 12,260.00 | 71,400.00 | 4,160.00 | 754.16 | 496.36 | 5,410.52 | 65,989.48 | 66,743.64 | 3.00 | 0.00 | 0.00 | 0.00 | |

图 8－57　工资发放条查询

⑥ 单击“退出”按钮退出。

(2)查看部门工资汇总表

① 打开“在职人员”工资类别，执行“统计分析”—“账表”—“工资表”命令，打开“工资表”对话框。

② 单击选中“部门工资汇总表”，单击“查看”按钮，打开“部门工资汇总表”—“选择部门范围”对话框。

③ 单击选中各个部门，并单击选中“选定下级部门”复选框。

④ 单击“确定”按钮，进入“部门工资汇总表”窗口，如图 8 - 58 所示。

| 部门 | 人数 | 基本工资 | 岗位工资 | 职务补贴 | 交补 | 话费补贴 | 奖金 | 应发合计 | 住房公积金 | 代扣税 | 缺勤扣款 | 扣款合计 | 实发合计 | 计税工资 | 缺勤天数 | 计件工资 | 代付税 | 年终奖 | 年终奖代扣税 | 工资代扣税 | 扣税合计 | 年终奖代付税 |
|---|---|---|---|---|---|---|---|---|---|---|---|---|---|---|---|---|---|---|---|---|---|---|
| 综合部 | 4 | 17,550.00 | 7,150.00 | 1,040.00 | 2,400.00 | 1,040.00 | 4,160.00 | 33,340.00 | 2,059.20 | 438.84 | | 2,498.04 | 30,841.96 | 31,280.80 | | | | | | 438.84 | 438.84 | |
| 总经理办公室 | 1 | 5,200.00 | 2,600.00 | 260.00 | 600.00 | 260.00 | 1,040.00 | 9,960.00 | 644.80 | 221.52 | | 866.32 | 9,093.68 | 9,315.20 | | | | | | 221.52 | 221.52 | |
| 财务部 | 3 | 13,350.00 | 4,550.00 | 780.00 | 1,800.00 | 780.00 | 3,120.00 | 23,380.00 | 1,414.40 | 217.32 | | 1,631.72 | 21,748.28 | 21,965.60 | | | | | | 217.32 | 217.32 | |
| 销售部 | 3 | 11,830.00 | 4,680.00 | 780.00 | 1,800.00 | 780.00 | 5,500.00 | 25,370.00 | 1,383.20 | 256.14 | 496.36 | 2,135.70 | 23,234.30 | 23,490.44 | 3.00 | | | | | 256.14 | 256.14 | |
| 销售一部 | 2 | 7,280.00 | 3,120.00 | 520.00 | 1,200.00 | 520.00 | 4,200.00 | 16,840.00 | 873.60 | 164.10 | 496.36 | 1,534.06 | 15,305.94 | 15,470.04 | 3.00 | | | | | 164.10 | 164.10 | |
| 销售二部 | 0 | | | | | | | | | | | | | | | | | | | | | |
| 采购部 | 1 | 4,550.00 | 1,560.00 | 260.00 | 600.00 | 260.00 | 1,300.00 | 8,530.00 | 509.60 | 92.04 | | 601.64 | 7,928.36 | 8,020.40 | | | | | | 92.04 | 92.04 | |
| 生产部 | 2 | 7,150.00 | 1,300.00 | 520.00 | 600.00 | 520.00 | 2,600.00 | 12,690.00 | 717.60 | 59.18 | | 776.78 | 11,913.22 | 11,972.40 | | | | | | 59.18 | 59.18 | |
| 一车间 | 2 | 7,150.00 | 1,300.00 | 520.00 | 600.00 | 520.00 | 2,600.00 | 12,690.00 | 717.60 | 59.18 | | 776.78 | 11,913.22 | 11,972.40 | | | | | | 59.18 | 59.18 | |
| 二车间 | 0 | | | | | | | | | | | | | | | | | | | | | |
| 合计 | 9 | 36,530.00 | 13,130.00 | 2,340.00 | 4,800.00 | 2,340.00 | 12,260.00 | 71,400.00 | 4,160.00 | 754.16 | 496.36 | 5,410.52 | 65,989.48 | 66,743.64 | 3.00 | | | | | 754.16 | 754.16 | |

图 8 - 58　部门工资汇总表

⑤ 单击“退出”按钮退出。

(3)对财务部进行工资项目构成分析

① 打开“在职人员”工资类别，执行“统计分析”—“账表”—“工资分析表”命令，打开“工资分析表”对话框。

② 单击“确定”按钮，打开“请选择分析部门”对话框。

③ 单击选中“财务部”后，单击“确定”按钮，打开“分析表选项”对话框。

④ 单击“≫”按钮，选中所有的薪资项目内容，如图 8 - 59 所示。

⑤ 单击“确定”按钮，进入“工资项目分析表(按部门)”窗口。

⑥ 查看财务部工资项目构成情况，如图 8 - 60 所示。

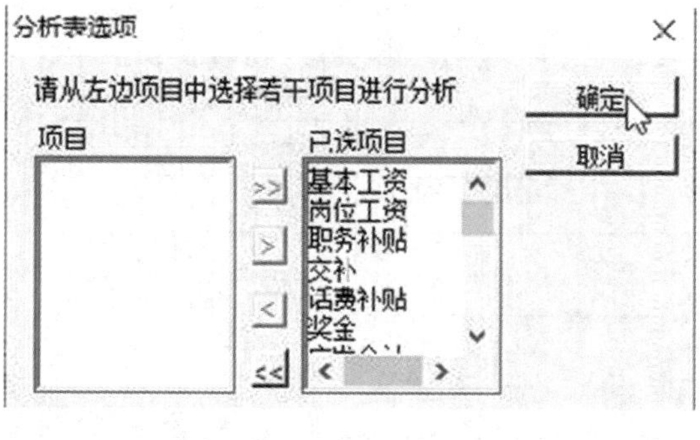


图 8 - 59　待分析项目选择

(4)查询 1 月份工资费用分摊凭证

① 薪资管理系统中，执行“统计分析”—“凭证查询”命令，打开“凭证查询”对话框，如图 8 - 61 所示。

② 在“凭证查询”对话框中，单击选中“应付工资”所在行。

③ 单击“凭证”按钮，打开工资分摊的转账凭证，如图 8 - 62 所示。

工资项目分析表（按部门）

输出 查询 设置 退出

工资项目分析（按部门）

2023年度9月

部门：财务部

| 项目 | 1月 | 2月 | 3月 | 4月 | 5月 | 6月 | 7月 | 8月 | 9月 | 月均 | 年度合计 |
|---|---|---|---|---|---|---|---|---|---|---|---|
| 基本工资 | | | | | | | | | 12,350.00 | 12,350.00 | 12,350.00 |
| 岗位工资 | | | | | | | | | 4,550.00 | 4,550.00 | 4,550.00 |
| 职务补贴 | | | | | | | | | 780.00 | 780.00 | 780.00 |
| 交补 | | | | | | | | | 1,800.00 | 1,800.00 | 1,800.00 |
| 话费补贴 | | | | | | | | | 780.00 | 780.00 | 780.00 |
| 奖金 | | | | | | | | | 3,120.00 | 3,120.00 | 3,120.00 |
| 应发合计 | | | | | | | | | 23,380.00 | 23,380.00 | 23,380.00 |
| 住房公积金 | | | | | | | | | 1,414.40 | 1,414.40 | 1,414.40 |
| 代扣税 | | | | | | | | | 217.32 | 217.32 | 217.32 |
| 缺勤扣款 | | | | | | | | | | | |
| 扣款合计 | | | | | | | | | 1,631.72 | 1,631.72 | 1,631.72 |
| 实发合计 | | | | | | | | | 21,748.28 | 21,748.28 | 21,748.28 |
| 计税工资 | | | | | | | | | 21,965.60 | 21,965.60 | 21,965.60 |
| 缺勤天数 | | | | | | | | | | | |
| 计件工资 | | | | | | | | | | | |
| 代付税 | | | | | | | | | | | |
| 年终奖 | | | | | | | | | | | |
| 年终奖代扣 | | | | | | | | | | | |
| 工资代扣税 | | | | | | | | | 217.32 | 217.32 | 217.32 |
| 扣税合计 | | | | | | | | | 217.32 | 217.32 | 217.32 |
| 年终奖代付 | | | | | | | | | | | |
| 工资代付税 | | | | | | | | | | | |

图 8－60　工资项目分析

凭证查询

删除 冲销 单据 凭证 修改 退出

| 业务日期 | 业务类型 | 业务号 | 制单人 | 凭证日期 | 凭证号 | 标志 |
|---|---|---|---|---|---|---|
| 2023-09-30 | 应付工资 | 1 | 蒋飞 | 2023-09-30 | 转-4 | 未审核 |
| 2023-09-30 | 住房公积金 | 2 | 蒋飞 | 2023-09-30 | 转-5 | 未审核 |

图 8－61　凭证查询

联查凭证

文件(F) 查看(V) 工具(T) 帮助(H)

输出 查询 流量 备查 退出

**转 账 凭 证**

转 字 0004 － 0001/0002　制单日期：2023.09.30　审核日期：　附单据数：0

| 摘要 | 科目名称 | 借方金额 | 贷方金额 |
|---|---|---|---|
| 应付工资 | 生产成本/直接人工 | 537000 | |
| 应付工资 | 制造费用/工资 | 732000 | |
| 应付工资 | 销售费用 | 1684000 | |
| 应付工资 | 管理费用/薪资 | 996000 | |
| 应付工资 | 管理费用/薪资 | 2338000 | |
| 票号 日期　数量 单价 | 合计 | 7140000 | 7140000 |

备注　项目　部门　个人　客户　业务员

记账　审核　出纳　制单 蒋飞

图 8－62　工资分摊转账凭证

④ 用同样的方法，查询住房公积金分摊凭证，如图 8－63 所示。

5. 账套备份(略)

全部完成后，将账套输出至“实验十五　薪资管理日常业务处理”文件夹中。

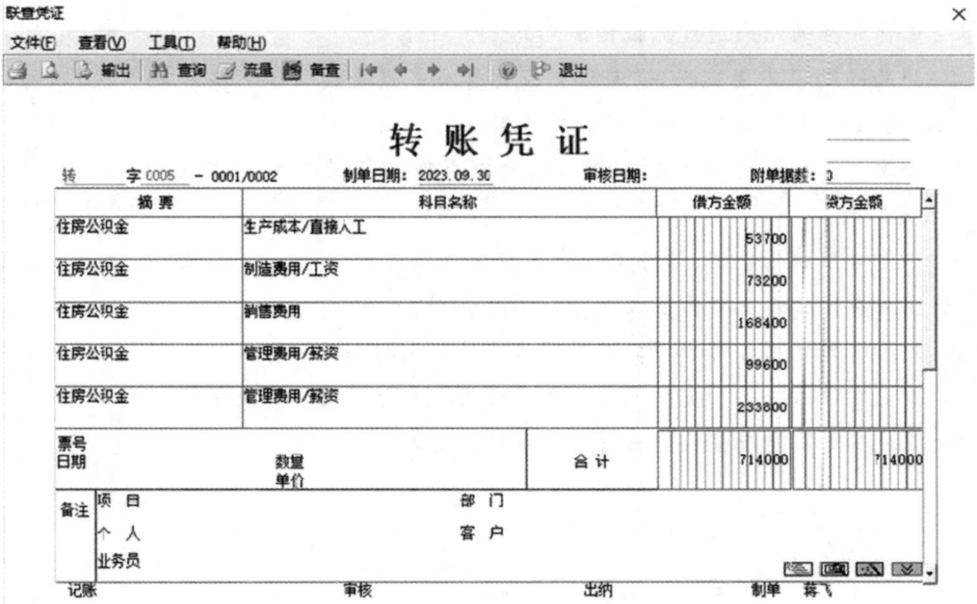


图 8－63　住房公积金分摊凭证练习

## 章节练习

### 一、选择题

1. 一套工资账中，可同时处理(　　)工资类别。

A. 单个　　B. 2 个　　C. 3 个　　D. 多个

2. (　　)的企业不适合建立多个工资类别。

A. 按周发放工资　　B. 有多种不同类别的人员

C. 工资发放项目不尽相同　　D. 只有一类人员

3. 执行计件工资相关设置时，(　　)是必须设置的。

A. 需要计件的人员档案　　B. 计件工资标准

C. 计件工资方案　　D. 计件工资项目的公式

4. 工资模块和总账的联系是(　　)。

A. 工资分摊数据　　B. 工资里相关的费用数据

C. 工资变动后计算出的数据　　D. 工资分摊后的凭证

5. 将管理人员的工资上调 800 元，在数据管理(　　)功能中实现。

A. 筛选和定位　　B. 替换　　C. 页编辑　　D. 过滤器

二、判断题

1. 在工资管理系统中，不同部门的人员编码不能重复。 (　　)

2. 第一次进行工资类别汇总时，需要在工资类别中设置工资项目的计算公式。

(　　)

3. 工资分摊的结果通过凭证传递到总账系统。 (　　)

4. 如果修改了某些数据、重新设置了计算公式或者进行了数据替换等操作，则必须对个人工资数据重新计算汇总以保证工资数据的正确。 (　　)

5. 修改个人所得税税率表，应纳税所得额上限、下限都不允许变动。 (　　)

三、简答题

1. 如何启用薪资管理、计件工资管理模块？

2. 企业在什么情况下需要设置多个工资类别？

3. 公用的工资项目与专用的工资项目有什么关联性？

4. 薪资管理系统的人员档案与公共平台的人员档案有什么关联性？

5. 能否在总账系统查询到薪资管理系统生成的凭证？

# 第 9 章　总账期末业务处理

## 9.1　期末处理

月末处理是指在本月发生的所有经济业务均已登记入账后，完成月末分摊、计提、转账、销售成本、汇兑损益、期间损益结转等工作。

### 9.1.1　定义转账凭证

转账分为外部转账和内部转账。外部转账是指从其他系统生成的凭证转入到总账系统。内部转账是指在总账系统内部通过设置凭证模板而自动生成相应的凭证。第一次使用总账系统，应先定义“转账定义”，即设置自动转账分录。

用友 U8 提供了 5 种转账定义：自定义转账、对应结转、销售成本结转、汇兑损益结转和期间损益结转。

### 9.1.2　生成转账凭证

定义好凭证后，每月发生相关经济业务时可直接调用凭证模板来自动生成相关的记账凭证。在进行月末转账工作前，应将所有未记账凭证记账。

## 9.2　对　账

总账系统下的对账功能，可以实现总账与明细账、总账与辅助账的核对。如果对账结果显示“错误”，系统会提示引起账账不符的原因。该功能下的“试算”功能可以对各科目余额进行试算平衡，检查所有账户余额是否平衡。结账时，系统一般会自动进行对账和试算平衡。

## 9.3　结　账

每月工作结束后都要进行结账处理。结账只能每月进行一次，结账后当月不能再进行记账工作，同时，系统会将当月各账户发生额合计及余额转入下月月初。

### 实验十六　总账期末业务处理

一、实验目的

1. 理解总账系统与别的系统的数量关系。
2. 理解期间损益结转前后各凭证数据的关系。

3. 掌握总账的自动转账设置及凭证生成。

4. 掌握总账结账的方法。

实验十六　总账期末业务处理

## 二、实验内容

1. 对总账系统中的凭证执行审核、出纳签字、记账操作。

2. 定义转账凭证。

3. 生成转账凭证。

4. 结账。

5. 输出账套。

## 三、实验准备

引入“实验十五　薪资管理日常业务处理”账套数据。

## 四、实验资料

1. 自定义转账

(1)按短期借款期末余额的0.25%计提短期借款利息。

(2)将“应交税费”—“应交增值税”—“转出未交增值税”转入“应交税费”—“未交增值税”。

2. 期间损益结转

将本月“期间损益”转入“本年利润”。

## 五、实验要求

1. 以系统管理员admin登录系统管理。

2. 以“003 崔静”的身份登录企业应用平台，登录时间为2023-09-30，进行出纳签字。

3. 以“002 李明”的身份登录企业应用平台，登录时间为2023-09-30，进行凭证审核、记账等操作

4. 以“001 蒋飞”的身份登录企业应用平台，登录时间为2023-09-30，定义转账凭证，并生成凭证。

5. 再次以“002 刘勇”的身份登录企业应用平台，登录时间为2023-09-30，进行凭证审核、记账。

6. 以“001 蒋飞”的身份登录企业应用平台，登录时间为2023-09-30，进行对账以及结账操作。

## 六、操作指导

1. 出纳签字

(1)以“003 崔静”的身份登录企业应用平台。

① 在企业应用平台界面中，执行“重注册”命令，打开“登录”对话框。

② 以“003 崔静”的身份注册，再进入总账系统。以出纳身份登录，在总账系统下只能看到“凭证”和“出纳”两个功能组。

(2)出纳签字。

① 执行“凭证”—“出纳签字”命令，打开“出纳签字”查询条件对话框，如图9-1

所示。

② 单击“确定”按钮，进入“出纳签字列表”窗口。

③ 双击某一要签字的凭证，进入“出纳签字”的签字窗口。

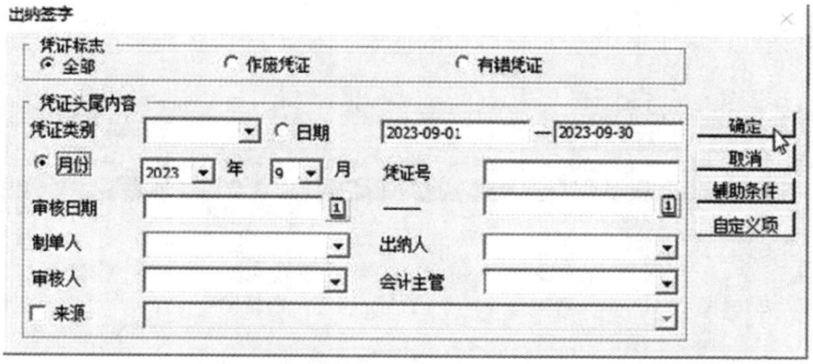


图 9－1　出纳签字

④ 单击“签字”按钮，凭证底部的“出纳”处自动签上出纳签字。

⑤ 单击“下张”按钮，对其他凭证签字，完成所有出纳凭证的出纳签字，最后单击“退出”按钮退出，如图 9－2 所示。

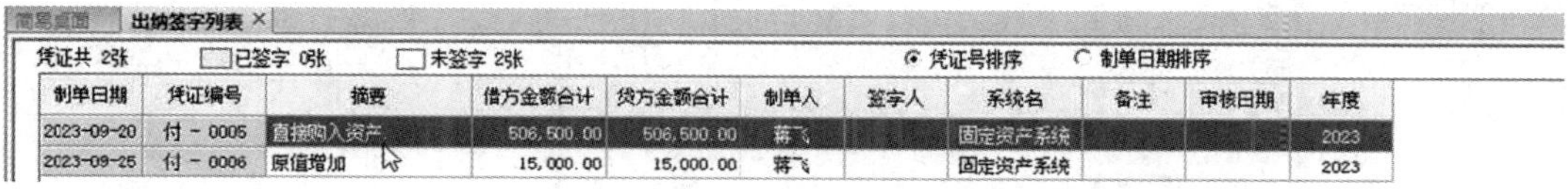


| 制单日期 | 凭证编号 | 摘要 | 借方金额合计 | 贷方金额合计 | 制单人 | 签字人 | 系统名 | 备注 | 审核日期 | 年度 |
|---|---|---|---|---|---|---|---|---|---|---|
| 2023-09-20 | 付 － 0005 | 直接购入资产 | 506,500.00 | 506,500.00 | 蒋飞 | | 固定资产系统 | | | 2023 |
| 2023-09-25 | 付 － 0006 | 原值增加 | 15,000.00 | 15,000.00 | 蒋飞 | | 固定资产系统 | | | 2023 |

图 9－2　出纳签字列表

2. 审核凭证

(1)重新注册，更换操作员为“002 刘勇”。

(2)执行“凭证”—“审核凭证”命令，打开“凭证审核”对话框，如图 9－3 所示。

图 9－3　凭证审核

(3)单击“确定”按钮,进入“凭证审核列表”窗口。

(4)双击打开待审核的第 1 号“收款凭证”。

(5)单击“审核”按钮,第 1 号收款凭证审核完成后,系统自动翻页到第 2 张待审核的凭证,再单击“审核”按钮,直到将全部待审核凭证全部审核签字,如图 9-4 所示。

(6)单击“退出”按钮退出。

图 9-4 凭证审核列表

3. 记账

(1)由操作员“002 刘勇”执行“凭证”—“记账”命令,打开“记账”对话框。

(2)单击“全选”按钮,选择对所有已审核凭证进行记账。

(3)单击“记账”按钮,系统自动进行记账,记账完成后,弹出“记账完毕!”信息提示框,如图 9-5 所示。

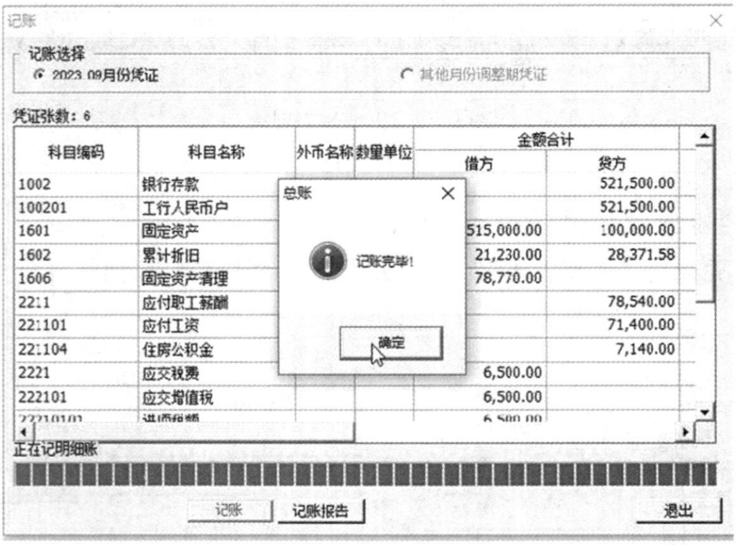


图 9-5 “记账完毕”信息提示框

(4)单击“确定”按钮确定。

4. 转账定义

(1)设置利息费用自定义结转凭证

① 以“001 蒋飞”的身份注册进入总账系统,执行“期末”—“转账定义”—“自定义转

账”命令，进入“自定义转账设置”窗口。

② 单击“增加”按钮，打开“转账目录”对话框。

③ 输入转账序号“0001”，转账说明“计提短期借款利息”，选择凭证类别“转　转账凭证”，单击“确定”按钮，返回自定义转账设置窗口，如图9－6所示。

④ 单击“增行”按钮，选择科目编码“6603”、方向“借”：双击“金额公式”栏，选择参照按钮，打开“公式向导”对话框。

⑤ 选择“期末余额”函数，单击“下一步”按钮，继续公式定义，如图9－7所示。

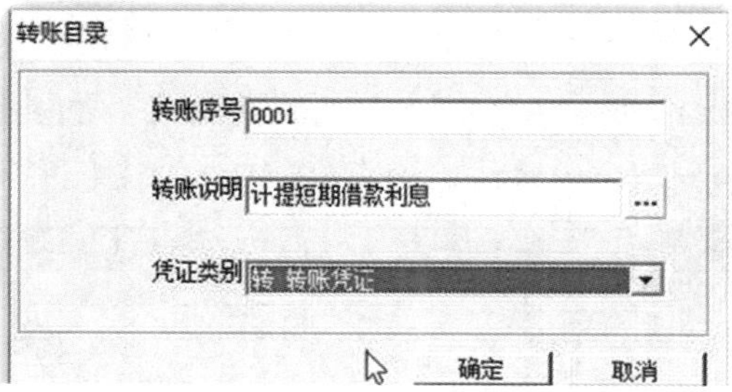


图9－6　转账目录设置

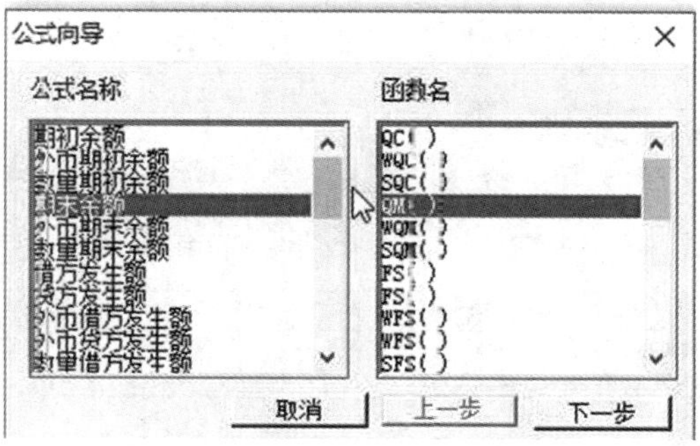


图9－7　选择“期末会额”函数

⑥ 选择科目“2001”，其他采取系统默认，单击“完成”按钮，金额公式带回自定义转账设置界面，如图9－8所示。

图9－8　公式向导设置

⑦ 将光标移至公式末尾，输入“＊0.0025”，如图 9－9 所示，按下““Enter””键确认。

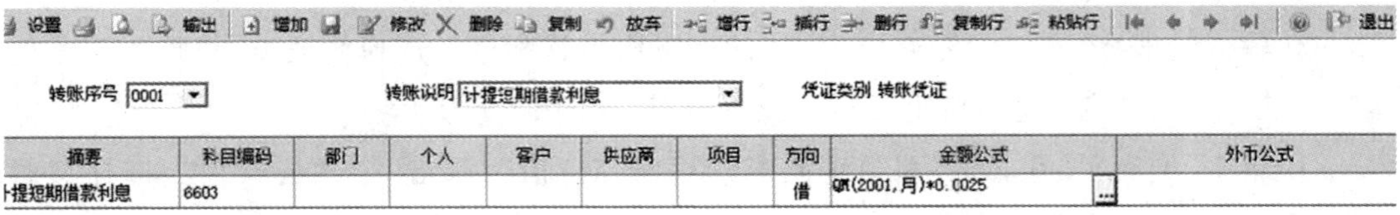


图 9－9　自定义转账设置—借方设置

⑧ 单击“增行”按钮，确定分录的贷方信息，选择科目编码“2231”、方向“贷”，输入金额公式“JG ()”，如图 9－10 所示。

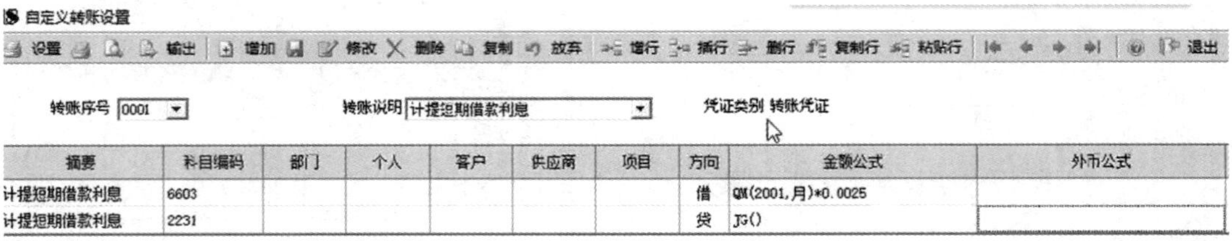


图 9－10　自定义转账设置—贷方设置

⑨ 单击“保存”按钮。

(2)设置未交增值税自定义结转凭证

① 增加会计科目“应交税费”—“应交增值税”—“转出未交增值税”(22210103)。

② 以“001 蒋飞”的身份注册进入总账系统，执行“期末”—“转账定义”—“自定义转账”命令，进入“自定义转账设置”窗口。

③ 单击“增加”按钮，打开“转账目录”对话框。

④ 输入转账序号“0002”，转账说明“转出未交增值税”：选择凭证类别“转　转账凭证”，单击“确定”按钮，返回自定义转账设置窗口，如图 9－11 所示。

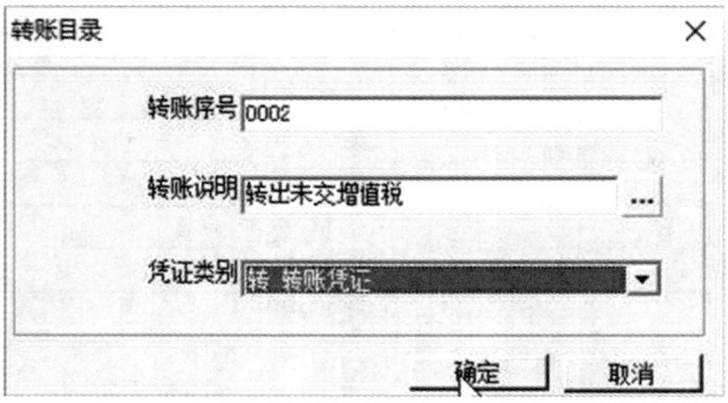


图 9－11　转账目录设置

⑤ 单击“增行”按钮，选择科目编码“22210103”、方向“借”：双击“金额公式”栏，选择参照按钮，打开“公式向导”对话框。

⑥ 选择“期末余额”函数，如图 9－12 所示。单击“下一步”按钮，继续公式定义。

⑦ 选择科目“22210103”，其他采取系统默认，单击“完成”按钮，金额公式带回自定义转账设置界面，如图 9－13 所示。

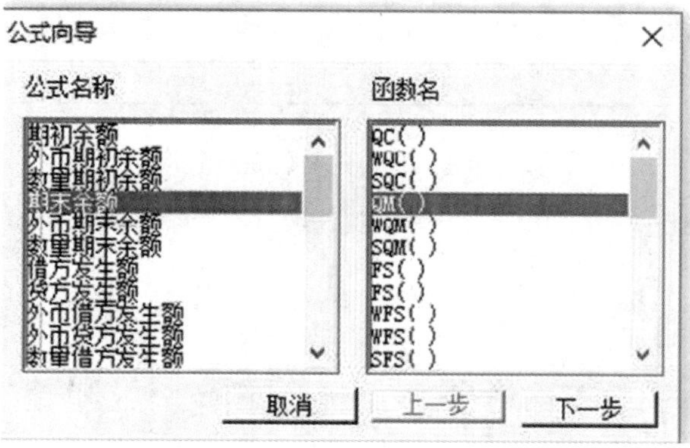


图 9－12　选择“期末余额”函数

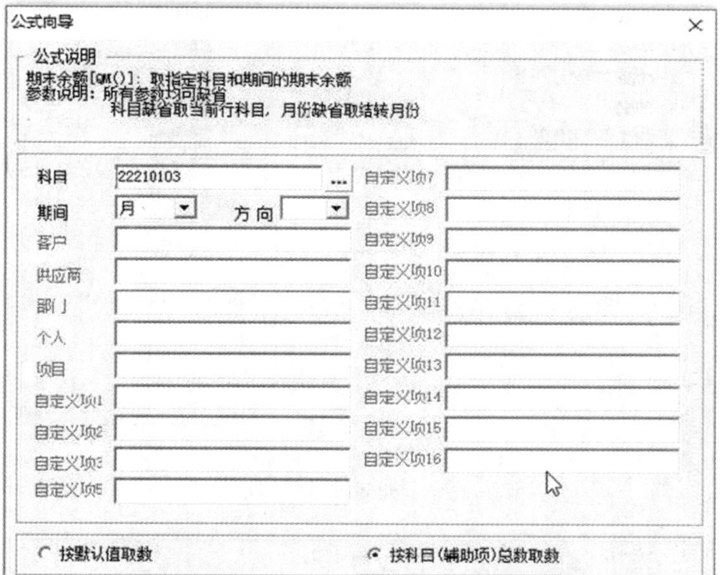


图 9－13　设置公式向导

⑧ 单击“增行”按钮，确定分录的贷方信息，选择科目编码“222102”、方向“贷”，输入金额公式“JG ()”，如图 9－14 所示。

(3)设置期间损益结转凭证

① 执行“期末”—“转账定义”—“期间损益”命令，进入“期间损益结转设置”窗口。

② 单击“凭证类别”栏的下三角按钮，选择“转　转账凭证”，在“本年利润科目”栏录

入“4103”或单击参照按钮选择“4103 本年利润”，如图 9-15 所示。

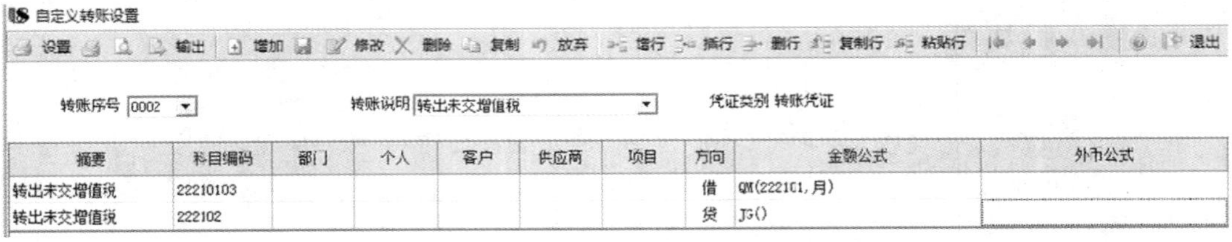


图 9-14　自定义转账设置

图 9-15　期间损益结转设置

③ 单击“确定”按钮。

5. 生成转账凭证

(1)生成自定义结转凭证

① 由“001 蒋飞”登录企业应用平台，进行转账凭证生成。

② 执行“期末”—“转账生成”命令，打开“转账生成”对话框。

③ 选中“自定义转账”单选按钮，单击“全选”按钮，如图 9-16 所示。

④ 单击“确定”按钮，生成计提短期借款利息的转账凭证。单击“保存”按钮，凭证左上出现“已生成”的标志，如图 9-17 所示。

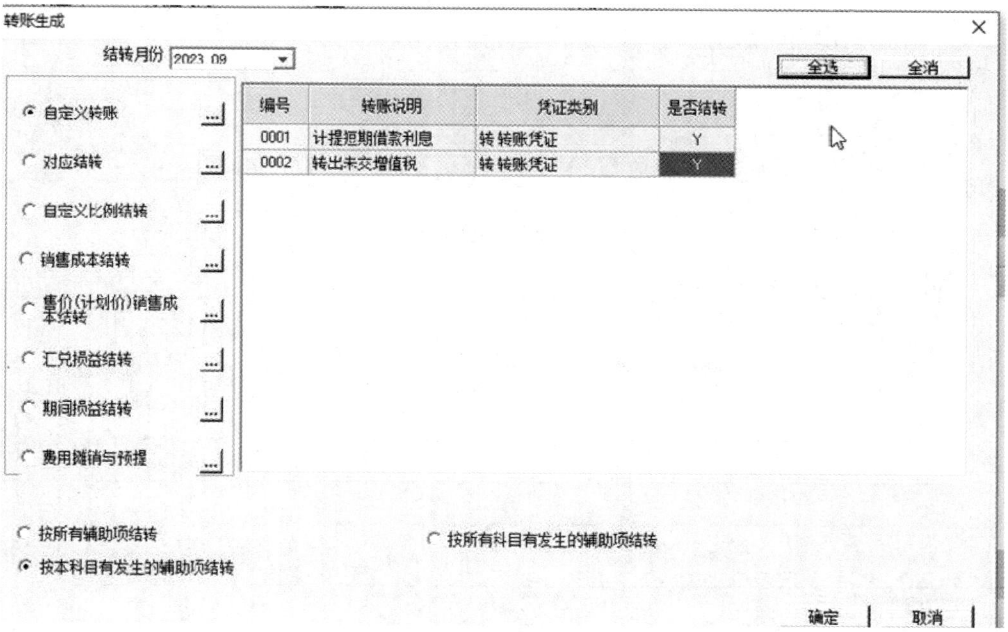


图 9－16　转账生成

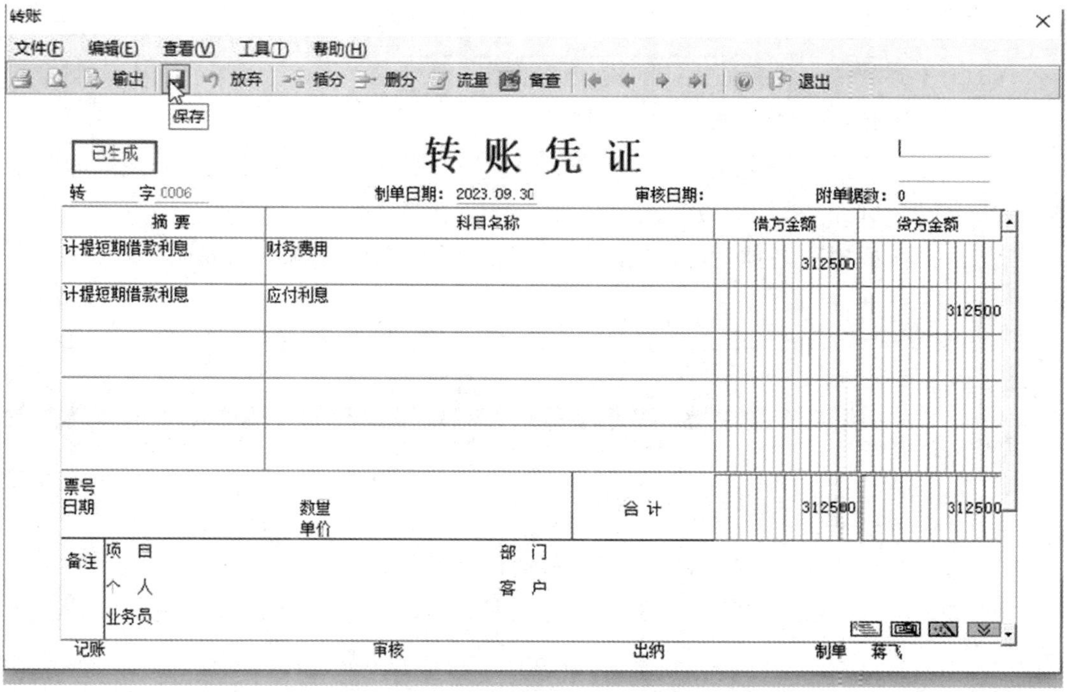


图 9－17　自定义转账生成凭证 1

⑤ 单击“➡”，进入下一张凭证，单击“保存”按钮，凭证左上出现“已生成”的标志，如

图 9 - 18 所示。

⑥ 单击“退出”按钮返回“转账生成”对话框。

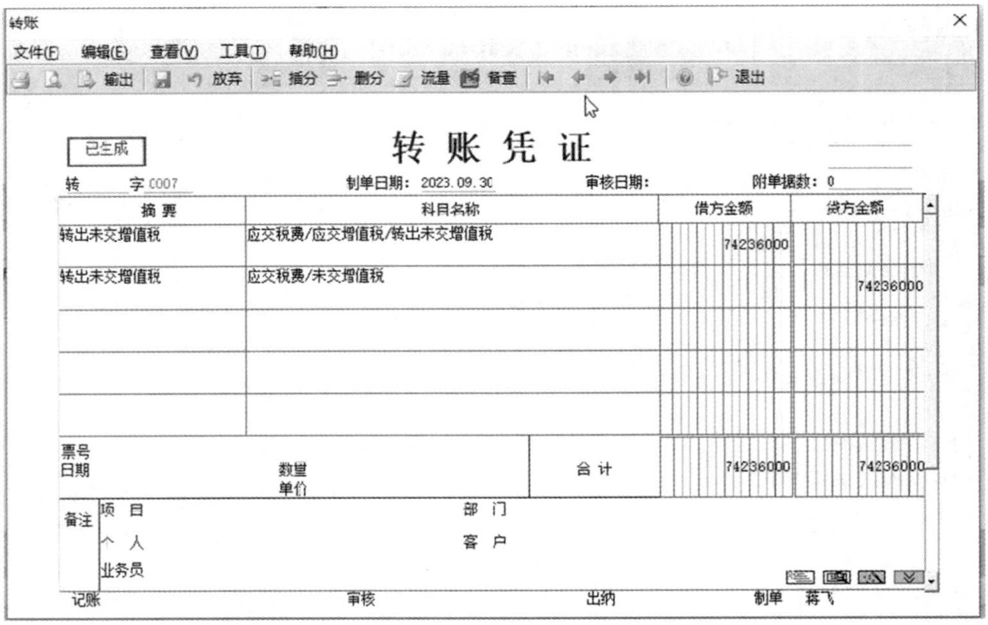


图 9 - 18　自定义转账生成凭证 2

(2)对上述转账生成凭证执行审核、记账操作

① 重新注册，更换操作员为“002 刘勇”。

② 执行“凭证”—“审核凭证”命令，打开“凭证审核”对话框。对上述转账生成的两张凭证执行审核，如图 9 - 19 所示。

③ 由操作员“002 刘勇”执行“凭证”—“记账”命令，打开“记账”对话框。

| 制单日期 | 凭证编号 | 摘要 | 借方金额合计 | 贷方金额合计 | 制单人 | 审核人 | 系统名 | 备注 | 审核日期 | 年度 |
|---|---|---|---|---|---|---|---|---|---|---|
| 2023-09-30 | 转 - 0006 | 计提短期借款利息 | 3,125.00 | 3,125.00 | 蒋飞 | | | | | 2023 |
| 2023-09-30 | 转 - 0007 | 转出未交增值税 | 742,360.00 | 742,360.00 | 蒋飞 | | | | | 2023 |

图 9 - 19　审核凭证

④ 单击“全选”按钮，选择对所有已审核凭证进行记账。

⑤ 单击“记账”按钮，系统自动进行记账，记账完成后，系统弹出“记账完毕！”信息提示框。

(3)生成期间损益结转凭证

① 由“001 蒋飞”登录企业应用平台，生成期间损益结转凭证。执行“期末”—“转账生成”命令，打开“转账生成”窗口。

② 选择“期间损益结转”单选按钮。单击“全选”按钮，再单击“确定”按钮，生成“期间损益结转”凭证。

③ 单击“保存”按钮，如图 9－20 所示。然后再单击“退出”按钮。

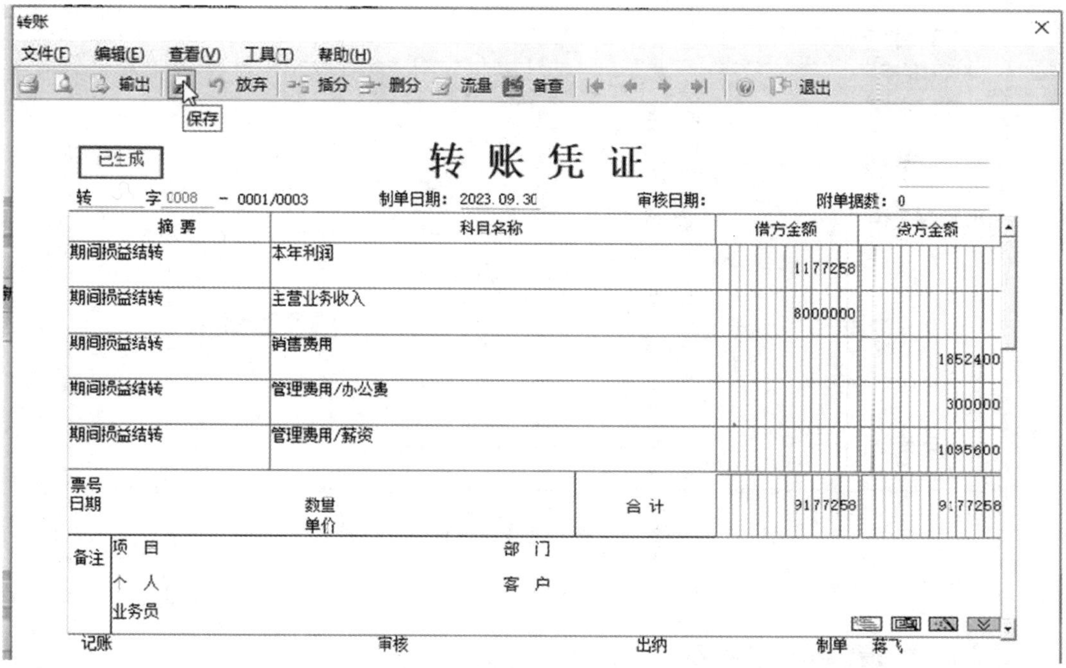


图 9－20　生成期间损益结转凭证

(4)由“002 刘勇”对生成的期间损益结转凭证进行审核、记账

① 重新注册，更换操作员为“002 刘勇”。

② 执行“凭证”—“审核凭证”命令，打开“凭证审核”对话框。对上述转账生成的 1 张凭证执行审核。

③ 由操作员“002 刘勇”执行“凭证”—“记账”命令，打开“记账”对话框。

④ 单击“全选”按钮，选择对所有已审核凭证进行记账。

⑤ 单击“记账”按钮，系统自动进行记账，记账完成后，系统弹出“记账完毕!”信息提示框。

6. 对 2023 年 9 月份的总账进行对账

(1)执行“期末”—“对账”命令，打开“对账”对话框。

(2)单击“试算”按钮，出现“2023.09 试算平衡表”窗口。

(3)单击“确定”按钮，再单击“选择”按钮，在“2023.09”“是否对账”栏出现“Y”标志，如图 9－21 所示。

(4)选中要对账的月份，再单击“对账”按钮，系统开始对账，并显示对账结果，如图 9－22所示。

(5)单击"退出"按钮退出。

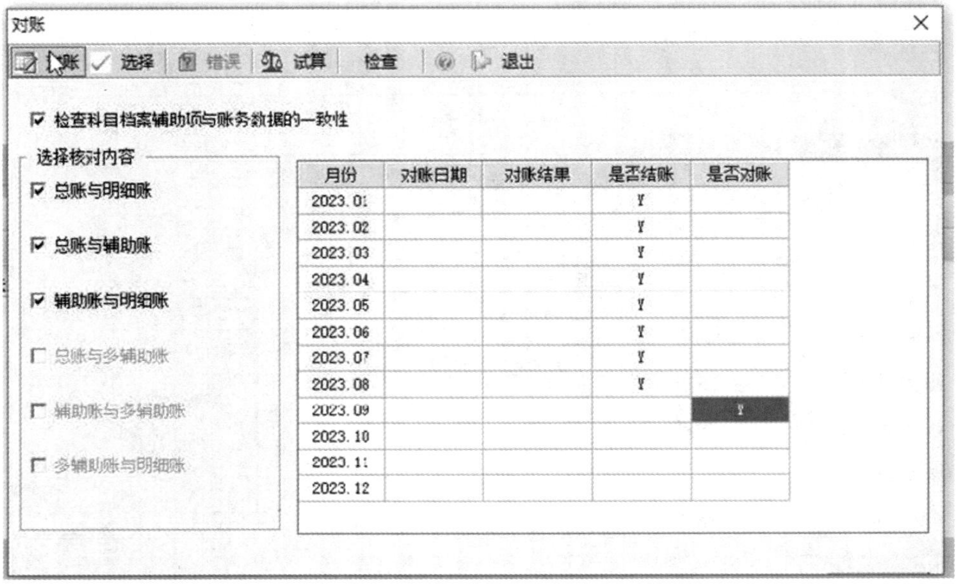

图 9-21　选择对账月份

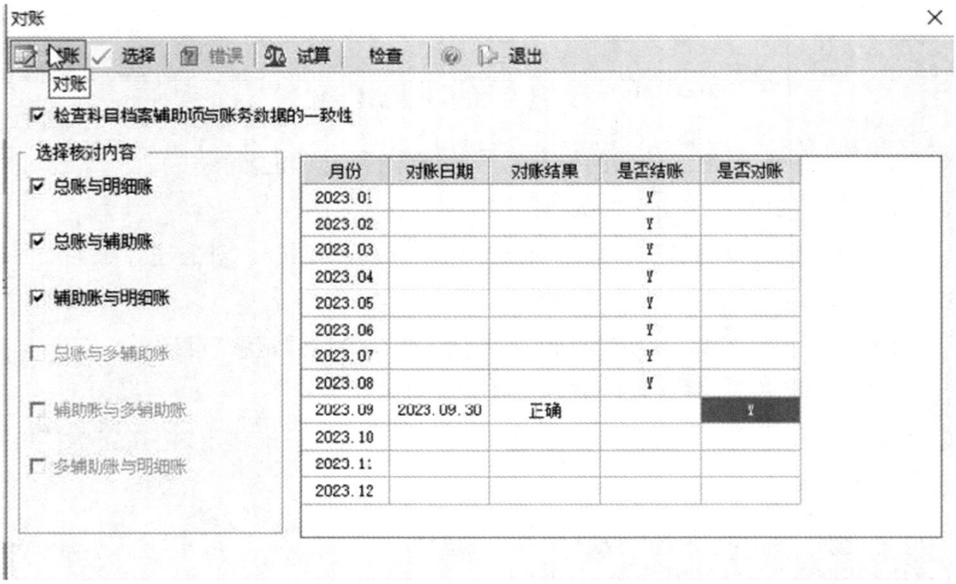

图 9-22　对账

7. 对 2023 年 9 月份进行结账

(1)执行"期末"—"结账"命令,打开"结账"对话框。

(2)单击"下一步"按钮,打开"结账"—"核对账簿"对话框。

(3)单击"对账"按钮,系统进行对账。当对账完毕后,单击"下一步"按钮,打开"结账”—“月度工作报告”对话框，如图 9－23 所示。

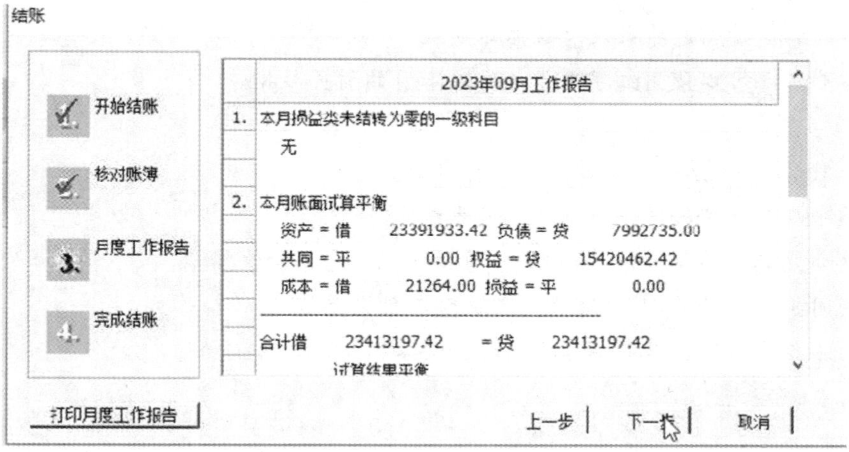


图 9－23　结账

(4)单击“下一步”按钮，再单击“结账”按钮，完成结账操作。

8. 账套输出

全部完成后，将账套输出至“实验十六　总账期末业务处理”文件夹中。

## 章节练习

一、选择题

1. 结账前必须满足(　　)条件。

A. 本月凭证必须全部记账　　B. 上月必须结账

C. 科目余额和发生额必须试算平衡　　D. 账簿数据必须核对相符

2. (　　)后，当月不能再填制凭证。

A. 记账　　B. 结账　　C. 对账　　D. 销账

3. 期末结转期间损益时不会涉及下列(　　)科目。

A.“所得税费用”　　B.“本年利润”

C.“利润分配”　　D.“管理费用”

4. 在总账系统中，对结账次数的要求是(　　)。

A. 每月只能结一次账　　B. 每天只能结一次账

C. 可以多次结账　　D. 不受限制

5. 在总账系统中，对结账的叙述，正确的是(　　)。

A. 结账前，本月凭证必须登记入账　　B. 结账后，不能再输入该月凭证

C. 结账必须按月连续进行　　D. 每月可以结多次账

二、判断题

1. 如果当月总账管理系统没有结账，则应收款管理系统可以取消结账。

2. 在总账系统中，上月未记账，本月不能记账；上月未结账，本月也不能记账。

3. 如果月末时，损益类科目还有余额，则总账不能结账。

4. 目前的会计信息系统没有反结账功能。

5. 结账后还可以使用红字冲销法修改本月的财务数据。

三、简答题

1. 一般情况下，总账期末需要处理什么业务？

2. 总账期末处理的凭证来源于哪些系统？

3. 外部凭证在总账审核时，如果发现错误应该怎么修改？

4. 期间损益结转前，对总账系统的凭证有什么要求？

5. 总账与子系统在结账顺序上有什么要求？

# 第 10 章　财务报表

## 10.1　UFO 报表概述

UFO 报表系统是用友公司开发的会计报表管理工具，其主要功能包括文件管理、格式管理、数据处理、图表功能、二次开发功能等。

### 10.1.1　文件管理

文件管理功能可以对报表文件进行新建、读取、保存和备份，能够实现不同文件格式的转换，可以通过"导入"和"导出"功能与其他财务软件交换数据。

### 10.1.2　格式管理

格式管理功能为用户提供强大的格式设计工具，例如，定义单元格、设置表尺寸、设置显示比例等，满足编制会计报表的需要。

### 10.1.3　数据处理

数据处理功能主要作用是通过设置计算公式，从总账等系统获取数据，生成会计报告，同时还提供了排序、审核、舍位平衡、汇总等功能。

### 10.1.4　图表功能

图表功能主要是指将数据表以图形的形式进行表示。由于图形比数据报表更直观，UFO 报表系统提供了数据图形化功能，可以生成直方图、条形图、折线图等多种分析图表。

### 10.1.5　二次开发功能

二次开发功能为用户提供了批命令和自定义菜单功能。用户可以在编辑窗口编制批命令，开发出满足实际工作需要的程序。

## 10.2　UFO 报表系统和其他子系统的关系

UFO 报表系统的作用从其他子系统获取数据，编制成会计报表。总账、应收款管理、应付款管理、固定资产、薪资、销售管理、采购管理、库存管理等子系统均向 UFO 报表系统提供数据。其他子系统为UFO报表系统实现其功能提供数据，而UFO报表系统是对其他子系统数据的综合反映。

## 10.3　UFO报表基本操作流程

UFO报表基本操作流程可以分为以下7个步骤。

(1)新建报表。在UFO报表系统新建报表时，系统会建立一个空的报表，并进入格式状态。这时可以在这张报表上开始设计报表格式，在保存文件时用自己的文件名给这张报表命名。

(2)设计报表的格式。报表的格式在格式状态下设计，主要包括：设置表尺寸、定义行高和列宽，设置单元属性，设置单元风格、定义组合单元，设置可变区，确定关键字在表页上的位置等。

如果需要制作标准的财务报表，可以利用UFO报表系统提供的财务报表模板自动生成一个标准财务报表。UFO还提供了10多种套用格式，可以选择套用格式，再根据实际需要进行适当的修改即可。

(3)定义各类公式。UFO报表系统有三类公式：计算公式、审核公式、舍位平衡公式，公式的定义在格式状态下进行：

① 计算公式定义了报表数据之间的运算关系。

② 审核公式的作用在于核对报表内或者报表间的数学逻辑关系是否正确。

③ 舍位平衡公式用于报表数据进行进位或小数取整时调整数据，避免破坏原数据平衡。

(4)报表数据处理。报表数据处理在数据状态下进行。根据预先定义好的报表格式和报表中的各类公式获取数据并生产会计报表。

如果要检查报表数据是否正确，可以使用审核公式对报表进行审核。通过审核不仅可以发现一张报表的问题，还可以发现不同报表间存在的共同问题。

(5)报表图形处理。选取报表数据后可以制作各种图形，如直方图、折线图、饼状图、立体图。UFO报表系统提供了强大的图表制作和分析功能，用户可以根据需求自定义图形格式和输出设置。

(6)打印报表。报表和图表制作完成后，可以设置打印参数。图形可以单独打印，也可以和报表数据一起打印。

(7)退出UFO。所有操作完成以后，保存报表文件就可以退出UFO系统了。如果忘记保存，系统则会提示用户保存文件。

### 实验十七　自定义报表

实验十七　自定义报表

一、实验目的

1. 掌握自定义报表相关操作。

2. 掌握数据状态、格式状态的功能。

二、实验内容

自定义报表生成固定资产状况表。

三、实验准备

引入“实验十六　总账期末业务处理”账套数据。

四、实验资料

1. 利用自定义报表模板编制固定资产状况表

(1)根据表 10－1 内容，录入各个单元的文字项目，并保存为“固定资产状况表”。

**表 10－1　固定资产状况表**

编制单位：智诚软件　　　　　　年　月　日　　　　　　单位：元

| 项目 | 行次 | 期初数 | 期末数 |
| --- | --- | --- | --- |
| 固定资产 | 1 | | |
| 累计折旧 | 2 | | |
| 净值 | 3 | | |

制表人：

(2)定义报表公式

固定资产期初数＝$QC$(“1601”，月)。

固定资产期末数＝$QM$(“1601”，月)。

累计折旧期初数＝$QC$(“1602”，月)。

累计折旧期末数＝$QM$(“1602”，月)。

净值期初数＝$QC$(“1601”，月)－$QC$(“1602”，月)。

净值期末数＝$QM$(“1601”，月)－$QM$(“1602”，月)。

报表计算：根据已有固定资产原值数和累计折旧数，利用计算公式求出固定资产的净值。

净值期初数：固定资产期初数－累计折旧期初数。

净值期末数＝固定资产期末数－累计折旧期末数。

2. 生成固定资产状况表

五、实验要求

1. 以系统管理员 admin 登录系统管理。

2. 以账套主管“001 蒋飞”登录企业应用平台，登录时间为 2023－09－30，进行报表操作。

六、实验指导

1. 新建报表

(1)以“001 周健”的身份进入企业应用平台，执行“财务会计”—“UFO 报表”命令，进入 UFO 报表管理系统。

(2)执行“文件”—“新建”命令，建立一张空白报表，报表名默认为“report1”。查看空白报表底部左下角的“格式/数据”按钮，使当前状态为“格式”状态。

2. 报表格式设计

(1)设置表尺寸

① 执行“格式”—“表尺寸”命令，打开“表尺寸”对话框。

② 输入行数“7”、列数“4”，如图 10－1 所示，单击“确认”按钮。

(2)定义组合单位

① 单击行号 1，选中须合并的区域“A1:D1”。

② 执行“格式”—“组合单位”命令，打开“组合单位”对话框。

③ 选择组合方式为“整体组合”或“按行组合”，该单元即合成一个单元格。

④ 同理，定义“A2:D2”单元为组合单元，“A7:D7”单元为组合单元。

(3)画表格线

① 选中报表需要画线的区域“A3:D6”。

② 执行“格式”—“区域画线”命令，打开“区域画线”对话框。

③ 选中“网线”单选按钮，如图 10－2 所示，单击“确认”按钮，将所选区域画上表格线。

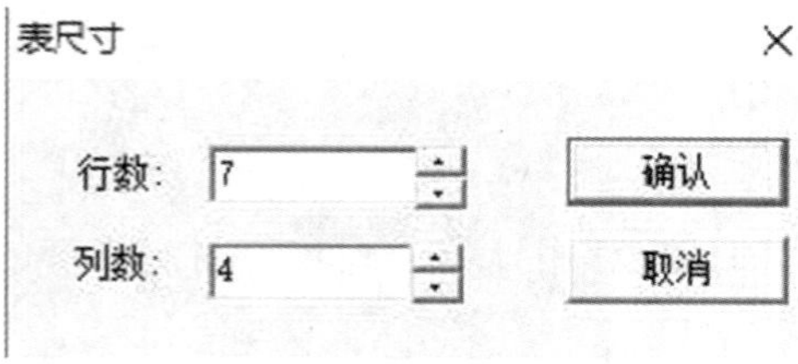


图 10－1　设置表尺寸

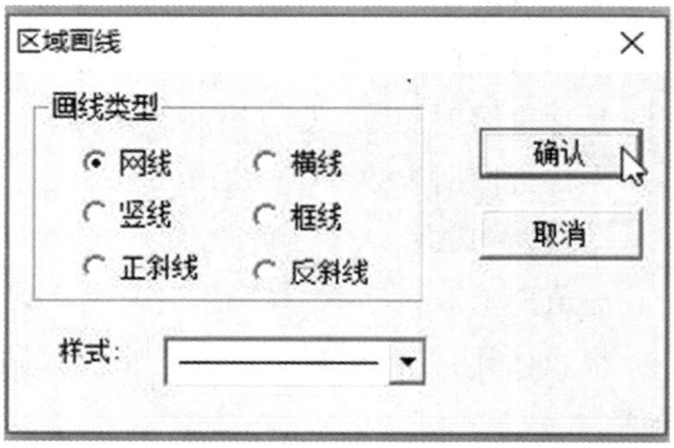


图 10－2　设置区域画线

(4)输入报表项目

① 选中需要输入内容的单元或组合单位。

② 在该单元或组合单元输入相关文字内容，如在 A1 组合单元中输入“固定资产状况表”，在 A2 单元中输入“编制单位:智诚软件”“金额单位:元”，将表体部门输入报表中。

(5)定义报表行高和列宽

① 选中需要调整的单元所在行“A1”。

② 执行“格式”—“行高”命令，打开“行高”对话框。

③ 输入行高“7”，单击“确认”按钮。

④ 选中需要调整的单元所在列，执行“格式”—“列宽”命令，输入列宽“35”，单击“确

定”按钮。

(6)设置单元属性

① 选中标题所在组合单元“A1”。

② 执行“格式”—“单元属性”命令，打开“单元格属性”对话框。

③ 单击“字体图案”选项卡，设置字体为“黑体”，字号为“14”，如图 10－3 所示。

④ 单击“对齐”选项卡，设置对齐方式为“水平居中”，单击“确定”按钮。

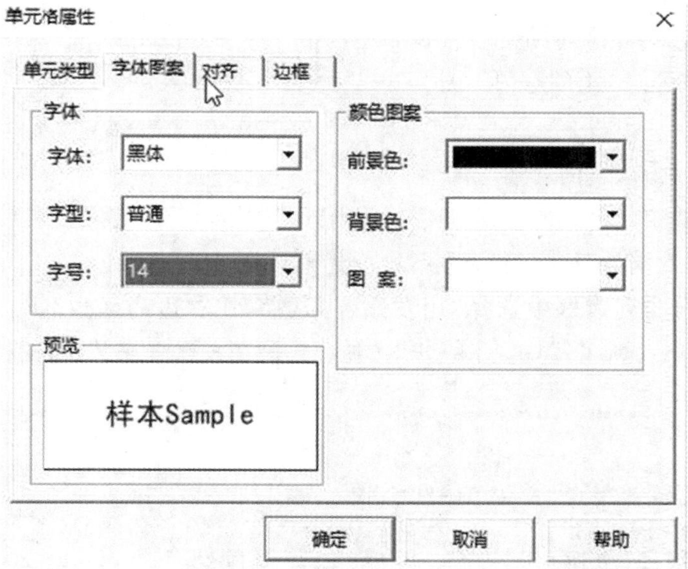


图 10－3　设置单元格属性

⑤ 选中单元“D7”。

⑥ 执行“格式”—“单元属性”命令，打开“单元格属性”对话框。

⑦ 单击“单元类型”选项卡，在“单元类型”下拉列表框中选择“字符”选项，在“对齐”选项卡下选择“水平居右”，单击“确定”按钮。

(7)设置关键字

① 选中需要输入关键字的组合单元“A2”。

② 执行“数据”—“关键字”—“设置”命令，打开“设置关键字”对话框。

③ 选中“年”单选按钮，单击“确定”按钮。

④ 同理，设置“月”“日”关键字。

(8)调整关键字位置

① 执行“数据”—“关键字”—“偏移”命令，打开“定义关键字偏移”对话框。

② 在需要调整位置的关键字后面输入偏移量。输入“年”偏移量为“－230”，“月”偏移量为“－180”，“日”偏移量为“－130”，如图 10－4 所示。

③ 单击“确定”按钮。

(9)报表公式定义

※ 定义单元公式—直接输入法

① 选中需要定义公式的单元“C4”，即“固定资产”的期初数。

② 单击“fx”按钮或执行“数据”—“编辑公式”—“单元公式”命令，打开“定义公式”对话框。

③ 在“定义公式”对话框中，直接输入总账期初函数公式 QC(“1601”,月)，单击“确认”按钮。

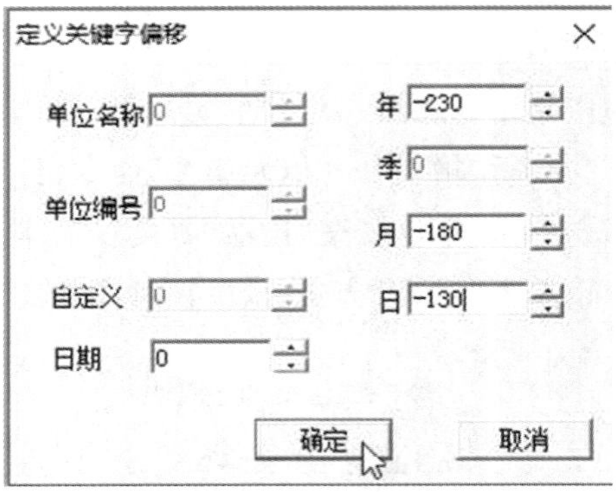


图 10-4　设置定义关键字偏移

※ 定义单元公式—向导输入法

① 选中需要定义公式的单元“D4”。单击“fx”按钮，打开“定义公式”对话框。

② 单击“函数向导”按钮，打开“函数向导”对话框。

③ 在函数分类列表框中选择“用友账务函数”，在右边的函数名列表中选择“期末(QM)”，如图 10-5 所示，单击“下一步”按钮，打开“用友账务函数”对话框。

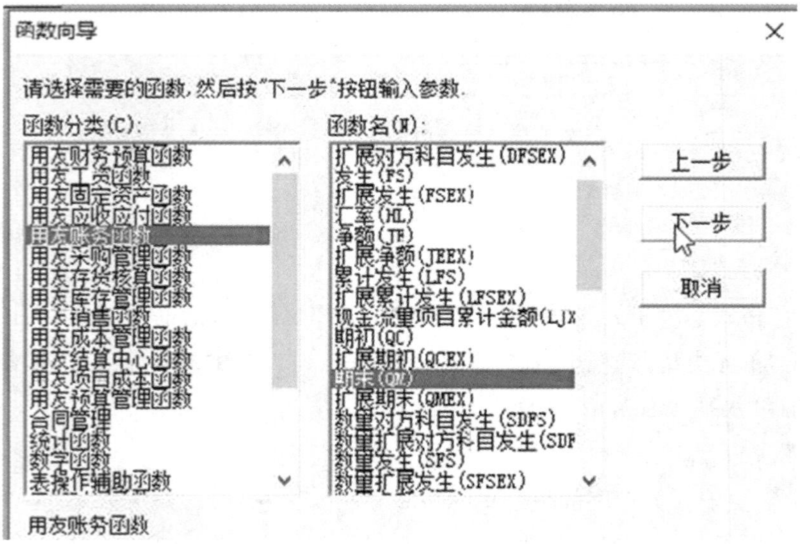


图 10-5　选择“用友账务函数”

④ 单击“参照”按钮，打开“财务函数”对话框。

⑤ 选择科目“1601”，其余各项均采用系统默认值，如图 10-6 所示，单击“确定”按钮，返回“用友账务函数”对话框。

⑥ 单击“确定”按钮，返回“定义公式”对话框，再次单击“确认”按钮。

⑦ 输入其他单元公式。

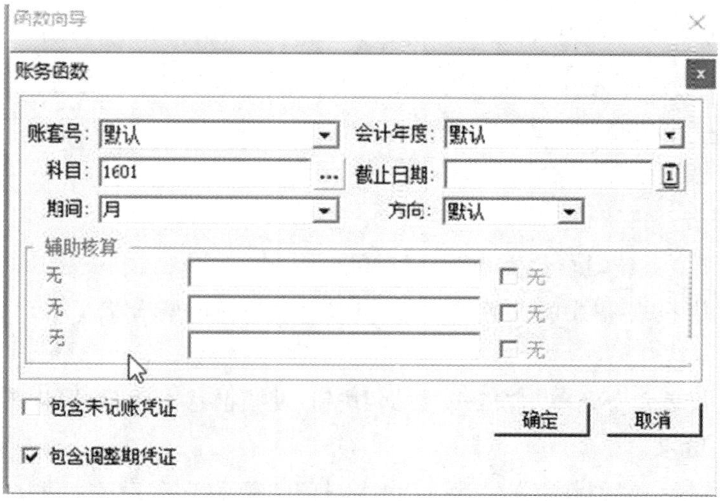


图 10-6 设置账务函数

3. 设置舍位平衡公式

(1)执行"数据"—"编辑公式"—"舍位公式"命令,打开"舍位平衡公式"对话框。

(2)输入以下信息

舍位表名:"SW1"

舍位范围:"C4:D6"

舍位位数:"3"

平衡公式:"C6=C4+C5,D6=D4+D5"

如图 10-7 所示。

(3)单击"完成"按钮。

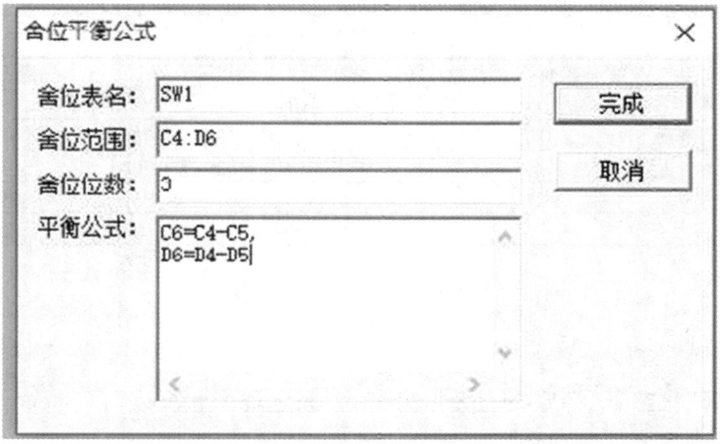


图 10-7 设置舍位平衡公式

4. 保存报表格式

(1)执行“文件”—“保存”命令。如果是第一次保存,则打开“另存为”对话框。

(2)选择保存文件夹的目录,输入报表文件名“固定资产状况表”,选择保存类型“＊.REP”,单击“另存为”按钮。

5. 报表数据处理

(1)打开报表

① 启动UFO系统,执行“文件”—“打开”命令。

② 选择存放报表格式的文件夹中的报表文件“货币资金表.REP”,单击“打开”按钮。

③ 在空白报表左下角单击“格式/数据”按钮,使当前状态为“数据状态”。

(2)输入关键字

① 执行“数据”—“关键字”—“录入”命令,打开“录入关键字”对话框。

② 输入年“2023”、月“9”、日“30”,单击“确认”按钮。系统弹出提示“是否重算第一页?”,单击“是”按钮,系统会自动根据单元公式计算9月份数据;单击“否”按钮,系统不计算9月份数据,以后可利用“表页重算”功能生成9月份数据,这里选择“否”。

(3)生成报表数据

① 执行“数据”—“表页重算”命令,系统弹出提示“是否重算第一页?”。

② 单击“是”按钮,系统会自动在初始的账套和会计年度范围内根据单元公式计算生成数据,如图10-8所示。

| | A | B | C | D |
|---|---|---|---|---|
| 1 | 固定资产状况表 | | | |
| 2 | 编制单位：智诚软件 | 2023 年 | 9 月 30 日 | 单位：元 |
| 3 | 项目 | 行次 | 期初数 | 期末数 |
| 4 | 固定资产 | 1 | 5532065.00 | 5947065.00 |
| 5 | 累计折旧 | 2 | 510470.00 | 517611.58 |
| 6 | 净值 | 3 | 5021595.00 | 5429453.42 |
| 7 | | | | 制表人： |

图10-8 生成报表数据

(4)执行舍位平衡

① 在“数据”状态下,将原报表数据另存为“固定资产状况表”。

② 在“格式”状态下,将“单位:元”修改为“单位:千元”。

③ 在“数据”状态下,执行“数据”—“舍位平衡”命令,生成舍位后的“固定资产状况表”,如图10-9所示。

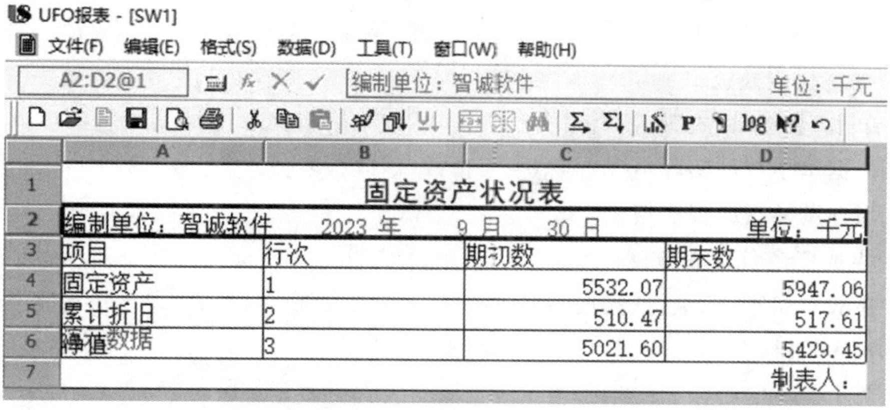


图 10－9　舍位后的报表数据

## 实验十八　利用报表模版编制报表

一、实验目的

1. 理解报表模板的功能。

2. 掌握利用报表模板生成常用财务报表的方法。

二、实验内容

利用报表模板生成资产负债表、利润表、现金流量表。

三、实验准备

引入“实验十六　总账期末账务处理”账套数据。

实验十八　利用报表模板编制报表

四、实验资料

按现行会计制度规定的资产负债表、利润表、现金流量表，在 U8 中完成报表编制。

五、实验要求

1. 以系统管理员 admin 登录系统管理。

2. 以账套主管“001 蒋飞”的身份登录企业应用平台，登录时间为 2023－09－30，进行报表操作。

六、实验指导

1. 编制资产负债表

(1)调用资产负债表模板

① 新建一张空白报表，在“格式”状态下，执行“格式”—“报表模板”命令，打开“报表模板”对话框。

② 选择您所在的行业“2007 年新会计制度科目”，财务报表为“资产负债表”，如图 10－10所示。

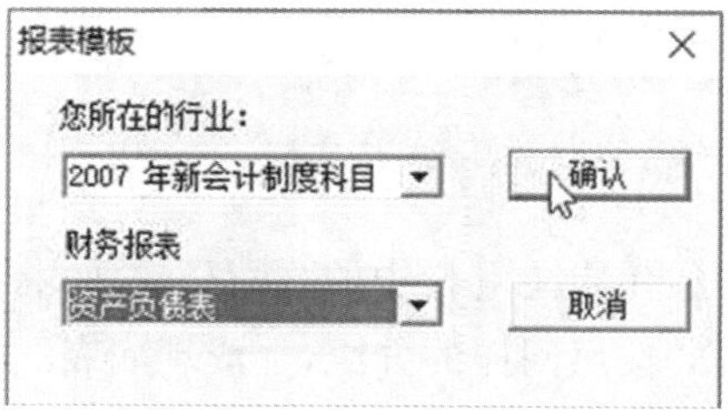


图 10－10　选择报表模板

③ 单击“确认”按钮，弹出“模板格式将覆盖本表格式！是否继续?”信息提示框。

④ 单击“确认”按钮，即可打开“资产负债表”模板。

(2)调整报表模板

① 单击“数据/格式”按钮，将“资产负债表”处于格式状态。

② 根据本单位的实际情况，调整报表格式，修改报表公式。

③ 保存调整后的报表模板。

(3)生成资产负债表数据。

① 在数据状态下，执行“数据”—“关键字”—“录入”命令，打开“录入关键字”对话框。

② 输入关键字：年“2023”，月“09”，日“30”。

③ 单击“确认”按钮，弹出“是否重算第1页?”信息提示框。

④ 单击“是”按钮，系统会自动根据单元公式计算9月份数据，如图10－11所示。

UFO报表 - [report1]

文件(F) 编辑(E) 格式(S) 数据(D) 工具(T) 窗口(W) 帮助(H)

A1@1

**资产负债表**

会企01表

编制单位：　　　　年　　　月　　　日　　　　单位：元

| 资　产 | 行次 | 期末余额 | 年初余额 | 负债和所有者权益（或股东权益） | 行次 | 期末余额 | 年初余额 |
|---|---|---|---|---|---|---|---|
| 流动资产： | | | | 流动负债： | | | |
| 货币资金 | 1 | | | 短期借款 | 32 | | |
| 交易性金融资产 | 2 | 演示数据 | | 交易性金融负债 | 33 | | |
| 应收票据 | 3 | | | 应付票据 | 34 | | |
| 应收账款 | 4 | | | 应付账款 | 35 | | |
| 预付款项 | 5 | | | 预收款项 | 36 | | |
| 应收利息 | 6 | | | 应付职工薪酬 | 37 | | |
| 应收股利 | 7 | | | 应交税费 | 38 | | |
| 其他应收款 | 8 | | | 应付利息 | 39 | | |
| 存货 | 9 | | | 应付股利 | 40 | | |
| 一年内到期的非流动资产 | 10 | | | 其他应付款 | 41 | | |
| 其他流动资产 | 11 | | | 一年内到期的非流动负债 | 42 | | |
| 流动资产合计 | 12 | | | 其他流动负债 | 43 | | |
| 非流动资产： | | | | 流动负债合计 | 44 | | |
| 可供出售金融资产 | 13 | | | 非流动负债： | | | |
| 持有至到期投资 | 14 | | | 长期借款 | 45 | | |
| 长期应收款 | 15 | | | 应付债券 | 46 | | |
| 长期股权投资 | 16 | | | 长期应付款 | 47 | | |
| 投资性房地产 | 17 | | | 专项应付款 | 48 | | |
| 固定资产 | 18 | | | 预计负债 | 49 | | |
| 在建工程 | 19 | | | 递延所得税负债 | 50 | | |
| 工程物资 | 20 | | | 其他非流动负债 | 51 | | |
| 固定资产清理 | 21 | | | 非流动负债合计 | 52 | | |
| 生产性生物资产 | 22 | | | 负债合计 | 53 | | |

图10－11　生成报表数据

⑤ 单击工具栏中的“保存”按钮，将生成的报表数据保存。

2. 按照同样的方法，生成利润表。

3. 利用报表模板编制现金流量表。

(1)调用现金流量表模板

① 启动 UFO 报表,新建一张空白报表,在“格式”状态下,执行“格式”—“报表模板”命令,打开“报表模板”对话框。

② 选择您所在的行业“2007 新会计制度科目”,财务报表为“现金流量表”。

③ 单击“确认”按钮,弹出“模板格式将覆盖本表格式! 是否继续?”信息提示框。

④ 单击“确定”按钮,即打开“现金流量表”模板。

(2)定义现金流量表项目公式

① 单击“数据/格式”按钮,使“现金流量表”处于格式状态。

② 单击选择 C6 单元格。单击“fx”按钮,打开“定义公式”对话框。单击“函数向导”按钮,打开“函数向导”对话框。

③ 在函数分类列表框中选择“用友账务函数”,在右边的函数名列表中选择“现金流量项目金额(XJLL)”,如图 10－12 所示,单击“下一步”按钮,打开“用友账务函数”对话框。

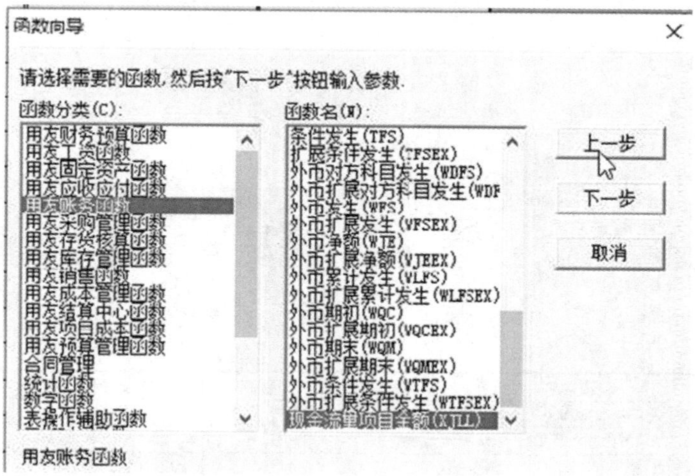


图 10－12　选择用友账务函数

④ 单击“参照”按钮,打开“账务函数”对话框。

⑤ 单击“项目编码”右边的参照按钮,打开“现金流量项目”选项。

⑥ 双击选择与 C6 单元格左边相对应的项目,单击“确定”按钮,返回“账务函数”对话框,如图 10－13 所示。

⑦ 单击“确定”按钮,返回“定义公式”对话框,单击“确认”按钮。

⑧ 重复步骤③～⑦,输入 C7～C36 单元公式,如图 10－14 所示。

⑨ 单击工具栏中的“保存”按钮,保存调整后的报表模板。

(3)生成现金流量表主表数据

① 在数据状态下,执行“数据”—“关键字”—“录入”命令。

② 输入关键字“2023”年“9”月。单击“确认”按钮,系统弹出“是否重算第 1 页?”信息提示框。

③ 单击"是"按钮，系统会自动根据单元公式计算 9 月份数据，如图 10－15 所示。

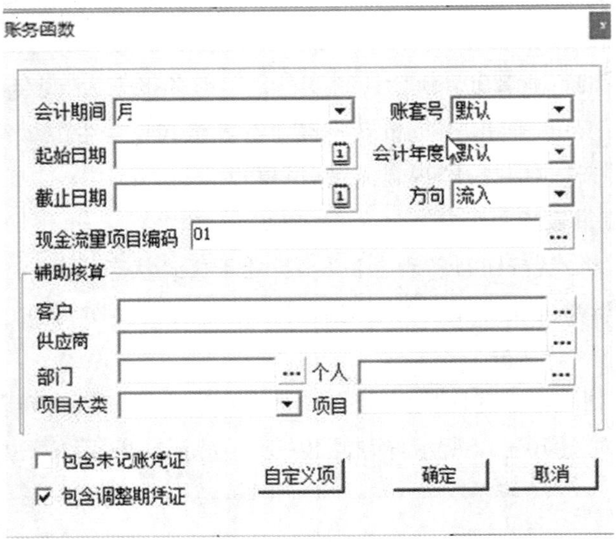


图 10－13　设置账务函数

| | A | B | C | D |
|---|---|---|---|---|
| 1 | 现金流量表 | | | |
| 2 | | | | 会企03表 |
| 3 | 编制单位： | xxxx 年 | xx 月 | 单位：元 |
| 4 | 项　　目 | 行次 | 本期金额 | 上期金额 |
| 5 | 一、经营活动产生的现金流量： | | | |
| 6 | 销售商品、提供劳务收到的现金 | 演示数据 | 公式单元 | |
| 7 | 收到的税费返还 | 2 | 公式单元 | |
| 8 | 收到其他与经营活动有关的现金 | 3 | 公式单元 | |
| 9 | 经营活动现金流入小计 | 4 | 公式单元 | 公式单元 |
| 10 | 购买商品、接受劳务支付的现金 | 5 | 公式单元 | |
| 11 | 支付给职工以及为职工支付的现金 | 6 | 公式单元 | |
| 12 | 支付的各项税费 | 7 | 公式单元 | |
| 13 | 支付其他与经营活动有关的现金 | 8 | 公式单元 | |
| 14 | 经营活动现金流出小计 | 9 | 公式单元 | 公式单元 |
| 15 | 经营活动产生的现金流量净额 | 10 | 公式单元 | 公式单元 |
| 16 | 二、投资活动产生的现金流量： | | | |
| 17 | 收回投资收到的现金 | 11 | 公式单元 | |
| 18 | 取得投资收益收到的现金 | 12 | 公式单元 | |
| 19 | 处置固定资产、无形资产和其他长期资产收回的现金净额 | 13 | 公式单元 | |
| 20 | 处置子公司及其他营业单位收到的现金净额 | 14 | 公式单元 | |
| 21 | 收到其他与投资活动有关的现金 | 15 | 公式单元 | |
| 22 | 投资活动现金流入小计 | 16 | 公式单元 | 公式单元 |
| 23 | 购建固定资产、无形资产和其他长期资产支付的现金 | 17 | 公式单元 | |
| 24 | 投资支付的现金 | 18 | 公式单元 | |
| 25 | 取得子公司及其他营业单位支付的现金净额 | 19 | 公式单元 | |
| 26 | 支付其他与投资活动有关的现金 | 20 | 公式单元 | |
| 27 | 投资活动现金流出小计 | 21 | 公式单元 | 公式单元 |

图 10－14　定义报表公式

现金流量表

会企03表

编制单位：　　2023 年　　9 月　　单位：元

| 项　　目 | 行次 | 本期金额 | 上期金额 |
| --- | --- | --- | --- |
| 一、经营活动产生的现金流量： | | | |
| 销售商品、提供劳务收到的现金 | 1 | | |
| 收到的税费返还 | 2 | | |
| 收到其他与经营活动有关的现金 | 3 | 20000.00 | |
| 经营活动现金流入小计 | 4 | 20,000.00 | |
| 购买商品、接受劳务支付的现金 | 5 | 1126050.00 | |
| 支付给职工以及为职工支付的现金 | 6 | | |
| 支付的各项税费 | 7 | | |
| 支付其他与经营活动有关的现金 | 8 | 3390.00 | |
| 经营活动现金流出小计 | 9 | 1,129,440.00 | |
| 经营活动产生的现金流量净额 | 10 | -1,109,440.00 | |
| 二、投资活动产生的现金流量： | | | |
| 收回投资收到的现金 | 11 | | |
| 取得投资收益收到的现金 | 12 | | |
| 处置固定资产、无形资产和其他长期资产收回的现金净额 | 13 | | |
| 处置子公司及其他营业单位收到的现金净额 | 14 | | |
| 收到其他与投资活动有关的现金 | 15 | | |
| 投资活动现金流入小计 | 演示数据16 | | |
| 购建固定资产、无形资产和其他长期资产支付的现金 | 17 | | |
| 投资支付的现金 | 18 | | |
| 取得子公司及其他营业单位支付的现金净额 | 19 | | |
| 支付其他与投资活动有关的现金 | 20 | | |

图 10－15　生成报表数据

④ 单击工具栏中的“保存”按钮，将生成的报表数据保存。

## 章节练习

### 一、选择题

1. UFO 报表系统中，QM 函数的含义是(　　)。

A. 期初额　　B. 期末额　　C. 发生额　　D. 取出额

2. UFO 报表系统中，可用(　　)唯一标识一个表页。

A. 特殊公式　　B. 表元　　C. 固定区　　D. 关键字

3. 在格式状态下录入了数据的单元，都是(　　)单元。

A. 表样型　　B. 数据型　　C. 字符型　　D. 日期型

4. 下列关于关键字的描述，正确的是(　　)。

A. 关键字是一种特殊的单元，可以唯一标识一个表页

B. UFO 共提供六种关键字，它们是单元名称、单元编号、年、季、月、日

C. 在数据状态下设置关键字，在格式状态下录入关键字

D. 每个报表能定义多种关键字

5. 在用友 ERP 管理系统中,(　　)模块与总账系统之间不存在凭证传递关系。

A. 工资管理　　B. 应收管理　　C. UFO 报表　　D. 固定资产管理

6. 若将关键字位置向左调整 10 像素,须输入(　　)形式的数据。

A. 左 10　　B. -10　　C. 10　　D. 0

二、判断题

1. UFO 中关键字偏移量为负数时,则表示关键字的位置向左偏移。　(　　)

2. 在 UFO 的格式状态,可以调整报表的行高和列宽。　(　　)

3. UFO 报表保存的文件类型只能是 . rep。　(　　)

4. 识别关键字的标志为字体的颜色,即 UFO 报表中红色字体对应的是关键字。　(　　)

5. 所有的 UFO 报表都可以直接调用模板生成。　(　　)

三、简答题

1. UFO 报表软件提供了几种状态? 分别可以执行哪些操作?

2. 什么情况下需要执行舍位平衡操作?

3. UFO 报表软件提供了几种报表模板?

4. UFO 报表软件中预置了几种关键字?

# 第 11 章　EXCEL 在财务分析中的应用

**学习目标**

通过本章的学习，要求在财务分析原理的基础上，重点掌握使用 Excel 进行财务分析的基本方法和过程。理解财务比率分析和筹资决策分析模型构建的基本思想和步骤，掌握与模型相关的 Excel 函数的用法。领会雷达图的构成和分析的基本思路，掌握绘制企业经营决策分析雷达图的方法和技巧。

## 11.1　财务分析概述

### 11.1.1　财务分析的目的

财务分析是指分析者以企业有关会计资料为依据，采用专门的方法，对企业生产经营成果和财务状况进行分析研究的一项管理活动或行为。财务分析的目的是了解一个企业经营业绩和财务状况的真实面貌，通过挖掘会计数据背后的经济涵义，为投资者和债权人提供决策基础的方法和过程。财务分析并非仅限于财务报表分析，财务分析源于财务报表分析，同时也包含商业活动分析的内容。如果说财务报表是对企业商业活动的概括反映，那么财务分析则是试图将这些概括反映商业活动的财务报表还原为它所反映的商业活动。

由于会计系统只是有选择地反映经济活动，而且对一项经济活动的确认会有一段时间的滞后，再加上会计准则自身的不完善性，以及管理者有选择会计方法的自由，使得财务报告不可避免地会存在许多不恰当的地方。虽然审计可以在一定程度上改善这种状况，但审计师并不能绝对保证财务报表的真实性和恰当性，他们的工作只是为报表的使用者提供一个合理的决策基础，以便做出正确的决策。因此，即使经过审计并获得无保留意见审计报告的财务报表，也不能完全避免这种不恰当性。这使得财务分析变得尤为重要。

### 11.1.2　财务分析的主体和目标

财务分析主体是指与企业有现存的和潜在的利益关系，并希望通过对企业财务分析而获得企业财务信息的单位或个人。一般来说，企业财务分析的主体包括企业经营者、企业投资者、企业债权人以及其他与企业经济利益有关系的单位或个人。由于企业财务分析主体的多元性，决定了企业财务分析目标的多元性。

财务分析的目标是指财务分析者通过对企业财务状况和经营成果进行分析研究，旨在达到或应该达到的预期效果和境地。

1. 评估企业过去的经营绩效

各财务分析主体进行企业财务分析的目标均是要了解企业过去一段时期的经营绩效。各分析主体可以评估企业过去的经营情况，并与同行业进行比较，以评估该企业的经营成果和潜力。

2. 衡量企业目前的财务状况

各财务分析主体进行财务分析的目标是要掌握企业当前的财务状况，展示企业目前财务状况的真实情况，评价企业财务现状，并估计企业未来发展的潜力。

3. 预测企业未来发展的前景

财务分析主体需要拟定数项可供选择的未来发展方案。然后，根据目前的情况，预测未来的发展趋势，以便做出最佳抉择。

### 11.1.3 财务分析的主要方法

一般来说，财务分析的方法主要有以下四种：

1. 比较分析

比较分析是为了说明财务信息之间的数量关系和数量差异，以进一步指明分析方向。这种比较可以是实际与计划的比较，本期与上期的比较，或与同行业其他企业的比较。

2. 趋势分析

趋势分析是为了揭示财务状况和经营成果的变化及其原因、性质，以帮助预测未来。用于进行趋势分析的数据可以是绝对值，也可以是比率或百分比数据。

3. 因素分析

因素分析是为了分析几个相关因素对某一财务指标的影响程度，一般要借助差异分析的方法。

4. 比率分析

比率分析是通过对财务比率的分析，了解企业的财务状况和经营成果，通常要借助于比较分析和趋势分析方法。

上述各方法有一定程度的重合。在实际工作当中，比率分析方法应用最广。

### 11.1.4 财务分析的数据源

财务分析是对企业财务状况和经营成果进行分析研究的重要方法和过程。由于分析的目的不同，所采用的资料构成也存在较大差异。企业的财务报告、会计政策、企业业务活动资料、企业所在的行业平均水平以及社会经济政策环境等都是财务分析的数据来源。一般来说，财务分析的数据源包括主要数据源和辅助数据源两类。

1. 主要数据源

财务分析主要以本企业会计核算资料为基础，通过提取、加工和整理会计核算数据，生成财务报表，并对财务报表进行加工、整理，生成一系列财务指标，从而进行比较、分析和评价。因此，本企业会计核算系统提供的数据集，包括总账系统数据、其他业务子系统数据、各种报表等，是财务分析的主要数据源。

2. 辅助数据源

财务分析除了需要获取本单位的会计核算数据外，还需要获取本单位会计核算之外的数据，如相关分析指标的行业平均水平、信贷政策等。除了本单位会计核算数据之外，可供财务分析使用的数据源被称为辅助数据源。

从财务分析角度来看，无论是主要数据源还是辅助数据源都是财务分析的基础数据源，只有提供了基础数据，才能进行财务分析。从财务分析模型的角度来看，这些数据源的数据都属于财务分析模型以外的数据，如何从这些外部数据源中获取数据，并使其适用于财务分析模型，是财务分析模型中的一个关键问题。对于不同的会计核算环境，主要数据源可分别通过人工输入、从数据库生成等途径获取，辅助数据源往往通过对相关文献的查询进行获取。

### 11.1.5　Excel 下财务分析的一般步骤

在进行财务分析时，我们可以利用 Microsoft Excel 的强大功能，建立一个基本模式（或者说模型），使分析者能准确、简单、快捷地把握企业的财务状况。

利用 Excel 进行财务分析的一般步骤包括以下几个方面：

1. 设计 Excel 工作表

根据财务分析的目的和具体内容，设计工作表格式。若以现行财务报表为数据基础，应将分析工作表与相应的报表数据工作表置于同一工作簿中。

2. 录入计算公式

为了迅速、及时地计算财务指标，需要事先将每个计算公式录入到分析表的相应单元格中。如果需要引用其他单元格的资料，可以使用该单元格的地址来表示，根据需要可以选择使用绝对地址或相对地址。

3. 填列报表数据

填列报表数据有两种方法：一是手工录入，二是利用相关会计核算软件自动生成。

4. 生成分析结果

完成上述步骤后，各分析指标的结果将自动生成。为了更直观，还可以将结构分析和趋势分析的结果以图表形式展示出来。

5. 采取保护措施

为了防止已输入单元格中的公式被误删、误改，或人为篡改，为了防止报表数据泄密和修改，同时为了下次继续使用工作表，可以对分析表的格式即各项目单元格和带有公式的单元格设定密码保护。如果不打算显示公式，还可以将公式隐藏起来。

## 11.2 用EXCEL进行财务比率分析

### 11.2.1 财务比率分析概念

财务比率是指同一张财务报表的不同项目之间、不同类别之间，或在同一年度不同财务报表的有关项目之间，各会计要素之间的相互关系。财务比率是比较分析的结果，同时也是对公司财务报表进行更深层次的比较分析或因素分析的基础。

财务比率分析是将会计报表中有意义的两个相关项目进行比较，计算其比率，以反映和判断某种隐含的意义。一般而言，债权人最关心债务人现在和未来的偿债能力，投资者最关心企业现在和未来的获利能力。

### 11.2.2 财务比率分析的分类

一般来说，财务比率分析包括变现能力分析、营运能力分析、长期偿债能力分析、盈利能力分析、投资收益分析和现金流量分析等几个方面。由于财务比率相关分析指标繁多，指标的计算方法和意义，将不做讨论。

1. 变现能力分析

变现能力指企业产生现金的能力，取决于可近期转变为现金的流动资产的多少，是考察公司短期偿债能力的关键指标，包括流动比率、速动比率等。

2. 营运能力分析

营运能力指企业在经营管理中利用资金运营的能力，一般通过企业资产管理比率来衡量，主要表现为资产管理和资产利用的效率。主要指标包括存货周转率、应收账款周转率等。

3. 长期偿债能力分析

长期偿债能力指公司偿付到期长期债务的能力，通常通过负债比率来衡量，反映了债务与资产、净资产的关系。例如，资产负债率、产权比率、已获利息倍数(利息保障倍数)等。

4. 盈利能力分析

盈利能力指企业赚取利润的能力。一般来说，企业的盈利能力只涉及正常的营业状况。主要指标包括主营业务净利率、资产报酬率等。

5. 投资收益分析

投资收益分析包括每股收益、市盈率、每股净资产等方面的分析。

6. 现金流量分析

现金流量分析包括流动性分析、获取现金能力、财务弹性分析和收益质量分析。

### 11.2.3　财务比率分析的 Excel 实现

1. 数据准备

在 Excel 工作簿中分别建立企业资产负债表、利润及利润分配表、现金流量表等会计报表工作表，并在相应单元格填充数据。

2. 建立比率分析模型

在工作簿中插入新工作表，命名“财务比率表”，根据要分析的财务比率，设定“指标名称”“指标说明”“分子数值”“分母数值”“上年数”“当年数”等数据列。在“分子数值”“分母数值”列下相应单元格内录入计算公式或直接引用资产负债表、利润及利润分配表、现金流量表等工作表中对应单元格数值，在“上年数”“当年数”数据列下相应单元格内录入公式，Excel 将自动生成财务比率数值。对财务比率表的设计应根据分析的需要进行。

为了便于理解，我们截取部分财务比率分析模型图加以说明，如图 11－1 所示。

E4　=C4/D4

| | A | B | C | D | E | F | G |
|---|---|---|---|---|---|---|---|
| 1 | 指标名称 | 指标说明 | 分子数值 | 分母数值 | 上年数 | 分子数值 | 分母数值 |
| 2 | 一、获利能力分析 | | | | | | |
| 3 | 1、长期资本报酬率 | 总额+利息费用）/（长期负债平均值+所有者权益平 | 0.00 | 0.00 | #DIV/0! | 0.00 | 0.00 |
| 4 | 2、资本金收益率 | 净利润/资本金总额 | 0.00 | 0 | #DIV/0! | 0.00 | 0.00 |
| 5 | 3、股东权益报酬率 | 净利润/股东权益平均值 | 0.00 | 0.00 | #DIV/0! | 0.00 | 0.00 |
| 6 | 4、总资产利润率 | （利润总额+利息支出净额）/平均资产总值 | 0.00 | 0.00 | #DIV/0! | 0.00 | 0.00 |
| 7 | 5、毛利率 | 毛利润/销售收入 | 0.00 | [illegible] | [illegible] | 0.00 | 0.00 |
| 8 | 6、营业利润率 | （营业利润+利息支出净额）/销售收入 | 0.00 | [illegible] | [illegible] | 0.00 | 0.00 |
| 9 | 7、销售净利率 | 净利润/销售收入 | 0.00 | [illegible] | [illegible] | 0.00 | 0.00 |
| 10 | 8、成本费用利润率 | 业利润/（销售成本+销售费用+管理费用+财务费用 | 0.00 | [illegible] | [illegible] | 0.00 | 0.00 |
| 11 | 二、短期偿债能力分析 | | | | | | |
| 12 | 1、流动比率 | 流动资产/流动负债 | 0.00 | 0.00 | #DIV/0! | 0.00 | 0.00 |
| 13 | 2、速动比率 | 速动资产/流动负 | 0.00 | 0.00 | #DIV/0! | 0.00 | 0.00 |
| 14 | 3、现金比率 | （货币资金+有价证券） | 0.00 | 0.00 | #DIV/0! | 0.00 | 0.00 |
| 15 | 三、长期偿债能力分析 | | | | | | |
| 16 | 1、资产负债比率 | 负债总额/资产总额 | 0.00 | 0.00 | #DIV | [illegible] | 00 |
| 17 | 2、产权比率 | 负债总额/所有者权益总额 | 0.00 | 0.00 | #DIV/C | [illegible] | [illegible] |
| 18 | 3、有形净值债务比率 | 负债总额/（所有者权益-无形资产-递延资产） | 0.00 | 0.00 | #DIV/0! | 0.00 | 0.00 |
| 19 | 4、利息保障倍数 | （税前利润+利息费用）/利息费用 | 0.00 | 0.00 | | 0.00 | 0.00 |
| 20 | 5、营运资金长期负债比率 | （流动资产-流动负债）/长期负债 | 0.00 | 0.00 | | 0.00 | 0.00 |
| 21 | 6、长期负债比率 | 长期负债/负债总额 | 0.00 | 0.00 | | 0.00 | 0.00 |
| 22 | 7、融资结构弹性比率 | 弹性融资/融资总量 | 0.00 | 0.00 | | 0.00 | 0.00 |
| 23 | 四、资产管理效果分析 | | | | | | |
| 24 | 1、总资产周转率 | 产品销售收入净额/平均资产总额 | 0.00 | 0.00 | | 0.00 | 0.00 |
| 25 | 2、固定资产周转率 | 产品销售收入净额/固定资产平均净值 | 0.00 | 0.00 | | 0.00 | 0.00 |

基本参数及说明表 / 资产负债表 / 利润及利润分配表 / 现金流量表 / 财务比率表



图 11－1　财务比率分析

Excel 模型图中，工作薄包含 5 个工作表，当前工作表名为“财务比率表”，表中设计了相关数据列，如指标名称、指标说明等。C、D、E 列分别为分子数值、分母数值、上年数，在 C8 单元格中引用了利润及积润分配表的 C12 和 F4 单元格的数值和，C12 单元格直接引用了资产负债表 B22 单元格“流动资产合计”项目数值。

在建立模型时，还可以使用 Excel 窗体工具中的分组框，使分析模型更为简洁和直观。具体方法如下：首先，选用视图工具栏中的“窗体”工具栏，建立表头，选取“分组框”，根据设定的指标类别，分别在工作表中画出相应数量的分组框，如要分析五类比率指标，就画五个分组框。其次，给出相应的名称，每个分组框的大小将由此类指标的数目多少而定。最后，在每个分组框内输入相应的指标名称和计算公式。

模型建立和公式定义是关键环节。有关公式定义，前章介绍了利用单元定义公式的基本方法，如图 7－1，我们要定义流动比率的分子数值计算公式，先选择 C12 单元格，然后输入公式“＝资产负债表！B22”即可。一旦定义了该公式，计算结果将显示在 C12 单元格中。通过 F2 键可以查看公式的定义，按下“Enter”键后，计算结果将再次显示在 C12 单元格中。这种定义方法的优点是简单，但缺点是公式不直观。通过选择“插入”菜单的“名称”命令，可以定义一个单元、一个单元区、常量值或公式，也可以改变或删除一个已有的名称。给单元命名，用名字定义公式，Excel 会自动根据名字找出其中的数据进行计算，这样使各种比率计算公式更加直观和容易理解。

［例 11－1］ 定义资产负债表 B22 单元格的名字分别为期末流动资产，并用名字定义公式。

① 给单元取名的具体方法：选择“资产负债表”的 B22 单元格，从“插入”菜单上选择“名称”命令下“定义”命令，在名字框中输入“期末流动资产”，单击“确定”按钮。

② 用名字定义公式的具体方法：选择“财务比率表”C12 单元格，输入“＝”，从“插入”菜单上选择“名称”命令，并选择“粘贴”命令，从“粘贴名称”框中选择“期末流动资产”，单击“确定”按钮。

在众多公式定义中，分析数据的获取除上述直接从一张表或两张以上不同性质的表中引用外，还有一种情况，即分析数据的一部分直接从一张表中得到，而另一部分分析数据需要通过立体表计算得到。Excel 支持立体表的数据汇总计算，并且定义非常灵活方便。立体表的数据汇总计算表示方法如下：

A. 表名 1：表名 N！ 引用单元

其中，表名 1：表名 N 表示 N 张表，即 N 个平画；该表达式表示对 N 个单元的引用。

B. SUM（表名 1：表名 N！ 引用单元 1，表名 1：表名 N！ 引用单元 2）

该表达式表示对 N 张表中的引用单元 1 和引用单元 2 求和，即对 2N 个单元求和。

［例 11－2］ 计算平均存货成本。

在存货周转率公式中，平均存货成本可以通过资产负债表中的“年初存货”“年末存货”提取数据，并计算平均值得到。但是，企业从季节性变化因素对存货的影响和计算准确性方面考虑，平均存货应该根据 12 个月的资产负债表中的“期初存货”与“期末存货”的平均值汇总计算取得。由于每一个月资产负债表是一张格式相同的二维表，12 个月的资产负债表就构成了立体表，平均存货分析数据就要通过立体表的计算得到。若资产负债表期初存货、期末存货数据分别位于 E11、F11 单元格，那么，本例计算平均存货成本公式应为“＝Sum（资产负债表 1：资产负债表 12！ E11，资产负债表 1：资产负债表 12！ F11）/24”。

3. 对有关财务比率的进一步分析

可以利用 Excel 的图表功能，将有关比率的变化以图表方式表达，或者通过选取一定的财务比率指标，利用雷达图对企业的经营状态进行进一步的综合分析。

## 11.3 用 EXCEL 进行经营决策中的雷达图分析

### 11.3.1 雷达图的作用

雷达图(又称蜘蛛网图)是一种专业图表，用于进行多指标体系的比较分析，多项指标分布组合在一起，其形状如雷达的放射波，因此而得名。通过雷达图可，可以看出指标的实际值与参照值之间的偏离程度，为分析者提供有益的信息。雷达图在经营决策分析和创新战略评估等方面应用较为广泛。经营雷达图是财务分析图表的一种，它将一个企业的各项财务分析数字或比率集中绘制在一个圆形图表上，以展示企业各项财务比率的情况，使用者能一目了然地了解公司各项财务指标的变动状态和趋向。雷达图是财务综合分析的重要工具，可从动态和静态两个方面分析企业的财务状况。静态分析将企业的各种财务比率与其他相似企业或整个行业的财务比率进行横向比较；动态分析则将企业现时的财务比率与先前的财务比率进行纵向比较，可以发现企业财务及经营情况的发展变化方向。雷达图把纵向和横向的分析比较方法结合起来，用于评价企业的收益性、成长性、安全性、流动性及生产性等相关指标，具有指引经营“航向”的作用。

### 11.3.2 雷达图的阅读与分析

1. 雷达图的构成

雷达图通常由两个同心圆、一组坐标轴(从圆心引出的若干条射线)、一条封闭的折线构成，如图 11-2 所示。具体包括以下四个方面。

(1)两个同心圆

小圆为单位圆，半径为 1，用来反映分析所选择的比较标准，如企业历史水平或其他相似企业或行业的平均水平，该单位圆称为标准线。外圆的半径没有具体规定，要根据财务指标的对比值和分析需求来确定，一般应确保各项指标对比值的清晰列示。

(2)从圆心引出的若干条射线

每条射线即是一条坐标轴，表示一项财务指标的选择分析。

(3)若干区域

从圆心引出的若干条射线将圆分割成若干个扇形区域，用以代表每组指标综合反映的不同方面。

(4)一条封闭的折线

由企业实际财务指标与参照标准相比较计算的数据点连接形成。数据点就是这条

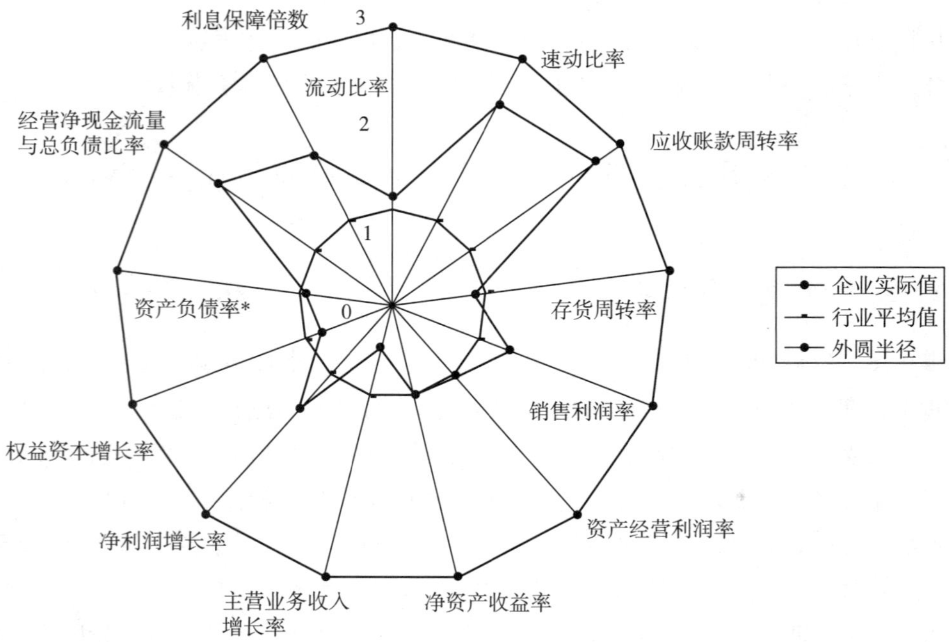


图 11－2　某企业经营状况雷达图

封闭折线和每一坐标轴(射线)交点,可能在单位圆内,也可能在单位圆外。

2. 雷达图的分析

在财务分析中,雷达图通常将企业的财务分析指标按照生产性、安全性、收益性、成长性和流动性等五个方面进行分类汇总,对企业的财务状态和经营现状进行直观、形象的综合分析与评价。在雷达图中,当指标值处于单位圆以内时,表示该指标低于参照值(企业历史水平或其他相似企业或行业平均水平),需要进行改进;若接近圆心,说明该指标处于极差状态,是企业经营的危险标志,应重点分析和改进;若处于单位圆以外,则说明企业该项指标处于优势状态,应采取措施,加以巩固和发扬。在上图中,反映企业流动性的 4 个指标(流动比率、速动比率、应收账款周转率、存货周转率),有 1 个指标(存货周转率)数据点在单位圆以内,3 个指标数据点在单位圆以外,说明该企业在流动性方面相对于同行业水平来说较好,为了发挥其优势,应加强存货管理,提高存货周转速度。

### 11.3.3　Excel 中的雷达图绘制

随着计算机的发展,雷达图的绘制不仅可以手工绘制,也可以由 Microsoft Office Excel 等常规办公软件自动生成。Excel 提供了包括雷达图在内的多种图表格式,在图表中绘制的相关数据点称为数据系列,这些数据源于数据表的行或列。图表中的每个数据系列都具有唯一的颜色或图案,并在图例中表示。可以在图表中绘制一个或多个数据系列。雷达图比较若干数据系列的聚合值。Excel 雷达图有三种图表子类型,包括雷达图、数据点雷达图和填充雷达图。雷达图显示各值相对于中心点的变化,可以选择显示包括或不显示各个数据点的标记。在填充雷达图中，使用一种颜色来填充由一个数据系列覆盖的区域。下面以数据点雷达图为例，说明如何绘制雷达图。

1. 绘制雷达图的数据准备

数据准备包括以下几个方面：

指标选择：根据分析的需要，选择反映企业经营状况不同方面的相应指标作为分析对象。通常从企业收益性、流动性、安全性、成长性、生产性等方面考虑。

收益性指标：如销售利润率、资产报酬率、所有者权益报酬率等，通过分析收益性指标，可以观察企业在一定时期内的收益及获利能力。

安全性指标：如资产负债率、利息保障倍数等。安全性指的是企业经营的安全程度，也可以说是资金调度的安全性。分析安全性指标，目的在于观察企业在一定时期内偿债能力。

流动性指标：如应收账款周转率、存货周转率等。分析流动性指标，目的在于观察企业在一定时期内资金的周转状况，以便掌握企业资金的运用效率。

成长性指标：如主营业务利润增长率、净利润增长率等。分析成长性指标，目的在于观察企业在一定时期内经营能力的发展变化趋势。即使一个企业收益性高，但如果成长性不好，也就表明其未来盈利能力可能下降。

生产性指标：如人均销售收入、人均净利润等。分析生产性指标，目的在于了解在一定时期内企业的生产经营能力、水平和成果的分配。

指标选择后，在 Excel 工作表中分别设计相应的数据列，录入选择的指标名称和分析者确定的指标隶属类别名称(需考察的方面)。

计算企业实际指标值：根据指标含义，通过计算，在 Excel 工作表中对选取的指标分别赋值，形成实际指标值列。

输入指标参照值：雷达图进行的比较分析需要将被分析企业与同类企业的标准水平或平均水平进行比较，因此需要在工作表中输入相关指标的参照值。

计算指标对比值：利用 Excel 提供的公式和复制功能，计算指标实际值和参照值的比值。在财务分析中，财务指标可以根据其数值对企业经营效果的反映情况分为三种，即正向指标、中性指标和负向指标。正向指标，指标值越大越好；负向指标，指标值越小越好；中性指标，指标值位于一定区间范围。一旦确定某个指标用于反映企业经营的某个具体方面，那么这个财务指标不是正向就是负向。例如，资产负债率在安全性方面是负向指标，在财务工作绩效方面则是正向指标。根据雷达图分析法的特点，在计算指标对比值时，要考虑将所有参与分析的指标转变为同向指标。正向指标直接用实际值除以参照值计算对比值，负向指标则需要进行逆向计算。

2. 用 Excel 进行雷达图绘制

数据准备完成后，就可以根据形成的工作表数据绘制雷达图了。下面通过一个实例来说明如何使用 Excel 进行雷达图绘制的过程。本例中选取四类指标(需要考察的四个方面)，每类指标选择了两个指标进行分析。工作表实例如图 11－3 所示。

财务指标汇总表

| 指标类别 | 指标名称 | 企业实际值 | 行业平均值 | 对比值 | 单位圆半径 | 外圆半径 |
|---|---|---|---|---|---|---|
| 流动性 | 应收账款周转率 | 20.95 | 7.895 | 2.654 | 1 | 3 |
| | 存货周转率 | 0.55 | 0.63 | 0.873 | 1 | 3 |
| 收益性 | 销售利润率 | 0.115 | 0.085 | 1.347 | 1 | 3 |
| | 净资产收益率 | 0.115 | 0.115 | 0.996 | 1 | 3 |
| 成长性 | 主营业务收入增长率 | 0.202 | 0.395 | 0.511 | 1 | 3 |
| | 净利润增长率 | 0.619 | 0.418 | 1.481 | 1 | 3 |
| 安全性 | 资产负债率* | 0.594 | 0.549 | 0.925 | 1 | 3 |
| | 利息保障倍数 | 13.765 | 7.632 | 1.804 | 1 | 3 |

图 11－3　财务指标汇总表

(1)选择雷达图类型

在 Excel 插入菜单中选择“图表”项，或直接单击常用工具栏图表向导按钮，在弹出的“图表向导—4 步骤之 1—图表类型”对话框选择图表类型中的“雷达图”选项，我们选择第一种雷达图或第二种数据点雷达图，并单击“下一步”。

(2)选择雷达图的源数据

在“图表向导—4 步骤之 2—图表源数据”窗口的“数据区域”标签下，选择数据区域。选择数据区域可以直接键入单元格代码或单击右边的选择图标，出现对话框，通过拖拽鼠标设定数据区域。本例中，通过鼠标选定 B3:B10 区域，然后按住 Ctrl 键再选定 E3:E10 单元格区域。前者用来标识坐标轴信息，后者是实际作图的数据源。在“系列”标签下，设定系列个数、系列名称、系列值和分类(X)轴标志。在“名称”中填入系列所表示的名称，在“值”中填入数据，在“数据区域”选定 E3:E10 后，“分类(X)轴标志”内容将自动填充。

本例中，为使雷达图直观、完整，设定了三个系列——实际值(折线)、参照值(内圆)、外圆。由于指标对比值将产生实际值数据系列，从而构成雷达图的核心，因此我们可以在数据表中增加两列内容，分别为第 6 列、第 7 列，第 6 列属性为单位圆半径，赋值为 1，第 7 列属性为外圆半径，根据需要赋值，本例最大对比值为 2.654，为了确保数据点落在外圆以外，我们选择值为 3。系列名称分别为企业实际值、行业平均值、外圆半径，系列值分别为第 5、6、7 列数据。

(3)完成图表

在“图表向导—4 步骤之 3—图表选项”窗口中，在“标题”标签下图表标题中填入适当的图表名称。在“坐标值”标签下选中“数值(Y)轴”，在“网格线”标签下取消“数值(Y)轴”中“主要网格线”。

(4)选择图表位置

在“图表向导—4 步骤之 3—图表位置”窗口中，选择图表的位置，可以作为新工作表插入，也可以作为其中的对象插入。最后单击“完成”。雷达图实例如图 11 - 5 所示。

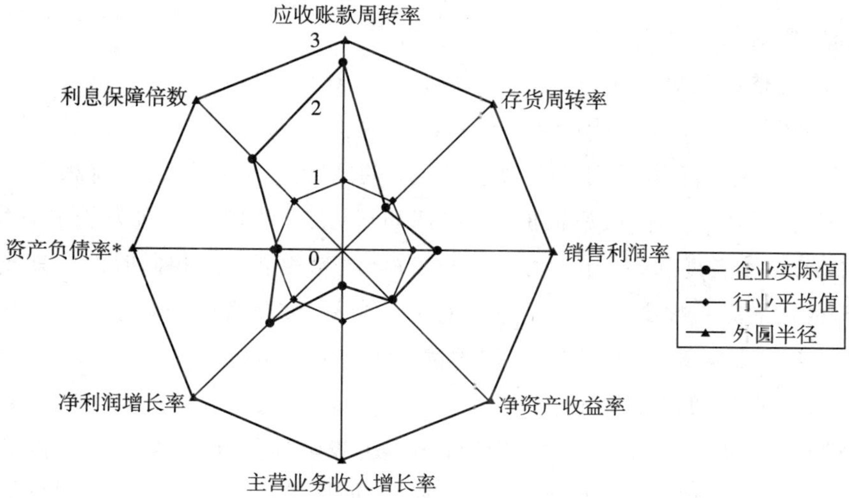


图 11 - 5　雷达图实例

(5)雷达图的修饰

右键单击绘图区的“数值轴”，在弹出的快捷菜单中左击“坐标轴格式”选项，在“坐标轴格式”对话框中的“图案”标签下，主要刻度类型中选择“无”，以去除多余的网格线。右键单击数据系列，在弹出的快捷菜单中，单击“数据系列格式”选项，可以进行线型和数据标志的修改。将雷达图复制到相关的图像处理程序中，可以进行进一步的修饰。

## 11.4　用 EXCEL 进行长期贷款筹资分析

### 11.4.1　资金的时间价值及函数

1. 资金的时间价值

任何企业的生产经营活动都在特定的时空环境中展开，如果忽略了时间因素，对企业现金流量的计算将是不完整的。在筹资和投资决策中，财务人员应该关注现金流量的时间价值。

资金的时间价值是指一定量资金在不同时点上的价值量的差额。按照经济学的观点，货币在不同的时点，其价值是不同的。即使不存在通货膨胀，等量的资金在不同时点上的价值量也不相等，今天的 1 元钱和将来的 1 元钱不等值，前者要比后者大，其差额就是资金的时间价值。在贷款、租赁、投资等实际决策中，都需要考虑资金的时间价值以及相应的基本计算方法。

2. 资金的时间价值函数

有关资金时间价值的计算，Excel 提供了许多财务函数，如年金现值、年金终值、年金、利率等函数。利用这些函数，可以方便确定贷款的支付额、投资的未来值或净现值，以及债券或息票的价值等。为了便于理解和掌握利用 Excel 建立筹资分析和决策的基本模型，下面主要对与年金相关的函数进行说明。

(1)年金现值函数 PV()

表达式：PV(rate,nper,pmt,fv,type)

功能与参数说明：该函数计算某项投资的一系列将来偿还额的当前总值（等额分期偿还的现值之和）或一次性偿还额的现值（例如，借入方的借入款即为贷出方贷款的现值）。其中，rate 为各期利率；nper 为投资期限；pmt 为各个数额相同时的定期支付额；fv 为未来值，或在最后一次支付后希望得到的现金余额，如果省略 fv，则假设其值为零（一笔贷款的未来值即为零）；type 指定各期的付款时间是在期初还是期末，type 为 0 表示期末，type 为 1 表示期初，其默认值为 0。

[例 11-3] 有一个投资机会，需要评估以下投资的可行性：某人买一辆车，如果现金支付的话他共需付现金 60000 元，但如果贷款，每月需要支付 500 元，供 20 年，年利率是 8%，请问用户是现金购买合算，还是贷款购买合算？

用年金现值函数计算该项贷款的现值为 PV(8%/12,240,500)=59777.15 元，比一次性用现金支付 60000 元少，故贷款买车合算。

透过此函数，还可以反推在某种获利条件下所需要的本金，以便评估某项投资是否值得。如果投资回收的当前价值大于投资的价值，则这项投资是有收益的。

(2)年金终值函数 FV()

表达式：FV(rate,nper,pmt,pv,type)

功能与参数说明：该函数用于计算固定利率及等额分期付款方式下，某项投资的未来值，即每期等额支付的金额数到期所得的金额。其中，rate 为各期利率，是一固定值；nper 为总投资（或贷款）期，即该项投资（或贷款）的付款期总数；pmt 为各期所应付给（或得到）的金额，其数值在整个年金期间（或投资期内）保持不变；pv 为现值，或该项投资开始计算时已经入账的款项，或一系列未来付款当前值的累积和，如果省略 pv，则假设其值为零。type 为数字 0 或 1，用以指定各期的付款时间是在期初还是期末，1 为期初，0 或省略，为期末。

[例 11-4] 5 年中，每月存入银行 500 元，存款利率为 8%，求第 5 年末年金终值。

计算方法为 FV(8%/12,60,-500,1)=36738.43 元，

若月初存入，终值为 FV(8%/12,60,-500,1)=36983.35 元。

(3)年金函数 PMT()

表达式：PMT(rate,nper,pv,fv,type)

功能与参数说明：该函数用于计算某项年金每期支付金额。该函数基于固定利率及

等额分期付款方式，返回投资或贷款的每期付款额。其中，rate 为各期利率，是一固定值；nper 为总投资（或贷款）期，即该项投资（或贷款）的付款期总数；pv 为现值，或一系列未来付款当前值的累积和，也称为本金；fv 为未来值，或在最后一次付款后希望得到的现金余额，如果省略 fv，则假设其值为零（例如，一笔贷款的未来值即为零）；type 为 0 或 1，用以指定各期的付款时间是在期初还是期末，如果省略 type，则假设其值为 0。

[例 11-5] 一笔年利率为 10%的 5 年期借款 50000 元，按分期等额方式偿还，每年偿还一次，则偿还额为：

PMT(10%,5,50000)，计算结果为：￥-13189.87 元。

(4)年金中的本金函数 PPMT ()

表达式：PPMT(rate,per,nper,pv,fv)

功能与参数说明：该函数返回在定期偿还、固定利率条件下给定期次内某项投资回报（或贷款偿还）的本金部分。其中，rate 为各期利率；per 用于计算其本金数额的期次，必须介于 1 和付款总次数 nper 之间；nper 指定一笔年金的付款总次数；pv 指从该项投资（贷款）开始计算时已经入账的款项或一系列未来付款当前值的累积和；fv 指在最后一次付款后可以获得的现金余额，如果贷款是在贷款周期结束时到期，则请使用 0，如果贷款是在周期开始时到期，则请使用 1，如果省略的话，缺省值为 0。

[例 11-6] 如例 11-5 情形，第一年偿还本金为：PPMT(10%,1,5,50000)，计算结果为￥-8189.87 元。

(5)年金中的利息函数 IPMT ()

表达式：IPMT(rate,per,nper,pv,fv)

功能和参数说明：该函数返回在定期偿还、固定利率条件下给定期次内某项投资回报（或贷款偿还）的利息部分。函数参数同 PPMT 函数。

[例 11-7] 仍如例 11-5 情形，第一年偿还利息为 IPMT(10%,1,5,50000)，计算结果为￥-5000.00 元。

可以看出，上述三个函数存在以下关系：

$$PMT = PPMT + IPMT$$

### 11.4.2 长期贷款筹资分析的内容和工具

企业筹资是指企业根据其生产经营活动对资金的需求量，通过金融机构和金融市场，采用适当的筹资方式，获取所需资金的一种行为，是企业财务管理的重要内容。按照资金使用期限的长短，可把企业筹集的资金分为短期资金和长期资金两种。长期贷款是指企业向金融机构和其他单位借入的偿还期限在一年或超过一年的一个营业周期以上的债务。目前，我国企业的长期贷款主要是向金融机构借入的各项长期性借款，如从各专业银行、商业银行取得的贷款；除此之外，还包括向财务公司、投资公司等金融企业借入的款项。

1. 长期贷款筹资分析的内容

企业筹集资金的基本要求是要分析、评价影响筹资的各种因素，并注重资金筹集的综合经济效益。在进行长期贷款筹资分析时，主要应把握以下几个方面：

(1)筹资数额

无论通过什么渠道、采用什么方式筹集资金，都应预先确定企业资金的需求量。筹集资金固然要广开渠道，但必须有一个合理的界限。筹资过多，不仅会增加筹资费用，而且造成资金闲置，影响资金的利用效果；筹资过少，又会影响资金供应，无法保证生产经营的合理需要。所以，在企业开展筹资活动之前，应合理确定资金的需求量，使筹资数额与资金需要量达到平衡，防止筹资不足而影响生产经营，或筹资过剩而降低筹资效益。

(2)筹资成本

企业筹集资金可以选择多种渠道和筹资方式。不同的筹资渠道和方式往往要求付出不同的代价，即筹资的难易程度不同，筹资的资金成本和财务风险也各不相同。因此，企业在筹集资金时，一方面要全面遵守国家的相关方针、政策和财经法规制度，选择合理的筹资渠道；另一方面，还要研究各种资金来源的构成，求得最优的筹资组合，以降低综合的资金成本。

(3)现金流量的时间价值

企业筹集资金和进行资金投资是相互关联的。筹资是投资的前提，投资是筹资的目的。企业筹资必须与投资结合起来考虑，如果资金投放项目错误，投放时间不当，即使取得低成本的资金，也难以取得良好的筹资效果。在做出筹资决策时，必须考虑到现金流量的时间价值问题。企业可以使用多种方法来评估筹资决策，但各种方法基本上都是建立在现金流量的基础上。

2. 长期贷款筹资分析的工具

计算机技术的发展为筹资分析和决策的定量化分析创造了条件。Excel 提供了多种分析工具，如计算分析工具、假设分析工具等，用于解决财务管理中的许多问题，帮助管理者作出正确的决策。利用 Excel 进行长期筹资分析，不仅可以根据不同的借款金额、借款年限、每年还款期限中一个或几个因素的变化，来分析每期偿还金额的变化及其对现金流量的影响，而且可以通过分析两个变量不同组合下长期借款偿还情况，从而为决策提供依据。

在 Excel 环境下进行长期筹资分析的基本思路是建立相关分析模型，对借款金额、借款利率、借款期限和归还期限等因素进行多种测算，在多种方案中选择一种比较合理的借款方案。

### 11.4.3 长期贷款筹资分析基本模型

利用 Excel 的相关函数，我们可以方便地计算出长期贷款筹资的应付利息、实际利率、特定利率等条件下的分期等额还款金额，以及不同还款期和不同利率组合(或其他因素组合)下的分期还款金额、净现金流量等基本数据,为筹资决策分析奠定了基础。下面以建立分期等额偿还借款模型为例进行讨论。

1. 建立分期等额偿还基本模型工作表

创建一个新的工作簿,将其命名为“长期贷款筹资分析模型 . xls”,在其中的工作表(命名为“长期贷款模型”)中建立“长期借款分期等额还款模型”,如图 11－6 所示。

2. 定义各因素间勾稽关系

(1)还款总期数

还款总期数等于借款年限与每年还款期数的乘积,即 C6 单元,公式为:＝C4 * C5

(2)分期等额还款金额

设定借款金额、利率、还款期数后利用 PMT ()函数,直接计算分期等额还款金额。如图 11－6 中的 C7 单元格,公式为:＝PMT(C3/C5,C6,C2),可使用单元格绝对地址引用。

C7 =PMT($C$3/$C$5, $C$6, $C$2)

| | A | B | C |
|---|---|---|---|
| 1 | | 长期借款分期等额还款模型 | |
| 2 | | 借款金额 | 50000 |
| 3 | | 年利率 | 10% |
| 4 | | 借款期限 | 5 |
| 5 | | 每年还款期数 | 1 |
| 6 | | 还款总期数 | 5 |
| 7 | | 分期等额还款金额 | ¥-13,189.87 |
| 8 | | | |

图 11－6 分期等额还款模型

上述模型建立以后,分期等额还款金额与借款金额、年利率、借款期限、每年还款期数、还款总期数等因素之间建立了动态链接。

3. 建立等额还款筹资决策分析表

进行长期贷款筹资决策,目的在于掌握每期还款金额和其中的本金、利息部分,及时了解各期还款后尚欠本金以及每期还款产生的现金流量。为此,我们构建如下分析模型,实例数据和模型框架见表 11－1 所列。

**表 11－1 长期贷款筹资决策分析模型框架**

| | | | | | | | |
|---|---|---|---|---|---|---|---|
| | 长期借款分期等额还款模型 | | | | | | |
| | 借款金额 | 50000 | | | | | |
| | 年利率 | 10% | | | | | |
| | 借款期限 | 5 | | | | | |
| | 每年还款期数 | 1 | | | | | |

（续表）

| | | | | | | | |
|---|---|---|---|---|---|---|---|
| | 长期借款分期等额还款模型 | | | | | | |
| | 还款总期数 | 5 | | | | | |
| | 分期等额还款金额 | ￥－13189.87 | | | | | |
| | | | | | | | |
| 等额还款筹资决策分析表 | | | | | | | |
| 所得税率： | 33% | | 贴现率： | 8% | | 单位： | 元 |
| 期限 | 等额还款金额 | 偿还本金 | 期初尚欠本金 | 偿还利息 | 避税额 | 净现金流量 | 现值 |

我们在期限列下分别录入1－5，偿还本金通过PPMT()函数计算，理论计算公式为PPMT(利率，还款期数，还款总期数，一分期等额还款金额)。偿还利息通过IPMT()函数计算，理论公式为IPMT(利率，还款期数，还款总期数，一分期等额还款金额)，期初尚欠本金由等额还款金额减去偿还本金产生，避税额按设定税率计算，净现金流量等于等额还款金额减去避税额，现值根据设定折现率和净现金流量计算生成。

按上述思想，我们在"长期贷款模型"工作表中建立等额还款筹资决策分析表，如图11－7所示。

等额还款筹资决策分析表中，除每期等额还款金额的计算外，还包括每期所还的利息、本金和避税额的计算。

(1)分期等额还款本金计算

分期等额还款金额中包括了本金和利息两部分，运用Excel的PPMT()函数计算生成本金部分，如图11－8中C12单元格所示。

| | A | B | C | D | E | F | G | H |
|---|---|---|---|---|---|---|---|---|
| 9 | 等额还款筹资决策分析表 | | | | | | | |
| 10 | 所得税率： | 33% | | 贴现率： | 8% | | 单位： | 元 |
| 11 | 期限 | 等额还款金额 | 偿还本金 | 期初尚欠本金 | 偿还利息 | 避税额 | 净现金流量 | 现值 |
| 12 | 1 | 13189.87 | 8189.87 | 50000.00 | 5000.00 | 1650.00 | 11539.87 | 10685.07 |
| 13 | 2 | 13189.87 | 9008.86 | 41810.13 | 4181.01 | 1379.73 | 11810.14 | 10125.29 |
| 14 | 3 | 13189.87 | 9909.75 | 32801.26 | 3280.13 | 1082.44 | 12107.43 | 9611.27 |
| 15 | 4 | 13189.87 | 10900.72 | 22891.52 | 2289.15 | 755.42 | 12434.45 | 9139.69 |
| 16 | 5 | 13189.87 | 11990.79 | 11990.79 | 1199.08 | 395.70 | 12794.18 | 8707.50 |
| 17 | 合计 | 65949.37 | 50000.00 | － | 15949.37 | 5263.29 | 60686.08 | 48268.83 |
| 18 | | | | | | | | |
| 19 | | | | | | | | |

图11－7　Excel下等额还款筹资决策分析结果图

C12　　=PPMT($C$3/$C$5,A12,$C$6,-$C$2)

| | A | B | C | D | E |
|---|---|---|---|---|---|
| 1 | | 长期借款分期等额还款模型 | | | |
| 2 | | 借款金额 | 50000 | | |
| 3 | | 年利率 | 10% | | |
| 4 | | 借款期限 | 5 | | |
| 5 | | 每年还款期数 | 1 | | |
| 6 | | 还款总期数 | 5 | | |
| 7 | | 分期等额还款金额 | ￥-13,189.87 | | |
| 8 | | | | | |
| 9 | | | | 等额还款筹资决策分析表 | |
| 10 | 所得税率： | 33% | | 贴现率： | 8% |
| 11 | 期限 | 等额还款金额 | 偿还本金 | 期初尚欠本金 | 偿还利息 |
| 12 | 1 | 13189.87 | 8189.87 | 50000.00 | 5000.00 |
| 13 | 2 | 13189.87 | 9008.86 | 41810.13 | 4181.01 |
| 14 | 3 | 13189.87 | 9909.75 | 32801.26 | 3280.13 |
| 15 | 4 | 13189.87 | 10900.72 | 22891.52 | 2289.15 |
| 16 | 5 | 13189.87 | 11990.79 | 11990.79 | 1199.08 |
| 17 | 合计 | 65949.37 | 50000.00 | — | 15949.37 |
| 18 | | | | | |

图 11－8　分期等额还款本金计算图

(2)偿还利息额计算

以表中第 1 年支付的利息为例，即 E12 单元，直接利用 IPMT()函数计算利息支付额，计算公式为“＝IPMT($C$3/$C$5，A12，$C$6，－$C$2)”，其他期次利息支付额直接通过复制的办法生成，如图 11－9 所示。注意：在公式中除期限列单元格引用为相对地址外，其他参数应使用绝对地址引用。

E12　　=IPMT($C$3/$C$5,A12,$C$6,-$C$2)

| | A | B | C | D | E |
|---|---|---|---|---|---|
| 1 | | 长期借款分期等额还款模型 | | | |
| 2 | | 借款金额 | 50000 | | |
| 3 | | 年利率 | 10% | | |
| 4 | | 借款期限 | 5 | | |
| 5 | | 每年还款期数 | 1 | | |
| 6 | | 还款总期数 | 5 | | |
| 7 | | 分期等额还款金额 | ￥-13,189.87 | | |
| 8 | | | | | |
| 9 | | | | 等额还款筹资决策分析表 | |
| 10 | 所得税率： | 33% | | 贴现率： | 8% |
| 11 | 期限 | 等额还款金额 | 偿还本金 | 期初尚欠本金 | 偿还利息 |
| 12 | 1 | 13189.87 | 8189.87 | 50000.00 | 5000.00 |
| 13 | 2 | 13189.87 | 9008.86 | 41810.13 | 4181.01 |
| 14 | 3 | 13189.87 | 9909.75 | 32801.26 | 3280.13 |
| 15 | 4 | 13189.87 | 10900.72 | 22891.52 | 2289.15 |
| 16 | 5 | 13189.87 | 11990.79 | 11990.79 | 1199.08 |
| 17 | 合计 | 65949.37 | 50000.00 | — | 15949.37 |
| 18 | | | | | |

图 11－9　分期等额还款利息计算图

(3)避税额的计算

借款利息会对利润造成影响,从而间接产生抵税效果。避税额=偿还利息*所得税率。如第1年避税额(F12单元格)计算公式为"=E12*$B$10"。

(4)净现金流量的计算

以第1年净现金流量为例,等于第1年还款金额减去第1年的避税额,在表中体现为G12单元格,计算公式为"=B12-F12"。

(5)现值的计算

表中的现值是指净现金流量按一定的利率折现计算的结果。仍以第1年为例,现值在H12单元格,计算公式为"=G12/[(1+$E$10)^A12]"。

在建立了上述相关计算公式后,当基本数据发生变化时,其他数据也发生变化。因此,可以对企业的筹资决策分析提供帮助。

### 11.4.4 长期贷款筹资双变量分析模型

在长期贷款筹资分析中,各个变量是相互影响的。我们在进行计算时,常常需要假设某种情况。比如希望看到对于一种运算方式,改变其中的一个条件,那么结果也要相应发生变化,我们又想对比这些情况,可以利用Excel的"模拟运算表"这一假设分析工具来解决这个问题。

Excel的模拟运算表是一个单元格区域,它可显示一个或多个公式中替换不同值时的结果。有两种类型的模拟运算表:单变量模拟运算表和双变量模拟运算表。一旦我们在工作表中输入公式后,就可进行假设分析,查看当改变公式中的某些值时怎样影响其结果,模拟运算表提供了一个操作所有变化的捷径。

1. 单变量模拟运算表

单变量模拟运算表中,用户可以对一个变量键入不同的值从而查看它对一个或多个公式的影响。见表11-2所列,表中为长期借款分期等额还款模型,当我们在一定的年利率条件下,利用Excel公式计算了分期等额还款金额后,我们还可以设想不同的利率条件下分期等额还款金额,而且只考虑利率的差异。

**表11-2 单变量模拟运算表**

| 长期借款分期等额还款模型 | |
|---|---|
| 借款金额 | 500000 |
| 年利率 | 10% |
| 借款期限 | 10 |
| 每年还款期数 | 1 |
| 还款总期数 | 10 |
| 分期等额还款金额 | ¥-81372.70 |

（续表）

| 长期借款分期等额还款模型 | |
|---|---|
| | |
| 不同年利率 | 每期偿还金额 |
| | ￥－81372.70 |
| 10% | －81372.70 |
| 8% | －74514.74 |
| 12% | －88492.08 |
| 10.50% | －83128.66 |

2. 双变量模拟运算表

双变量模拟运算表中，用户对两个变量输入不同值，而查看它对一个公式的影响。表 11－3 所列建立了长期借款分期等额还款模型。在本例中对于同样的问题，当我们设想还款总期数和借款金额两个因素均赋予不同的数值，那么模拟运算的结果产生一组在一定借款金额和还款总期数下的分期等额还款金额，见表 11－4 所列。

**表 11－3 长期借款分期等额还款模型**

| 长期借款分期等额还款模型 | | | | |
|---|---|---|---|---|
| 借款金额 | | 500000 | | |
| 年利率 | | 10% | | |
| 借款期限 | | 10 | | |
| 每年还款期数 | | 1 | | |
| 还款总期数 | | 10 | | |
| 分期等额还款金额 | | ￥－81372.70 | | |
| | | | | |

**表 11－4 双变量模拟运算表**

| 借款金额 | 还款总期数 | | | |
|---|---|---|---|---|
| ￥－81372.70 | 7 | 8 | 9 | 10 |
| 500000 | －102702.75 | －93722.01 | －86820.27 | －81372.70 |
| 480000 | －98594.64 | －89973.13 | －83347.46 | －78117.79 |
| 450000 | －92432.47 | －84349.81 | －78138.24 | －73235.43 |
| 380000 | －78054.09 | －71223.73 | －65983.40 | －61843.25 |
| 320000 | －65729.76 | －59982.09 | －55564.97 | －52078.53 |
| 200000 | －41081.10 | －37488.80 | －34728.11 | －32549.08 |

3. 长期贷款筹资双变量分析模型设计

我们以表 11－3 所列数据为例，在工作簿“长期贷款筹资分析模型 . xls”中插入工作表，命名为长期贷款筹资双变量分析模型，将数据录入工作表，如图 11－10 所示。

C7 fx =PMT($C$3/$C$5, $C$6, $C$2)

| | A | B | C |
|---|---|---|---|
| 1 | 长期借款分期等额还款模型 | | |
| 2 | 借款金额 | | 500000 |
| 3 | 年利率 | | 10% |
| 4 | 借款期限 | | 10 |
| 5 | 每年还款期数 | | 1 |
| 6 | 还款总期数 | | 10 |
| 7 | 分期等额还款金额 | | ¥-81, 372. 70 |
| 8 | | | |

图 11－10 长期借款分期等额还款模型

我们利用 Excel 的模拟运算表这一分析工具建立长期贷款筹资双变量分析模型。在 A9 单元格设定变化因素之一的“借款年利率”作为双因素模拟运算表的列属性名，合并 B9:D9 单元格，并录入“还款总期数”作为另一变化因素属性名，复制 C7 单元格数据粘贴到 A10 单元格，选中 A10:D13 区域，选择 Excel 数据菜单—模拟运算表项，在弹出的“模拟运算表”窗口中，选择“输入引用行的单元格”为＄C＄6，即还款总期数；选择“输入引用列的单元格”为＄C＄3，即借款年利率(单因素模拟运算由于一般只设一个变量，本步骤只需选择“输入引用列的单元格”即可，这里不再赘述)。确定后，Excel 将自动计算不同利率和还款期数的分期等额还款金额，如图 11－11 所示。

A10 fx =PMT($C$3/$C$5, $C$6, $C$2)

| | A | B | C | D |
|---|---|---|---|---|
| 8 | | | | |
| 9 | 借款年利率 | 还 款 总 期 数 | | |
| 10 | ¥-81, 372. 70 | 10 | 20 | 40 |
| 11 | 8% | -74514. 74 | -50926. 10 | -41930. 08 |
| 12 | 9% | -77910. 04 | -54773. 24 | -46479. 80 |
| 13 | 10% | -81372. 70 | -58729. 81 | -51129. 71 |
| 14 | | | | |
| 15 | | | | |

图 11－11 长期贷款筹资双变量分析模型

上述操作表明，利用模拟运算表工具，设计长期贷款筹资双变量分析模型的基本思想是：在一个双变量数据表中，用两组数值分别替换分期等额还款金额计算公式中的对应变量值，从而在工作表上一起显示并比较两组不同数据的操作结果。

## 本章小结

Excel 强大的数据分析功能为我们提供了便捷有效的分析工具。本章在对财务分析有关内容阐释的基础上，重点介绍了财务比率分析模型构建和分析方法、企业经营雷达图的基本思想和绘制思路以及利用 Excel 财务函数（主要为货币时间价值函数）和模拟运算表分析工具进行长期贷款筹资基本模型和双变量分析模型的设计、数据计算等主要内容。

## 思考题

1. 在运用 Excel 进行财务比率分析时，单元格数据引用应注意哪些方面？
2. 雷达图分析的基本思想是什么？保持指标同向对绘制雷达图有什么重要意义？
3. Excel 模拟运算表对单因素和双因素模拟运算操作要求有何不同？
4. 建立模拟运算表的关键步骤有哪些？
5. Excel 在财务分析中还有哪些应用？

# 第 12 章 会计信息系统的建设与管理

## 学习目标

通过本章的学习，要求掌握会计信息系统的建立、宏观管理和微观管理；能够掌握内部控制五大要素；掌握会计信息系统的内部控制，包括一般控制和应用控制。

## 引导案例

某学院于 1987 年经国家教委和省人民政府批准建立。目前，它是一所以培养管理干部和高等职业技术应用型人才为主要任务的全日制成人高等院校，同时承担着普通高等学历教育、成人高等学历教育和干部短期培训等任务。学院目前有四百名职工和四千名在校生。学院计划财务处是在院长领导下负责学校财务管理、会计核算和国有资产管理的职能部门。在学校“统一财务政策和规章制度，统一财务收支计划，统一财会业务领导，统一资源调配，统一管理学校各类经济活动”的指导方针下开展各项工作，财务处下设计划管理科、会计核算科、资金管理科、校办企业管理科和基建财务科。

在这样的背景下，该学院应该如何建立会计信息系统？又应该如何来管理会计信息系统？如何对会计信息系统实施内部控制？这正是本章所要学习的内容。

## 12.1 会计信息系统的建立

随着知识经济的到来和信息技术的普及应用，企业想要发展就必然会涉足网络和电子商务领域。而要实现企业的信息化，企业进行电子商务就必然需要构建会计信息系统，因为原有的人工系统已远远不能满足企业信息化的需求。此外，网络经济的发展也使得企业的目标由过去的以生产为中心转向以顾客和市场为中心。过去，企业的每一位员工要“对上级负责”，而现在要“对市场负责”。因此，现有管理体制下的会计工作模式已经不适应这种发展，必须构建适应新形势的会计信息系统势在必行。

然而，企业会计信息系统的建设是一项复杂的系统工程。它不仅需要大量的硬件和软件投资，还需要长期的人力投入。会计信息系统的建设涉及企业的各个方面和诸多业务环节，是一项长期而艰苦的工作，任何一个环节的失误都会影响到系统建设的成败。因此，在企业建设会计信息系统之前，应制定好会计信息系统的发展战略，并对相关设施、设备、人员和资金进行系统的整体规划。

### 12.1.1　会计信息系统建设的发展规划

企业会计信息系统建设的发展规划是对建设企业会计信息系统的总体可行性研究，旨在确定近几年内企业会计信息系统建设工作的目标，并规划如何有效地、分步骤实现这些目标。

1. 制定会计信息系统发展规划的原则

会计信息系统的发展规划是从战略的角度对会计信息系统建设所作的计划，是决定会计信息系统成败的关键。为了保证发展规划的科学、客观和可行，在制定规划时应坚持如下原则：

(1)系统性原则

系统性原则也可以称为“整体性”原则。它是解决会计信息系统建设中各个子系统间关系的基本原则。会计信息系统包含若干个子系统，每个子系统都具有反映某些经济活动的功能。同时，各个子系统之间相互联系，相互沟通，产生有助于管理决策的信息。因此，在建设过程中，企业应确保会计信息系统中各子系统之间协调一致、统一规范。无论是硬件的结构体系、机型的选择，还是代码的编制、数据接口的多少、数据处理能力的大小等问题，都必须符合整体的要求，这样会计信息系统才能充分实现信息的传递和资源的共享，确保各子系统之间有机的衔接。

会计信息系统是企业管理信息系统的一个重要子系统。因此，在制定会计信息系统发展规划时，首先要遵循企业发展的总目标和企业管理信息化的目标要求。按照系统论的观点，综合考虑、统筹安排各项工作。另外，还要考虑会计信息系统与管理信息系统中其他子系统之间的联系，设计统一的数据编码并进行接口设计，为建立全方位的管理信息系统打下基础。

(2)阶段性原则

阶段性原则它是解决会计信息系统实施过程中关系的原则。会计信息系统是一个规模庞大、结构复杂的有机整体，由若干个相互关联的子系统构成，其建立是一个长期的过程，很难一蹴而就，必须分成若干阶段。企业应结合自身的情况，对每一个阶段的任务和目标做出相应的规定，以协调和指导各阶段的工作，使每一阶段的工作都成为通向总目标的阶梯。

(3)适用性原则

适用性原则也可以称为“客观可行性”原则。是否需要建立会计信息系统不仅取决于企业领导或有关人员的主观意愿，还要考虑现行系统提供会计信息的准确性和时效性是否满足企业的管理要求，以及企业是否具备建立会计信息系统的客观条件。这一原则对于那些希望建立 ERP 管理信息系统的企业或准备引进外国管理软件的企业尤为重要。因为这些系统往往包含了先进的管理模式和管理思想，而本企业是否能适应这种模式，是否具备以上系统的管理基础是系统建设能否成功的关键。如果不考虑适用性，必将事倍功半。

(4)实用性原则

会计信息系统建设的目标是为了更好地完成会计工作和提高会计工作的效益。作为一个应用系统,首要考虑的是系统的实用性。如果所建设的会计信息系统不能更好地为会计工作服务,不实用,无论采用任何先进的技术与方法,设计何种漂亮、美观、先进的会计软件,都只会造成浪费与不便,毫无益处。可以说,只有建成的系统能解决一些迫切需要解决的实际问题,产生直接的效益,才能算是一个成功的系统。

(5)领导负责原则

领导负责原则建设会计信息系统不仅需要协调好各子系统之间的关系,还需要协调好与其他管理信息子系统的关系。即会计信息系统的建立需要不同层次、不同专业的人员参与,这一工作几乎涉及企业的各个部门和人员。对于涉及全局性的问题,最好由企业的领导组织协调各部门的工作配合。而会计信息系统建设的总体目标、实施方案、经费预算等都需要领导批准。企业应建立计算机应用领导机构,由企业主要负责人领导,各职能部门负责人和相关技术人员参与。只有领导亲自参与并有权威的领导机构作保证,才能真正做到统筹规划、周密部署,确保系统的有效实施。

2. 会计信息系统发展规划的主要内容

会计信息系统建设发展规划应以企业的发展战略目标为依据,结合企业的实际情况来制定。具体内容应包括以下方面:

(1)会计信息系统建设的目标

会计信息系统建设的目标是指企业在几年内要建设一个怎样的会计信息系统,包括最终实现的系统功能、经济效益和社会效益等。会计信息系统的建立不仅要实现会计核算手段的现代化,更重要的是通过现代化的核算和管理手段,提升会计信息处理的准确性和时效性,真正做到会计事前、事中、事后的有效控制,提高会计的辅助管理和辅助决策能力,为全面提升企业的管理水平提供支持。因此,制定会计信息系统建设的目标应以企业发展的总目标为依据。

(2)会计信息系统的总体结构

总体结构是指会计信息系统的规模、业务处理范围,由哪些子系统构成,以及这些子系统间的联系和系统间界面的划分。会计信息系统总体结构的确定离不开对现有手工系统的分析,既要分析现有手工系统的任务、业务处理过程和部门间的联系,也要结合计算机数据处理的特点和系统目标。在企业条件允许的情况下,可以具备一定的高起点和超前性。

(3)会计信息系统建立的途径

建立计算机会计信息系统有多种选择途径,基本的两种途径是定点开发和购买商品化软件。两种途径各有其优缺点。不同的单位,不同的情况,应选择不同的途径,而不应死搬硬套。究竟采用何种途径主要是根据企业管理的需要以及经济、技术和组织上的可行性。随着商品化软件的日益完善，目前大多数企业采用购买商品化软件来建设会计信息系统，因此软件的选择成为系统建设的一个关键问题。

(4)会计信息系统硬件和软件的配置方案

硬件和软件的配置应结合企业发展目标的要求和经济力量。从计算机会计工作的整体需要出发，对计算机的档次、型号、计算机网络体系结构等作出原则性的规定，特别要考虑长远的发展趋势，避免将来机器落后而难以升级和更新，克服从眼前局部需要出发的局限性，避免浪费系统资源。

(5)会计信息系统建设的工作步骤

根据系统建设目标的要求和企业实际情况，对会计信息系统建设过程的任务进行分解，主要是规定系统的建设分哪几步进行，每一步的发展目标和任务，以及各实施阶段资源的分配情况等。在具体划分工作步骤时，应考虑各子系统在整个系统中的地位，根据企业的工作需要来安排先后次序，并且要考虑企业经济、技术和组织上的可行性。

(6)会计信息系统建设的组织机构

发展规划中应明确规定建设过程中的管理体制和组织机构，统一领导、专人负责。同时，组织专门人员根据企业的具体情况建设适应新系统的工作流程、管理制度、组织形式以及绩效考核标准等。这样做不仅有利于系统的高效建设，而且可以使系统一旦投入运行后有章可循。

(7)专业人员培训与配备计划的制定

会计信息系统的运行和管理需要不同专业、不同层次的人员。企业应根据系统目标和现有人员情况制定专业人员的培训与配备计划，以满足系统建立和运行的需要，为系统的成功实施奠定基础。

(8)资金的来源及预算

会计信息系统的建设是一个长期而复杂的过程，需要大量的资金投入。因此，要对资金的使用作出预算，并合理安排资金来源。系统建设过程中的资金耗费主要包括系统硬件配置费用、会计软件取得费用、人员培训费、咨询费和后期的运行维护费等。由于计算机硬件购置费用金额大且是一次性投入，在制定预算时往往容易过分关注硬件费用，而忽视软件及其他辅助和扩展费用。目前，一个系统建设的总费用中，软件费用通常占到 50%以上，甚至高达 80%，这是在制定预算时必须要引起重视的问题。

### 12.1.2　会计信息系统的建设

企业会计信息系统是一项投资大、开发周期长、具有较高技术复杂度和社会复杂度的系统工程。它的建设涉及企业高层管理人员、一般管理人员、专业技术人员和其他电脑用户等人员，依赖于企业的信息需求、内部机制、外部环境、人员水平等条件。因此，会计信息系统的建设需要遵循一定的规则，科学合理地进行系统建设工作，以取得事倍功半的效果。

1. 会计信息系统应用软件的选型

选购软件是会计信息系统建设的重中之重。因为不同的软件对硬件和系统软件的要求不同，应该根据所购软件的情况决定硬件的配置，所以这里把软件选型置于运行平台建设之前。如果在选购软件之前就已经建好了计算机网络、安装了微机与服务器操作系统以及数据库管理系统，那么在选购会计软件时就要考虑如何保护原有投资，怎样充分利用现有资源，否则可能会被受到限制，从而损失所购软件的功能和适用性。

会计软件是指专门用于完成会计工作的电子计算机软件，包括采用各种计算机语言编制的一系列指挥计算机完成会计工作的程序代码和有关的文档技术资料。会计软件的取得根据使用单位的不同情况，可有四种途径：一是购买商品化会计软件，二是自行开发会计软件，三是购买商品化会计软件与自行开发会计软件相结合，四是使用上级主管部门推广的会计软件。

自行开发软件不仅需要企业拥有很强的 IT 队伍，还要保持人员的长期相对稳定，才确保软件系统的运行和升级维护。对于大多数企业而言，这是很难实现的。此外，考虑到自行开发的投入成本实际上远远高于购买商品化会计软件的费用，企业自身 IT 人员的技术水平很难达到专业化水平。因此，除了极少数企业存在特殊需求，选择自行开发会计软件外，绝大多数企业会选择其他方案。

商品化会计软件是由专业的营销会计软件公司开发，经过财政部门的评审通过后，投入市场供用户选择购买。这类软件通常具有较强的通用性，价格相对较低。近年来，我国的会计软件市场已初具规模，出现了群雄竞争的局面。迄今为止，通过评审的商品化会计软件已近 300 家，而且大多数由专业化软件公司开发的会计软件产品既通用又稳定实用。因此，购买商品化软件已成为多数企业的首选。在购买商品化会计软件时，应注意以下几个方面的问题：

(1)会计软件必须通过省级及以上财政部门的评审

通过财政部门评审的软件经过专家的测试后才能通过。他们对软件的评价比一般软件选购人员更准确，并且财政部门提供了有关软件的鉴定材料。此外，财政部门还会对商品化会计软件的售后服务问题进行监督管理，解决了企业的后顾之忧。因此，通过财政部门评审的软件符合国家的统一要求，能够替代手工账。

(2)会计软件功能需要满足企业业务处理的要求

目前市场上销售的会计软件有的适用于工业企业，有的适用于商品流通企业，有的适用于行政事业单位。企业在选择会计软件时，首先要选择适合自己所在行业特点的软件。虽然会计软件的功能看似相同，但在细微处却有所差异。企业在选购软件时，应了解所选择的会计软件是否完全满足企业会计业务处理的要求，尤其是是否满足企业特殊的核算需求，这是选择会计软件的关键。

(3)会计软件的技术指标分析

会计软件的技术指标分析是根据运行环境和使用情况对软件功能进行具体分析与

评价。具体包括以下几个方面：

① 会计软件所需的计算机硬件和软件环境

不同的会计软件对计算机硬件和软件环境的要求也不尽相同。如跨区经营的集团型企业，为了实现财务的集中化管理，在选择软件时还要考虑软件系统是否支持 Internet 技术，可以选用基于广域网浏览器/服务器结构体系的会计软件。因此，企业应结合自己的实际情况，选择适合本企业的会计软件。

② 软件是否具有可扩展性

选择会计软件时，不能只看眼前，必须长远地考虑问题，要确保该软件能适应会计工作未来的发展趋势，要用发展的眼光考察所选择的软件是否具有集成性、开放性等功能，考虑企业是否具有电子商务、远程处理等要求，考虑完善功能时能否对软件进行修改或扩充。

③ 软件运行是否稳定

软件运行的稳定性是软件质量和技术水平的体现，如果软件在运行时经常出现死机或非法中断，必然会影响会计信息系统的运行效果和数据的安全性。企业可以通过软件开发与投放市场的时间长短初步判断软件的稳定性，通过实际操作或试运行进一步确定其稳定性。此外，企业还应选择安全可靠的软件，以确保软件运行的稳定性。

④ 软件是否易用

会计软件的操作是否符合会计人员的习惯，如操作程序、操作提示用语和软件屏幕是否简洁明了，以及各种自定义功能是否简单实用等。软件的易学易用对人员培训的工作量以及软件系统的应用效果是有直接影响的，也是企业在选购软件时应该考虑的。

(4)会计软件的售后服务

某一软件的售后服务体系是否健全，服务水平高低以及服务态度如何都会影响到软件能否顺利投入使用，以及今后软件在运行过程中出现的问题能否得到及时解决。会计软件的售后服务对企业而言是至关重要的。考察会计软件的售后服务时，要看软件公司日常维护是否及时；用户培训是否完善；能否提供优质的文档资料，操作手册内容是否完整，各种命令、功能的用法解释是否清楚，范例是否实用；版本能否及时升级等。最好选用的会计软件在企业所在城市或地区设有售后服务部门，这将是软件长期稳定运行的重要保障。

2. 会计信息系统运行平台的建设

会计信息系统不是空中楼阁，需要建立在一个坚实的运行平台上。会计信息系统运行平台指的是系统赖以运行的软、硬件环境。它包括两个方面的内容，一是计算机硬件环境；二是运行会计信息系统的软件环境，如操作系统、数据库管理系统等。会计信息系统运行平台在很大程度上决定了系统的发展空间和生存周期。

(1)硬件平台

硬件平台是会计信息系统运行的基石，硬件配置的优劣直接影响到会计信息系统的质量和运行状况。配置硬件时要考虑企业的总体规划，即当前的需求和将来的需求，同时还应考虑企业现有的人力、财力、产品价格、性能以及售后服务情况等。

随着计算机技术的发展，计算机的性价比日益合理。硬件的选择不再局限于讨论单机如何选型，如何配置，而是更侧重于计算机网络的规划和建设。企业在制定网络技术方案或审查系统集成商提供的网络设计方案时，应考虑其是否具有前瞻性，是否实用、可维护，是否安全、经济，是否开放、标准化等。

(2)软件平台

会计信息系统运行的软件平台主要包括操作系统和数据库管理系统。

通常情况下，企业可以在 Unix、Windows 等流行网络操作系统之间进行选择。不同的操作系统支持相应的会计软件，因此选择操作系统时要注意是否与应用软件原开发环境兼容。进行数据库管理系统选择时，是选用 Access、FoxPro、Paradox、Oracle、Sybase、Informix、SQL Server 和 DB2，还是选用其他数据库系统，不仅要看眼前国内的流行趋势，还应关注国际趋势，对于自行开发系统的单位来说，这一点尤为重要。选择合适的数据库系统，可以减少由于软件更新换代所带来的重复投入。

目前国内的软件提供商提供的会计软件分为网络财务软件和单用户的财务软件，一般单用户的财务软件不需用户自行安装与之相配的数据库系统，而是由财务软件自行安装。对于基于网络环境下的财务软件，它需要大型数据库管理系统的支持，用户一般需要安装与之对应的网络数据库。

3. 会计信息系统工作人员的培训

建立会计信息系统意味着使用一套全新的手段来管理和运作企业，无论是企业高层领导还是一般员工，都要转变思想和行为。因此，要对所有相关人员进行培训，以增强员工对管理信息化的认识，并提高他们使用会计信息系统的能力，最终提高整个企业的管理水平和经济效益。

企业建立会计信息系统的途径很多。无论采用何种途径，会计信息系统必须具备最基本的工作人员——系统管理人员、系统操作人员和网络管理人员。至于系统分析人员、系统设计人员、系统程序人员和软件维护人员，则根据取得软件的途径来决定。一般来说，自行开发和对购买商品化软件进行二次开发的企业应有自己的系统分析员、系统设计员和程序员和软件维护人员，否则无法完成软件开发工作；定点开发软件的，企业可以外聘开发人员，但必须配备自己的软件维护人员；使用上级部门推广的企业会计信息系统，一般也应配备软件维护人员。

企业建立会计信息系统，既可以从外引进，也可以对企业现有人员进行培训。从外部只能引进少量急需的人才，无法满足企业会计信息系统建设的整体需要。因而更合适的方法还是对企业现有人员进行培训。

对企业现有人员培训时，要注意以下几个问题：

(1)注意人才的层次

需要培训的现有人员包括系统管理人员、系统维护人员和各类操作人员。不仅是会计信息系统的应用人员，还包括企业领导、总会计师和财会负责人。企业领导、总会计师和财会负责人是会计信息系统的管理人员，因而对他们培训的重点应放在对会计信息系统的认识和观念的转变上。

(2)注意年龄的层次

对现有人员进行培训，不仅是对年青员工进行培训，应该覆盖各个年龄段，便于人才的“传帮带”。

(3)注意知识结构

计算机会计系统应用人员培训应立足于在职人员的岗位培训。培训内容不仅包括系统计算机基础环境的认识和使用，还应与自己的岗位联系在一起。对自行开发系统的，还应进行有关业务人员如何更好地配合系统开发，设计人员了解现行会计业务和建立目标系统的培训；对管理员，应进行管理系统职能的培训；对操作员，应进行操作职能的培训等。

另外，在人员培训的过程中，为了有效地解决当前的急需，一般对提高系统人员的实际操作能力都很重视。这种急用先学的培训方法很容易造成知其然，不知其所以然，以及知识面过于狭窄的弊病。因此在人员培训中，特别要重视基本理论和基本技能的培训。

4. 建设会计信息系统的基础工作

建设会计信息系统必须要做好扎实的基础性工作。例如对整个会计工作的程序进行规范。对企业进行规范化管理是应用计算机管理信息系统的基础。

(1)数据规范化

建立会计信息系统少不了最基础的数据，对企业所有的数据必须按照计算机数据处理的要求制定编码标准。所有的信息数据都要有统一的名称，有明确的定义和编码，以及标准的格式和明确的含义。

(2)信息处理流程规范化

信息处理流程规范化的前提就是企业各项经济业务必须规范化。需要对各项经济业务制定明确的制度，并制定统一的工作准则和规程，以约束数据采集、数据处理和数据输出的全过程，以确保信息的及时、准确和可靠。

(3)业务流程优化

企业业务流程具体包括由企业的生产作业、管理作业、对外商务、组织结构等方面形成的物流、信息流、资金流及其流动过程、流动速度和内容等。业务流程优化是对企业现有的业务处理流程和组织进行分析，将其改造成满足企业管理需求和计算机信息系统工作特点的业务处理流程，并使企业结构扁平化，消除机构重叠和业务重复，各种职能部门，如产、供、销、财会部门等重新进行规划和分工，以提高企业业务处理的效率、客户的满意度和企业的经济效益。

5. 会计信息系统的实施

会计信息系统的实施是决定信息系统建设成败的关键。系统的实施是在企业信息系统建设过程中，由相关人员组成特定项目组，根据企业的需求，提供的个性化的、专业化的服务，一般包括从手工系统或旧信息系统到建成企业管理信息系统的全部过程和活动。信息系统的实施过程可以划分为建立项目组织、项目准备、项目建设、系统切换和运行支持几个阶段，其中培训教育、项目管理和变革管理贯穿始终。实施的具体范围应在双方签订的实施合同中体现，严格按照项目管理的要求组织、计划和控制整个项目实施过程，经过对企业项目组的培训、业务流程分析与设计、实施方案制定、系统配置与测试、用户化手册、最终客户培训、系统切换以及成果验收等阶段，最终实现管理软件与企业应用的嫁接，完成知识与技能的转移。

(1)项目组织机构

为了保证企业管理信息系统的顺利实施，系统的实施过程需要一柄“尚方宝剑”，企业应建立项目实施小组和项目领导小组。项目领导小组可以协调企业各职能部门之间的关系，一般由企业高层管理人员负责。然而，企业的高层领导通常工作繁忙，无法保证工作时间，考虑到现实可行性问题，也可以由其委派“二把手”担任信息系统建设的领导。而项目实施小组应该对项目计划的执行情况进行定期审查，及时解决问题，协调矛盾，确保项目的顺利实施。项目一般由总会计师负责。

(2)项目准备

项目准备是信息系统项目进入系统实施的启动阶段，主要划分项目的阶段，确定每个阶段的起始时间，确订项目实施的工作内容，制定项目实施的时间计划、成本和预算计划、人力资源计划，定义应提交的工作成果等。

(3)项目建设

要了解企业的组织结构、业务内容及其业务处理流程，明晰企业管理层的真正需求和企业的管理目标，以及获取实施软件所必要的参数，需要对企业信息系统进行充分的调研。这包括以下几个方面：分析企业目标和策略；了解和分析当前业务内容及处理流程；结合软件功能和业务目标，对当前业务流程进行重新调整和优化改进；确定系统配置和报表方面的需求；收集必要信息，为实施运行阶段的数据做准备；确定新的业务处理流程中的各项业务处理程序、完成任务与处理步骤。在充分调研的基础上，企业应制定系统实施方案，并对制定的解决方案进行原型测试，并保持一定时间的系统并行，以充分验证解决方案的合理性。

(4)系统切换

通常系统切换有直接方式、并行方式和逐步方式三种。

直接方式是指在某一时刻旧系统停止使用，新系统开始工作。虽然直接切换快捷方便，但由于新系统未经试用，很可能出现一些想不到的问题，因此必须采取一些预防性措施。

并行方式要求新旧系统同时保持运行一段时间。新旧系统并行的主要目的是检验基础设置是否适当，以及新旧系统的运行结果是否一致。然而，这种方法的费用较高。

逐步方式是分阶段部分地切换使用，易造成新旧系统数据衔接困难。

(5)项目控制

项目控制是项目实施成功的重要保证。企业应建立逐级汇报机制和问题追踪机制，对于问题要按项目组织机构逐级汇报，并记录其解决过程；还应有顺畅的沟通机制，做到信息、资源的共享；最终所有过程都应备案存档，以便有据可查。

(6)运行支持

项目实施完毕后，需要进行几个月的试运行。通过试运行，检查建立的会计信息系统是否充分满足企业要求，使用人员对软件的操作是否存在问题，以及对运行中发现的问题是否需要进行修改。新系统独立运行一段时间后，就可以进行项目验收，一方面对软件进行评审，另一方面提请审批单位批复，终止实施过程。然而，随着企业的不断发展，管理需求和业务随时都会出现新的变化，这就需要对软件系统的运行进行周期性审查，并及时进行调试。可以说，系统优化与改善工作是永无止境的。

## 12.2　会计信息系统的管理

信息科技的进步使得会计信息系统的效率得到了极大的提高，但若缺乏严格而健全的管理，会计信息可能会错误百出，并会增加运行成本。建立完善的会计系统管理制度并严格执行是至关重要的一件大事。

所谓会计信息系统管理是指为了保障会计信息系统的正常运行，做好系统中的人员、机器、信息等方面的工作，并使这些工作规范化、制度化，从而使会计信息系统能够产生最佳的运行效果而进行的综合管理。会计信息系统管理分为宏观管理和微观管理两部分。宏观管理是指国家、行业或地区，为保证会计工作的顺利开展和电算化后会计工作质量所制定的办法、措施和制度；微观管理是指企业对已建立的会计信息系统进行的全面管理。完善和贯彻管理制度是做好会计工作的关键，能够保证会计信息系统的规范化和程序化。

### 12.2.1　会计信息系统的宏观管理

会计信息系统的宏观管理是国家履行政府职能的重要内容。各级财政部门在会计信息系统的宏观管理中具有法律的领导地位和职责，应从制度、软件、人才等多方面予以引导和支持。会计信息系统宏观管理主要包括以下几个方面：

1. 会计信息系统管理制度的制定

“没有规矩不成方圆”。会计信息系统想要取得进一步的发展，就必须进行制度化，通过制度来引导，从而使其规范化、程序化。会计信息系统管理制度的制定，既要坚持统一领导，又要发挥地方财政部门和国务院各业务主管部门的积极性、主动性和创造性，以加强对会计信息系统的管理。

2. 会计核算软件的评审

会计核算软件是一种特殊的技术产品，其对会计数据的处理必须符合国家统一的财务会计制度的要求，进而有效地确保会计数据处理的合法、安全、准确、可靠。因此，应由财政部门对会计核算软件的合法性进行审查。评审商品化会计核算软件，主要审查软件的功能是否符合会计基本原理和我国法律、法规、规章的情况，检测软件的主要技术性能、对财务会计分析功能和相关信息处理的功能，以及评价软件开发经销单位的售后服务能力。商品化会计核算软件必须符合《会计核算软件基本功能规范》的要求，让软件的开发者、使用者、上级主管部门以及财政、税务、审计等部门都能放心使用。

3. 人才的培训

会计信息系统涉及较多的相关人员，如会计信息系统分析员、系统设计员、系统程序员、硬件维护员、软件维护员、操作员、数据录入员、系统管理员等。人才是会计信息系统建立和发展的关键，只有培训众多既懂计算机又懂会计业务知识的人才，才能加快会计信息系统的进程并提高水平。因此，人才培训既是企业单位会计信息系统建设工作的需要，也是会计信息系统宏观管理的需要。

4. 会计信息系统的理论研究

会计信息系统的发展离不开会计信息系统理论研究的支持和指导。各级财政主管部门应注重宏观管理中的理论研究工作，支持理论和学术团体的活动，吸收理论研究的成果，发现理论研究人才，特别要坚持百花齐放、百家争鸣的方针，鼓励支持从事会计信息系统实际工作的人员学习理论开展研究，以实现理论和实践的双丰收，更好地推动会计信息系统的发展。

### 12.2.2 会计信息系统的微观管理

会计信息系统微观管理的根本任务在于保证系统的安全正常运行，提高系统的运行效率，以及充分利用系统提供的各种手段，便利、灵活地为管理提供服务。

企业应建立会计信息系统操作管理制度，明确会计信息系统的合法有权使用人员及其操作权限和操作程序，形成分工牵制的控制形式。企业出纳人员不得兼任会计信息系统管理员，也不得兼任记账凭证的审核工作。

企业应当建立会计信息系统硬件、软件和数据管理制度，重点关注以下风险和控制点：

第一，在对正在使用的会计核算软件进行修改、对通用会计软件进行升级和对计算机硬件设备进行更换时，企业应遵循规范的审批流程，并采取替代性措施以确保会计数据的连续性。

第二，企业应当健全计算机硬件和软件出现故障时进行排除的管理措施，以保证会计数据的完整性。

第三，确保会计数据和会计软件的安全保密，防止对数据和软件的非法修改和删除；

对磁性介质存放的数据应当进行双重备份。

企业应建立会计信息系统会计档案管理制度。所谓会计档案，是指存储在计算机硬盘中的会计数据、以其他磁性介质或光盘存储的会计数据和计算机打印出来的书面等形式的会计数据，包括记账凭证、会计账簿、会计报表(包括报表格式和计算公式)等。企业应指定专人负责会计信息系统会计档案的管理，做好防消磁、防火、防潮和防尘等工作；重要会计档案应准备双份，并存放在不同地点；对于采用磁性介质保存的会计档案，应当定期检查、备份，防止磁性介质损坏导致会计档案丢失。

企业应根据相关规定，结合本企业具体情况，制定会计信息系统账务处理制度，以规范计算机信息技术环境下的记账、算账、报账流程，提高会计信息处理效率，降低人为的会计舞弊风险。

从本质上来看，会计信息系统的微观管理就是对会计信息系统的内部控制，通过对会计信息系统的内部控制以达到微观管理的需要。以下章节将重点介绍会计信息系统的内部控制，因为本节不再赘述。

## 12.3　计算机应用对会计内部控制的影响

随着会计信息系统的广泛应用和功能日益完善，企业和社会经济活动对会计信息系统的依赖程度也日益增加。虽然会计信息系统的实施给现代化的财务会计带来了前所未有的高效率，但另一方面也由于会计信息处理的不可见性和高度集中性，给会计信息系统的内部控制带来了高风险性和脆弱性。风险的存在威胁着会计信息系统的正常运行，影响着会计信息系统的信息输出结果，因此企业应加强对会计信息系统的控制。可以说，内部控制是管理现代化的必然要求，也是会计信息系统的子系统，科学、有效的内部控制是整个会计信息系统健康运行的根本保障。

### 12.3.1　内部控制概述

1. 内部控制的发展

内部控制的最初形式是内部牵制，真正现代意义上的内部控制是从 20 世纪 40 年代以后才逐步建立起来的。纵观内部控制理论的发展，大致经历了五个阶段：20 世纪 40 年代前的内部牵制阶段，40 年代末至 70 年代末的内部控制阶段，80 年代至 90 年代的内部控制结构阶段，90 年代以后的内部控制整体框架阶段，2004 年的企业风险管理框架阶段。

(1)内部牵制阶段

20 世纪 40 年代前，人们习惯使用内部牵制这一概念，内部牵制是企业内部控制的雏形。内部牵制基本是以职务分离和账目核对为手段，以钱、账、物等会计事项为主要控制对象，目的在于查错防弊。即任何一项业务或者任何一件财产，都应由多人共同管理，并进行交叉检查与交叉控制。

一般来说，内部牵制机制的执行大致可分为以下四类：

① 实物牵制

例如把保险柜的钥匙交给两个以上的工作人员持有。只有同时使用这两把以上的钥匙，才能打开保险柜。

② 机械牵制

例如保险柜的大门不按正确程序操作就打不开。

③ 体制牵制

采用双重控制，预防错误和弊端的发生。

④ 簿记牵制

定期将明细账与总账进行核对。

内部牵制设想认为，两个或两个以上的人或部门无意识地犯同样错误的机会是很小的。即使两个或两个以上的人或部门有意识地合伙舞弊，这种可能性也大大低于单独一个人或部门舞弊的可能性。正是基于这种合理的设想，内部牵制机制有效地降低了错误和舞弊行为发生的概率，成为有关组织机构控制和职务分离控制的基础。

(2)内部控制阶段

虽然“内部控制”这一名词出现于20世纪30年代，但当时并没有对其加以定义和解释。直到1949年，美国注册会计师协会的审计程序委员会在《内部控制、协调系统要素及其对管理部门和独立注册会计师的重要性》的专题报告中，首次对内部控制作了权威性的定义：“内部控制是企业所制定的旨在保护资产、保证会计资料可靠性和准确性、提高经营效率，推动管理部门所制定的各项政策得以贯彻执行的组织计划和相互配套的各种方法及措施”，该定义在1953年和1972年又分别进行了修订。

内部控制主要分为内部会计控制和内部管理控制。1972年，《审计准则公告第1号》中对管理控制和会计控制进行了具体的解释：会计控制是由组织计划以及与保护资产和保证财务资料可靠性有关的程序和记录构成，旨在保证经济业务的执行符合管理部门的一般授权或特殊授权的要求；对经济业务的记录必须有利于按照一般公认会计原则或其他有关标准编制财务报表以及落实资产责任；接触资产必须得到管理部门批准；资产的账面记录与实物资产应定期进行对比，一经发现差异，应采取相应的补救措施。内部管理控制的重点是研究业务控制，包括对各种业务活动的授权与业务执行后的结果控制，主要包括组织控制、人事控制、业务操作与质量控制、风险与安全控制以及管理技术控制等。

(3)内部控制结构阶段

20世纪80年代以前，对内部控制的研究重点多是对其定义的界定，而在80年代以后，研究重点转向内部控制的具体内容。1988年4月，美国注册会计师协会发布《审计准则公告第55号》，规定从1990年1月起以该公告取代1972年发布的《审计准则公告第1

号》。该文告首次以“内部控制结构”一词取代原有的“内部控制”一词，其颁布和实施可以说是内部控制理论研究的一个新的突破性成果。

该公告指出：“企业内部控制结构包括为合理保证企业特定目标的实现而建立的各种政策和程序”，并且明确了内部控制结构的内容：控制环境、会计系统和控制程序。

① 控制环境

控制环境是指影响建立、加强或削弱特定会计政策和程序效率的各种因素。具体包括：管理者的思想和经营作风，企业组织结构，董事会及其所属委员会发挥的职能，确定职权和责任的方法，管理者监控和检查工作时所用的控制方法（包括经营计划、预算、预测、利润计划、责任会计和内部审计），人事工作方针及其执行，影响本企业业务的外部关系等。

② 会计系统

会计系统规定各项经济业务的鉴定、分析、归类、登记和编报的方法，明确了各项资产和负债的经营管理责任。健全的会计系统应实现下列目标：鉴定和登记一切合法的经济业务；对各项经济业务按时进行适当分类，作为编制财务报表的依据；将各项经济业务按适当的货币价值计价，以便其列入财务报表；确定经济业务发生的日期，以便按照会计期间进行记录；在财务报表中恰当地表述经济业务以及对相关内容进行披露。

③ 控制程序

控制程序是指管理当局所制定的、用以保证达到一定目的的方针与程序。具体包括：经营业务和经营活动的批准权；明确各个人员的职责分工，防止有关人员在履行业务时出现舞弊行为。其中，职责分工包括：指派不同人员分别承担批准业务、记录业务和财产保管业务；凭证和账单的设置和使用，应保证业务和活动得到正确的记载；对财产及其记录的接触和使用要有保护措施；对已登记的业务及其计价要进行复核。

(4)内部控制整体框架阶段

20 世纪 80 年代以来，国际上虚假财务报表事件时有发生，特别是金融机构破产给投资者带了多达 1500 亿美元的损失。因此，1985 年美国成立了反虚假财务报告委员会(National Commission on Fraudulent Reporting)。该委员会于 1987 年提交了关于财务报告舞弊的历史及其影响因素的报告，认为在欺骗性财务报告案例中，大约 50%是和内部控制失效有关，并指出内部控制概念及其解释多样性的现实。1992 年，其所属的内部控制专门研究委员会（又称发起机构委员会，Committee of Sponsoring Organizations of the Treadway Commission，简称 COSO 委员会），在进行专门研究后提出专题报告：《内部控制——整体框架》(Internal Control－Integrated Framework)，即 COSO 报告。COSO 报告重新界定了内部控制的概念及其包含的要素，认为内部控制是受董事会、管理层和其他人员影响的，为达到经营活动的效率和效果、财务报告的可靠性、遵循相关法律法规等目标提供合理保证而设计的过程。内部控制整体框架主要由控制环境、风险评价、控制活动、信息与沟通、监控五项要素构成。

① 控制环境

控制环境是指对建立、加强或削弱特定政策和程序效率发生影响的各种因素，包括诚信原则和道德价值观、评定员工的能力、董事会和审计委员会、管理哲学和经营风格、组织结构、责任的分配与授权、人力资源政策及实务等。它构成了一个组织的氛围，对企业内部控制的建立和实施有重大影响，其好坏直接决定了企业内部控制整体框架实施的效果，是内部控制整体框架的基础，也是有效实施内部控制的保障。

② 风险评估

风险评估是指识别和分析影响公司目标实现的风险过程，具体包括：对整体目标和业务活动目标的制定和衔接、对内部和外部风险的识别与分析、对影响目标实现变化的认识和各项政策与工作程序的调整。

风险是指事件本身的不确定性。任何企业都时刻面临来自企业内部或外部的各种风险。尤其当前交易类型和工具日新月异，并购、重组、关联方交易、电子商务、金融衍生产品等使人应接不暇。这种内外部环境的变化使企业经营风险增大，给企业目标的实现带来了威胁。因此，企业必须建立一个可以辨认、分析和管理相关风险的控制机制，以便了解和控制自身所面临的风险。

③ 控制活动

控制活动是指管理者为了确保管理指令能够得以有效实施，而制定并实行的各种政策和程序，目的则在于帮助企业保证其已针对实现组织目标所涉及的风险采取了必要的防范或减少损失的措施。控制活动贯穿于企业内部的各个阶层和所有职能部门，包括交易授权、职责划分、业务流程与操作规程、业务记录、规章制度、独立检查和控制标准。

④ 信息与沟通

信息与沟通是指为了使职员能执行其职责，企业必须识别、捕捉、交流外部和内部信息。外部信息包括市场份额、法规要求和客户投诉等信息。内部信息包括会计制度，即由管理当局建立的记录和报告经济业务及事项、维护资产与负债和业主权益的方法和记录。

科学合理的组织结构有助于管理者通过正式的信息沟通渠道来进行控制。在一个组织中，如果上下级之间沟通顺畅，下级容易领会管理者的意图，就会减轻上级管理的工作量，节约工作时间，上级也能及时了解经营活动的进展情况，从而有效地发挥内部控制的作用。企业必须选择以某种形式及在某个时间之内，辨别、获取有效的信息，并加以沟通，使企业内部每一个员工都能够顺利地履行其职责。

⑤ 监控

监控是指评价内部控制质量的进程，即对企业内部控制框架及其运行情况进行跟踪、监测和调节，以自始至终确保其有效性。监控是企业内部控制框架的特殊构成要素，由持续监督和个别评估所组成，相对独立于各项具体的生产经营活动之外，是对其他内部控制程序和措施的再控制。通常由内部审计部门或人事部门定期或不定期地对内部控制的设计和执行情况进行检查和评价，对企业已经发生的错误和舞弊及时予以纠正，将企业内部控制的缺陷及改进意见不断反馈给管理者，并能在一定程度上及时弥补发现的内部控制缺陷，对新的经济业务进行必要的调整。

从以上内容可以看出，内部控制框架是以控制环境为基础，以风险评估为依据，以控制活动为手段，以信息与沟通为载体，以监控为保证的一个内部控制整合系统。

(5)企业风险管理框架阶段

由于"9・11"恐怖袭击和美国安然公司倒闭等突发事件的冲击，全球范围内的企业掀起了加强企业风险管理的热潮。一些有远见的公司和其他实体的管理层已经自行发展了一个确认和管理整个组织风险的程序，还有更多的公司在考虑中。关于企业风险管理的信息越来越丰富，企业风险管理变得越来越重要，但与此形成鲜明对比的是，理论界一直未能系统地对其进行阐述。既没有标准一致的术语，也很少有广为接受的原则以供管理层作为形成有效风险管理框架的指引。在此背景下，COSO 委员会于 2001 年提出了进行企业风险管理研究的构想，并邀请了普华永道事务所作为合作对象，在 COSO 报告的基础上，结合《萨班斯-奥克斯法案》在报告方面的要求，进行了扩展研究。COSO 委员会于 2004 年 9 月发布了《企业风险管理框架》研究报告。

企业风险管理是一个由企业的董事会、管理层和其他员工共同参与的，应用于企业战略制定和企业内部各个层次和部门的，用于识别可能会对企业造成潜在影响的事项并在其风险偏好范围内管理风险的，为企业目标的实现提供合理保证的过程。按照 COSO 委员会的观点，内部控制已经包含在企业风险管理中，并且是不可或缺的一部分。发布企业风险管理框架的目的并不是取代内部控制框架，而是将内部控制框架纳入其中，企业建立风险管理框架不仅可以满足内部控制的需要，更重要的是形成一个更加充分关注风险、更"健壮"、更全面的风险管理过程。

企业风险管理框架共包括了四项目标和八大要素。这四项目标是战略目标、经营目标、报告目标和合法性目标。八大要素分别为内部环境、目标制定、事项识别、风险评估、风险反应、控制活动、信息与沟通和监控。与内部控制框架相比，它实现了三个方面的发展：一是拓展了内部控制，更有力、更广泛地关注于企业风险管理这一更加宽泛的领域；二是将构成要素由五个拓展为八个；三是增加了一个目标，补充了原有的几个目标。

企业风险管理框架四项目标扩展了财务报告目标，覆盖了企业编制的所有报告；增加了战略目标，企业风险管理也应用于企业的战略制定阶段。战略目标的层次比其他三个目标更高。针对企业将管理的重心移至风险管理，风险管理框架扩大了内部控制框架五要素的内涵，并新增了三个风险管理要素：目标制定、事项识别、风险反应。

① 内部环境

内部环境由众多要素组成，包括企业的道德价值、员工的发展和胜任能力、管理者的经营风格以及权利与责任的分配。企业的内部环境为其他要素提供了规则和结构，是其他要素的基础。它不仅影响企业战略和目标的制定、经营活动的组织和对风险进行的识别、评估和采取的行动，还会影响控制活动、信息和沟通系统、监控活动的设计和执行。

② 目标制定

在既定的任务和预期下，管理者制定企业的战略目标，选择战略并确定与之相关的其他目标并在企业内层层分解和落实，其他相关目标应与战略目标保持一致并相互联系。企业风险管理就是确保管理者有一个适当的过程，既能制定企业目标，又能将目标和企业任务与预期相连，并同企业风险偏好相一致。

③ 事项识别

事项具有潜在的负面或正面影响，或两者兼而有之。潜在负面影响被视为企业的风险，管理者要对其进行评估和应对。而潜在的正面影响则被视为企业的机遇，可以弥补风险对企业的负面影响，引导管理者的战略和目标制定过程，从而采取相应行动以抓住机会。

④ 风险评估

风险评估可以帮助企业考虑潜在事项对目标实现的影响。管理者应从风险发生的可能性和影响两个方面对风险进行评估。风险评估首先应用于固有风险，即管理者缺乏有效的手段以改变其可能性和影响的风险。一旦已经做出风险反应，管理者再使用风险评估技术来确定剩余风险，即在管理者采取措施改变风险的可能性或影响后的残存风险。

⑤ 风险反应

管理者应确定风险反应的选择，并在风险容忍度和成本收益原则下，考虑它们对事项的可能性和效果的影响，然后设计和实施所选择的风险反应。风险反应包括风险回避、风险降低、风险共享和风险接受。回避反应是指采取措施退出会给企业带来风险的活动；降低反应是减少风险可能性、影响或两者兼而有之；共享反应是通过转移或分担一部分风险的方法降低风险可能性或影响；接受反应则是不采取任何影响风险可能性和影响的行动。在选择了一个风险反应后，管理者应在残存风险的基础上重新评估风险，即从企业整体或组合的角度考虑风险。管理者可以采用这样的方法，让负责每个部门、职能或经营单位的经理为本部门制定一个综合的风险评估和风险反应。

⑥ 控制活动

控制活动是指有助于确保风险反应得到恰当实施的政策和程序。它存在于企业的各部分、各个层面和各个部门中，包括一系列的活动批准、授权、查证、调解、审查经营业绩、保障资产和职务分离等。控制活动是企业努力实现其经营目标过程的一部分，通常包含两个要素：确定应采取的政策和有效地实施政策的一系列程序。

⑦ 信息和沟通

来源于内部和外部的相关信息必须以一定的格式和时间间隔进行识别、捕捉和沟通，以保证企业的员工能够履行其职责。有效的沟通不仅包括在整个企业内自上而下、横向和自下而上的沟通，还包括与外部团体进行有效地沟通和交换相关信息，比如客户、供应商、监管者和股东等。

⑧ 监控

企业风险管理需要被监控，所谓的监控是指评估风险管理要素的内容和运行以及一段时期执行质量的过程。企业可以通过持续监控和个别评估来对风险管理进行监控，以确保企业风险管理在各个层面上得到不间断的应用。

2. 内部控制的定义

内部控制发展的同时，内部控制的定义也发生了很大的变化。COSO 报告中把内部控制定义为："内部控制是受董事会、管理层和其他人员影响的，为达到经营活动的效率和效果、财务报告的可靠性、遵循相关法律法规等目标提供合理保证而设计的过程。"

本书中，我们采用《企业内部控制规范——基本规范(征求意见稿)》所下的定义。内部控制，是指由企业董事会(或者由企业章程规定的经理、厂长办公会等类似的决策、治理机构)、管理层和全体员工共同实施的，旨在合理保证实现以下基本目标的一系列控制活动：

(1)企业战略；

(2)经营的效率和效果；

(3)财务报告及管理信息的真实、可靠和完整；

(4)资产的安全和完整；

(5)遵循国家法律法规和有关监管要求。

企业应当创造条件，有效利用计算机信息技术加强企业内部控制，逐步实现生产管理系统、营销管理系统、预算管理系统、财务会计管理系统等的信息集成和共享，以不断提高内部控制的效率与效果。

3. 内部控制的构建原则

企业建立和实施内部控制，应当遵循以下基本原则：

(1)合法性原则

内部控制应当符合法律、行政法规的规定和相关政府监管部门的监管要求。

(2)全面性原则

内部控制在层次上应当涵盖企业董事会、管理层和全体员工；在对象上应当覆盖企业各项业务和管理活动；在流程上应当渗透到决策、执行、监督及反馈等各个环节，避免出现内部控制的空白和漏洞。

(3)重要性原则

内部控制应当在兼顾全面的基础上突出重点，针对重要业务和事项、高风险领域与环节采取更为严格的控制措施，以确保不存在重大缺陷。

(4)有效性原则

内部控制应能够为内部控制目标的实现提供合理保证。企业全体员工应自觉维护内部控制的有效执行，及时纠正和处理内部控制建立和实施过程中存在的问题。

(5)制衡性原则

企业的机构、岗位设置和权责分配应当科学合理并符合内部控制的基本要求，确保不同部门、岗位之间权责分明，有利于相互制约、相互监督。履行内部控制监督检查职责的部门应当具有良好的独立性，任何人不得拥有凌驾于内部控制之上的特殊权力。

(6)适应性原则

内部控制应合理体现企业经营规模、业务范围、业务特点、风险状况以及所处具体环境等要求，并随着企业外部环境的变化、经营业务的调整、管理要求的提高等不断改进和完善。

(7)成本效益原则

内部控制应在保证内部控制有效性的前提下，合理权衡成本与效益的关系，争取以合理的成本实现更有效的控制。

### 12.3.2 内部控制要素

企业内部控制涵盖企业经营管理的各个层级、各个方面和各项业务环节。不同所有制形式、不同组织形式、不同行业、不同规模的企业可以结合实际情况，从不同的角度入手建立健全内部控制。然而，建立有效的内部控制至少应考虑以下基本要素：

1. 内部环境

内部环境是影响、制约企业内部控制建立与执行的各种内部因素的总称，也是实施内部控制的基础。内部环境主要包括治理结构、组织机构设置与权责分配、企业文化、人力资源政策、内部审计机构设置以及反舞弊机制等。

(1)治理结构、内部机构设置与权责分配

健全的治理结构、科学的内部机构设置和权责分配是建立并实施内部控制的基本前提，是影响、制约内部环境的重要因素。企业应科学界定决策、管理、执行和监督各层面的地位、职责与任务，形成有效的分工和制衡机制，切实发挥相关机构的职能作用，为企业内部控制的建立和实施提供强有力的组织结构保障和工作机制保障。而内部机构的设置应科学合理，能够适应企业经营管理的实际需要和外部环境的变化。另外，企业应根据经营目标、职能划分和管理要求，明确高级管理人员、各职能部门和分支机构以及基层作业单位的职责权限，将权利与责任分解到具体岗位。通过内部管理制度汇编、员工手册、组织结构图、业务流程图、岗位描述、权限指引等适当方式，使企业员工了解和掌握内部机构设置及权责分配情况，促进企业各层级员工明确职责分工，正确行使职权，并加强对权责履行的监督。

(2)企业文化

企业文化是指企业在经营管理过程中形成的、影响企业内部环境和内部控制效力的精神、意识和理念，主要包括企业的整体价值观，高级管理人员的管理理念、经营风格与职业操守，以及员工的行为守则等。

(3)人力资源政策

人力资源政策是影响企业内部环境的关键因素，包括员工的聘退与培训；员工的薪酬、考核、晋升与奖惩；财务和会计等关键岗位员工的轮岗制衡要求；对掌握重要商业秘密或核心技术等关键岗位员工离岗的限制性规定。企业制定的人力资源政策应当科学、规范、公平、公开、公正，有利于调动员工在内部控制和经营管理活动中的积极性、主动性和创造性。

(4)内部审计机制

健全内部审计机构、加强内部审计监督是营造守法、公平、正直的内部环境的重要保证。企业应加强内部审计工作，以形成有权必有责、用权受监督的良好氛围。董事会下设立审计委员会的企业，应当确保审计委员会成员具备良好的职业操守和专业胜任能力，并具有相应的独立性。审计委员会直接对董事会负责。一般上市公司的审计委员会主席应由独立董事担任，非上市公司的审计委员会主席应由独立于企业管理层的人员担任。

(5)反舞弊机制

有效的反舞弊机制是企业防范、发现和处理舞弊行为、优化内部环境的重要制度安排。企业应建立、健全反舞弊机制，明确有关部门在反舞弊工作中的职责权限和协调机制，规范反舞弊调查处理程序，建立情况通报制度，及时防范因舞弊而导致内部控制措施失效、影响内部控制目标实现的风险。

2. 风险评估

风险评估是及时识别、科学分析和评价影响企业内部控制目标实现的各种不确定因素，并采取应对策略的过程。它是实施内部控制的重要环节。风险评估主要包括目标设定、风险识别、风险分析和风险应对。

(1)目标设定

目标设定是风险识别、风险分析和风险应对的前提。企业应当按照战略目标，设定相关的经营目标、财务报告目标、合规性目标与资产安全完整目标，并根据设定的目标合理确定企业整体风险承受能力和具体业务层次上的可接受风险水平。

(2)风险识别

企业应当在充分调研和科学分析的基础上，准确识别影响企业内部控制目标实现的内部风险因素和外部风险因素。应当关注的内部风险因素一般包括人员素质、管理、基础实力、技术和安全环保等方面。应当关注的外部风险因素一般包括经济、法律、社会、科技、自然环境等方面。企业在进行风险识别时，可以采取座谈讨论、问卷调查、案例分析、咨询专业机构意见等多种方法来识别相关的风险因素，特别应注意总结、吸取企业过去和同行的经验教训，加强对高危性、多发性风险因素的关注。

(3)风险分析

企业应当针对已识别的风险因素，从风险发生的可能性和影响程度两个方面进行分析。结合企业的实际情况，针对不同的风险类别确定科学合理的定性、定量分析标准，并且根据风险分析的结果，依据风险的重要性水平，运用专业判断，按照风险发生的可能性和对企业影响的严重程度进行风险排序,确定应当重点关注的重要风险。

(4)风险应对

企业应当根据风险分析情况,结合风险成因、企业整体风险承受能力和具体业务层次上的可接受风险水平,确定风险应对策略,一般包括风险回避、风险承担、风险降低和风险分担等。企业对超出整体风险承受能力或者具体业务层次上的可接受风险水平的风险,应当实行风险回避。对于在整体风险承受能力和具体业务层次上的可接受风险水平之内的风险,若在权衡成本效益后无意采取进一步控制措施,可以实行风险承担;若愿意单独采取进一步控制措施,可以实行风险降低以降低风险、提高收益或减轻损失;若愿意借助他人力量,可以实行风险分担,采取包括业务分包、购买保险等进一步的控制措施。

3. 控制措施

控制措施是根据风险评估结果,结合风险应对策略所采取的确保企业内部控制目标得以实现的方法和手段,是实施内部控制的具体方式。控制措施结合企业具体业务和事项的特点与要求制定,主要包括职责分工控制、授权控制、审核批准控制、预算控制、财产保护控制、会计系统控制、内部报告控制、经济活动分析控制、绩效考评控制和信息系统控制等。

(1)职责分工控制

职责分工控制要求企业根据目标和职能任务,按照科学、精简、高效的原则,合理设置职能部门和工作岗位,明确各部门、各岗位的职责权限,形成各司其职、各负其责、便于考核、相互制约的工作机制。尤其要注意授权、批准、业务经办、会计记录、财产保管、稽核检查等不相容职务之间的相互分离。有条件的企业可以借助计算机信息技术系统,通过权限设定等方式自动实现不相容职务的相互分离。

(2)授权控制

授权控制要求企业根据职责分工,明确各部门、各岗位办理经济业务与事项的权限范围、审批程序和相应责任等内容。企业内部各级管理人员必须在授权范围内行使职权和承担责任,业务经办人员必须在授权范围内办理业务。对于金额重大、重要性高、技术性强、影响范围广的经济业务与事项,应当实行集体决策审批或者联签制度,任何个人不得单独进行决策或者擅自改变集体决策意见。未经授权的部门和人员不得办理企业各类经济业务与事项。

(3)审核批准控制

审核批准控制要求企业各部门、各岗位按照规定的授权和程序,对相关经济业务和事项的真实性、合规性、合理性以及相关资料的完整性进行复核与审查,通过签署意见并签字或签章,做出批准、不予批准或其他处理的决定。

(4)预算控制

预算控制要求企业加强预算编制、执行、分析和考核等各环节的管理,明确预算项目，建立预算标准，规范预算的编制、审定、下达和执行程序，及时分析和控制预算差异，采取改进措施，确保预算的执行。

(5)财产保护控制

财产保护控制要求企业限制未经授权的人员对财产的直接接触和处置，采取财产记录、实物保管、定期盘点、账实核对及财产保险等措施，以确保财产的安全、完整。

(6)会计系统控制

会计系统控制要求企业依据《中华人民共和国会计法》、国家统一的会计制度，制定适合本企业的会计制度，明确会计凭证、会计账簿和财务报告以及相关信息披露的处理程序，规范会计政策的选用标准和审批程序，建立、完善会计档案保管和会计工作交接办法，实行会计人员岗位责任制，充分发挥会计的监督职能，确保企业财务报告的真实、可靠和完整。

(7)内部报告控制

内部报告控制要求企业建立和完善内部报告制度，明确相关信息的收集、分析、报告和处理程序，及时提供业务活动中的重要信息，全面反映经济活动情况，增强内部管理的时效性和针对性。通常包括例行报告、实时报告、专题报告和综合报告等报告方式。

(8)经济活动分析控制

经济活动分析控制要求企业综合运用生产、购销、投资、财务等方面的信息，利用比较分析、比率分析、因素分析、趋势分析等方法，定期对企业经营管理活动进行分析，发现问题，查找原因，并提出改进意见和应对措施。

(9)绩效考评控制

绩效考评控制要求企业科学设置业绩考核指标体系，对照预算指标、盈利水平、投资回报率、安全生产目标等方面的业绩指标，对各部门和员工的当期业绩进行考核和评价，实施奖惩措施，加强对各部门和员工的激励与约束。

(10)信息系统控制

信息系统控制要求企业结合实际情况和计算机信息技术应用程度，建立与本企业经营管理业务相适应的信息化控制流程，以提高业务处理效率，减少和消除人为操纵因素。同时，加强对计算机信息系统开发与维护、访问与变更、数据输入与输出、文件储存与保管、网络安全等方面的控制，以确保信息系统的安全、有效运用。

4. 信息与沟通

信息与沟通是及时、准确、完整地收集与企业经营管理相关的各种信息，并使这些信息以适当的方式在企业有关层级之间进行及时传递、有效沟通和正确应用的过程。它是实施内部控制的重要条件，主要包括信息的收集机制以及在企业内部和与企业外部相关方面的沟通机制等。

企业应当准确识别、全面收集来源于企业外部及内部、与企业经营管理相关的财务及非财务信息，为内部控制的有效运行提供信息支持。另外还应采取互联网络、电子邮件、电话传真、信息快报、例行会议、专题报告、调查研究、员工手册、教育培训和内部刊物等多种方式，确保所需的内部信息、外部信息在企业内部准确、及时传递和共享，以实现董事会、管理层和企业员工之间的有效沟通。除了内部顺畅沟通以外，企业还有责任建立良好的外部沟通渠道，对外部有关方面的建议、投诉和收到的其他信息进行记录，并及时予以处理和反馈。

5. 监督检查

监督检查是企业对其内部控制的健全性、合理性和有效性进行监督检查与评估，形成书面报告并作出相应处理的过程，是实施内部控制的重要保证。监督检查主要包括对建立并执行内部控制的整体情况进行持续性监督检查，对内部控制的某一方面或者某些方面进行专项监督检查，以及提交相应的检查报告、提出有针对性的改进措施等。企业内部控制自我评估也是内部控制监督检查的一项重要内容。

### 12.3.3 计算机应用对会计内部控制的影响

在现代信息技术出现的早期，已有许多人意识到信息技术将对会计行业产生深刻的影响。毕马威会计公司的合伙人鲍勃埃利奥特在 1992 年的 *Accounting Horizons* 杂志上发表文章，开篇就是“IT 正在改变一切”。在信息技术环境下，会计内部控制的目的、原则虽然不变，但大部分传统的内部控制方法和措施失去了作用，产生了新的控制内容、手段和技术，会计内部控制工作的重点、方法和内容也发生了变化。在此，我们仅就计算机应用对会计内部控制的影响进行简要分析。

1. 内部控制的重点发生变化

在传统的手工会计系统中，企业会计内部控制的对象是处理会计业务的财务人员。内部控制的重点在于人员之间的相互牵制，通过岗位责任制和内部牵制制度，不同职责的人员被严格限制在各自特定的业务领域，以保证会计信息的正确性、企业资产的安全完整。随着计算机的应用，会计数据一般由计算机数据处理部门集中处理，财务部门人员往往只负责原始数据的收集、审核和编码，并对计算机输出的各种会计报表进行分析。这使得内部控制的重点从对人的控制转变为对人和计算机的控制。

具体来说，内部控制的重点将转移到原始数据输入、计算机的控制、会计信息的输出控制、人机交互处理的控制、计算机系统之间连接的控制、会计软件的开发控制、会计信息系统的建立、维护控制等几个方面。特别是防止计算机舞弊和防止计算机病毒破坏成为会计内部控制一个新的至关重要的内容。对于计算机舞弊的预防，应根据变化后的部门和岗位分工重建其岗位责任制，严格进行系统操作权限和维护审批监督控制；对于计算机病毒的防治，可采取加装防病毒卡、使用自动监测病毒软件、定期查杀病毒、制定严格的计算机使用管理制度等组织控制措施。

2. 内部控制的范围发生变化

在手工会计下，内部控制主要是对会计人员及其工作、信息处理方法和程序进行控制。然而，计算机技术的引入给会计工作增加了新的工作内容，同时也增加了新的控制措施。内部控制的范围扩大，包含了手工会计系统中所没有的控制，如对计算机硬件、软件以及相关设备的控制；系统权限的控制；修改程序的控制等。此外，由于网络技术在财务软件中的广泛应用，会计信息系统要实现远程报账、远程支付、远程报表、远程审计等功能，因此相应环节的内部控制变得十分重要。内部控制的范围还延伸到财务软件开发过程、系统转换过程、远程网络系统等方面。

3. 内部控制的方式发生变化

由于计算机具有高速稳定、强大的逻辑判断和逻辑推理能力等特点，它使得内部控制方式发生了很大的变化。例如，原来需要手工编制的科目汇总表、凭证汇总表等试算平衡的检查，以及总账、明细账的核对，在应用计算机后就不再容易出现失误，就没有必要存在。而凭证的借贷关系校验，余额和发生额平衡的检查等相应地转移到计算机系统内，由财务软件来实现。内部控制由手工会计系统下的单一人工控制转变为人工控制和程序控制。例如，针对电子会计数据的基本特性，增加了人工会计系统中没有的“安全控制”项目和“应用控制”项目。

4. 存储介质的变化

在手工会计环境下，企业的经济业务发生均记录于纸张之上，并按会计数据处理的不同过程分为原始凭证、记账凭证、会计账簿和会计报表，其法律效力是被广泛承认的。一旦出现错误需要修改时，无论采取何种修改方式都会留有痕迹。然而，随着计算机的应用，原本纸质的会计数据被直接记录到磁盘或光盘等电子质上，不易实现签字、盖章等具有法律效用的手段，而且很容易被删除或篡改。由于技术上可以对电子数据进行非法修改而不留痕迹，这就很难辨别哪一个是业务记录的“原件”。另外，电子质易受损坏，会计信息也存在丢失或毁坏的风险。因此，电子会计数据具有以下特点：

(1)字迹不可辨性

在手工会计系统中，字迹是确定会计责任的有效依据，授权、审批等都通过签字来确认责任，具有明确的法律效力；而电子会计数据通过口令或密码，即可进行操作，其他人员可能窃取授权操作员的身份验证密码或直接修改电子数据文件，用他人的名义做违法的事情。由此可见，电子数据没有字迹特征，不能通过字迹来确定会计责任，缺乏法律证据效力。

(2)脆弱性

电子会计数据存储在磁性介质中，容易受到多种物理因素和人为因素的影响，数据安全性较差。在实际工作中，计算机病毒、操作失误、蓄意破坏、搬移震动、机械磨损、部件失效、电力故障、磁场干扰、灰尘积聚、潮湿空气都会造成数据信息混乱或丢失，威胁到电子会计数据的安全。而会计信息系统对数据信息的安全性要求较高，要求数据记录必须具有连续性。如果前期数据损失，必然会导致后期数据的混乱，这就产生了会计数据安全性要求高与电子会计数据安全性低的矛盾。

(3)快速操纵性

电子会计数据可以快速地复制、删除、衍生、传播和批量修改。一方面,计算机应用的发展使得快速运算大规模会计数据成为可能,为实现会计信息的即时分类检索和复杂会计分析模型的运用奠定了技术基础;另一方面,也容易产生副本,造成正副本难辨、失密或被篡改,使利用会计信息系统作弊变得更加容易和隐蔽,这对会计人员、内部审计人员和社会审计人员来说是一个严峻的挑战。

因此,在计算机中如何使磁介质上的数据具有法律效力,提高信息的准确性,防止磁性数据非法修改,以及如何确保磁性介质上的数据安全可靠,是一个非常重要的问题。

5. 交易授权的变化

交易授权是将交易的执行限定给经过选择的人。授权批准控制是一种常见的、基础的内部控制。信息技术环境下,交易授权可以自动化,由计算机自动完成。如自动采购系统可以根据库存状况和采购记录通过计算来决定何时向哪个供应商采购多少货物。与手工环境相比,授权过程不明显。手工环境下,内部控制制度中明确规定了某项交易的授权;而在信息技术环境下,交易的授权在系统设计或初始化时就已完成,管理者难以适时评价授权是否符合当前目标,控制的失效只能在发生较大的失误后才能被察觉。因此,管理者应将对交易授权的关注转移到对相关计算机程序的正确性和可靠性测试上。

6. 财务网络化带来新的问题

网络技术无疑是目前 IT 发展的方向,会计信息系统也不可避免地受到其深远的影响,特别是 Internet 在财务软件中的应用对会计信息系统的影响将是革命性的。目前财务软件的网络功能主要包括远程报账、远程报表、远程审计、网上支付、网上催账、网上报税、网上采购、网上销售、网上银行等,实现这些功能就必须有相应的控制,从而为会计信息系统内部控制带来新问题。

(1)扩大了企业会计核算范围

企业实施财务网络化后,会计核算环境发生了很大的变化。会计部门的组成人员除了原有的财务、会计人员外,还增加了计算机操作员、网络系统维护员、网络系统管理员等。此外,会计业务处理范围扩大,除了完成基本的会计业务外,网络会计还集成了许多管理和财务功能,诸如网上支付、网上催账、网上报税、网上询价、网上采购、网上销售、网上服务、网上银行、网上理财、网上保险、网上证券投资和网上外汇买卖等。这种会计信息的网上实时处理,提高了业务处理效率,使得原本需要几个部门按照预定步骤完成的业务事项可以集中在一个部门甚至由一个人完成。

(2)会计信息储存方式和媒介发生变化

从数据和交易层次来看,网络会计采用高度电子化的交易方式,原始凭证在网络业务交易时自动产生并存入计算机,交易的全过程均在电子媒介上建立、运算与维护,更多的介质被电子化,出现各种电子单据,如各种发票和结算单据。存储形式主要是网络页面数据存储,网页数据只能在计算机和相应的程序中阅读,原来在核算过程中进行的各种必要的核对、审核等工作大部分由计算机和网络自动完成。因此，网络环境下会计内部控制的重点从对人的控制转变为对人、计算机和互联网的控制。

## 12.4　会计信息系统的内部控制

会计信息系统的内部控制是指企业为了保证会计信息系统的效率、安全性和完整性和一致性而采取的控制措施，包括一系列控制制度和控制技术。其中，会计信息系统的效率指信息系统的相关资源应被充分开发利用，在信息系统投资不变的情况下尽量提高信息处理的效率；会计信息系统的安全性是指系统的软、硬件资源应得到有效的保护，防止未经授权的人员接触信息；会计信息系统的完整一致性指信息系统的处理逻辑应符合企业的商业规则，所输出的信息应精确有效。

按照控制对象的范围和环境，会计信息系统的内部控制可以分为一般控制和应用控制两类。一般控制是指对会计信息系统的组织、开发、应用环境等方面进行的控制。应用控制则是指对会计信息系统中具体数据处理过程进行的控制。一般控制是应用控制的基础，它为数据处理提供了良好的处理环境；应用控制则是在一般控制的基础上深化，可以直接深入具体的业务数据处理过程，为数据处理的准确性、完整性和可靠性提供最好的保证。

### 12.4.1　一般控制

一般控制是对系统运行环境因素进行的控制，可以为各个具体的应用系统提供一个良好的环境，因此也被称为“环境控制”。会计信息系统的一般控制主要包括组织控制、信息系统开发、变更与维护控制、信息系统访问安全控制以及硬件控制等方面。

1. 组织控制

在会计信息系统中，建立有效的内部控制，首先要有恰当的组织控制。在信息技术成熟以前，组织结构一般呈金字塔型。随着信息技术的进一步发展，组织中通信和协调的成本进一步降低，大型企业纷纷开始将很多决策权下放到部门、战略业务单位，取消了一些中间管理部门，并增加其他部门的控制范围，以实现组织结构的“扁平化”。组织控制的目的主要是减少信息部门的错误及舞弊行为发生的可能性。具体包括岗位分工和授权审批两方面的控制。

(1)岗位分工

企业应当建立会计信息系统岗位责任制。计算机信息系统岗位一般包括：

① 系统分析：分析用户的信息需求，并据此制定设计或修改程序的方案。

② 编程：编写计算机程序以执行系统分析员的设计和修改方案。

③ 计算机操作：负责运行和监控应用程序。

④ 数据库管理：综合分析、设计系统中的数据需求，维护组织数据资源。

⑤ 信息系统库管理：将暂时不用的程序和文件存储在单独的信息系统库中，并保留所有版本的数据和程序。

⑥ 数据控制：负责维护计算机路径代码的注册，确保原始数据经过正确授权，监控信息系统工作流程，协调输入和输出。同时将输入的错误数据反馈给输入部门，并跟踪监控其纠正过程，将输出信息分发给经过授权的用户。

⑦ 终端：终端用户负责记录交易内容，授权处理数据，并利用系统输出的结果。

在系统开发和变更过程中，开发（或变更）审批、编程、系统上线和监控是不相容的职责。在系统访问过程中，申请、审批、操作和监控是不相容的职责。对于不相容的职责必须要进行分离。例如，系统分析员和编程员参与业务应用软件的开发时，不应使用真实的业务资料测试应用程序。一旦应用程序开始运行，系统分析员和编程员就不应再访问应用程序，因为他们对程序和资料的细节非常了解，如果允许他们未经授权访问资料或者程序，则不经授权即可改变资料或者程序，从中获利。所以系统分析员、编程员和数据库管理员在应用软件被测试完并交给运行部门之后，就不应再操作计算机或者访问程序和数据库。同样，计算机操作人员和其他数据库管理人员也无权了解程序逻辑和数据库结构的细节，因为这将为他们修改程序和资料提供便利。

企业可以指定专门部门（以下称"归口管理部门"）对会计信息系统实施归口管理，负责信息系统开发、变更、运行和维护等工作。一般来讲，财会部门负责确保信息系统中各项业务账务处理的准确性和及时性，制定会计信息系统制度，制订财务计划并下达，确定和修改计划价格，制定财务操作规定等。而生产、销售、仓储及其他部门（以下称"用户部门"）应当根据本部门在信息系统中的职能定位，参与信息系统建设和管理，按照归口管理部门制定的管理标准、规范和规章来操作、管理和运用信息系统。

企业管理层应该明确定义系统归口管理部门和用户部门在保证系统正常安全运行过程中各自承担的职责，并制定部门之间的职责分工表。

（2）授权审批

所有经由会计信息系统处理的业务都应经过授权管理。对于不是由会计信息系统生成的业务，在计算机处理之前都需要经过审核与批准，以减少错误的发生和舞弊的可能性。企业的计算机信息系统战略规划、重要信息系统政策等重大事项必须经由董事会（或者由企业章程规定的经理、厂长办公会等类似的决策、治理机构）审批通过后，方可实施。

2. 信息系统开发、变更与维护控制

信息系统的开发方式主要有企业自行设计、外购调试和外包合作开发。在开发信息系统时，企业应充分考虑业务和信息的集成性，优化流程，并将相应的处理规则（交易权限）嵌入到系统程序中，以预防、检查、纠正错误和舞弊行为，确保企业业务活动的真实性、合法性和效益性。在进行信息系统开发时，企业应遵循以下原则：

（1）因地制宜原则

企业应根据行业特点、企业规模、管理理念、组织结构、核算方法等因素设计适合本企业的信息系统。

(2)成本效益原则

信息系统的建设应起到降低成本、纠正偏差的作用，根据成本效益原则，企业可以选择对重要领域中的关键因素进行信息系统改造。

(3)理念与技术并重原则

信息系统建设应当将信息系统技术与信息系统管理理念整合，企业应当倡导全体员工积极参与信息系统建设，正确理解和使用信息系统，以提高信息系统运作效率。

进行信息系统开发，首先用户部门要提出需求，归口管理部门进行审核，只有企业负责人授权批准后，才能进行信息系统的开发；批准以后，系统分析人员设计方案，程序员编写代码。信息系统开发必须经过正式授权，并且企业应当进行详细备案。

企业应当成立项目管理小组，负责信息系统的开发，对项目整个过程实施监控。对于外包合作开发的项目，应当加强对第三方外包的监控。外购调试或外包合作开发等需要进行招投标的信息系统开发项目，应当成立招投标小组，并保证招投标小组的独立性。

企业应当制定详细的信息系统上线计划，在系统转换之际采取有效的控制手段，做好各项转换的准备工作，如旧系统的结算、汇总，人员的重新配置，新系统初始数据的安全导入等。此外，应当在上线计划中明确系统回退计划，以确保新系统一旦失效，能够顺利回退到原来的系统状态。在新旧系统切换时，如涉及数据迁移，企业应当制订详细的数据迁移计划。用户部门应当积极参与数据迁移过程，对数据迁移结果进行测试，并签署测试报告。

信息系统在投入使用前应当至少完成整体测试和用户验收测试，以确保系统的正常运转。数据控制小组应当使用测试数据来验证程序的正常并确认系统已经准备就绪，开发完成后移交操作人员，并由信息系统库管理员备份留存。如果信息系统原设计的功能未能正常实现，企业应当指定相关人员负责详细记录，并及时报告归口管理部门，由其负责系统程序修正和软件参数调整，以尽快解决存在的问题。

系统在运行过程中，难免会出现各种的问题，并且环境也可能发生变化，企业应及时对信息系统进行维护，以满足其发展要求。同时，积极采用预防性措施，确保计算机信息系统的持续运行，最大程度地减少系统意外停工时间。常见的预防性措施包括日常检测、设立容错冗余、编制意外计划等。

3. 信息系统访问安全控制

会计信息系统是一个开放的系统，系统内部和系统外部都可能存在威胁。安全控制的目的就是要保证会计信息系统资产的安全，减少随意接触资产和非法访问可能给系统造成的损失。

(1)操作安全控制

企业应当对信息系统操作人员的上机、密码和使用权限进行严格规范，建立相应的操作管理制度。未经上机培训的人员不得担任操作人员。信息系统操作人员不得擅自进行系统软件的删除、拷贝、修改等操作；不得擅自升级、改变系统软件版本或更换系统软件；不得擅自改变软件系统环境配置，应当在权限范围内进行操作；不得利用他人的口令和密码进入软件系统。操作人员如果离开工作现场，必须在离开前锁定或退出已经运行的程序，防止其他人员越权操作或散发不当信息。如果企业更换操作人员或密码泄密，必须及时更改密码。

(2)用户识别控制

企业应当建立账号审批制度，加强对重要业务系统的访问权限管理，定期对系统中的账号进行审阅，避免有授权不当或冗余账号存在。对于岗位变动或离岗的用户，企业应当及时调整其在系统中的访问权限。对于特权用户，企业应该对其在系统中的操作进行监控，同时应当定期审阅监控日志。

(3)加密存储控制

操作员口令和操作日志应采用密码的形式存储，并只允许系统管理员随时和定期打印输出。企业应当对所有的重要信息进行密级划分，包括书面形式和电子媒介形式保存的信息。根据信息的重要性和泄密风险损失等划分标准，企业可以将信息分为机密类、秘密类和重要类等，并建立不同类别信息的授权使用制度。

(4)备份恢复控制

企业应当建立数据信息定期备份制度和数据批处理或实时处理的处理前自动备份制度(交易日志)，在远离计算机设备和操作的地方至少应当保存一套备份和交易日志，以备丢失或损坏时重建。此外，为了在意外事件发生后能够恢复系统，企业应当编制完整、具体的灾难恢复计划，并定期检测、及时修正该计划，并将最新版本存放在系统之外。

(5)网络安全控制

在IT环境下，所谓系统的"内部"控制，已成为一个相对的概念。要有效地实现企业内部控制的目标，必须把内部控制从企业网的小内部扩展到互联网的大内部，也就是说，同时还要对企业内联网以外的系统空间进行控制。网络安全控制主要包括周界控制、大众访问控制、电子商务控制、远程处理控制、数据通信控制以及病毒的防范与控制等。

① 周界控制

周界控制是通过对安全区域的周界实施控制来保护区域内部系统的安全。企业可以建立网络防火墙；设置外部访问区域，防止"黑客"及非法入侵；建立周边监控系统，通过对系统日志和网络数据包的实时监控和审计分析，实时检测来自外部的入侵行为和内部用户的未授权活动。

② 大众访问控制

针对大众访问(如文件传递、电子邮件、网上会计信息查询等)，企业主要是在系统的外部访问区域内采取防护控制措施。例如，在网络会计系统中设置多重口令，对用户的登录名和口令的合法性进行检查；对网络进行实时监视、跟踪与审计，找出并解决威胁网络安全的问题。

③ 电子商务控制

对于电子商务控制，企业应建立与关联方的电子商务联系模式；建立网上交易活动的授权、确认制度，以及相应的电子会计文件的接收、签发验证制度；建立交易日志的记录与审计制度。

④ 远程处理控制

网络会计系统的应用使得跨国企业、集团企业具备了远程处理功能，如远程报表、远程报账、远程查账、远程审计等，启用这些功能就必须有相应的控制措施。例如，企业应对远程处理规程进行控制，包括操作权限控制、内容授权控制、处理程序控制以及通道和两端服务器安全控制等。

⑤ 数据通信控制

数据通信控制是企业为了防止数据在传输过程中发生错误、丢失、泄密等事故而采取的内部控制措施。企业尽量采用结构化布线来安装网络；采用虚拟专用网线路传输数据，开辟安全数据通道；对传输的数据进行加密与数字签名，以保证数据的安全性、保密性和完整性。

⑥ 病毒的防范与控制

在系统的运行与维护过程中尤其要重视计算机病毒的防范及相应的技术手段与措施。企业应当定期检测信息系统运行情况，及时进行计算机病毒的预防、检查工作，禁止用户私自安装非法软件和卸载企业要求安装的防病毒软件。一经发现潜在危险，应当及时通知操作人员隔离受病毒侵袭的系统部分，尽快处理。如有必要，可以暂时终止系统运行。

4. 硬件控制

计算机的硬件是系统运行的基本设备。企业应当制定计算机信息系统硬件管理制度，对设备的新增、报废、流转等情况进行建档登记，实行统一管理。

可靠的数据处理系统不仅要求高质量的软件，还要求高性能的硬件。在会计信息系统投入使用后，应加强对硬件的控制。企业应当将计算机硬件设备放置在合适的物理环境中，并由专人负责管理和检查，其他任何人未经授权不得接触计算机信息系统硬件设备。机房内应当配备必要的环境设施，对于主要系统服务器应当配备不中断电源供给设备。一旦发生异常现象（如冒烟、打火、异常声响等），应当立即通知有关部门，不得擅自处理。

### 12.4.2　应用控制

应用控制和具体的应用系统有关，是为了确保数据处理完整、正确而实施的控制，涉及各种类型的业务。每种业务及其数据处理都有其具体的内容，如账务处理子系统与成本核算子系统控制的具体内容不同，但它们有共同的一面，即都包括数据输入、数据加工处理和数据输出三个过程，如图 12－1 所示。基于这一共性，可将应用控制划分为输入控制、处理控制和输出控制。

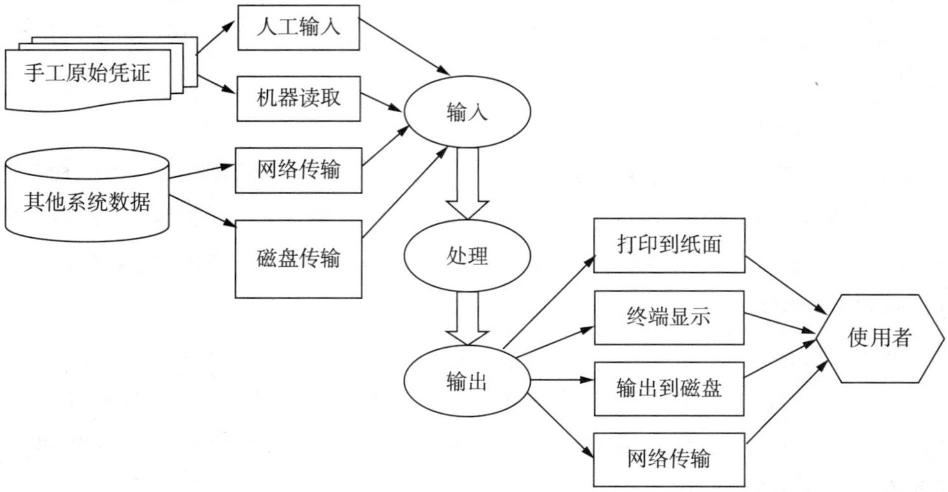


图 12－1 计算机处理过程

1. 输入控制

数据输入是一项较为复杂的工作。当手工操作与计算机操作混合使用，系统职能部门与其他部门业务往来繁杂、最易发生错误，输入信息是会计信息系统的数据信息源头，无效信息的输入会产生大量的数据垃圾，因而需要设置大量的控制措施加以防范。此外，在输入阶段错误数据的修改相对容易，但如果错误直到处理或输出阶段才被发现，就很难修改了。从国内外的实践案例来看，大部分计算机犯罪都是从输入过程做文章，利用输入控制的薄弱环节来达到非法目的。美国学者阿兰的一项研究表明，在 156 项计算机犯罪案例中，有 108 项案例涉及罪犯对输入业务的非法改动。由此可见，输入控制是应用控制中最为关键的环节。

输入控制就是要保证输入会计信息系统数据的有效可靠，其目标是确保会计信息系统数据采集的合法性、准确性和完整性。只有输入正确的数据，才能进行正确的处理。输入控制要确保：经济业务在由计算机处理之前经过适当的批准；经济业务没有被遗漏、添加、重复或不正当的更换；经济业务被准确地转换为机器可读的形式并记录在数据文件中；拒绝、改正不适当的经济业务，必要时，及时重新补救。

输入控制常用的控制方法包括：建立科目名称与代码对照文件，以防止会计科目输入错误；设计科目代码校验，以确保会计科目代码输入的准确性；设立对应关系参照文件，用来判断对应账户是否发生错误；试算平衡控制，对每笔分录和借贷方进行平衡校验，防止输入金额出错；顺序检查法，防止凭证编号重复；二次输入法，将数据先后两次输入或同时由两个人分别输入，由程序将两次输入进行一一核对，凡不一致的则拒绝接受并强制修改等。

在数据输入前，应确保原始数据的真实性、可靠性。如果不能确保原始数据的准确性，那么后续的控制措施将毫无意义。因此在数据输入前，会计人员必须在计算机外对原始数据进行合法性和真实性的审核，只有经过审核无误的原始数据才能输入计算机中。

2. 处理控制

处理控制的主要目的是保证数据计算的准确性、数据传输的合法性，以及确保会计处理流程的正确性和有效性。这种控制往往是通过预先编写的计算机程序来实现的。数据输入计算机后，按照预定的程序进行加工处理，处理过程中很少有人工干预。虽然一般控制和输入控制在一定程序上保证了数据处理的正确性和可靠性，但是计算错误、用错文件、用错程序、输入数据错误等情况在输入过程中可能未被检查出来，这同样会导致处理结果不正确。因此，在处理过程中还必须设置处理控制。

最常见的数据处理控制包括勾稽关系控制、文件标签控制、数据合理性控制、修改权限与修改痕迹控制，以及防错、纠错控制等。

(1)勾稽关系控制

勾稽关系控制是针对会计数据处理结果的相互关系所设置的控制。例如，计提折旧处理后，折旧累计额与净值之和应与固定资产总额相等。通过对这类具有勾稽关系的数据项目与数据处理结果相互核对，可以防止处理出现错误。

(2)文件标签控制

文件标签分为内部标签和外部标签。在对文件进行处理之前，系统会检查文件的标签，如果是指令要求处理的文件，则进入下一步的处理过程，否则给出错误提示。标签校验可以由系统软件执行，也可以由应用程序执行。

(3)数据合理性控制

数据合理性控制是指系统通过对某些数据进行有效范围校验来进行控制。如检查字段的类型是否正确，字段的取值是否在正常范围内等。这种检验通常是根据程序中的预先设定来检查的。在程序设计时，应根据用户各种业务的正常变化范围，规定其变化限度，作为程序运算中一个必要的逻辑判定步骤。如账务系统中的“现金”和“银行存款”不能出现负数，若出现超过限值的情况均作为错误显示出来。

(4)修改权限与修改痕迹控制

即对已入账的凭证，系统只能提供留有痕迹的更改功能；对已结账的凭证与账簿以及计算机内账簿生成的报表数据，系统不提供更改功能等。

(5)防错、纠错控制

防错、纠错控制是指系统要防止或及时发现在处理过程中数据丢失、重复或出错的控制措施。在进行重要处理前，会计软件应自动在硬盘上备份本次操作要更新的重要数据文件，以防误选该操作或操作过程中意外中断而造成数据混乱并无法恢复。

3. 输出控制

虽然输入控制和处理控制已经基本上保证了会计数据的准确性，但仍然不能保证数据输出完整且正确。因此，有必要制定输出控制制度。输出控制是指对系统输出结果进行的控制，是应用控制的最后一道控制措施，其目的是确保输出信息的正确性，并且只提供给经过授权的使用者。

输出数据控制一般应设立专人（审核员）审核所有输出资料，检查输出数据是否与输入数据相一致，输出数据是否完整，输出结果是否正确。同时，应设置输出权限，信息系统的输出可以通过写入存储器输出、屏幕显示输出或打印输出的方式进行。对于任何一种输出方式，都要设立相应的权限控制，任何人未经批准授权，不得执行输出指令或接触相关机密文件。此外，文件传输应安全正确，对数据的发送对象和份数应有明确的规定，以确保输出结果能准确地发送到合法的输出对象。专人应负责收集、登记、分发、核对和保管输出的纸介质会计资料，检查其完整性、正确性，以及打印的账簿和报表号是否连续、有无缺漏或重叠现象。同时，可以采用各种技术手段来保证数据在传输过程中的准确性、安全性和可靠性。

## 本章小结

企业会计信息系统的建设是一项复杂的系统工程，涉及企业的各个方面和诸多业务环节。首先，企业需要从战略的角度制定会计信息系统建设的发展规划，然后对企业应用软件进行选型，结合企业实际情况配置硬件和软件，对相关人员展开培训，做好相关基础工作，最终实施会计信息系统。为了确保会计信息系统的正常运行，必须加强对其管理，既要从宏观角度出发，也还要从微观角度出发，进行会计信息系统的操作管理、硬件和软件管理以及会计档案管理等。计算机应用对会计内部控制产生了很大的影响，会计信息系统应该从环境和具体处理过程两方面展开控制，即一般控制和应用控制。一般控制主要包括组织控制、信息系统开发、变更与维护控制、信息系统访问安全控制以及硬件控制等方面；应用控制则分为输入控制、处理控制和输出控制。

## 思考与练习

一、名词解释

1. 会计信息系统发展规划的制定原则
2. 内部控制整体框架
3. 企业风险管理框架
4. 内部控制要素
5. 一般控制
6. 应用控制
7. 会计信息系统访问安全控制
8. 会计信息系统岗位责任制
9. 控制措施

10. 内部环境

二、单选题

1. 通常系统切换不包括(　　)。

A. 直接方式　B. 并行方式　C. 逐步方式　D. 间接方式

2. 内部控制的最初形式是(　　)。

A. 共同管理　B. 交叉检查　C. 内部牵制　D. 交叉控制

3. 审计委员会直接对(　　)负责。

A. 董事会　B. 监事会　C. 股东大会　D. 总经理

4. 对于金额重大、重要性高、技术性强、影响范围广的经济业务与事项，应当实行(　　)。

A. 集体决策审批　B. 总经理审批　C. 董事长审批　D. 财务总监审批

5. (　　)不属于控制措施。

A. 授权控制　B. 权责分配　C. 职责分工控制　D. 财产保护控制

6. 企业内部控制自我评估是内部控制(　　)的一项重要内容。

A. 信息与沟通　B. 风险评估　C. 监督检查　D. 控制措施

7. 会计信息系统的一般控制包括(　　)。

A. 输入控制　B. 硬件控制

C. 处理控制　D. 输出控制

三、多选题

1. 制定会计信息系统发展规划的原则包括(　　)。

A. 实用性原则　B. 阶段性原则　C. 领导负责原则　D. 系统性原则

E. 适用性原则

2. 企业可以从(　　)取得会计软件。

A. 购买商品化会计软件

B. 使用上级主管部门推广的会计软件

C. 自行开发会计软件

D. 购买商品化会计软件与自行开发会计软件相结合

3. 会计软件必须通过了(　　)的评审。

A. 省级财政部门　B. 市级财政部门

C. 县级财政部门　D. 省级以上财政部门

4. 内部控制的发展经历了(　　)。

A. 企业风险管理框架阶段　B. 内部控制阶段内部牵制阶段

C. 内部控制整体框架阶段　D. 内部控制结构阶段

5. 企业风险管理框架与内部控制框架相比，增加了(　　)要素。

A. 风险评估　B. 风险反应

C. 目标制定　　D. 事项识别

6. 按照控制对象的范围和环境，可以将会计信息系统的内部控制分为(　　)。

A. 一般控制　　B. 应用控制

C. 人工控制　　D. 程序控制

7. 企业在进行信息系统开发时应遵循(　　)。

A. 因地制宜原则　　B. 领导负责原则

C. 成本效益原则　　D. 理念与技术并重原则

8. 会计信息系统常见的预防性措施包括(　　)。

A. 自动备份　　B. 日常检测

C. 设立容错冗余　　D. 编制意外计划

9. 最常见的数据处理控制有(　　)。

A. 文件标签控制　　B. 数据合理性控制

C. 修改权限与修改痕迹控制　　D. 防错、纠错控制

四、简答题

1. 如何制定会计信息系统发展规划？

2. 企业风险管理框架与内部控制框架相比，有哪些进步？

3. 内部控制构建应遵循怎样的原则？

4. 内部控制是什么？

5. 计算机应用对内部控制存在怎样的影响？

6. 举例说明什么是不相容职责。

7. 如何对会计信息系统进行管理？

# 第 13 章　会计信息系统审计

## 学习目标

计算机及网络技术的高速发展使得传统的手工会计系统被计算机为载体的会计信息系统所取代。这一转变使审计对象发生了巨大的变化。计算机在审计领域的应用为审计工作的现代化奠定了坚实的基础。通过对本章的学习，使学生了解会计信息系统审计的概念和内容，掌握会计信息系统对审计工作的影响，以及会计信息系统审计的一般程序和技术方法。

## 13.1　会计信息系统审计

21 世纪是人类历史上信息化突飞猛进的世纪。随着计算机与网络技术的迅猛发展，经济的全球一体化、网络化和数字化正从根本上改变人类社会的生活方式。电子商务电子政务和企业信息系统的建立使得社会经济和管理活动发生了革命性的变化。审计作为维护市场经济秩序、管理与监督经济活动的重要手段，必然受到信息时代发展的深刻影响。特别是随着经济的发展，审计对象也发生了变化：由单一型向集团化发展，由单项管理向多项、综合型的 MIS 管理发展。相比之下，传统审计的手段之落后，已无法适应审计对象的变化，因此未来审计的发展趋势是会计信息系统的审计。

会计信息系统审计，又称为计算机审计。广义地讲，是指审计组织以信息技术为手段，组织计划审计项目、实施审计的全过程，以确认审计风险或评价企业信息战略、优化组织运营为目标，对组织营运所依赖的信息系统进行独立、客观确认和咨询活动。会计信息系统审计的内容包括两方面：一是以信息技术为手段，开展审计工作的过程，即常说的计算机辅助审计技术；二是指审计部门以组织信息系统为对象，以风险评估或内部控制检查为手段，对该系统所产生的会计信息的真实性和合法性做出确认，或通过优化企业信息管理，增强企业的核心竞争能力，即常说的信息系统审计或 EDP 审计。

会计信息系统形成后，审计的许多方面发生了较大变化，可以说会计数据处理的信息化是会计信息系统审计产生的直接原因。计算机审计不仅可以减轻审计人员繁重的审计文书和资料处理的负担，还可以编制审计程序直接审计应用程序和数据文件。通过计算机网络能迅速地获取手工条件下无法收集的审计证据，会计信息系统审计正是在这种情况下产生的。会计系统随着计算机技术的进步而发展，审计也随着计算机技术的进步和会计系统的发展而发展，研究计算机应用对审计工作的影响，这对于适应审计对象的发展，丰富审计工作的内容，掌握新的审计技术和方法，更好地开展新形势下的审计工作具有重要意义。

### 13.1.1 会计信息系统对审计工作提出了新的挑战

会计信息系统形成后，改变了会计核算系统的工作方式，提高了会计核算工作的效率和准确性。然而，这也给审计工作提出了新的挑战，传统的审计方法已经不适应会计信息系统的会计核算工作，如何跟上会计信息系统变革的步伐成为审计工作亟待解决的问题。在审计人员对会计信息系统进行审计时，会遇到许多问题，可以归纳为以下几个方面：

1. 审计线索的改变

审计线索指在业务处理过程中对文件更新情况的记录，它留下了有关文件操作的痕迹，是审计人员了解会计数据的来龙去脉，进一步进行审查的有效途径。审计线索对于审计工作来说极为重要。在手工会计系统中，由原始凭证到记账凭证，从登账到会计报表编制，每一步都有文字记录，都有经手人签字，审计线索十分清楚。审计人员利用上述资料能从原始业务开始，追踪到报表中的合计数或将合计数分解为原始数据，并通过这些审计线索来检查和确定这些数字是否正确地反映了被审计单位的经济、业务情况，以及检查其财务活动的合法性、合规性和有效性。然而，在会计信息系统中，原先审计所必须审查的大量书面资料都存储在磁性介质中，数据处理的全过程在计算机内运行，除了除极少部分打印出来的审计线索以外，绝大部分审计线索是审计人员不能直接看见的。尽管理部门从管理的角度出发，仍然要保留一部分肉眼可见的审计线索，但这些有限的审计线索，无论在形式上还是在内容上都与手工工作条件下有很大的不同。另外，会计信息系统中的审计线索极易被销毁或修改，且无明显痕迹。因此，为了确保系统的可审性，在会计信息系统的设计和开发阶段也必须考虑到审计的要求，使系统在处理时能留下可追踪的审计线索，以便日后审计人员能够跟踪审计线索，完成审计任务。

2. 审计的技术性和审计范围扩大

会计信息系统的建立是通过操作人员将原始数据录入计算机内，计算机按照会计核算工作程序所编制的软件进行数据处理，形成会计信息。对于该系统处理的结果是否真实可靠，不仅取决于原始数据及其录入过程，还取决于数据处理过程中所使用的计算机硬件、软件系统以及运行过程和处理流程是否符合要求。因此，审计人员既要审查会计数据和会计信息，还要审查会计信息系统所采用的计算机硬件、软件、运行过程等方面的问题，这样就加强了审计工作的技术性，扩大了审计范围。

3. 对审计人员提出了更高的要求

在会计信息系统中，由于审计线索、内部控制、审计内容和审计技术的改变，决定了对审计人员要求的提高。不懂得使用计算机、没有计算机和会计专业知识的审计人员，会因为审计线索的改变而无法跟踪变化了的审计线索进行审计；会因为不懂得会计信息系统的特点、风险及其应有的内部控制而不能识别、审核和评价其内部控制，尤其是其程序化的控制；会因为不懂得使用计算机而无法对计算机系统的功能进行审查或利用计算机进行审计。对会计信息系统的审计要求审计人员具备更高的技术素质和知识水平。为能在会计信息系统中更好地执行审计监督任务，审计人员不仅要有会计、审计、经济、管理、法律等方面的知识，更要掌握计算机和会计方面的知识和技能。审计人员要了解会计信息系统的特点和风险以及怎样才能有效地降低这些风险，要懂得如何审计计算机系统，要能够利用计算机进行审计。为了有效地利用计算机进行审计，审计人员可能还要开发或协助开发各种辅助审计软件，会计信息系统的发展要求审计人员进入计算机审计这个新领域。

4. 内部控制方法有待进一步完善

会计系统信息化以后，内部控制的重点由会计人员和会计业务部门转移到电子数据处理部门，财会人员对交易活动的直接监督减少了，原内部控制体系难以适应这种变化。计算机数据处理的集中性和连贯性，使得大部分职权分割的控制作用几乎消失，数据存储载体的改变和共享程度的提高使得手工会计中的账簿控制体系失去原有的作用。在这种情况下，内部控制一方面要加强，另一方面要采用新的方式。对于会计信息系统，内部控制按实施环境可分为一般控制和应用控制。一般控制是普遍适用于计算机数据处理的控制，包括组织控制、操作控制、系统安全控制等。应用控制是在运用计算机进行会计数据处理过程中所实施的内部控制，包括输入控制、处理控制和输出控制。

5. 对审计标准和准则产生了影响

传统方式的审计已经在长期工作实践中形成了一套系统、完整的审计标准和审计准则，包括审计人员标准、现场作业标准、审计报告标准等。对于被审计单位的各种问题，审计人员应具有相应的工作方法和处理措施。在会计信息系统中，原有的审计标准和准则很难与出现的新情况相适应。由于审计对象与审计线索的改变，与之对应的工作方法和处理措施也要发生相应的变化。这就要求审计标准和审计准则要补充新的内容，如内部控制审计准则，审计应用软件标准、会计信息系统审计人员培训考核标准等。

综上所述，会计信息系统向审计提出了新挑战和新任务，传统的手工审计已无法适应会计信息系统的新情况和新要求，学习、研究和开展会计信息系统审计是我们当前一项迫切的新课题和新任务。

### 13.1.2　会计信息系统审计的特点

1. 审计范围的广泛性

由于会计信息系统投入使用后，对其进行修改，要比在系统开发、设计阶段进行修改困难得多，代价也要昂贵得多。因此，除了要对投入使用后的会计信息系统进行事后审计外，审计人员还要对系统进行事前审计和事中审计。因此，会计信息系统的审计范围比传统的手工审计更为广泛。

2. 审计线索的隐蔽性、易逝性

如前所述，在会计信息系统中，审计需要跟踪的审计线索大部分存储在某种介质上，这些线索是肉眼直接不可见的，既容易被更改、隐匿，也容易被转移、销毁和伪造。在审计中，如果操作不当，很可能破坏系统的数据文件和程序，从而销毁了重要的审计线索，甚至干扰被审系统的工作。

3. 审计证据的动态性

在大中型企事业单位中，会计信息系统是一个不可或缺的核心系统，如果系统停止工作，有时会直接影响单位的生产经营活动。例如，有些企业的会计信息系统每天都要结算成本和利润，进行生产动态分析，为领导提供预测和决策参考。在这些企业中，如果系统停止运行，会给企业带来巨大的经济损失。因此，对会计信息系统的审计，往往是在系统运行过程中进行审计取证，审计人员一方面要及时完成审计任务，另一方面又要不干扰被审计系统的正常工作，这给审计工作增加了很大的难度。

4. 审计内容的系统性

由于数据处理的自动化水平大大提高，系统的最终输出完全是整个信息系统运行的结果，只有从构成信息系统的各因素，如输入数据、硬件、软件、机内文件进行系统的分析和检查，才能确定输出结果的正确性。同时，在会计信息系统集成化程度越高的企业，各子系统构成一个有机整体，数据的共享性很强，对其进行审计必须具有较强的系统性。

5. 审计技术的复杂性

由于不同单位的计算机设备各式各样，所配备的系统软件和财务软件也各不相同，不同单位对同一业务可以选择不同的会计政策，加上审计工作具有很强的技术性，这决定了会计信息系统审计工作的复杂性。

### 13.1.3 会计信息系统审计目的

审计按其目的来划分，可以分成三个领域，即财务会计审计、财经法规审计和经济效益审计。财务会计审计的主要目的是保护资产和保证财务信息的质量；财经法规审计的主要目的是揭露违法乱纪的行为，维护社会和国家利益；经济效益审计的根本目的是通过对被审单位的经济活动的效率、效果和效益的检查、分析、评价以及提出建议，以促使其提高经济效益。会计信息系统的审计目的也应包括这三个方面的内容，具体表现为：

1. 保护资产的安全

通过对内部控制的检查、测试和评价，会计信息系统审计可以揭示内部控制的弱点，并有针对性地提出加强财产物资安全保护的建议。通过对账、证、表与实物的查证和核对，可以杜绝或防止资产损坏和盗窃的现象，为资产的安全提供可靠的保证。会计信息系统审计还增加了对机房及机房内的各种计算机软硬件设备的保护，当然还应包括系统中各种应用程序、文档、备份和各种数据资源的保护。

2. 保证信息的正确可靠性,促进被审单位提高经济效益

会计信息系统审计应通过各种有效的方法和计算机程序,来审查和验证系统所提供的信息是否真实、准确、合法,是否适当、公正和全面地反映了被审计单位的财务状况和经营成果。审计人员通过对被审计单位经济活动的效率、效果和效益的检查、分析、评价,除了起到鉴定、公证作用外,还应提出合理化建议,促使其改善经营管理,提高企业的经济效益和市场竞争能力。

3. 维护财经法规,保护社会和国家的利益

随着计算机技术的广泛应用,计算机舞弊事件也会相应增加,其手法将越来越隐蔽,给社会和国家带来的损失也会越来越大。加强对会计信息系统审计,可以揭露和防止计算机舞弊事件、贪污腐化等违法乱纪行为,清除各种腐败现象,维护社会主义财经纪律,保护社会和国家利益,必将起到重要的作用。

4. 促进被审单位计算机应用效率和效益的提升

计算机应用技术性强,对系统工作人员的要求高,是企业管理现代化的重要内容之一。会计信息系统审计人员也应对数据处理系统的效率和效益做出评价,提出合理化建议、使系统的各项资源得到充分的利用,提供各方面满意的信息服务,以提高企业管理水平并取得最佳的经济效益。

5. 促进内部控制系统的持续完善

会计信息系统比手工会计系统更为复杂。如果没有完善的内部控制措施或不能严格执行,就难以保证系统输出信息的正确可靠性,也难免发生计算机舞弊和犯罪事件。相反,如果有完善的内部控制功能并认真执行,就可以完全杜绝或减少计算机舞弊的可能性,完善的内部控制措施对会计信息系统来说比手工会计系统更为重要。同手工审计一样,会计信息系统审计也是以研究和评价内部控制系统为基础的,这一方面为确定进一步审计的重点和范围提供依据,另一方面可以对改善系统的内部控制提出意见,促使被审单位加强系统的内部控制。

### 13.1.4 会计信息系统审计的内容

会计信息系统与手工会计系统不同,它是由会计数据体系、计算机硬件和软件以及系统工作和维护人员组成。因此,会计信息系统审计的内容与手工会计系统存在较大的差异,根据审计的具体目的不同,会计信息系统审计的内容主要包括内部控制系统审计、系统开发审计、应用程序审计以及数据文件审计。

1. 内部控制系统审计

内部控制系统的审计主要包括两个方面:一方面是对会计信息系统内部控制的测试;另一方面是对被审计单位各种交易事项或各项业务循环的内部控制进行测试。

(1)会计信息系统内部控制的测试

测试内容包括一般控制测试和应用控制测试。测试有两个目的:一是为了在内部控

制系统审计的基础上对会计信息系统的处理结果进行审计；二是为了完善会计信息系统。

(2)各项业务循环内部控制测试

测试内容包括：销售与收款循环测试、购货与付款循环测试、生产循环测试、筹资与投资循环测试以及货币资金测试等。当然，不同的行业、不同的企业对业务循环的划分可能有所不同。因此，针对具体的被审计单位，测试内容也不会有所差异。测试的目的是评价各业务循环内部控制的设计是否完善，是否得到有效执行，即评价内部控制的可信性，从而决定实质性测试的时间、性质和范围。

对内部控制测试一般经过以下几个阶段：一是初步了解与评价阶段；二是详细测试与评价阶段；三是进行最终评价并拟出实质性测试程序。

2. 系统开发审计

系统开发审计是指对会计信息系统开发过程进行的审计，它主要针对从事应用程序及文件开发、修改的系统分析员、程序设计员的行为进行审查。系统开发过程的内部控制措施直接影响了应用系统的可靠性。审计所关注的三个领域包括：系统开发标准、项目管理与程序变化控制。审计的主要方法是检查和测试相关文档，可以通过观察文档和面询的方式完成。

系统开发标准是用于控制应用系统设计、开发、实施等过程的文档。信息系统的综合控制则是确保系统开发标准的存在。开发标准用于确保在应用系统中选择、实施到应用控制，从而使应用系统能够提供充足的审计线索，并具备足够的可操作性和可维护性。项目管理控制在应用系统开发过程中用于测量、控制开发进度。程序变化控制用于防止未经测试和认可的程序被安装在运行环境中。系统开发审计同时也是审计人员参与系统规划、分析、设计和调试的过程，其意义在于：

(1)审计人员可借此熟悉系统的结构、功能和控制措施。

(2)审计人员可借此了解系统控制的强弱。

(3)通过吸纳审计人员的建议，使系统更加可靠，更具有可审性。

(4)可以让审计人员安插审计程序段，便于今后开展审计。

(5)可以让审计人员审核系统内置的会计程序和会计方法的正确性与合法性。

系统开发审计一方面要检查开发活动是否受到适当的控制，以及系统开发的方法程序是否科学、先进和合理；另一方面还要检查系统开发过程中是否产生了必要的系统资料和凭证，以及这些资料和凭证是否符合规范。

3. 应用程序审计

会计信息系统的核心是会计软件，会计软件程序的质量，直接决定了会计信息系统的整体水平。在这部分里主要审计会计软件程序对数据进行处理和控制的及时性、正确性和可靠性，以及程序的纠错能力和容错能力。会计软件程序是人与机器联系的纽带，实际上是计算机的灵魂。各单位处理经济业务的目的、原则和方法都体现在计算机程序之中，这些单位是否执行国家的方针政策，处理会计事务是否符合财经制度和纪律，也常常在计算机程序中体现出来。例如，企业的成本开支范围、成本计算方法等都反映在程序之中，因此，应用程序审计既是会计信息系统审计的重要内容，也是较为复杂的任务。对于应用程序审计，可以对程序直接进行审查，也可以通过数据在程序上的运行进行直接测试。对程序进行直接审查，可借助流程图作为工具，用标准的图形、符号等来反映程序的处理逻辑。在对程序进行间接测试时，往往需要设计测试数据，这种测试数据可以是真实的数据，也可以是模拟的数据。

应用程序审计有两个目的：一是测试应用控制系统的符合性；二是通过检查程序运算和逻辑的正确性达到实质性测试的目的。然而，一般来说，应用程序审计主要是为了测试应用控制系统的符合性。测试应用控制系统的符合性是指对嵌入应用程序中的控制措施进行测试，以确定它们是否按设计要求在运行时起作用。

4. 数据文件审计

数据文件是会计信息系统的处理结果。在会计信息系统中，会计凭证、会计账簿和会计报表均以数据文件的形式存储于一定的介质上。

计算机在处理会计事务或其他事务时，往往要调用原先存储在计算机内的文件，或者将处理结果存储在机内供日后调用。这些文件通常无法直接看到，却是会计信息系统处理的重要内容。有时，输入数据是正确的，程序也是正确的，但所调用的机内文件却是错误的，导致处理结果出错。为了对计算机文件进行审计，可以将该文件打印出来进行检查，也可以直接在计算机内进行检查。为此，需要编制一些审计程序来测试文件的内容。

数据文件审计也有两个目的：一是对数据文件进行实质性测试；二是通过数据文件的审计，测试一般控制措施或应用控制措施的符合性。但数据文件审计主要是为了实质性测试。对数据文件进行实质性测试，包括两个方面：一方面是直接检查各会计账户余额和发生额，以确定项目是否漏记、资产计价是否正确、会计分录是否恰当、会计事项的分期是否妥当、总账余额与明细账余额是否相符等；另一方面是对会计数据进行分析审核，即通过比率分析、趋势分析，检查有无例外情况和异常变动，从中找出不符合会计制度、原则的会计处理或错误的会计处理。

5. 信息中心的审计

通常应在应用审计之前对信息中心进行审计，以确保应用运行的综合环境的完整性。对信息中心的审计主要关注三个方面：环境控制、灾难恢复计划和信息中心的管理控制。

环境控制保证主机—终端系统中存放大型机的机房保持适当的温度、湿度，有持续的电源供应，具备防火、防水设施，以及确保数据、报告和计算机程序的物理访问安全。

灾难恢复计划中应明确在发生紧急情况下，由谁负责紧急行动计划、设备和数据备份计划以及恢复过程控制。

信息中心日常运营的管理控制包括用于预算设备负荷的技术、项目使用统计、人员需求预算与计划，以及设备需求计划等。

需要说明的是，上述各方面并非相互独立的。对会计信息系统提出全面的审计意见往往需要同时涉及上述各个方面。

## 13.2 会计信息系统审计的发展

会计信息系统审计是对被审计对象所采用的计算机化的信息系统的安全性、可靠性进行了解、测试与评价，并对信息系统对财务报告的影响做出判断或单独提出信息系统审计报告的过程。对会计信息系统审计发展历史的了解，应该从企业信息化的发展和审计本身的发展两个方面考察，以便了解会计信息系统审计发展的必然趋势。

### 13.2.1 会计信息系统审计的发展

1. 会计信息系统审计是企业信息化发展的必然要求

(1)手工处理

企业内部的信息处理最初是以手工方式进行的。一个企业的会计部门通过不同岗位之间的分工协作，将企业在日常经营活动中产生的财务资料进行加工处理，形成企业内部和外部需要的各种会计信息。这种手工系统的特点是以人为处理工具，以纸张为信息的载体。在这种情况下，审计方式无疑是手工的形式，审计的对象也是人和纸质文档。

(2)部分计算机处理

随着计算机的普及，尤其是微型计算机价格的下跌，一些企业开始用计算机来处理部分会计资料。例如，企业内部自行开发的工资管理程序、固定资产管理程序等，逐步用机器来代替部分的人工劳动。这是 20 世纪 80 年代末期和 90 年代初期的一种景象。由于存在电子数据，为电子数据处理审计业务提供了可能。然而，当时计算机处理的范围还比较小，审计人员仍然可以忽略计算机的存在，直接对打印出来的纸质文档进行审计。

(3)会计系统全面计算机化

20 世纪 90 年代中期以后，会计电算化工作在我国得到大规模的普及，企业的会计信息系统已经全面实现计算机化。在这个时期，审计人员已经开始意识到计算机审计的重要性，但这时人们对计算机审计的认识还停留在对电子数据的采集和分析阶段，对计算机系统的控制问题还未得到应有的重视。

(4)会计信息系统的集成化

20 世纪 90 年代后期至今，会计电算化已逐步成熟，但企业的信息化建设并没有就此停止，以 ERP 为代表的企业信息系统的高度集成逐渐开始兴起。此时的企业信息系统不仅仅是一个个孤立的系统，而是集财务、人事、供销、生产为一体的综合性的系统，财务信息只是这个系统所处理信息的一部分，单独的财务系统已不存在。而这时的审计人员需要全面了解整个系统，才能把握审计对象的整体情况。

从企业信息化的发展历史可以看出，由于审计人员所面临的审计对象不断变化，促使审计方式随之改变，会计信息系统审计也在这种历史背景下应运而生。

2. 会计信息系统审计是审计理论与技术发展的必然结果

随着审计理论与技术的发展，审计模式经历了详细审计、系统基础审计和风险基础审计三个阶段。现代审计十分强调对系统控制的依赖。它的基本观点是：设计合理且得到执行的控制制度是我们相信财务信息的重要依据。对于控制得好的领域，我们分配较少的审计资源；对于控制较弱的领域，分配较多的审计资源；如果控制不可依赖，我们则跳过控制测试环节，直接对账户余额和交易发生额进行测试。

在手工会计系统中，系统的控制完全是由人工完成的，对系统控制的了解和测试也可以由普通审计人员运用一般的财务审计知识来完成。由于计算机化的信息系统的介入，越来越多的信息系统控制由计算机完成，ERP 的实现甚至改变了手工环境下的管理方式及业务流程，一般的财务审计知识已无法满足对系统和系统控制进行了解及测试的需要。而由于会计信息系统的运用，使得审计人员更加依赖系统控制，直接对如此庞大的数据量进行审计已经不可想象。对 ERP 系统审计因此也从财务审计的一个可以省略的环节成为不可缺少的工作内容，甚至可以作为一项独立的审计任务。从企业信息化和审计理论与技术两条发展轨迹来看，我们可以得出这样的结论：会计信息系统审计是审计技术与信息技术共同发展的必然产物。

随着信息系统审计的发展，相关专业组织逐渐兴起。"信息系统审计与控制协会 ISACA"，1969 年在美国成立。从 1978 年开始，该协会推出"注册信息系统审计师 CISA"的考试与资格认证，在全世界范围内得到广泛认可，成为信息系统审计发展的重要标志。

### 13.2.2　我国会计信息系统审计面临的问题

在我国，会计信息系统审计工作才刚刚起步，对会计信息系统的安全与控制问题还没有得到充分的认识。从逻辑上讲，对系统的依赖是现代审计的基本策略，如果被审计单位全面建立了会计信息系统，而审计人员又没有对信息系统进行了解和审计，那么这种审计得出结论的可靠性就要受到质疑。整个审计行业，包括政府审计、注册会计师审计与内部审计在这方面所面临的问题日益严峻，已经对审计行业的生存构成了威胁。"不搞计算机审计，我们就会失去审计的资格"已经逐渐成为审计业界的共识。

1. 审计观念的转变

观念问题也就是认识问题。如果不转换审计观念，将审计的目标局限为查错纠弊，势必将会计信息系统审计与当前中心工作对立起来。把审计仅仅理解为"查账"，则对会计信息系统审计的理解也只能停留在计算机辅助审计或辅助审计软件开发及应用的层次上。只有全面树立系统基础审计或风险基础审计的观念，才能真正理解会计信息系统审计的重要意义。审计中发现的很多错误和弊端，都是由于管理上存在漏洞，也就是系统出现了问题。一个管理完善、控制良好的系统，应该能够防止、发现或纠正自身存在的问题。审计的任务是帮助被审计者建立、健全这种机制，而不是代替被审计者去履行他们的“管理责任”或“会计责任”。

2. 会计信息系统审计的专业人才

开展会计信息系统审计需要一批既掌握会计和审计理论与实务又了解计算机技术的复合型知识结构的专业人才。审计署干部培训中心开展的注册信息系统审计师培养及与之相关的在审计人员中进行计算机知识的培训工作，正是为了适应这一现实需要。然而，从目前的人员数量和知识结构来看，还远远达不到要求。

3. 行业标准与实务指南

会计信息系统审计发展到一定阶段，必须由行业组织出面将实践经验加以总结，并将相关概念、工作流程和技术方法固定、统一起来，形成行业的标准和规范。这成为信息系统审计进一步发展的基础，也是所有行业发展的共同规律。没有标准和规范，所有的实践活动只能局限在低水平上重复。

### 13.2.3 我国会计信息系统审计的未来发展前景

未来审计技术的发展动力来自于信息系统审计的发展，这是国外审计界的共识。许多大型会计公司在信息技术领域投入了大量的资源，正是因为他们看到了这一点。

会计信息系统审计是整个社会信息系统审计中的一个重要组成部分。有专家预言，随着企业信息系统所覆盖的领域不断扩大，会计作为一个独立的信息系统将逐渐消失，但这并不意味着审计行业的消失。相反它对审计提出了更高的要求，审计人员对被审计对象的了解必须更加深入、全面。从注册会计师审计的角度来看，这种趋势导致了更多增值服务的出现，这些增值服务的业务量已经超过了传统财务报表审计的业务量。从国家审计的角度来看，仅仅依靠查错纠弊式的审计已经越来越不能满足政府和社会公众的要求。这种情况为信息系统审计提供了广阔的发展空间，也代表了审计未来发展的一个重要方向。

正如对财务信息可靠性的要求造就了注册会计师行业一样，信息社会的到来使得人们对会计信息系统的可靠性更加依赖。我们应该着手准备，踏实工作，积极应对这场审计革命的到来。只有这样把握住这个机遇，使我国的审计事业焕发出更加旺盛的生命力。

## 13.3 会计信息系统审计技术

会计信息系统审计技术指审计人员用来完成审计任务，实现审计目标的方法。它是信息技术结合其他统计数学方法在审计领域具体应用的结果。数据库技术在审计领域的应用使得审计数据的查询变得容易，而网络通信技术的发展使得审计人员可以随时获得审计数据。这些技术的发展改变并影响着现代审计的方式和方法。审计数据的大量占有以及信息技术在分析计算上的强大功能推动着审计分析技术向科学化方向迈进。信息技术在信息存储、传递方面的天然优势，也促进了审计经验和方法的沟通交流。通过软件程序，可以指导和规范审计人员按照标准的步骤完成工作，从而保证审计的质量。

### 13.3.1 会计信息系统审计技术

目前，会计信息系统审计技术主要包括：

1. 数据的算查比

具体内容包括会计数据的重算、会计数据的检查及核对，这是审计的基本手段之一。在传统的手工审计中，当业务量较大时，翻阅检查各种明细账簿、记账凭证往往较困难，只能依据综合判断抽样检查，容易造成审计风险。而在会计信息系统审计中，利用计算机软件在数据检索、计算及对比方面的强大功能，可以进行算、查、比，使得工作效率和数据的处理能力有了质的飞跃。

2. 审计分析技术

审计分析技术又称分析性复核或分析程序或经营业绩指标复核及比较审计等，它是一种通过分析财务数据之间以及财务数据与非财务数据之间的关系来获取审计证据的技术。常用的审计分析技术包括两点比较法、简单合理性测试法、比率分析法、百分率表法、简单时间序列分析法、财务预测法、统计时间序列分析和财务关系统计模型等。

3. 嵌入审计程序

在会计信息系统开发设计阶段，在被审计的应用程序中嵌入为执行特定的审计功能而设计的程序段。该程序段用来收集审计人员感兴趣的资料，并建立一个审计控制文件来存储这些资料。审计人员通过对这些资料的审核来确定被审计程序的处理和控制功能的可靠性。该方法的优点是可以在被审计单位处理业务的同时获取审计数据，可弥补数据处理后进行审计时难以确定的被审计程序是否是实际应用程序的缺陷，同时也可弥补事后审计线索不充分的缺陷。但此方法只能用来审查事前考虑到的程序处理和控制，一旦应用程序修改了，审计程序段也会随之修改。

4. 程序导向式审计

审计机构通过对各种不同类型的审计项目进行研究总结出适合各类审计项目的基本审计程序，通过审计程序为指导的审计称为“程序导向式审计”，而指导审计人员按标准程序、标准方法完成审计的软件称为“程序导向式审计软件”。

5. 通过审计软件重构会计核算过程

审计软件可以利用计算机运算速度快、计算能力强，具有较强存储能力的特点，在完成数据采集和转换后，依据会计制度、会计准则及会计核算办法，重构会计核算过程，重新生成各种账、表和数据，再与被审计单位提供的证、账、表等被审计数据进行核查、核对和验算，自动完成顺查以及核对、验算的部分审计过程，根据出现的差异，自动对被审计单位的记账凭证、核算过程及核算方法进行验证，由此对会计报表的真实性、合法性、合规性、公允性及一贯性进行审计和评价，并自动保存结果文件。

6. 网络审计

审计所涵盖的内容范围可以从两个方面理解。从狭义角度理解是指审计部门与被审计单位之间的联网，在此环境下完成审计准备、审计实施过程中的各项工作。从广义角度理解是指审计部门除了与被审计单位联网完成审计项目外，还要与其他经济管理、监督、统计部门，如财政、税务、海关、统计等部门实现联网环境下的信息共享。这样一方面丰富了审计计划、审计准备和审计实施阶段的信息来源，同时审计结果也能为其他部门所获得的信息起到审计鉴证的作用，从而在经济建设中发挥审计应有的作用。

综上所述，随着信息技术的发展和计算机会计信息系统的使用，会计信息系统的审计已属必然趋势。因此，无论是企业内部审计的需要还是有关审计机构的审计工作需要，作为会计或审计工作者，我们必须顺应时代的需要，提高自身的业务水平和审计软件的应用水平，以更好地为实现审计技术现代化服务。

### 13.3.2 会计信息系统审计程序

会计信息系统审计技术的使用一方面丰富了传统审计技术的手段，同时也使得审计各个阶段的工作内容发生了变化，甚至对审计程序和审计方式都产生了重要影响。例如，从技术手段上看，通过数据库查询检索技术，审计人员可方便快捷地完成大量数据的检查、分析和复核，而使用联网审计技术，审计人员甚至可以随时随地开展对被审计单位的远程联网审计。

按照《审计法》的规定，一般审计程序可分为四个阶段，即准备阶段、实施阶段、审计结论和执行阶段、异议和复审阶段。会计信息系统的审计程序也包括这四个阶段，并根据自身的特殊要求，运用特有的方法，对会计信息系统进行评价。具体步骤如下：

1. 审计准备阶段

要求审计人员和信息技术人员提前进入被审计单位了解信息系统开发和使用情况，业务量大小和数据完整程度，以判断是否适合开展会计信息系统审计，确认风险的大小。由于会计信息系统审计对被审计单位信息化程度、审计组成人员自身业务水平都有较高的要求，因此不是每一个项目都适合会计信息系统审计，如在当前高素质审计人员缺乏的情况下，会计信息系统审计仅限于金融、财政、税务和大型企业等信息化程度高、业务量大、传统手工审计无法完成的项目上。在确定采用会计信息系统审计方式后，需要详细调查系统结构、业务处理流程、数据存储结构及数据处理流程，从而选择制订数据迁移方案。从被审计单位的系统中下载与审计相关的会计核算数据和业务数据，将数据转入审计软件，以验证数据的合法、有效与完整性。

2. 审计的实施阶段

审计人员在信息技术人员的支持和帮助下，使用审计软件或数据处理软件核对、分析并计算相关数据，发现疑点并落实证据获得审计底稿，审计人员可以与信息技术人员合作，根据历史经验或其他地方发现的问题线索，编写出相应的分析检验程序，对审计数据进行处理，发现共有的问题线索，以建立并应用会计信息系统审计分析模型，对会计核算数据、业务处理数据及其相互关系进行分析复核，寻找疑点、落实线索形成工作底稿。

3. 审计结论和报告阶段

该阶段除了利用相关技术统计汇总，整理审计工作底稿、出具审计报告外，还应注意以下内容的存档：被审计单位系统开发及应用情况，业务流程及数据流程文档，与审计相关的数据及数据结构资料，本次审计所建立、应用的审计模型，发现问题的方法和思路，以及解决问题的方法与程序或操作步骤等。

4. 异议和复审

被审计单位对审计结论和决议若有异议，可提出复审要求，审计部门可组织复审并做出复审结论和决定。特别在被审计单位会计信息系统做了新的改进时，还需要组织后续审计。

## 本章小结

会计从传统的手工会计系统进入会计信息系统，使会计信息系统审计成为历史发展的必然。本章作为本书的拓展内容，简要地介绍了会计信息系统审计的发展、审计特征、审计目的、审计内容及审计的技术方法等基础性知识，构成“会计信息系统审计”的具体内容在本章不便展开，同学们有兴趣请参见《会计信息系统审计》或《计算机审计》等教材。

## 思考与练习题

1. 会计信息系统对审计工作提出了哪些新的挑战？
2. 会计信息系统审计有何特点？
3. 会计信息系统审计的目的是什么？
4. 会计信息系统审计的内容包括哪些？
5. 会计信息系统审计有哪些技术方法？

# 综 合 练 习

## 实验一 企业建账

一、实验准备

完成用友 U8 V10.1 软件的安装。

二、实验要求

1. 以系统管理员(admin)的身份,进行增加用户、建立账套、权限分配、输出以及引入账套操作。

2. 以账套主管的身份,进行账套修改的操作。

实验资料

1. 增加用户

操作员信息,见表 1-1 所列。

表 1-1 操作员信息表

| 编号 | 姓名 | 用户类型 | 认证方式 | 口令 | 所属部门 | 所属角色 |
|---|---|---|---|---|---|---|
| 001 | 本人姓名 | 普通用户 | 用户+口令(传统) | 1 | 财务部 | 账套主管 |
| 002 | 王东 | 普通用户 | 用户+口令(传统) | 2 | 财务部 | |
| 003 | 张平 | 普通用户 | 用户+口令(传统) | 3 | 财务部 | |

2. 建立账套

(1)账套信息

账套号:666;账套名称:华兴电子;采用默认账套路径;启用会计期:2022 年 1 月 1 日;会计期间:默认。

(2)单位信息

单位名称:北京华兴电子有限责任公司

单位简称:华兴电子

单位地址:北京市海淀区花园路甲 1 号

法人代表:杨文

税号:91100011010266888A

(3)核算类型

企业记账本位币:人民币(RMB);企业类型:工业;行业性质:2007 年新会计制度科

目;账套主管:001 本人姓名;选中“按行业性质预置科目”复选框。

(4)基础信息

企业无外币业务,由于业务需要,需要对存货、客户进行分类。

(5)分类编码方案

科目编码级次:422

客户分类编码级次:12

部门编码级次:12

存货分类编码级次:122

收发类别编码级次:12

结算方式编码级次:12

其他默认。

(6)数据精度

企业确定数据精度均为 2。

3. 权限分配

根据华兴电子内部控制要求按照 U8 权限设置的具体要求,整理用户权限,见表 1-2 所列。

表 1-2 权限分配表

| 用户编号及姓名 | 所属角色 | 赋予权限 |
| --- | --- | --- |
| 001 本人姓名 | 账套主管 | 自动拥有 U8 中所有账套的操作权限 |
| 002 王东 | | 财务会计中的总账、应收款管理、应付款管理、固定资产权限 |
| 003 张平 | | 总账中凭证下的出纳签字、查询凭证权限及总账中的出纳权限 |

4. 修改账套信息

考虑到不久的将来企业可能会拓展业务到海外市场,因此希望设置该账套有外币核算业务。由账套主管进行账套信息修改,增加“有外币核算”基础信息设置。

5. 账套输出

将账套输出至“D:666 账套备份\1—1 系统管理”中。

6. 账套引入

试一试将输出的账套再次引入 U8 系统中。

# 实验二　基础设置

一、实验准备

引入“1—1 系统管理”账套数据,将系统日期更改为“2022-01-01”。

二、实验要求

以账套主管“001 本人姓名”的身份进行系统启用、基础档案设置和数据权限设置。

三、实验资料

1. 启用总账系统

由账套主管“001 本人姓名”启用总账子系统，启用日期为“2022－01－01”。

2. 基础档案

(1)部门档案

部门档案，见表 2－1 所列。

表 2－1　部门档案

| 部门编码 | 部门名称 | 部门负责人 |
| --- | --- | --- |
| 1 | 企管部 | |
| 2 | 财务部 | 本人姓名 |
| 3 | 采购部 | |
| 4 | 销售部 | |
| 401 | 销售一部 | |
| 402 | 销售二部 | |
| 5 | 生产部 | |

(2)人员类别

企业在职人员类别，见表 2－2 所列。

表 2－2　企业在职人员类别

| 人员类别编码 | 人员类别名称 |
| --- | --- |
| 1011 | 企业管理人员 |
| 1012 | 销售人员 |
| 1013 | 车间管理人员 |
| 1014 | 生产工人 |

(3)人员档案

人员档案，见表 2－3 所列。

表 2－3　人员档案

| 人员编码 | 人员姓名 | 性别 | 人员类别 | 行政部门 | 雇佣状态 | 是否操作员 | 是否业务员 |
| --- | --- | --- | --- | --- | --- | --- | --- |
| 101 | 杨文 | 男 | 企业管理人员 | 企管部 | 在职 | 是 | 是 |
| 201 | 本人姓名 | 女 | 企业管理人员 | 财务部 | 在职 | | 是 |
| 202 | 王东 | 男 | 企业管理人员 | 财务部 | 在职 | | 是 |
| 203 | 张平 | 女 | 企业管理人员 | 财务部 | 在职 | | 是 |

（续表）

| 人员编码 | 人员姓名 | 性别 | 人员类别 | 行政部门 | 雇佣状态 | 是否操作员 | 是否业务员 |
|---|---|---|---|---|---|---|---|
| 301 | 李明 | 男 | 企业管理人员 | 采购部 | 在职 | | 是 |
| 401 | 刘红 | 女 | 销售人员 | 销售一部 | 在职 | | 是 |
| 402 | 韩乐乐 | 男 | 销售人员 | 销售二部 | 在职 | | 是 |
| 501 | 刘伟 | 男 | 车间管理人员 | 生产部 | 在职 | | |
| 502 | 齐天宇 | 男 | 生产工人 | 生产部 | 在职 | | |

(4)客户分类

客户分类，见表 2－4 所列。

**表 2－4　客户分类**

| 分类编码 | 分类名称 |
|---|---|
| 1 | 北京地区 |
| 2 | 上海地区 |
| 3 | 华北地区 |
| 4 | 西北地区 |

(5)客户档案

客户档案，见表 2－5 所列。

**表 2－5　客户档案**

| 客户编码 | 客户名称 | 客户简称 | 所属分类 | 税号 | 分管部门 | 专管业务员 | 开户银行 | 银行账号 |
|---|---|---|---|---|---|---|---|---|
| 01 | 北京天益有限责任公司 | 天益 | 1 | 911103201043200112 | 销售一部 | 刘红 | 工行亦庄支行 | 1010101010101010101 |
| 02 | 北京大地科技有限公司 | 大地 | 1 | 911104332495438999 | 销售一部 | 刘红 | | |
| 03 | 上海邦立有限责任公司 | 邦立 | 2 | 912100032324322477 | 销售一部 | 刘红 | | |
| 04 | 上海明兴股份有限公司 | 明兴 | 2 | 912108549870433400 | 销售一部 | 刘红 | | |
| 05 | 石家庄伟达有限责任公司 | 伟达 | 3 | 913208545843892888 | 销售二部 | 韩乐乐 | | |
| 06 | 陕西光华有限责任公司 | 光华 | 4 | 915594388882884255 | 销售二部 | 韩乐乐 | | |

(6)供应商档案

供应商档案,见表 2－6 所列。

**表 2－6 供应商档案**

| 供应商编码 | 供应商名称 | 供应商简称 | 所属分类 | 税号 | 税率 | 分管部门 | 分管业务员 |
|---|---|---|---|---|---|---|---|
| 01 | 北京无忧有限责任公司 | 无忧 | 00 | 91110435845278434A | 13% | 采购部 | 李明 |
| 02 | 辽宁大为有限责任公司 | 大为 | 00 | 914304558823957388 | 13% | 采购部 | 李明 |
| 03 | 天津杰信科技有限公司 | 杰信 | 00 | 911208856943876222 | 13% | 采购部 | 李明 |

(7)计量单位组及计量单位

计量单位组及计量单位,见表 2－7 所列。

**表 2－7 计量单位组及计量单位**

| 计量单位组编号 | 计量单位组名称 | 计量单位组类别 | 计量单位编号 | 计量单位名称 |
|---|---|---|---|---|
| 01 | 基本计量单位 | 无换算率 | 01 | 个 |
| | | | 02 | 部 |
| | | | 03 | 千米 |

(8)存货分类

存货分类,见表 2－8 所列。

**表 2－8 存货分类**

| 存货类别编码 | 存货类别名称 |
|---|---|
| 1 | 原材料 |
| 2 | 产成品 |
| 3 | 应税劳务 |

(9)存货档案

存货档案,见表 2－9 所列。

**表 2－9 存货档案**

| 存货编码 | 存货名称 | 规格 | 计量单位 | 所属分类 | 进项及销项税率 | 存货属性 |
|---|---|---|---|---|---|---|
| 1001 | 芯片 | | 个 | 1 | 13% | 外购生产、耗用 |
| 1002 | 显示屏 9 | 9.7 英寸 | 个 | 1 | 13% | 外购生产、耗用 |

（续表）

| 存货编码 | 存货名称 | 规格 | 计量单位 | 所属分类 | 进项及销项税率 | 存货属性 |
|---|---|---|---|---|---|---|
| 1003 | 显示屏7 | 7.9英寸 | 个 | 1 | 13% | 外购生产、耗用 |
| 1004 | 机壳 | | 个 | 1 | 13% | 外购生产、耗用 |
| 1005 | 摄像头 | | 个 | 1 | 13% | 外购生产、耗用 |
| 2001 | 华星 | 9.7英寸 | 部 | 2 | 13% | 内销、自制 |
| 2002 | 华晨 | 7.9英寸 | 部 | 2 | 13% | 内销、自制 |
| 2003 | 华卫 | | 部 | 2 | 13% | 内销、外购、自制 |
| 3001 | 运费 | | 千米 | 3 | 9% | 内销、外购、应税劳务 |

(10)结算方式

结算方式，见表2-10所列。

**表2-10　结算方式**

| 结算方式编码 | 结算方式名称 | 是否票据管理 | 对应票据类型 |
|---|---|---|---|
| 1 | 现金结算 | | |
| 2 | 支票结算 | | |
| 201 | 现金支票 | 是 | 现金支票 |
| 202 | 转账支票 | 是 | 转账支票 |
| 3 | 电汇 | | |
| 4 | 商业汇票 | | |
| 401 | 银行承兑汇票 | | |
| 402 | 商业承兑汇票 | | |

3. 数据权限设置

设置操作员王东有权对张平及账套主管本人所填制凭证进行查询、删改、审核、弃审，以及撤销。

4. 账套输出

全部完成后，将账套输出至“2—1基础设置”文件夹中。

# 实验三　总账系统初始化

## 一、实验准备

引入“2—1基础设置”账套数据，将系统日期更改为“2022-01-01”。

## 二、实验要求

以账套主管的身份进入企业应用平台，设置总账选项、建立财务基础档案、输入科目余额并试算平衡。

三、实验资料

1. 总账选项

总账选项设置见表 3 - 1 所列，其他选项保持系统默认。

**表 3 - 1　总账选项**

| 选项卡 | 选项设置 |
| --- | --- |
| 凭证 | 支票控制 |
| | 可以使用应收受控科目、应付受控项目 |
| | 取消“现金流量科目必录现金流量项目” |
| 权限 | 凭证审核控制到操作员 |
| | 出纳凭证必须经由出纳签字 |
| | 不允许修改、作废他人填制的凭证 |
| 会计日历 | 数量小数位和单价小数位设为 2 位 |
| 其他 | 部门、个人、项目按编码方式排序 |

2. 财务基础档案

(1)外币设置

本企业采用固定汇率核算外币，外币只涉及美元一种，美元币符假定为＄，2020 年 1 月初汇率为 6.55。

(2)会计科目

本企业常用会计科目，见表 3 - 2 所列。

**表 3 - 2　本企业常用会计科目**

| 科目编码 | 科目名称 | 币别/计量单位 | 辅助核算 | 方向 | 备注 |
| --- | --- | --- | --- | --- | --- |
| 1001 | 库存现金 | | 日记账 | 借 | 修改 |
| 1002 | 银行存款 | | 日记账、银行账 | 借 | 修改 |
| 100201 | 工行人民币户 | | 日记账、银行账 | 借 | 新增 |
| 100202 | 中行美元户 | 美元 | 日记账、银行账 | 借 | 新增 |
| 1121 | 应收票据 | | 客户往来 | 借 | 修改 |
| 1122 | 应收账款 | | 客户往来 | 借 | 修改 |
| 1123 | 预付账款 | | 供应商往来 | 借 | 修改 |
| 1221 | 其他应收款 | | | 借 | |
| 122101 | 应收职工借款 | | 个人往来 | 借 | 新增 |

（续表）

| 科目编码 | 科目名称 | 币别/计量单立 | 辅助核算 | 方向 | 备注 |
|---|---|---|---|---|---|
| 1403 | 原材料 | | | 借 | |
| 140301 | 芯片 | 个 | | 借 | 新增 |
| 140302 | 显示屏 9 | 个 | | 借 | 新增 |
| 140303 | 显示屏 7 | 个 | | 借 | 新增 |
| 140304 | 机壳 | 个 | | 借 | 新增 |
| 140305 | 摄像头 | 个 | | 借 | 新增 |
| 1405 | 库存商品 | | 项目核算 | 借 | 修改 |
| 1901 | 待处理财产损溢 | | | 借 | |
| 190101 | 待处理流动资产损溢 | | | 借 | 新增 |
| 190102 | 待处理固定资产损溢 | | | 借 | 新增 |
| 2201 | 应付票据 | | 供应商往来 | 贷 | 修改 |
| 2202 | 应付账款 | | 供应商往来 | 贷 | 修改 |
| 2203 | 预收账款 | | 客户往来 | 贷 | 修改 |
| 2211 | 应付职工薪酬 | | | 贷 | |
| 221101 | 应付工资 | | | 贷 | 新增 |
| 221102 | 职工福利 | | | 贷 | 新增 |
| 221103 | 社会保险 | | | 贷 | 新增 |
| 221104 | 住房公积金 | | | 贷 | 新增 |
| 2221 | 应交税费 | | | 贷 | |
| 222101 | 应交增值税 | | | 贷 | 新增 |
| 22210101 | 进项税额 | | | 贷 | 新增 |
| 22210105 | 销项税额 | | | 贷 | 新增 |
| 222102 | 未交增值税 | | | 贷 | 新增 |
| 4104 | 利润分配 | | | | |
| 410405 | 未分配利润 | | | | 新增 |
| 5001 | 生产成本 | | | 借 | |
| 500101 | 直接材料 | | 项目核算 | 借 | 新增 |
| 500102 | 直接人工 | | | 借 | 新增 |

（续表）

| 科目编码 | 科目名称 | 币别/计量单位 | 辅助核算 | 方向 | 备注 |
|---|---|---|---|---|---|
| 500103 | 制造费用 | | | 借 | 新增 |
| 5101 | 制造费用 | | | | |
| 510101 | 工资 | | | | 新增 |
| 510102 | 折旧费 | | | | 新增 |
| 6001 | 主营业务收入 | | 项目核算 | 贷 | 修改 |
| 6401 | 主营业务成本 | | 项目核算 | 借 | 修改 |
| 6602 | 管理费用 | | | 借 | |
| 660201 | 办公费 | | 部门核算 | 借 | 新增 |
| 660202 | 差旅费 | | 部门核算 | 借 | 新增 |
| 660203 | 薪资 | | 部门核算 | 借 | 新增 |
| 660204 | 福利费 | | 部门核算 | 借 | 新增 |
| 660205 | 招待费 | | 部门核算 | 借 | 新增 |
| 660206 | 折旧费 | | 部门核算 | 借 | 新增 |

要求：

① 增加表中“备注”栏标注为“新增”的科目。

② 修改表中“备注”栏标注为“修改”的项目。

③ 指定“1001 库存现金”为现金总账科目、“1002 银行存款”为银行总账科目。

(3)凭证类别

凭证类别，见表 3-3 所列。

**表 3-3　凭证类别**

| 类别名称 | 限制类型 | 限制科目 |
|---|---|---|
| 收款凭证 | 借方必有 | 1001,1002 |
| 付款凭证 | 贷方必有 | 1001,1002 |
| 转账凭证 | 凭证必无 | 1001,1002 |

(4)项目目录

项目大类：产品

项目大类：1—平板电脑；2—智能电话

项目目录：见表 3-4 所列。

**表 3-4 项目目录**

| 项目编号 | 项目名称 | 所属分类码 |
|---|---|---|
| 01 | 华星 | 1 |
| 02 | 华晨 | 1 |
| 03 | 华卫 | 2 |

按产品大类核算的会计科目为:1405 库存商品、500101 生产成本/直接材料、6001 主营业务收入、6401 主营业务成本。

3. 期初余额

期初余额,见表 3-5 所列。

**表 3-5 期初余额**

| 科目编号及名称 | 辅助核算 | 方向 | 币别/计量 | 期初余额 | 备注 |
|---|---|---|---|---|---|
| 库存现金(1001) | 日记账 | 借 | | 8000 | |
| 银行存款(1002) | 日记账、银行账 | 借 | | 222000 | |
| 工行人民币户(100201) | 日记账、银行账 | 借 | | 222000 | |
| 应收账款(1122) | 客户往来 | 借 | | 28468 | 见辅助账明细 |
| 预付账款(1123) | 供应商往来 | 借 | | 20000 | 见辅助账明细 |
| 其他应收款(1221) | | 借 | | 6000 | |
| 应收职工借款(122101) | 个人往来 | 借 | | 6000 | 见辅助账明细 |
| 原材料(1403) | | 借 | | 246000 | |
| 芯片(140301) | 数量核算 | 借 | 220 个 | 110000 | |
| 显示屏 9(140302) | 数量核算 | 借 | 165 个 | 36300 | |
| 显示屏 7(140303) | 数量核算 | 借 | 300 个 | 42000 | |
| 机壳(140304) | 数量核算 | 借 | 290 个 | 14500 | |
| 摄像头(140305) | 数量核算 | 借 | 480 个 | 43200 | |
| 库存商品(1405) | | 借 | | 1848000 | 华星 1160000<br>华晨 480000<br>华卫 208000 |
| 固定资产(1601) | | 借 | | 707500 | |

（续表）

| 科目编号及名称 | 辅助核算 | 方向 | 币别/计量 | 期初余额 | 备注 |
| --- | --- | --- | --- | --- | --- |
| 累计折旧(1602) | | 贷 | | 122094 | |
| 短期借款(2001) | | 贷 | | 200000 | |
| 应付账款(2202) | 供应商往来 | 贷 | | 71538 | 见辅助账明细 |
| 预收账款(2203) | 客户往来 | 贷 | | 30000 | 见辅助账明细 |
| 应付职工薪酬(2211) | | 贷 | | 220000 | |
| 应付工资(221101) | | 贷 | | 220000 | |
| 应交税费(2221) | | 贷 | | 81680 | |
| 应交增值税(222101) | | 贷 | | 81680 | |
| 进项税额(22210101) | | 贷 | | —38320 | |
| 销项税额(22210105) | | 贷 | | 120000 | |
| 长期借款(2501) | | 贷 | | 500000 | |
| 实收资本(4001) | | 贷 | | 1000000 | |
| 资本公积(4002) | | 贷 | | 500000 | |
| 利润分配(4104) | | 贷 | | 360656 | |
| 未分配利润(410415) | | 贷 | | 360656 | |

辅助账期初明细

**应收账款明细:1122　应收账款　　　余额:借　28468 元**

| 日期 | 凭证号 | 客户 | 业务员 | 摘要 | 方向 | 金额 | 票号 |
| --- | --- | --- | --- | --- | --- | --- | --- |
| 2021-11-12 | 转—89 | 天益 | 刘红 | 期初 | 借 | 6328 | 78987 |
| 2021-11-18 | 转—135 | 明兴 | 刘红 | 期初 | 借 | 9492 | 78988 |
| 2021-11-22 | 转—170 | 大地 | 刘红 | 期初 | 借 | 12430 | 78989 |
| 2021-11-22 | 转—171 | 大地 | 刘红 | 代垫运费 | 借 | 218 | |

**预付账款明细:1123　预付账款　　　余额:借　20000 元**

| 日期 | 凭证号 | 供应商 | 业务员 | 摘要 | 方向 | 金额 | 票号 |
| --- | --- | --- | --- | --- | --- | --- | --- |
| 2021-11-23 | 转—175 | 无忧 | 李明 | 期初 | 借 | 20000 | |

**其他应收款明细:122101　应收职工借款　　　余额:借　6000 元**

| 日期 | 凭证号 | 部门 | 个人 | 摘要 | 方向 | 金额 |
| --- | --- | --- | --- | --- | --- | --- |
| 2021-12-19 | 付—98 | 采购部 | 李明 | 出差借款 | 借 | 6000 |

应付账款明细:2202 应付账款　　　　余额:贷　71538 元

| 日期 | 凭证号 | 供应商 | 业务员 | 摘要 | 方向 | 金额 |
|---|---|---|---|---|---|---|
| 2021-11-15 | 转—101 | 无忧 | 李明 | 期初 | 贷 | 37968 |
| 2019-11-18 | 转—132 | 杰信 | 李明 | 期初 | 贷 | 10170 |
| 2019-11-23 | 转—178 | 大为 | 李明 | 期初 | 贷 | 23400 |

预收账款明细:2203　预收账款　　　　余额:贷　30000 元

| 日期 | 凭证号 | 客户 | 业务员 | 摘要 | 方向 | 金额 |
|---|---|---|---|---|---|---|
| 2019-11-26 | 转—197 | 伟达 | 韩乐乐 | 期初 | 贷 | 30000 |

# 实验四　总账系统日常业务处理

一、实验准备

引入“3—1 总账初始化”账套数据,将系统日期更改为“2022-01-31”。

二、实验要求

1. 以账套主管“001 账套主管”的身份设置常用摘要、常用凭证,进行凭证审核、记账、查询等操作。

2. 以“002 王东”的身份进行填制凭证、修改凭证、删除凭证、红字冲销等操作。

3. 以“003 张平”的身份进行出纳签字。

三、实验资料

1. 常用摘要

常用摘要,见表 4-1 所列。

表 4-1　常用摘要

| 摘要编码 | 摘要内容 |
|---|---|
| 1 | 购置办公用品 |
| 2 | 职工出差借款 |

2. 常用凭证

编码:1;摘要:从工行提现金;凭证类别:付款凭证;科目编码:1001 和 100201。

3. 填制凭证

(1)增加凭证

2022 年 1 月发生的经济业务如下:

① 1 月 8 日,销售部报销餐费 600 元,以现金支付。

② 1 月 8 日,财务部张平持现金支票(票号:8356)从工行提取备用金 10000 元,调用

常用凭证完成。

③ 1 月 12 日，销售给光华公司一批华星平板电脑，货税款 90400 元(货款 80000 元税款 10400 元)尚未收到。

④ 1 月 15 日，收到李明偿还借款 3000 元。

⑤ 1 月 17 日，向杰信公司采购摄像头 200 个，无税单价 80 元，货款 16000 元，进项税 2080 元，以转账支票支付，票号:8201。

⑥ 1 月 20 日，企管部杨文购置办公用品 400 元，进项税 52 元，以转账支票支付，票号:8231。

(2)修改凭证

经查，1 月 12 日销售的平板电脑为“华晨”而非“华星”，需要改正。

(3)删除凭证

1 月 8 日，销售部报销的餐费属个人消费行为，不允许报销，现金已追缴。

4. 出纳签字

以“003 张平”身份进行出纳签字。

5. 审核凭证

以“001 账套主管”身份进行凭证审核。

6. 记账

以“001 账套主管”身份进行记账。

7. 冲销凭证

(1)冲销 1 月 20 日购置办公用品的凭证。

(2)练习删除红字冲销凭证。

8. 查询凭证

查询 2022 年 1 月份“转－0001”号凭证。

9. 账簿查询

(1)查询“6602 管理费用”总账，并联查明细账和凭证。

(2)查询发生额及余额表并联查专项资料。

(3)定义并查询“应交增值税”多栏账。

(4)查询客户往来明细账。

(5)进行部门收支分析。

10. 账套备份

## 实验五　出纳管理

### 一、实验准备

引入“3－2 总账日常业务处理”账套备份，将系统日期更改为“2022－01－31”。

二、实验要求

以出纳“003 张平”的身份进入总账系统，查询日记账、资金日报表，进行支票登记簿管理、银行对账。

三、实验资料

1. 查询现金日记账

2. 查询 1 月 8 日的资金日报表

3. 支票登记簿

1 月 22 日，销售一部刘红领用转账支票（No. 1888）支付广告费，限额 20000 元。出纳登记支票登记簿。

4. 银行对账期初数据

企业日记账余额为 222000 元，银行对账单期初余额为 220000 元，有企业已收而银行未收的未达账（2021 年 12 月 20 日）2000 元。

5. 2022 年 1 月的银行对账单

2022 年 1 月的银行对账单，见表 5－1 所列。

**表 5－1　2022 年 1 月的银行对账单**

| 日期 | 结算方式 | 票号 | 借方金额 | 贷方金额 | 余额 |
|---|---|---|---|---|---|
| 2022.01.08 | 现金支票 | 8356 | | 10000 | 210000 |
| 2022.01.18 | 转账支票 | 8201 | | 18080 | 191920 |
| 2022.01.22 | 转账支票 | 8231 | | 452 | 191468 |

6. 备份账套

# 实验六　总账系统期末业务处理

一、实验准备

引入“3—3 出纳管理”账套备份数据，将系统日期更改为“2022－01－31”。

二、实验要求

以“002 王东”的身份定义转账凭证，并生成凭证。

以“001 账套主管”的身份进行凭证审核、记账、对账及结账操作。

三、实验资料

1. 定义转账分录

（1）自定义结转

按短期借款期末余额的 0.2%计提短期借款利息。

（2）对应结转

将“应交税费—应交增值税（销项税额）”转入“应交税费—未交增值税”。

(3)期间损益结转

将本月“期间损益”转入“本年利润”。

2. 生成机制凭证

生成自定义结转凭证、对应结转凭证、期间损益结转凭证。

3. 对账

4. 结账

# 实验七　自定义报表

## 一、实验准备

引入“3—4　总账期末业务处理”账套备份数据，将系统日期更改为“2022-01-31”。

## 二、实验要求

以“001 账套主管”的身份注册进入企业应用平台，进入 UFO 报表系统自定义报表。

## 三、实验资料

1. 格式设计

部分费用明细表见表 7-1 所列，包括表样定义、关键字设置、单元格公式设置。

**表 7-1　部分费用明细表**

2022 年 1 月　　　　金额单位：元

| | 薪资 | 福利费 | 办公费 | 差旅费 | 招待费 | 合计 |
|---|---|---|---|---|---|---|
| 企管部 | | | ※ | | | ※ |
| 财务部 | | | | | | |
| 采购部 | | | | | | |
| 销售部 | | | | | | |
| 合计 | | | | | | |

制表人：　　　　审核人：

(1)设置表尺寸：9 行 7 列

(2)定义组合单元：A1：G1

(3)画表格线：A3：G8(网线)

(4)输入报表项目

(5)定义报表行高和列宽：A1 行高设置为 9 毫米

(6)设置单元格属性：表标题 A1 黑体字号 14 水平居中；B9 单元类型字符

(7)设置关键字：D2 关键字年和月

(8)调整关键字位置:月偏移量 50

(9)报表公式定义

定义单元公式—从总账取数:D4 用友账户函数—发生科目 660201

定义单元公式—统计函数:G4 统计函数 PTOTAL 固定区区域 b4:f4

2. 数据处理

生成部分费用明细表。

3. 保存报表

## 实验八　利用报表模板生成报表

一、实验准备

引入“3—4 总账期末业务处理”账套备份数据,将系统日期更改为“2022-01-31”。

二、实验要求

以账套主管“001 账套主管”的身份注册进行报表编制。

三、实验资料

(1)利用报表模板编制 2022 年 1 月的资产负债表、利润表。

(2)利用总账项目核算和报表模板编制现金流量表。

(3)指定现金流量科目(1001、1002、100201、100202、1012)。

(4)查看现金流量项目目录。

(5)确认每一笔涉及现金流量的业务对应的现金流量项目。

(6)调整现金流量表模板。

(7)定义现金流量表项目公式。

(8)现金流量表只需取 C8、C10、C13 中的数据。

## 实验九　薪资管理系统初始化

一、实验准备

引入“3—1 总账系统初始化”账套数据,将系统日期更改为“2022-01-01”

二、实验要求

以“001 账套主管”的身份注册进入企业应用平台,启用薪资管理和计件工资管理,启用日期为“2022-01-01”。

三、实验资料

1. 建立工资账套

工资类别为“多个”;工资核算本位币为“人民币”;核算计件工资;自动代扣个人所得税;不进行扣零设置。

2. 工资账套基础信息设置

(1)人员附加信息

增加人员附加信息“性别”和“学历”。

(2)工资项目

工资项目,见表 9-1 所列。

表 9-1 工资项目

| 工资项目名称 | 类型 | 长度 | 小数 | 增减项 |
| --- | --- | --- | --- | --- |
| 基本工资 | 数字 | 8 | 2 | 增项 |
| 岗位工资 | 数字 | 8 | 2 | 增项 |
| 职务补贴 | 数字 | 8 | 2 | 增项 |
| 交补 | 数字 | 8 | 2 | 增项 |
| 奖金 | 数字 | 8 | 2 | 增项 |
| 缺勤扣款 | 数字 | 8 | 2 | 减项 |
| 住房公积金 | 数字 | 8 | 2 | 减项 |
| 计税工资 | 数字 | 8 | 2 | 其他 |
| 缺勤天数 | 数字 | 8 | 2 | 其他 |

(3)银行名称

银行编码:01001;银行名称为“中国工商银行花园路分理处”。个人账号规则:定长11 位,录入时自动带出的账号长度为 8 位。

3. 在职人员工资类别资料

(1)新建“在职人员”工资类别

部门选择“所有部门”。

(2)在职人员档案

在职人员档案,见表 9-2 所列。

表 9-2 在职人员档案

| 人员编号 | 人员姓名 | 性别 | 学历 | 所属部门 | 人员类别 | 银行代发账号 |
| --- | --- | --- | --- | --- | --- | --- |
| 101 | 杨文 | 男 | 大学 | 企管部(1) | 企业管理人员 | 11022033001 |
| 201 | 本人姓名 | 男 | 研究生 | 财务部(2) | 企业管理人员 | 11022033002 |
| 202 | 王东 | 男 | 大学 | 财务部(2) | 企业管理人员 | 11022033003 |
| 203 | 张平 | 女 | 大学 | 财务部(2) | 企业管理人员 | 11022033004 |
| 301 | 李明 | 男 | 大学 | 采购部(3) | 企业管理人员 | 11022033005 |

（续表）

| 人员编号 | 人员姓名 | 性别 | 学历 | 所属部门 | 人员类别 | 银行代发账号 |
| --- | --- | --- | --- | --- | --- | --- |
| 401 | 刘红 | 女 | 高职 | 销售一部(401) | 销售人员 | 11022033006 |
| 402 | 韩乐乐 | 男 | 大学 | 销售二部(402) | 销售人员 | 11022033007 |
| 501 | 刘伟 | 男 | 高职 | 生产部(5) | 车间管理人员 | 11022033008 |
| 502 | 齐天宇 | 男 | 高中 | 生产部(5) | 生产工人 | 11022033009 |

注:以上人员均不核算计件工资,代发银行均为中国工商银行花园路分理处。

(3)工资项目

选择工资账套中的所有工资项目,并按照基本工资、岗位工资、职务补贴、交补、奖金、应发合计、住房公积金、代扣税、缺勤扣款、扣款合计、实发合计、计税工资、缺勤天数排序。

(4)计算公式

缺勤扣款=基本工资/22＊缺勤天数

住房公积金=(基本工资+岗位工资+职务补贴)＊0.08

企业管理人员和销售人员的交补为300元,其他人员的交补100元。

计税工资=基本工资+岗位工资+职务补贴+奖金+交补-缺勤扣款-住房公积金

(5)个人所得税税率设置

个人所得税税率设置,见表9-3所列。个税免征额即扣税基数为5000元。

**表9-3　2019年开始实行的7级超额累进个人所得税税率表**

| 级数 | 全年应纳税所得额 | 按月换算 | 税率(%) | 速算扣除数 |
| --- | --- | --- | --- | --- |
| 1 | 不超过36000元 | 不超过3000元 | 3 | 0 |
| 2 | 超过36000元至144000元的部分 | 3000元<X≤12000元 | 10 | 210 |
| 3 | 超过144000元至300000元的部分 | 12000元<X≤25000元 | 20 | 1410 |
| 4 | 超过300000元至420000元的部分 | 25000元<X≤35000元 | 25 | 2660 |
| 5 | 超过420000元至660000元的部分 | 35000元<X≤55000元 | 30 | 4410 |
| 6 | 超过660000元至960000元的部分 | 55000元<X≤80000元 | 35 | 7160 |
| 7 | 超过960000元的部分 | 超过80000元 | 45 | 15160 |

(6)输入正式职工工资基本数据

2022年1月份在职人员工资基本情况,见表9-4所列。

表 9-4　2022 年 1 月份在职人员工资基本情况

| 人员编号 | 人员姓名 | 基本工资 | 岗位工资 | 职务补贴 | 奖金 |
|---|---|---|---|---|---|
| 101 | 杨文 | 8000 | 2000 | 500 | 800 |
| 201 | 本人姓名 | 6500 | 2000 | 500 | 800 |
| 202 | 王东 | 5000 | 1000 | 200 | 800 |
| 203 | 张平 | 5000 | 1000 | 200 | 800 |
| 301 | 李明 | 5500 | 1200 | 500 | 1000 |
| 401 | 刘红 | 4800 | 1200 | 500 | 1000 |
| 402 | 韩乐乐 | 4800 | 1200 | 500 | 1000 |
| 501 | 刘伟 | 5000 | 1000 | 500 | 1000 |
| 502 | 齐天宇 | 4500 | 1000 | 200 | 1000 |

4. 临时人员工资类别

(1)新建“临时人员”工资类别

部门选择“生产部”。

(2)临时人员档案

临时人员档案,见表 9-5 所列。

表 9-5　临时人员档案

| 人员编号 | 人员姓名 | 性别 | 行政部门 | 雇佣状态 | 人员类别 | 核算计件工资 | 代发银行 | 银行代发账号 |
|---|---|---|---|---|---|---|---|---|
| 581 | 于秀芬 | 女 | 生产部 | 在职 | 生产工人 | 是 | 中国工商银行花园路分理处 | 11022038001 |
| 582 | 顾群 | 男 | 生产部 | 在职 | 生产工人 | 是 | 中国工商银行花园路分理处 | 11022038002 |
| 583 | 张春旺 | 男 | 生产部 | 在职 | 生产工人 | 是 | 中国工商银行花园路分理处 | 11022038003 |

(3)工资项目

工资项目包括计件工资、应发合计、代扣税、扣款合计、实发合计。

(4)计件要素

计件要素包括两道生产工序:01 组装;02 检验。

(5)计件工价设置

组装:50;检验:20。

(6)个人所得税税率同在职人员工资类别

收入额合计为“应发合计”。

5. 账套备份

# 实验十　薪资管理日常业务处理

一、实验准备

引入"5－1 薪资管理初始化"账套数据，将系统日期更改为"2022－01－31"。

二、实验要求

以"001 账套主管"的身份注册进入薪资管理系统，分别对在职人员和临时人员进行薪资核算与管理，包括录入并计算1月份的薪资数据、扣缴所得税、银行代发资、工资分摊并生成转账凭证。月末汇总工资类别并进行月末处理。

三、实验资料

1. 在职人员薪资计算相关资料

(1)1月份考勤统计

王东缺勤3天，齐天宇缺勤2天。

(2)特殊激励

因去年销售部推广产品业绩较好，每人增加奖金1000元。

(3)工资计算与汇总

查看个人所得税扣缴申报表。

(4)工资分摊及费用计提

应付工资总额等于工资项目"应发合计"，企业为职工缴纳的住房公积金按应付工资总额的10%计提。

工资费用分配的转账分录，见表10－1所列。

**表10－1　工资费用分配的转账分录**

| 部门 \ 工资分摊 | | 应付工资 | | 住房公积金(10%) | |
|---|---|---|---|---|---|
| | | 借方 | 贷方 | 借方 | 贷方 |
| 企管部、财务部、采购部 | 企业管理人员 | 660203 | 221101 | 660203 | 221104 |
| 销售一部、销售二部 | 销售人员 | 6601 | 221101 | 6601 | 221104 |
| 生产部 | 车间管理人员 | 510101 | 221101 | 510101 | 221104 |
| | 生产工人 | 500102 | 221101 | 500102 | 221104 |

2. 临时人员薪资相关情况

(1)1月份临时人员计件工资

1月份临时人员计件工资，见表10－2所列。

表 10－2　1 月份临时人员计件工资

| 姓名 | 计件日期 | 工序 | 工时 |
| --- | --- | --- | --- |
| 于秀芬 | 2022－01－31 | 组装 | 80 |
| 顾群 | 2022－01－31 | 组装 | 110 |
| 张春旺 | 2022－01－31 | 检验 | 300 |

进行工资变动和代扣个人所得税处理。

3. 工资类别汇总

对在职人员和临时人员两个工资类别进行工资类别汇总。

4. 月末处理

5. 账表查询

(1)查看工资发放条、部门工资汇总表。

(2)按部门进行工资项目构成分析。

(3)查询 1 月份工资核算的记账凭证。

6. 账套备份

# 实验十一　固定资产系统初始化

## 一、实验准备

引入“3—1 总账系统初始化”账套数据，将系统日期更改为“2022－01－01”。

## 二实验要求

以“001 账套主管”的身份注册进入企业应用平台，启用固定资产系统，建立固定资产账套，进行基础设置，录入原始卡片。

## 三、实验资料

1. 666 固定资产账套参数

666 固定资产账套参数，见表 11－1 所列。

表 11－1　666 固定资产账套参数

| 建账向导 | 参数设置 |
| --- | --- |
| 约定及说明 | 我同意 |
| 启用月份 | 2022.01 |
| 折旧信息 | 本账套计提折旧；<br>折旧方法：年数总和法；<br>折旧汇总分配周期：1 个月；<br>当(月初已计提月份＝可使用月份－1)时，将剩余折旧全部提足 |

（续表）

| 建账向导 | 参数设置 |
|---|---|
| 编码方式 | 资产类别编码方式：2112；<br>固定资产编码方式：按“类别编号＋部门编号＋序号”自动编码；卡片序号长度为 3 |
| 账务接口 | 与账务系统进行对账；<br>对账科目：<br>固定资产对账科目：1601 固定资产；<br>累计折旧对账科目：1602 累计折旧；<br>在对账不平的情况下允许固定资产月末结账 |

2. *初始设置*

(1)选项

业务发生后立即制单。

月末结账前一定要完成制单登账业务。

固定资产缺省入账科目：1601；累计折旧缺省入账科目：1602；固定资产减值准备缺省入账科目：1603；增值税进项税额缺省入账科目：22210101；固定资产清理缺省入账科目：1606。

(2)资产类别

资产类别，见表 11－2 所列。

**表 11－2　资产类别**

| 类别编码 | 类别名称 | 使用年限 | 净残值率 | 计提属性 | 折旧方法 | 卡片样式 |
|---|---|---|---|---|---|---|
| 01 | 厂房及建筑物 | 30 | 3% | 正常计提 | 年数总和法 | 通用样式(二) |
| 011 | 办公楼 | 30 | 3% | 正常计提 | 年数总和法 | 通用样式(二) |
| 012 | 厂房 | 30 | 3% | 正常计提 | 年数总和法 | 通用样式(二) |
| 02 | 运输设备 | 8 | 3% | 正常计提 | 年数总和法 | 含税卡片样式 |
| 021 | 经营用 | 8 | 3% | 正常计提 | 年数总和法 | 含税卡片样式 |
| 022 | 非经营用 | 8 | 3% | 正常计提 | 年数总和法 | 含税卡片样式 |
| 03 | 机器设备 | | 3% | 正常计提 | 年数总和法 | 含税卡片样式 |
| 031 | 生产线 | 10 | 3% | 正常计提 | 年数总和法 | 含税卡片样式 |
| 032 | 办公设备 | 3 | 3% | 正常计提 | 年数总和法 | 含税卡片样式 |

(3)部门及对应折旧科目

部门及对应折旧科目，见表 11－3 所列。

**表 11－3　部门及对应折旧科目**

| 部门名称 | 贷方科目 |
| --- | --- |
| 企管部、财务部、采购部 | 管理费用—折旧费(660206) |
| 销售部 | 销售费用(6601) |
| 生产部 | 制造费用(510102) |

(4)增减方式的对应入账科目

增减方式的对应入账科目，见表 11－4 所列。

**表 11－4　增减方式的对应入账科目**

| 增减方式 | 对应入账科目 | 减少方式 | 对应入账科目 |
| --- | --- | --- | --- |
| 直接购入 | 银行存款/工行人民币户(100201) | 出售 | 固定资产清理(1606) |
| 盘盈 | 以前年度损益调整(6901) | 盘亏 | 待处理财产损溢/待处理固定资产损溢(190102) |
| 投资者投入 | 实收资本(4001) | 投资转出 | 长期股权投资(1511) |
| 捐赠 | 营业外收入(6301) | 捐赠转出 | 固定资产清理(1606) |
| 在建工程转入 | 在建工程(1604) | 报废 | 固定资产清理(1606) |

3. 固定资产原始卡片

固定资产原始卡片，见表 11－5 所列。

**表 11－5　固定资产原始卡片**

| 固定资产名称 | 类别编号 | 所在部门 | 增加方式 | 使用年限(月) | 开始使用日期 | 原值 | 累计折旧 |
| --- | --- | --- | --- | --- | --- | --- | --- |
| 1 号厂房 | 012 | 生产部 | 在建工程转入 | 360 | 2019－12－1 | 450000 | 55384 |
| 组装生产线 | 031 | 生产部 | 直接购入 | 120 | 2019－12－1 | 26000 | 8712 |
| 金杯车 | 021 | 销售一部 | 直接购入 | 96 | 2019－12－1 | 31500 | 12731 |
| 奥迪轿车 | 022 | 企管部 | 直接购入 | 96 | 2020－12－1 | 180000 | 38800 |
| 多功能一体机 | 032 | 财务部 | 直接购入 | 60 | 2020－12－1 | 12000 | 3880 |
| 笔记本电脑 | 032 | 企管部 | 直接购入 | 60 | 2020－12－1 | 8000 | 2587 |
| 合计 | | | | | | 707500 | 122094 |

4. 账套备份

# 实验十二　固定资产日常业务处理

一、实验准备

引入“6－1 固定资产初始化”账套数据，将系统日期更改为业务日期。

二、实验要求

以“001 账套主管”的身份进行固定资产增减、固定资产变动、计提折旧、对账结账等处理。

三、实验资料

1.2022 年 1 月发生以下业务

(1)修改固定资产卡片

2022 年 1 月 15 日，将卡片编号为“00002”的“组装生产线”的使用状况由“在用”修改为“大修理停用”。

(2)新增固定资产

2022 年 1 月 15 日，销售二部购买投影仪 1 台，取得增值税专用发票 8000 元，值税 1040 元，款项已付。预计使用年限为 5 年，净残值率为 3%，采用“年数总和法”计提折旧。

(3)计提折旧

2020 年 1 月 31 日，计提本月折旧。

(4)减少固定资产

2022 年 1 月 31 日将企管部使用的笔记本电脑捐赠给希望工程。

(5)与总账对账

(6)结账

(7)查询(固定资产原值一览表、价值结构分析表)

2.2022 年 2 月发生以下业务

(1)固定资产原值变动暂不生成凭证

2022 年 2 月 6 日，奥迪轿车添置新配件 5600 元，用工行转账支票支付，票号 18901。

(2)折旧方法变动

2022 年 2 月 12 日，修改固定资产“金杯车”的折旧方法为“工作量法”，工作总量为 20000 小时，累计工作量为 6000 小时。

(3)进行批量制单

2022 年 2 月 28 日，对 2 月份固定资产业务进行批量制单处理。

# 实验十三　应收款管理系统初始化

一、实验准备

引入“3－1 总账初始化”账套数据，将系统日期更改为“2022－01－01”。

二、实验要求

以“001 账套主管”的身份进行企业业务平台，启用应收款管理系统，启用日期为

“2022－01－01”，进行应收款管理系统初始化设置。

(1)设置系统参数

(2)基础设置

(3)设置科目

(4)坏账准备设置

(5)账龄区间设置

(6)报警级别设置

(7)设置允许修改“销售专用发票”的编号

(8)设置本单位开户银行

(9)录入期初余额并与总账系统进行对账

(10)账套备份

三、实验资料

1. 选项设置

选项设置，见表13－1所列。

**表13－1 选项设置**

| 选项卡 | 参数 | 设置要求 |
|---|---|---|
| 常规 | 单据审核日期依据 | 单据日期 |
| | 坏账处理方式 | 应收余额百分比法 |
| 凭证 | 核销生成凭证 | 否 |
| 权限与预警 | 控制客户权限 | 是 |
| | 单据报警 | 按信用方式提前7天进行报警 |

注：其他选项保持系统默认。

2. 初始设置

(1)设置科目

设置科目，见表13－2所列。

**表13－2 设置科目**

| 科目类别 | 设置方式 |
|---|---|
| 基本科目设置 | 应收科目(本币)：1122应收账款 |
| | 预收科目(本币)：2203预收账款 |
| | 商业承兑科目和银行承兑科目：1121应收票据 |
| | 票据利息科目、票据费用科目和现金折扣科目：6603财务费用 |
| | 销售收入科目和销售退回科目：6001主营业务收入 |
| | 税金科目：22210105销项税额 |
| | 坏账入账科目：1231坏账准备 |

（续表）

| 科目类别 | 设置方式 |
| --- | --- |
| 结算方式科目设置 | 结算方式:现金结算;币种:人民币;科目:1001 |
| | 结算方式:现金支票;币种:人民币;科目:100201 |
| | 结算方式:转账支票;币种:人民币;科目:100201 |
| | 结算方式:电汇;币种:人民币;科目:100201 |
| | 结算方式:银行承兑汇票;币种:人民币;科目:100201 |
| | 结算方式:商业承兑汇票;币种:人民币;科目:100201 |

(2)坏账准备设置

坏账准备设置,见表 13－3 所列。

**表 13－3　坏账准备设置**

| 控制参数 | 参数设置 |
| --- | --- |
| 提取比率 | 0.5% |
| 坏账准备期初余额 | 0 |
| 坏账准备科目 | 1231 |
| 对方科目 | 6701 |

(3)账期内账龄区间设置

账期内账龄区间设置,见表 13－4 所列。

**表 13－4　账期内账龄区间设置**

| 序号 | 起止天数 | 总天数 |
| --- | --- | --- |
| 01 | 0～10 | 10 |
| 02 | 11～30 | 30 |
| 03 | 31～60 | 60 |
| 04 | 61～90 | 90 |
| 05 | 91 以上 | |

(4)逾期账龄区间设置

逾期账龄区间设置,见表 13－5 所列。

**表 13－5　逾期账龄区间设置**

| 序号 | 起止天数 | 总天数 |
| --- | --- | --- |
| 01 | 0～30 | 30 |
| 02 | 31～60 | 60 |

（续表）

| 序号 | 起止天数 | 总天数 |
|---|---|---|
| 03 | 61～90 | 90 |
| 04 | 91～120 | 120 |
| 05 | 121 以上 | |

（5）报警级别设置

A 级时的总比率为 10%，B 级时的总比率为 20%，C 级时的总比率为 30%，D 级时的总比率为 40%，E 级时的总比率为 50%，总比率在 50%以上时为 F 级。

3. 基础信息设置

本单位开户银行的编码为“01”，开户银行为“工行北京支行花园路办事处”，银行账号为“001－23456789”。

4. 单据设置

（1）单据格式设置

删除销售专用发票、销售普通发票表头项目“销售类型”。

（2）单据编号设置

设置允许修改销售专用发票和销售普通发票的编号。

5. 期初数据

存货税率均为 13%，开票日期均为 2021 年，见表 13－6 所列。

**表 13－6　期初数据**

| 单据名称 | 方向 | 开票日期 | 票号 | 客户名称 | 销售部门 | 科目编码 | 货物名称 | 数量 | 无税单价 | 价税合计 |
|---|---|---|---|---|---|---|---|---|---|---|
| 销售专用发票 | 正向 | 2021.11.12 | 78987 | 天益 | 销售一部 | 1122 | 华星 | 2 | 2800 | 6328 |
| 销售专用发票 | 正向 | 2021.11.18 | 78988 | 明兴 | 销售一部 | 1122 | 华星 | 3 | 2800 | 9492 |
| 销售专用发票 | 正向 | 2021.11.22 | 78989 | 大地 | 销售一部 | 1122 | 华卫 | 10 | 1100 | 12430 |
| 其他应收款 | 正向 | 2021.11.22 | | 明兴 | 销售一部 | 1122 | 代垫运费 | | | 218 |
| 收款单 | 正向 | 2021.11.26 | 电汇 | 伟达 | 销售二部 | 2203 | | | | 30000 |

6. 对账

# 实验十四　单据处理与票据处理

一、实验准备

引入“7－1 应收款系统初始化”账套数据。

二、实验要求

以“001 账套主管”的身份进行单据处理和票据处理操作，包括录入应收单据、收款单据、商业承兑汇票；修改应收单据、收款单据；删除应收单据；核销收款单据；审核应收单据、收款单据并制单；商业承兑汇票贴现并制单；商业承兑汇票结算并制单。

三、实验资料

华兴电子 2022 年 1 月发生如下经济业务：

(1)1 月 2 日，收到明兴公司签发并承兑的商业承兑汇票 1 张(No. 345612)，面值为 5000 元，到期日为 2022 年 3 月 2 日，用以支付前欠部分货款。

(2)1 月 3 日，向天益公司销售华星电子产品 20 个，无税单价为 2800 元，增值税税率为 13%(销售专用发票号码：5678999)。

(3)1 月 3 日，收到天益公司的银行承兑汇票 1 张(No. 367809)，面值为 63280 元，到期日为 2022 年 1 月 23 日，用以支付上笔货款。

(4)1 月 6 日，向上海邦立公司销售华晨平板电脑 10 台，无税单价为 2200 元，增值税税率为 13%(销售专用发票号码：5678901)。用现金代垫运费 120 元。

(5)1 月 8 日，发现 2022 年 1 月 6 日向上海邦立公司销售的华晨平板电脑无税单价 2150 元，修改销售专用发票信息。

(6)1 月 12 日，收到银行通知，收到上海邦立公司以电汇方式支付购买华晨平板电脑 10 台的货税款及代垫运费款 24415 元。

(7)1 月 12 日，向陕西光华公司销售华卫智能电话 50 部，无税单价 1100 元，开具销售普通发票，发票号 201801。

(8)1 月 15 日，发现 2022 年 1 月 12 日所填制的收到上海邦立公司购买华晨平板电脑 10 台的货税款及代垫运费款 24415 元实为 25000 元，其中 24415 元用于归还货税款，余款作为预收款。

(9)1 月 15 日，审核以上应收单据并制单。

(10)1 月 15 日，审核以上收款单据、核销应收并制单。

(11)1 月 23 日，将 2022 年 1 月 3 日收到的天益公司的银行承兑汇票(No. 367809)进行结算。

(12)1 月 28 日，将 2022 年 1 月 2 日收到的明兴公司签发并承兑的商业承兑汇票(No. 345612)送到银行贴现，贴现率为 6%。

(13)备份账套。

# 实验十五　转账处理、坏账处理及查询

一、实验准备

引入“7－2 单据处理与票据管理”账套数据。

二、实验要求

以“001 账套主管”的身份进行应收业务处理操作，包括转账处理、坏账处理及相关账表查询。

三、实验资料

1. 应收冲应收

2022 年 1 月 28 日，经三方同意将“天益公司”期初 6328 元货款转为向伟达公司的应收账款。

2. 预收冲应收

2022 年 1 月 28 日，经双方同意，将转入伟达公司的 6328 元应收款用伟达公司预收款冲抵。

3. 红票对冲

2022 年 1 月 28 日，经双方商议，将期初余额中应向明兴公司收取的运费 218 元用红票冲抵。

4. 坏账发生

2022 年 1 月 30 日，将应向大地公司收取的期初应收账款 12430 元转为坏账。

5. 坏账收回

2022 年 1 月 31 日，收到银行通知(电汇)，收回已作为坏账处理的应向大地公司收取的应收账款 12430 元。

6. 计提坏账准备

2022 年 1 月 31 日，计提坏账准备。

7. 查询应收核销明细表

8. 应收账龄分析

9. 月末结账

10. 账套备份

# 实验十六　应付款管理系统初始化

一、实验准备

引入“3－1 总账初始化”账套数据，将系统日期更改为“2022－01－01”。

二、实验要求

以“001 账套主管”的身份进行企业业务平台，启用应付款管理系统，启用日期为

“2022－01－01”，进行应收款管理系统初始化设置。

三、实验资料

1. 选项设置

选项设置，见表16－1所列。

表16－1 选项设置

| 选项卡 | 参数 | 设置要求 |
|---|---|---|
| 常规 | 单据审核日期依据 | 业务日期 |
| 凭证 | 核销生成凭证 | 否 |
| 权限与预警 | 单据报警 | 按信用方式提前7天进行报警 |

注：其他选项保持系统默认。

2. 初始设置

(1)设置科目

设置科目，见表16－2所列。

表16－2 设置科目

| 科目类别 | 设置方式 |
|---|---|
| 基本科目设置 | 应付科目(本币)：2202应付账款 |
| | 预付科目(本币)：1123预付账款 |
| | 采购科目：1401材料采购 |
| | 税金科目：22210101进项税额 |
| | 商业承兑科目和银行承兑科目：2201应付票据 |
| | 票据利息科目、票据费用科目和现金折扣科目：6603财务费用 |
| 结算方式科目设置 | 结算方式：现金结算；币种：人民币；科目：1001 |
| | 结算方式：现金支票；币种：人民币；科目：100201 |
| | 结算方式：转账支票；币种：人民币；科目：100201 |
| | 结算方式：电汇；币种：人民币；科目：100201 |
| | 结算方式：银行承兑汇票；币种：人民币；科目：100201 |
| | 结算方式：商业承兑汇票；币种：人民币；科目：100201 |

(2)账期内账龄区间设置

账期内账龄区间设置，见表16－3所列。

**表 16－3　账期内账龄区间设置**

| 序号 | 起止天数 | 总天数 |
|---|---|---|
| 01 | 0～10 | 10 |
| 02 | 11～30 | 30 |
| 03 | 31～60 | 60 |
| 04 | 61～90 | 90 |
| 05 | 91 以上 | |

(3)逾期账龄区间设置

逾期账龄区间设置，见表 16－4 所列。

**表 16－4　逾期账龄区间设置**

| 序号 | 起止天数 | 总天数 |
|---|---|---|
| 01 | 0～30 | 30 |
| 02 | 31～60 | 60 |
| 03 | 61～90 | 90 |
| 04 | 91～120 | 120 |
| 05 | 121 以上 | |

(4)报警级别设置

A 级时的总比率为 10%，B 级时的总比率为 20%，C 级时的总比率为 30%，D 级时的总比率为 40%，E 级时的总比率为 50%，总比率在 50%以上时为 F 级。

2. 基础信息设置

本单位开户银行的编码为“01”，开户银行为“工行北京支行花园路办事处”，银行账号为“001－23456789”。

3. 单据编号设置

设置允许修改采购专用发票和采购普通发票的编号。

4. 期初数据

存货税率均为 13%，开票日期均为 2021 年，期初数据见表 16－5 所列。

**表 16－5　期初数据**

| 单据名称 | 方向 | 开票日期 | 票号 | 客户名称 | 销售部门 | 科目编码 | 货物名称 | 数量 | 无税单价 | 价税合计 |
|---|---|---|---|---|---|---|---|---|---|---|
| 采购专用发票 | 正向 | 2021.11.15 | 18301 | 无忧 | 采购部 | 2202 | 芯片 | 80 | 420 | 37968 |

（续表）

| 单据名称 | 方向 | 开票日期 | 票号 | 客户名称 | 销售部门 | 科目编码 | 货物名称 | 数量 | 无税单价 | 价税合计 |
|---|---|---|---|---|---|---|---|---|---|---|
| 采购专用发票 | 正向 | 2021.11.18 | 18555 | 杰信 | 采购部 | 2202 | 机壳 | 200 | 45 | 10170 |
| 应付单 | 正向 | 2021.11.23 | | 大为 | 采购部 | 2202 | | | | 23400 |
| 付款单 | 正向 | 2021.11.23 | 银行承兑汇票 9901 | 无忧 | 采购部 | 1123 | | | | 20000 |

# 实验十七　单据处理与票据处理

一、实验准备

引入“8—1 应收款系统初始化”账套数据。

二、实验要求

以“001 账套主管”的身份进行单据处理和票据处理操作。

三、实验资料

(1)2022 年 1 月 3 日，向大为公司签发并承兑商业承兑汇票 1 张(No. 56561)，用以结算前期欠款。票据面值为 23400 元，到期日为 2022 年 1 月 23 日。

要求：填制商业承兑汇票、审核付款单、生成凭证并核销应付款。

(2)2022 年 1 月 5 日，从北京无忧公司采购芯片 200 个，原币单价为 420 元，增值税税率为 13%(采购专用发票号码：668800)。

要求：填制采购专用发票、审核并生成凭证。

(3)2022 年 1 月 8 日，从杰信公司采购机壳 500 个，原币单价为 42 元，增值税税率为 13%(采购专用发票号码：668908)。收到物流公司运费专用发票 1 张(发票号：1881)，运费 100 元，税率 9%，价税合计 109 元，用现金支付。

要求：填制采购专用发票，审核并生成凭证；填制运费专用发票，审核并生成凭证；用现金支付运费并核销应付。

(4)2022 年 1 月 10 日，从大为公司采购摄像头 1000 个，原币单价为 78 元，增值税税率为 13%(采购专用发票号码：3451)。

要求：填制采购专用发票、审核并生成凭证。

(5)2022 年 1 月 12 日，以转账支票向北京无忧公司支付本月 5 日购买芯片的部分货税款 50000 元。

要求：填制付款单，审核并生成付款凭证；核销部分应付。

(6)2022 年 1 月 15 日，以电汇方式向大为公司支付 100000 元，核销部分购买摄像头的货税款 88140 元，余款 11860 元作为预付款。

要求：填制付款单，审核并生成付款凭证；部分核销应付款，部分形成预付款。

(7)2022 年 1 月 23 日，将 2022 年 1 月 3 日向大为公司签发并承兑的商业承兑汇票(No. 56561)进行结算。

(8)备份账套。

## 实验十八　转账处理、坏账处理及其他处理

一、实验准备

引入"8—2 单据处理与票据管理"账套数据。

二、实验要求

以"001 账套主管"的身份进行转账处理、坏账处理及其他操作处理。

三、实验资料

1. 应付冲应付

2022 年 1 月 25 日，经三方同意将 2021 年 11 月 18 日形成的应向天津杰信公司支付的货税款 10170 元转为向大为公司的应付账款。

2. 预付冲应付

2022 年 1 月 25 日，经双方同意，用给大为公司的预付款冲抵 25 日转为大为公司的 10170 元应付款。

3. 单据查询

(1)查询 1 月份的采购专用发票。

(2)查询 1 月份的收付款单。

(3)查询并删除 1 月 25 日大为公司预付冲应付业务生成的凭证。

4. 进行统计分析

(1)对供应商进行付款账龄分析。

(2)查询 2022 年 1 月的业务总账。

(3)查询科目明细账。

5. 取消操作

取消大为公司预付冲应付的操作。

6. 月末结账

在应付款管理系统中，完成 2022 年 1 月的结账。

7. 账套备份

# 参考文献

[1] 孔艳茹，袁芬，余瑰．会计信息系统[M]．长沙：中南大学大学出版社，2021.

[2] 张瑞君，殷建红，蒋砚章．会计信息系统：基于用友新道 U8＋V15.0(9 版)[M]．北京：中国人民大学出版社，2021.

[3] 毛华扬，刘红梅，王婧婧．会计信息系统原理与应用：基于用友 ERP－U8V 10.1 版(2 版)[M]．北京：中国人民大学出版社，2020.

[4] 黄浩岚，历丽．会计信息化：用友 U8 业财一体化应用[M]．南京：南京大学出版社，2020.

[5] 汪刚，金春华．会计信息系统原理与实验教程：基于用友 ERP－U8 V10.1(2 版)[M]．北京：清华大学出版社，2021.

[6] 叶剑明，江春燕，张莉．会计信息系统应用[M]．大连：东北财经大学出版社，2020.

[7]王新玲．用友 U8(V10.1)财务业务一体化应用：微课版(3 版)[M]．北京：人民邮电出版社，2022.

[8] 薛祖云．会计信息系统：习题与实验教程(用友 ERP－NC6.5 版)[M]．厦门：厦门大学出版社，2018.

[9] 杨宝刚，王新玲．会计信息系统[M].5 版．北京：高等教育出版社，2021.